La collection REMIF

Le Réseau évangélique de missiologues pour la francophonie (REMIF) a été créé en 2016 pour rassembler des réseaux de missiologues francophones locaux ou régionaux. Le REMIF est une plate-forme de rencontres et d'échanges pour stimuler la réflexion et l'action des missiologues évangéliques dans le monde francophone. Son champ de réflexion et d'action est la « mission » dans le monde (évangélisation, implantation et affermissement des jeunes Églises, témoignage dans le monde, communication transculturelle, multiculturalité, etc.). Parmi ses moyens d'action, il encourage les publications, la promotion d'outils missiologiques, les colloques, les travaux universitaires de recherche en missiologie dans un cadre évangélique. www.missiologie.net.

Dans cet ouvrage, Robert Badenberg présente les fruits d'une étude ethnolinguistique profonde du peuple bemba de la Zambie. L'auteur analyse la langue bemba avec des concepts qui représentent des aspects importants de sa vision du monde, à savoir, le *umuntu* (corps), le *umubili* (cœur), le *umutima* (esprit), le *umupashi* (le « double spirituel » d'une personne vivante) et le *mfwa* (la mort). L'auteur prend aussi le soin de comparer la vision du monde bemba, particulièrement la notion du « double spirituel » avec celle des autres peuples d'Afrique et d'Asie, notamment les Igbo et les Yorubas du Nigeria, les Lugbara de l'Ouganda, les Nyakyusa de la Tanzanie, les Chin de Myanmar, les Benuaq de l'Indonésie, et les Israélites du Proche-Orient ancien. Bien que le livre s'articule en grande partie dans les jargons de l'anthropologie et la linguistique, son contenu reste accessible à tout lecteur curieux et motivé à comprendre une nouvelle culture. L'ouvrage est donc très recommandé aux théologiens, aux missionnaires, aux traducteurs de la Bible, aux pasteurs et à tous les autres communicateurs interculturels.

Georges Pirwoth Atido
Professeur de missiologie et de christianisme mondial
Recteur de le l'Université Shalom de Bunia (RDC)
Président du Réseau évangélique de missiologie pour la francophonie (REMIF)

Dans un contexte africain où les identités multiples et parfois conflictuelles façonnent l'existence de l'individu, ce livre propose une introspection sur ce que cela signifie *vraiment* d'exister. Ce n'est pas un appel à vivre de manière passive ; c'est plutôt un défi à réconcilier les diverses facettes de l'existence dans un monde globalisé, tout en restant fidèle à ses racines et à sa culture. Dans ce livre, le lecteur découvrira que la vision du monde du peuple bemba de la Zambie est entravée par une lutte profonde pour l'harmonie et par des croyances relatives à la façon d'atteindre celle-ci et de la maintenir. Je recommande donc cet ouvrage aux théologiens et aux chercheurs en quête de réflexions profondes sur ce qu'est la vision africaine du monde.

Djimalngar Madjibaye (Ph.D)
Professeur de missiologie
Faculté de théologie évangélique de Bangui (FATEB)
Faculté de théologie évangélique Shalom (FATES) du Tchad
Secrétaire général de l'Entente des Églises et missions
évangéliques au Tchad (EEMET)

Cet ouvrage de Robert Badenberg est une analyse en profondeur de la culture bemba en Zambie, peuple apparenté aux Bemba en République démocratique du Congo. L'auteur sait conduire le lecteur sur un sentier passionnant de découverte progressive de l'imaginaire bemba. Il présente beaucoup d'exemples pour rendre accessible la « gymnastique mentale » de la recherche ethnolinguistique. Il montre d'une manière exemplaire et unique en francophonie que comprendre la conception de l'homme et la vision du monde d'autres peuples passe par une connaissance profonde de leur langue. Cette approche méthodologique est celle de l'anthropologie cognitive mise en valeur par Lothar Käser dans *Cultures étrangères* et *Animisme*. L'ouvrage est une vraie mine d'or pour ceux et celles qui veulent analyser leur propre culture ou d'autres cultures en profondeur.

Hannes Wiher
Professeur de missiologie en francophonie

Collection REMIF

« Exister, sans plus », ce n'est même pas exister

Collection REMIF

« Exister, sans plus », ce n'est même pas exister

Recherche ethnolinguistique sur la vision du monde et la notion de personne des Bemba

Robert Badenberg

Traduit de l'anglais par Jean-Jacques Streng

© Robert Badenberg, 2025

Publié en 2025 par Langham Global Library,
Une marque de Langham Publishing
www.langhampublishing.org

Les éditions Langham Publishing sont un ministère de Langham Partnership.

Langham Partnership
PO Box 296, Carlisle, Cumbria, CA3 9WZ, UK
www.langham.org

Numéros ISBN :
978-1-78641-218-8 Format papier
978-1-78641-219-5 Format ePub
978-1-78641-220-1 Format PDF

Conformément au « Copyright, Designs and Patents Act, 1988 », Robert Badenberg déclare qu'il est en droit d'être reconnu comme étant l'auteur de cet ouvrage.

Tous droits réservés. La reproduction, la transmission ou la saisie informatique du présent ouvrage, en totalité ou en partie, sous quelque forme ou par quelque procédé que ce soit, électronique, mécanique, photographique, est interdite sans l'autorisation préalable de l'éditeur ou de la Copyright Licensing Agency. Pour toute demande d'autorisation de réutilisation du contenu publié par Langham Publishing, veuillez écrire à publishing@langham.org.

Sauf mention contraire, les citations bibliques sont tirées de la Nouvelle Bible Segond © Société biblique française – Bibli'O, 2002. Avec autorisation.

Titre d'origine : *'Just to Be' Is Simply 'Not to Be at All': An Ethno-Linguistic Investigation Into Bemba Worldview and Personhood*, Zurich, Lit, 2021.

Traduit de l'anglais par Jean-Jacques Streng.

Les citations qui figurent dans ce livre et sont tirées d'ouvrages en anglais ont toutes été traduites par le traducteur.

British Library Cataloguing in Publication Data
A catalogue record for this book is available from the British Library

ISBN : 978-1-78641-218-8

Mise en page et couverture : projectluz.com

Langham Partnership soutient activement le dialogue théologique et le droit pour un auteur de publier. Toutefois, elle ne partage pas nécessairement les opinions et avis avancés ni les travaux référencés dans cette publication et ne garantit pas son exactitude grammaticale et technique. Langham Partnership se dégage de toute responsabilité envers les personnes ou biens en ce qui concerne la lecture, l'utilisation ou l'interprétation du contenu publié.

À Rita,
Frank,
Ralph et Christina,
et
David Ben,
que j'ai eu la joie de connaître

Sommaire

Préface xiii

Avant-propos xvii

Liste des abréviations xxi

Introduction 1

1 Les Bemba : voyageurs et conquérants 9

2 *Umuntu* : plus qu'« exister » 21

3 *Umubili* : plus que « chair et os » 37

4 *Umutima* : plus que « le cœur » 69

5 *Umupashi* : plus que « l'esprit », plus que « l'âme » 163

6 *Mfwa* : plus que « rendre l'âme » 201

Post-scriptum 241

Annexe 1 : Dispositions psychiques permanentes (*imibeele iisuma* et *imibeele iibi*) 247

Annexe 2 : Dispositions intellectuelles permanentes et passagères ... 265

Annexe 3 : Dispositions psychiques passagères (*imyumfwikile ya mutima* – *iisuma* et *iibi*) 269

Annexe 4 : Les neuf classes de noms de la langue bemba 287

Annexe 5 : Le SSIC et le double spirituel dans le monde 289

Annexe 6 : Principaux chefs avec leurs chefferies 301

Bibliographie 303

Index des noms de personnes 315

Préface

Pendant bien des années, les anthropologues européens et occidentaux ont étudié les univers sociaux étrangers avec l'inébranlable conviction que leur vision était a priori objective. Or, de toute évidence, cette objectivité n'existe pas, et ne peut pas exister du tout. La raison en est simple : la langue du chercheur influence considérablement la recherche et l'exposé de la recherche. La thèse Sapir-Whorf démontre que le rôle de la langue a un impact fondamental sur la perception et la prise de conscience de la réalité. Les réalités sociales et mentales étrangères ne peuvent jamais être pleinement comprises si on les présente dans l'une des langues scientifiques courantes dont la structure de base est indo-européenne.

C'est également vrai de l'ethnologie, qui s'attache à décrire des réalités sociales étrangères dans leur cadre culturel propre. Une grande partie de ce qui est important pour les personnes de ces sociétés n'a pas été et n'est encore tout simplement pas pris en compte, parce que des domaines importants d'un monde conceptuel organisé différemment restent forcément des angles morts pour les scientifiques qui parlent des langues indo-européennes. Leurs explorations et leurs descriptions des cultures étrangères, obtenues exclusivement du point de vue de l'esprit occidental, restent limitées, imparfaites et souvent inexactes. Ce qui leur manque, c'est le regard que les membres de ces cultures étrangères portent sur leur propre culture. Si cette approche manque, il leur devient impossible de décrire objectivement ce monde de pensée organisé de manière très différente.

Il est toutefois évident qu'en prenant cette perspective en compte, l'objectivité ne peut pas non plus être parfaitement atteinte, mais au moins au degré maximal de proximité. L'une des conditions de base de cette approche est que le chercheur ou la chercheuse parle la langue de la société qu'il ou elle étudie et décrive ses relations sémantiques en évitant autant que possible les concepts euroaméricains.

Cette exigence est particulièrement importante lorsque la langue est le seul accès aux réalités étrangères, parce que celles-ci ne sont pas à portée de l'observation directe, mais plutôt cachées dans l'esprit des gens. L'une de ces réalités est la manière dont un groupe humain conçoit le monde et l'homme. Ce n'est pas sans raison que les ethnologues considèrent ce sujet comme l'un des projets de recherche les plus difficiles. Sans connaissance de la langue en question et sans un séjour de longue durée dans l'habitat de ses locuteurs, la recherche est impossible.

L'auteur de cette description de la conception du monde et d'une théorie de la personne des Bemba, un groupe ethnique de Zambie, satisfait ces exigences. Les quelques études publiées à ce jour sur ce thème montrent que les deux champs conceptuels sont indissociablement liés et que les visions du monde ne peuvent être correctement interprétées que si l'on sait qu'elles sont centrées sur une vision fortement différenciée de l'homme. Les résultats présentés ici de manière systématique – une « description épaisse » au sens de Clifford Geertz – démontrent également de manière impressionnante que les conceptions du corps et de l'âme peuvent être structurées et pensées d'une manière nettement différente de celles des locuteurs d'une langue indo-européenne. C'est ainsi que l'expression des sentiments (joie, peur, etc.), dans la langue bemba, présente non seulement une vaste gamme lexicale, mais aussi une quantité étonnante de formules métaphoriques. Au long de longues années de travail, l'auteur les a minutieusement collectées et transcrites.

Sa présentation constitue une référence pour de futures recherches sur ce sujet.

Lothar Käser
Institut d'ethnologie, Université Albert-Ludwig, Fribourg, Allemagne

Cette monographie introductive porte un titre quelque peu énigmatique sous forme de proverbe : *« Exister, sans plus », ce n'est même pas exister*. Il nous présente de manière plutôt mystérieuse son contenu fascinant, à savoir une enquête détaillée et de grande envergure sur la langue du peuple bemba de Zambie et sur la vision du monde qui y est liée. Ainsi, pour comprendre ce titre, il faut non seulement savoir comment les gens ordinaires parlent, mais aussi, et c'est peut-être plus important, savoir comment, traditionnellement, ils conçoivent la vie et se situent dans leur environnement global. Comme on va le voir, cette dernière fonction se réalise tandis que les membres individuels de la société ne cessent d'interagir les uns avec les autres dans un cadre d'existence en constante évolution, axé sur la communauté et englobant le passé, le présent et le futur à travers les générations d'ancêtres familiaux, les personnes actuellement en vie, tout comme celles qui ne sont pas encore nées.

S'appuyant sur ses nombreuses années de vie courante et de dialogue avec des personnes de tous horizons, en six chapitres bien conçus, Robert Badenberg dévoile progressivement aux lecteurs avides de découvertes les aspects essentiels interconnectés de cette conception composite de la réalité bemba. Celle-ci est fixée dans les concepts décisifs de la présence humaine, qui n'est qu'imparfaitement rendue en français par les termes clés de « personnalité, identité individuelle » (*umuntu*), « corps » (*umubili*), « cœur » (*umutima*), « esprit » (*umupashi*) et

« mort » (*mfwa*). Ce renvoi au français est intentionnel, car, comme l'auteur le souligne et l'illustre clairement dans l'aspect linguistique pénétrant de son analyse : même l'utilisation d'une langue indo-européenne comme moyen de communication peut être assez trompeuse, c'est-à-dire dans le cas où le lecteur ne fait pas un sérieux effort pour essayer de repenser la substance ou l'essence des concepts vitaux liés à l'expérience quotidienne décrits à la manière dont un Bemba se représente le monde.

Cela prend une importance particulière lorsqu'on aborde des sujets complètement inconnus ou étrangers à la vision occidentale du monde, tels que la relation réciproque omniprésente du monde des esprits avec le cycle de l'expérience humaine, qui n'implique pas une dissociation entre ces modes d'être, comme dans la croyance occidentale, mais plutôt une réalité de coopération constante, presque dichotomique. Cette conception fortement anthropocentrique de la vie, de la mort et de l'au-delà est imprégnée d'une dimension spirituelle transcendantale qui détermine la construction originale de la personne chez les Bemba et influence constamment la relation de l'individu avec la société environnante. Celle-ci englobe aussi bien des êtres visibles qu'invisibles, sensiblement proches ou relativement éloignés.

L'auteur adapte divers modèles anthropologiques, afin de mettre en relief les aspects saillants de ce concept psychophysique bemba si complexe et multiforme qu'est la notion d'être. On y trouve par exemple l'ensemble fondamental ou l'anatomie des attributs du SSIC (siège des sentiments, de l'intellect et du caractère), qui délimite la notion d'*umutima* (« cœur ») comme le noyau essentiel pour définir, motiver et animer la personnalité d'un individu. Il faut toujours se rappeler qu'une « personne » ne doit jamais être considérée isolément, que ce soit sur le plan physique (biopsychosocial) ou métaphysique (spirituel). La raison en est qu'un être vivant est constamment et inévitablement accompagné d'un *umupashi* personnel, tel que Robert Badenberg le désigne et le définit : non pas un « esprit », une « ombre » ou une « âme », mais plus que cela, à savoir son « compagnon humain transcendantal » ou son « double spirituel ». L'analyse détaillée que l'auteur fait de ce concept bemba sert ainsi à appuyer et à affiner une perception psychologique autochtone qui est commune à de nombreuses sociétés non occidentales, mais qui passe souvent inaperçue et n'est pas décrite, étant donné que les chercheurs étrangers ne reconnaissent pas sa présence prédominante. Tout au long de son analyse approfondie, l'auteur ne se contente pas d'enseigner et de décrire son sujet aux multiples facettes, mais il nous donne aussi l'exemple d'une excellente méthode de recherche analytique et empirique qui pourrait s'appliquer aussi bien à d'autres sociétés traditionnelles du monde, que ce soit en Afrique ou ailleurs.

Bref, pour moi, ce livre de Robert Badenberg est une splendide et très captivante étude ethnographique et linguistique, qui révèle, couche après couche, de nouveaux aperçus sur le peuple bemba : sa culture, sa langue, sa vision de la vie et son mode de vie. Je ne me souviens pas d'un travail aussi complet (ou soigné) parmi tout ce que j'ai lu dans ce domaine depuis un demi-siècle que je m'intéresse à l'Afrique. Bien qu'il s'agisse d'une étude très savante, le texte n'en reste pas moins exceptionnellement accessible ; ainsi, le style d'écriture est clair et facile à suivre malgré la complexité relative du sujet traité. L'agencement des matériaux, tant d'un point de vue global que dans chaque chapitre particulier, est, d'un bout à l'autre, logique et conceptuellement cohérent. Le texte principal est encadré par une introduction historique utile sur le peuple bemba et complété par plusieurs annexes informatives ainsi que par les index nécessaires. Détail remarquable : l'utilisation par l'auteur de formats et de typographies variés donne des pages agréables et attrayantes, enrichies d'ailleurs de nombreux graphiques de synthèse instructifs et d'illustrations descriptives de premier ordre.

Les nombreuses idées pénétrantes exposées par cet ouvrage attrayant serviront à intéresser et à informer une grande variété de lecteurs locaux et internationaux, que ce soient des universitaires et des chercheurs ou des lycéens et étudiants. Les missionnaires, pasteurs et communicateurs interculturels, en particulier, tireront certainement grand profit d'une première lecture rapide, suivie d'un examen plus attentif des multiples aspects du contenu de ce livre. Je ne suis pas un expert de la discipline, mais je me risquerais à prédire que ce texte sera un jour considéré comme un « classique » de l'érudition anthropologique, au même titre que certains des ouvrages plus anciens produits par les savants Pères blancs catholiques qui ont travaillé parmi l'illustre peuple bemba au cours du siècle dernier.

Ernst R. Wendland
Stellenbosch University et Lusaka Lutheran Seminary, Lusaka, Zambie

Avant-propos

Apatebeta Lesa tapafuka cushi
Là où Dieu prépare à manger, il n'y a pas de fumée
(Dieu pourvoit quand on s'y attend le moins)

Comme l'a déclaré un philosophe : « La vie n'est ni une fête ni un spectacle, c'est une mauvaise passe à franchir. »

Mon problème était d'établir un lien avec le passé. Au cours des deux dernières décennies, j'ai écrit pour présenter les résultats de mes recherches anthropologiques, ce qui s'est traduit par des diplômes universitaires et diverses publications. Il y a environ trois ans, il m'a semblé qu'il faudrait rassembler le matériel éparpillé çà et là dans des monographies, des articles et du matériel d'enseignement, et me mettre à fusionner les morceaux pour en faire une œuvre « tout en un ». L'idée ne semblait pas si difficile à concrétiser. Après tout, je pouvais m'appuyer sur du matériel déjà publié. J'ai donc commencé. Mais je m'étais trompé.

À mesure que je commençais à rassembler et à structurer le matériel, j'ai acquis la conviction qu'il me fallait revenir à la masse des notes et des dossiers, reprendre en main le matériel de recherche original resté pratiquement inexploité et inclure des pièces importantes, telles que l'essentiel du chapitre quatre et des parties significatives des chapitres cinq et six. Sinon, le projet du « tout en un » risquait d'être compromis. Le chapitre deux est né de la lecture de Louis Oger, tandis que les chapitres un et trois découlent en partie d'une publication antérieure[1]. Le fond initial du chapitre cinq a été glané lors d'une première tentative d'aborder les concepts de corps, d'âme et d'esprit des Bemba[2].

Ce qui, au début, semblait être une entreprise qui avancerait relativement vite s'est avéré être une illusion de l'esprit, inspirée plus par des souhaits que par des évaluations réalistes. J'ai dû faire machine arrière, trier, lire, écrire et réécrire, consulter d'importantes publications sur le sujet parues entre-temps, et maintenir un certain niveau d'enthousiasme pour garder l'espoir de mener à

---

1. Robert Badenberg, *Sickness and Healing. A Case Study on the Dialectic of Culture and Personality*, 2ᵉ éd., Nuremberg, VTR, 2008.
2. Robert Badenberg, *The Body, Soul and Spirit Concept of the Bemba in Zambia. Fundamental Characteristics of Being Human of an African Ethnic Group*, 2ᵉ éd., Bonn, Culture and Science Publications, 2002.

bien mon entreprise. Il y eut des périodes où je n'ai pas écrit un mot pendant des semaines, voire des mois, et d'autres où des poussées d'énergie ont fait avancer le projet, insufflant une nouvelle vigueur à mes efforts. Heureusement, il y a des phases où les choses commencent à prendre du sens et à se mettre en place, poussant le travailleur à passer à la page suivante et au chapitre suivant.

On n'achève aucun projet d'écriture par ses propres efforts. D'autres personnes apportent, à leur manière et selon leur compétence particulière, leur part à ce travail. J'ai bien sûr eu des professeurs qui ont fait avancer ma réflexion et donné forme à mes recherches. L'un d'eux fut Lothar Käser. Lors d'un premier échange de lettres anodin, il y a vingt-cinq ans, il m'a lancé le défi de ne pas me satisfaire trop vite de ce que je comprenais de la vie dans un environnement culturel étranger. Sa correspondance riche d'enseignements au fil des ans et son cours d'anthropologie, alors que j'étudiais pour une maîtrise, m'ont introduit, entre autres, aux ficelles de la recherche ethnolinguistique. En tant qu'auteur et chercheur prolifique, j'ai placé la barre très haut pour m'engager dans des enquêtes universitaires et des recherches sur le terrain.

Ernst Wendland est l'une de ces personnes qui ont acquis un grand capital de connaissances, d'expériences et d'expertise dans les langues bantoues et leurs univers culturels, accumulées au cours de cinq décennies de vie et de travail en Afrique australe. À cet auteur et érudit renommé et respecté, à cet universitaire infatigable, je dis ma sincère reconnaissance d'avoir gardé le contact avec moi, alors que je vivais en Zambie, et, depuis lors, d'avoir répondu à des courriers occasionnels. Je le remercie de son ouverture d'esprit et de la clarté de ses réponses. Ces deux personnes ont gracieusement accepté d'écrire conjointement la préface. Un geste d'amabilité pour lequel je leur suis reconnaissant. Les autres collègues qui suivaient mes travaux de recherche m'ont remonté le moral : je remercie Hannes Wiher, Manuel Rauchholz, Oliver Venz, David Greenlee et Klaus Müller.

Je tiens également à mentionner mes étudiants, qui ont participé à des discussions et ont parfois remis en question les idées « fantaisistes » que je leur ai exposées dans mes cours d'ethnologie ou de communication interculturelle. Ils ont sans conteste contribué à clarifier ma pensée et à améliorer ma manière d'enseigner. Parmi les lieux d'enseignement, j'ai trouvé au centre Wycliffe à Holzhausen (Allemagne) un esprit particulièrement accueillant. Pendant de nombreuses années, j'ai été le seul enseignant masculin de l'équipe, et je me suis toujours senti privilégié de travailler avec des professionnels si hautement qualifiés. Je les remercie d'avoir pu cheminer ensemble, bravant les réactions de participants aux cours qui ne se méfiaient de rien, alors qu'ils étaient mis au défi de quitter physiquement, émotionnellement et mentalement leur zone de confort culturelle.

Et puis je pense aussi à Chewe, ami et compagnon de longue date, qui m'a ouvert tant de portes sur son univers culturel bemba. Sans lui, son intérêt, son ouverture et surtout son amitié, je n'aurais pas pu me plonger dans un monde à tant d'égards si différent de celui où j'ai grandi. Avec énormément de dévouement, de patience et d'expertise, Chewe a répondu à des myriades de questions et a consulté d'autres personnes, alors que je déchaînais ma curiosité sur lui (et d'autres) pendant plus d'une décennie, qui n'a été interrompue brusquement que par sa mort prématurée (selon moi !) en juillet 2000.

Je tiens à exprimer ma profonde gratitude à Derek Cheeseman, qui répondait immédiatement à mon appel lorsque je lui demandais de lire des ébauches de chapitres ; il critiquait finement et préparait avec expertise pour la publication ce qu'un Allemand déversait sur les pages manuscrites. Les conclusions, toutefois, restent de la seule responsabilité de l'auteur.

J'ai encore joui et profité des encouragements d'autres personnes qui me voulaient du bien, mais Rita, mon épouse, reste la championne entre tous. Au début de la rédaction, je me trouvais en Afrique, et le travail a avancé jusqu'à rassembler une première ébauche, mais j'étais loin du secteur de recherche initial et complètement coupé d'un contact personnel actif avec le monde universitaire. C'est alors qu'elle s'est engagée avec perspicacité, tandis que je la bombardais de mes idées. Ne parlons pas de la phase où j'ai dû consulter un médecin et où j'ai été désemparé pendant plusieurs mois, sans savoir si la guérison serait à ma portée. Une vraie compagne de route, pour sûr. Un cœur plein d'amour, c'est évident !

Robert Badenberg

Liste des abréviations

adj.	adjectif
fig.	sens figuré
s. éd.	sans éditeur
p. ex.	par exemple
s. d.	sans date
s. l.	sans lieu
syn.	synonyme
v. caus.	verbe causatif
v. conj.	verbe conjugué
v. i.	verbe intransitif
v. int.	verbe intensif
v. pass.	verbe passif
v. réc.	verbe réciproque
v. réd.	verbe réduplicatif
v. réfl.	verbe réfléchi
v. répl.	verbe réplicatif
v. rév.	verbe réversif
v. t.	verbe transitif

Introduction

Ukulebulile cilu e ku mwinshi
Là où il n'y a pas de poteau, c'est qu'il y aura la porte
(Si tu entreprends quelque chose, il faut aller jusqu'au bout)

La vision du monde comme voie d'accès à la compréhension des cultures et leurs « manières concurrentes de concevoir la réalité[1] » se concentre sur « les structures cognitives et rationnelles de la signification[2] ». Bien sûr, l'accent mis sur l'aspect cognitif et rationnel de la vision et de la compréhension du monde n'est qu'une partie de ce que nous savons du monde et inclut « la manière dont nous l'évaluons dans nos sentiments, et la façon dont nous y répondons par notre volonté[3] ». C'est ainsi que Paul Hiebert parle des trois *dimensions* de la vision du monde : des postulats cognitif ou existentiel, affectif et évaluatif que des groupes émettent sur la nature de la réalité. Il souligne qu'ils les utilisent pour orienter leur vie[4].

On ne manque pas de *définitions* de la vision du monde et on peut mettre l'accent sur les domaines existentiel, culturel ou académique. Pour James Sire, la vision du monde est :

> Un engagement, une orientation fondamentale du cœur qui peut s'exprimer sous la forme d'une histoire ou d'une série de propositions (des postulats qui peuvent être vrais, partiellement vrais ou totalement faux) que nous formulons (consciemment ou inconsciemment, de manière cohérente ou incohérente) sur la constitution fondamentale de la réalité, et qui fournit le fondement

---

1. James S. Sire, *The Universe Next Door. A Basic Worldview Catalog*, Downers Grove, Ill., Intervarsity Press, 1997 ; Sire, *Naming the Elephant. Worldview as a Category*, Downers Grove, Ill., Intervarsity Press, 2004.
2. Gary Burlington, « God Makes a World of Difference. The Dialectic of Motivation and Meaning at the Creation of an African Theistic Worldview », *Missiology. An International Review* vol. 36, 4, octobre 2008, p. 435-445, citation p. 435.
3. Rudolf A. Makkreel, « Dilthey, Wilhelm (1833-1911) », dans Robert Audi, sous dir., *The Cambridge Dictionary of Philosophy*, New York, Cambridge University Press, 1999, p. 237.
4. Paul G. Hiebert, *Anthropological Insights for Missionaries*, Grand Rapids, Mich., Baker, 1998, 2001.

sur lequel nous vivons, nous nous déplaçons et avons établi notre existence[5].

En une formulation assez concise, Mary Clark définit les visions du monde comme « les croyances et les postulats par lesquels un individu donne du sens aux expériences profondément enfouies dans la langue et les traditions de la société ambiante[6] ». À ce stade, il nous suffira de dire que la référence saisissante que Mary Clark fait à « la langue et aux traditions » met en évidence l'intérêt, déjà signalé et suggéré par notre sous-titre, qu'il y a à développer dans cette étude les sujets de la vision du monde et de la notion de personne.

Une autre façon de traiter la vision du monde est de l'aborder sous l'angle de ses *fonctions*. Hiebert identifie quatre fonctions fondamentales et en ajoute une cinquième, tirée de Charles Kraft : notre vision du monde nous fournit 1) nos bases cognitives, 2) nous assure une sécurité émotionnelle, 3) valide nos normes culturelles fondamentales, 4) intègre notre culture et 5) surveille le changement de culture[7].

Les visions du monde tâchent de conserver aux choses un caractère traditionnel en préservant les anciennes façons de faire (traditions), mais elles assurent également sur de longues périodes la stabilité face aux influences internes ou externes, et, ce faisant, elles opposent une résistance (relative) au changement[8].

Les visions du monde sont des concepts. En guise d'explication, David Naugle propose des illustrations de ce qu'*est* une vision du monde et de ce que *fait* une vision du monde. Il dit qu'une vision du monde est comme des *lentilles* « à travers lesquelles nous regardons le monde », ou comme « une paire de *lunettes* de soleil ou des nuances de couleur. Elles colorent tout ce que nous voyons ». Et on peut ajouter une troisième image : une vision du monde est comme des lentilles de contact : « Elles impactent tout ce que vous voyez, mais vous ne les remarquez pas ! »

Pour préciser ce que fait une vision du monde, Naugle utilise deux autres illustrations.

> a. Une carte et une boussole : une vision du monde guide, dirige, oriente ; elle montre où nous sommes, où nous allons, et comment y arriver, personnellement, culturellement.

---

5. Sire, *Naming the Elephant*, p. 122.
6. Mary Clark, *In Search of Human Nature*, Londres, Routledge, 2002, p. 5.
7. Hiebert, *Anthropological Insights for Missionaries*, p. 48 ; Charles H. Kraft, *Christianity in Culture. A Study in Dynamic Biblical Theologizing in Cross-Cultural Perspective*, Maryknoll, Orbis, 1979, p. 56.
8. Hiebert, *Anthropological Insights for Missionaries*, p. 49.

b. Un filtre et un cadre : une vision du monde tamise et trie, elle accepte et rejette, elle donne un contexte à la vie ; elle interprète, explique et donne un sens aux choses : Dieu, l'univers, notre monde, nous-mêmes. Elle éclaire notre esprit sur le monde et sur la place que nous y occupons[9].

Les visions du monde fonctionnent au cœur de chaque culture. De toute évidence, une culture comporte des éléments qui touchent directement les cinq sens (« niveau superficiel »), et des aspects cachés, mais présents et actifs dans l'esprit des gens (« niveau des structures profondes »). Au « niveau superficiel », on trouve les « objets » (tels que la culture matérielle, les corps humains, la langue, les symboles, les arts ou la musique) et le « comportement humain » (par exemple, les conventions relatives à l'espace, au temps, aux relations sociales ou à l'éthique) et la « perception humaine » ou le « système sensoriel » (par exemple, ce qui peut être perçu par les sens humains fondamentaux que sont le goût, l'odorat, la vue, l'ouïe et le toucher). Derrière le rideau mental, au « niveau des structures profondes », opèrent et s'ancrent des « idées » (par exemple des notions de corps humain et d'êtres spirituels, des croyances, des déclarations relatives à la vérité, des valeurs et des normes, des hypothèses ou des postulats et vœux de fidélité).

Outre des définitions succinctes ou la mise en évidence des fonctions d'une vision du monde, certains chercheurs appliquent à celle-ci *une approche plus descriptive*. Ainsi, dans sa tentative de proposer une vision africaine du monde, P. H. Moyo affirme que les visions africaines du monde ne connaissent pas la dichotomie entre le séculier et le religieux : les effets, comme la mort, la maladie ou une calamité, y ont leur cause dans la sphère spirituelle, et les réponses aux questions de la vie y sont liées au monde spirituel plutôt qu'au monde physique[10].

Du fait que notre ouvrage se concentre sur un groupe ethnique spécifique, les Bemba du nord de la Zambie, c'est une vision du monde résolument africaine qui y sera étudiée. Adeyemo exprime ce qui m'intéresse quand il parle de la vision du monde comme d'un « complexe de croyances et d'attitudes d'un peuple concernant les origines, la nature et la structure de l'univers, ainsi

---

9. David K. Naugle, « Worldview. Definitions, History, and Importance of a Concept », Dallas Baptist University, s. d., p. 4-5, https://www.dbu.edu/naugle/academic-papers/_pdfs/09/worldview_defhistconceptlect.pdf?utm_source=dburedirect&utm_medium=www3&utm_campaign=cleaninggooglesearchresults&utm_term=naugle-pdf-worldview_defhistconceptlect.pdf, consulté le 2 octobre 2020. Voir aussi Naugle, *Worldview. The History of a Concept*, Grand Rapids, Eerdmans, 2002.
10. P. H. Moyo, « The African Worldview. A Help or Hindrance to African Christianity? », *Journal of Justo Mwale Theological College*, 2007.

que l'interaction de ses êtres, particulièrement l'être humain[11] ». Deux points saillants de la définition d'Adeyemo sont essentiels pour la vision du monde des Bemba à propos de la structure de l'univers : (1) les interactions de ses êtres avec (2) une attention particulière à l'être humain. Comme Moyo et d'autres le soulignent, la structure bemba de l'univers présente une caractéristique qui n'est pas unique, mais importante : il n'y a pas de ligne de partage entre l'immanent et le transcendant, et l'interaction de ses êtres concerne autant les êtres humains que les êtres spirituels.

Comme on le démontrera, la vision du monde des Bemba est fondamentalement anthropocentrique ; *umuntu* (« la personne humaine ») occupe une place centrale dans l'univers culturel où l'homme est appelé non seulement à exister, mais encore à occuper une place régulatrice d'où il puisse agir. Mais *umuntu* n'est pas le seul être à occuper une place régulatrice. À ses côtés se trouvent des êtres spirituels, dont l'un des plus importants est *umupashi*, le « compagnon transcendantal de l'être humain », plus précisément « son double spirituel », tout à fait prêt à agir – à interagir – avec un monde rempli d'autres êtres tant humains que non humains (qui ne sont plus humains)[12].

Je soutiens qu'*au centre de toute vision du monde* fonctionne une certaine conception de l'homme, *une théorie de la personne humaine*. Dans sa définition la plus large, l'identité humaine désigne :

> La condition ou l'état d'être une personne, telle qu'on la comprend dans n'importe quel contexte spécifique. Les personnes sont constituées, dé-constituées, maintenues et modifiées dans des pratiques sociales tout au long de leur vie et après leur mort. Ce processus peut se décrire comme la tension continue pour accéder à l'identité individuelle. Être une personne est souvent conçu comme une situation qui implique un changement constant, et des transformations décisives vers la qualité de personne se produisent tout au long de la vie et de la mort. Les gens peuvent passer d'un état ou d'un stade de la personnalité à un autre. On atteint et on conserve la qualité de personne par des relations non seulement avec d'autres êtres humains, mais aussi avec des objets, des lieux, des animaux et des caractéristiques spirituelles du cosmos. Certains de ces éléments peuvent également accéder à la qualité de personnes en suivant cette évolution. Les interprétations sociales que les gens se donnent de la

---

11. Tokunboh Adeyemo, « Towards an Evangelical African Theology », *Evangelical Review of Theology* 7, n° 1, 1983, p. 151ss.
12. Badenberg, *The Body, Soul and Spirit Concept of the Bemba in Zambia*.

notion de personne et des pratiques sociales qui ouvrent l'accès à cette qualité façonnent leurs interactions de manière réflexive, mais l'identité personnelle reste une situation élaborée mutuellement[13].

Comme l'infère Fowler, la qualité de personne est un état qui implique un changement constant. Les transformations clés pour devenir une personne se produisent tout au long de la vie et de la mort. C'est exactement ce qui se passe dans le milieu bemba, et cela devient tangible dans le langage. Ainsi, l'événement de la naissance ne fait qu'introduire dans le monde physique avec un corps physique un membre de la famille qui vient de naître. D'ici qu'il reçoive un nom, le nouveau-né est un *katuutu* – une minuscule (petite) « chose », pure et transparente (vide), dont le statut sera changé lors de la cérémonie d'attribution du nom : à ce moment-là l'*katuutu* devient un *umuntu*, « une personne humaine ».

Cette transformation nécessite une interaction entre le monde des humains et le monde des esprits, entre des êtres humains et des êtres spirituels, pour devenir une coopération durant (idéalement) toute la vie entre le nouvel *umuntu* et son *umupashi* personnel. Au cours de leur vie, les gens se voient les objets d'autres transformations où cette « union » est mise en relief et qui sont saisies dans le langage. Mais elles sont toujours chargées de contenu tiré de leurs anciens ancrages au niveau des « structures profondes » et marquées par l'interaction entre le monde des humains et celui des esprits.

Plus haut, j'ai cité Mary Clark, en indiquant qu'elle a ouvert une piste avec sa définition de la vision du monde, car elle fait explicitement référence au fait que peu importe les croyances et les hypothèses par lesquelles un individu ou un groupe de personnes donne un sens à ce qu'il vit. Elles sont profondément « enfouies dans le langage et les traditions de la société environnante[14] ». Dans ce livre, j'aborderai la vision du monde et la notion de personne d'un point de vue différent, à savoir dans *une perspective ethnolinguistique*.

Cette optique souligne la nécessité de prendre davantage conscience de ce qui se cache dans la langue. C'est là qu'on touche directement les postulats adoptés par un groupe de personnes pour évaluer la nature de la réalité du point de vue de son vécu, de son ressenti et de ses évaluations. Une étude ethnolinguistique des termes relatifs au corps et aux parties du corps, jointe à des associations psychophysiques d'une partie spécifique du corps, dans ce cas d'*umutima* (« cœur »), permettra de déduire des caractéristiques culturelles importantes du fait d'être un *umuntu*. Mais pour être clair, une théorie de la vision du monde et de

---

13. Chris Fowler, *The Archaeology of Personhood. An Anthropological Approach*, Londres/New York, Routledge, 2004, p. 4.
14. Clark, *In Search of Human Nature*.

la notion de personne orientée par la linguistique requiert une analyse détaillée de six domaines : 1) les notions du corps, 2) le siège des sentiments, 3) l'intellect, 4) les traits de caractère et 5) les notions sur l'existence de la personne après la mort du corps, sans oublier un point pertinent pour de nombreux groupes ethniques autour du globe : 6) les notions d'un être spirituel personnel (double spirituel) étroitement associé à la personne, mais ne faisant pas partie du corps[15].

Cela fait que le contenu de cette monographie est structuré en conséquence, précédé d'un bref exposé de l'histoire des Bemba. Il n'existe pas de récits écrits détaillés, produits par des écrivains autochtones successifs ayant vécu au contact direct des événements depuis Chiti, le chef pionnier, qui a amené ses partisans à partir à la recherche d'un nouvel avenir et qui s'est finalement installé dans ce qui est aujourd'hui le nord de la Zambie. Ces événements ont été enregistrés dans la langue parlée et mémorisés dans l'esprit des gens. Il est donc naturel que des lacunes apparaissent dans le récit de ce qui s'est déroulé au fil du temps, car tous les esprits n'ont pas pu, voulu (ou eu besoin de ?) contribuer à une histoire unifiée à conserver pour les générations futures. Néanmoins, les événements essentiels semblent suffisamment clairs, et il y a vraiment une histoire à raconter.

Les chapitres deux à six restent centrés sur l'analyse de la langue avec un intérêt particulier pour les termes *umuntu*, *umubili*, *umutima*, *umupashi* et *mfwa*. Ils mettent en lumière le noyau anthropocentrique de la vision du monde des Bemba, ainsi qu'une dimension transcendantale qui influe fortement sur la construction de la notion de personne. Je ne connais pas d'autre publication qui unifie les thèmes majeurs de l'anthropologie bemba en les analysant de la manière présentée ici, c'est-à-dire d'un point de vue ethnolinguistique.

Le titre quelque peu énigmatique « "Exister, sans plus", ce n'est même pas exister » m'a frappé en lisant les réflexions extrêmement fascinantes de Louis Oger sur les célébrations du centenaire de l'Église catholique en Zambie[16]. Ses excursions linguistiques m'ont intrigué et ont retenu mon attention, en particulier la citation ci-dessus, qui, alors que je réfléchissais à son contenu profond, m'a si bien plu que j'ai décidé de la sauver de sa « cachette » pour une plus grande proéminence visuelle.

Dans un bref post-scriptum, l'attention sera attirée sur le fait que, bien qu'il y ait eu entre-temps une abondance de publications sur les visions du monde,

---

15. Robert Badenberg, *La conception de l'homme dans les cultures étrangères. Guide d'investigation personnelle*, préface de Lothar Käser, Charols, Excelsis, 2011.
16. Pour l'explication de sa signification, voir section IV du chap. 3. Louis Oger, *Our Missionary Shadow. A Series of Historical Flashes at the Occasion of the Centenary Celebrations of the Catholic Church in Zambia (1991) and Reflections on Second Evangelization (1992-1993)*, Paris, Publications of the Catholic Church, 1993.

on trouve curieusement peu d'écrits sur la façon dont elles se sont réellement développées ou créées.

Cette publication se fixe encore deux autres objectifs. Premièrement, elle plaide en faveur d'une meilleure terminologie, plus appropriée pour éclairer les caractéristiques spécifiques des mots et des concepts autochtones, comme Venz l'a déjà souligné avec force[17]. Cette terminologie pourra ensuite être employée par le monde universitaire, afin de « parler un langage commun » concernant des phénomènes tels que la « *psuchè* », l'« âme », l'« âme des rêves », l'« esprit », l'« ombre » et d'autres notions de ce domaine. On sera ainsi mieux en mesure de comparer les résultats de la recherche sur les concepts ethniques de cette nature avec ceux des autres chercheurs.

Deuxièmement, la méthodologie employée dans cette enquête ethnolinguistique n'est une innovation que dans le sens où elle s'applique à la recherche anthropologique bemba, mais elle ne l'est pas pour pouvoir prétendre à l'originalité. Dans sa *Chuukese Theory of Personhood*[18], Lothar Käser a préconisé une méthodologie que j'adopte comme guide, et il a lancé un appel « à se mettre au travail », à entreprendre des études parallèles, « menant à des connaissances nouvelles et significatives », un appel qui a inspiré le présent travail.

Je passe désormais le relais à d'autres pour qu'ils continuent à développer ce champ de recherche si riche en systèmes d'acquisition de connaissances. Ceux-ci peuvent certes exister dans des environnements éloignés en termes de distance, mais pas si éloignés en termes d'affinité étroite de certains éléments vraiment essentiels avec des idées sur la vision du monde et la notion de personne.

---

17. Oliver Venz, « Die autochthone Religion der Benuaq von Ost-Kalimantan. Eine ethnolinguistische Untersuchung », thèse, Faculté de philosophie de l'Université Albert-Ludwig, Fribourg-en-Brisgau, 2012.
18. Lothar Käser, *A Chuukese Theory of Personhood. The Concepts Body, Mind, Soul and Spirit on the Islands of Chuuk (Micronesia), an Ethnolinguistic Study*, Nuremberg, VTR, 2016, p. 14.

1

Les Bemba : voyageurs et conquérants

Icalo lifupa
Le monde est un os
(L'histoire est une affaire inachevée – on ne cesse de la « ronger »)

Le peuple bemba occupe une zone d'environ 32 000 km² sur le plateau du nord-est, entre les latitudes 9°-12° sud et les longitudes 29°-32° est, dans la province du nord de la Zambie (voir annexe 6). Ce vaste espace, écrit Wilfred Whitely, « comprend pratiquement la totalité du district administratif de Kasama et une grande partie de Mpika, Chinsali, Luwingu et Mporokoso[1] ». La façon dont les Bemba en sont venus à s'installer dans cette vaste étendue du plateau du Nord fait partie de leur histoire tribale ainsi que des mouvements migratoires plus larges des peuples bantous centraux en général.

Dans son tour d'horizon des publications sur les Bemba, Kevin Maxwell affirme qu'ils sont mentionnés pour la première fois par Lacerda, un explorateur portugais, en 1798[2]. À la suite de son compatriote, Gamitto a pris contact avec des chefs bemba quelque trente ans plus tard. Il a fait de vagues déclarations sur leur mode de vie guerrier et a affirmé qu'il s'agissait d'un peuple sans « aucune religion » ni « pratiques superstitieuses », déclarations qu'il a ensuite révisées en admettant qu'il ne les avait faites qu'en passant et qu'il n'avait pas d'informations précises sur la question[3].

---

1. Wilfred Whitely, « Bemba and Related Peoples of Northern Rhodesia », dans Daryl Forde, sous dir., *Ethnographic Survey of Africa*, Londres, International African Institute, 1950, p. 1.
2. Kevin B. Maxwell, *Bemba Myth and Ritual. The Impact of Literacy on an Oral Culture*, New York, Peter Lang, 1983, p. vii.
3. Gamitto cité par *ibid*.

Le survol par Francis Carey des publications historiques sur les Bemba comprend des spécialistes de divers domaines[4]. Il mentionne les travaux et les écrits de missionnaires[5], d'administrateurs coloniaux[6], d'une anthropologue[7] et d'un historien professionnel[8].

Cette liste des spécialistes présentée par Carey inclut aussi les travaux de deux linguistes[9] et les livres de deux pédagogues[10], ainsi que des écrivains

---

4. Francis Carey, « Conscientization and In-Service Education of Zambian Primary School Teachers », thèse de doctorat, Department of International and Comparative Education, University of London, 1986.
5. N. Garrec, *Croyances et coutumes religieuses des Babemba*, Rome, Chilongo, Archives des Pères blancs, 1916 ; Édouard Labrecque, « Beliefs and Religious Practices of the Bemba and Neighbouring Tribes », trad. Patrick Boyd, Ilondola, Zambie, Language Centre, 1982 (1re éd. 1931) ; Fr. Louis Étienne, « A Study of the Babemba and Neighbouring Tribes », Ilondola, Language Centre, 1948 ; François Tanguy, « The Bemba of Zambia. Beliefs, Manners, Customs », Ilondola, Language Centre, 1983 (1re éd. 1954) ; Louis Oger, « The Bemba of Zambia. Outlines of Their Lifecycle and Beliefs », Ilondola, Language Centre, 1972.
6. Cullen Gouldsbury et Herbert Sheane, *The Great Plateau of Northern Rhodesia*, Londres, Edward Arnold, 1911 ; W. Vernon Brelsford, « *"Shimwalule"*. A Study of a Bemba Chief and Priest », *African Studies* vol. 1, n° 3, septembre 1942, p. 207-223 ; Brelsford, *The Succession of Bemba Chiefs. A Guide for District Officers*, Lusaka, Government Printers, 1944 ; Brelsford, *Aspects of Bemba Chieftainship*, Lusaka, Rhodes-Livingstone Institute Communications, vol. 2, Lusaka, Rhodes-Livingstone Institute, 1944.
7. Audrey I. Richards, « The Story of Bwembya of the Bemba Tribe, Northern Rhodesia », dans Margery Perham, sous dir., *Ten Africans*, Londres, Faber et Faber, Ilondola, Language Centre, 1936 ; Richards, *Land, Labour and Diet in Northern Rhodesia. An Economic Study of the Bemba Tribe*, Londres, Oxford University Press, 1939 ; Richards, *Bemba Marriage*, Lusaka, Rhodes-Livingstone Institute, 1940 ; Richards, « The Bemba of North-Eastern Rhodesia », dans E. Colson et M. Gluckman, *Seven Tribes of British Central Africa*, Londres, Oxford University Press, 1951, p. 164-193 ; Richards, « Keeping the King Divine », *Proceedings of the Royal Anthropological Institute of Great Britain and Ireland*, 1968, p. 23-35 ; Richards, *Mother-Right among the Central Bantu*, Westport, CT, Negro Universities Press, 1970 ; Richards, *Chisungu. A Girl's Initiation Ceremony among the Bemba of Zambia*, réimpr., Londres/New York, Tavistock, 1982.
8. Andrew D. Roberts, « Chronology of the Bemba (N. E. Zambia) », *Journal of Anthropological History* vol. 11, n° 2, 1970, p. 221-240 ; Roberts, *A History of the Bemba. Political Growth and Change in North Eastern Zambia before 1900*, Madison, University of Wisconsin Press, 1973.
9. Malcom Guthrie, « Some Aspects of the Pre-History of the Bantu Languages », *Journal of Anthropological History* vol. 3, n° 2, 1962, p. 273-282 ; Douglas Werner, « Some Developments in Bemba Religious History », *Journal of Religion in Africa* vol. 4, n° 1, 1971, p. 1-24 ; Werner, « *Miao* Spirit Shrines in the Religious History of the Southern Lake Tanganyika Region. The Case of *Kapembwa* », dans J. M. Schoffeleers, sous dir., *Guardians of the Land. Essays on Central African Territorial Cults*, Gweru, Mwambo Press, 1999, p. 89-130.
10. Peter Snelson, *Educational Development in Northern Rhodesia 1883-1945*, Lusaka, Kenneth Kaunda Foundation, 1990 ; At Ipenburg, *"All Good Men". The Development of Lubwa Mission, Chinsali, Zambia, 1905-1967*, Studies in the Intercultural History of Christianity, vol. 83, Francfort-sur-le-Main, Peter Lang, 1992.

bemba[11] et un enseignant, politicien, pasteur et historien bemba[12]. Il n'est donc pas vraiment nécessaire d'entreprendre une étude complète de l'histoire des Bemba, compte tenu de la masse de données facilement disponibles. Je limiterai donc mon champ d'intérêt à deux caractéristiques de l'histoire et de la culture bemba : le temps et l'espace.

I. Voyageurs dans le temps

Les Bemba appartiennent au grand groupe de peuples bantous qui ont migré vers le nord-est de la Zambie à partir des Empires Lunda-Luba, situés entre les rivières Lualaba et Kasaï, dans les actuelles provinces de même nom en République démocratique du Congo[13]. Certaines traditions indiquent que le secteur s'appelait Kola[14] et que les premiers groupes ayant quitté Kola étaient de souche luba et parlaient la langue luba[15]. Selon les indications des données disponibles, il apparaît que les Bemba n'ont pas émigré (ce qu'on a appelé la « dispersion Luba-Lunda[16] ») de leur région d'origine en tant que peuple entier à un moment donné, mais ils étaient plutôt organisés en clans, qui ont quitté leur habitat d'origine par vagues d'émigration successives[17]. La reconstitution par Andrew Roberts des récits oraux et écrits de la dynastie royale bemba Chitimukulu propose un « terminus ante quem pour l'installation des rois bemba au pays bemba vers 1700[18] ».

A. Histoire des Bemba : lacunes chronologiques

Cette chronologie laisse dans l'ombre environ deux cents ans d'immigration, d'installation et d'établissement d'un rude et puissant régime bemba[19], dominant sur le plateau du Nord, avant qu'il ne soit lui-même obligé de se soumettre aux

---

11. A. Ng'andu, « Bemba Cultural Data », Chinsali, Language Centre, 1922.
12. Paul B. Mushindo, *A Short Story of the Bemba*, Lusaka, 1977.
13. Carey, « Conscientization », p. 31 ; Mushindo, *A Short Story of the Bemba*, p. xv.
14. African Elders, *History of the Bena Ng'oma (ba-Cungu wa Mukulu)*, Londres, MacMillan, 1949, p. 1.
15. Mushindo, *A Short Story of the Bemba*, p. xv.
16. Carey, « Conscientization », p. 31.
17. Roberts, *A History of the Bemba*, p. 67-85.
18. Roberts, « Chronology of the Bemba », p. 232 ; Tanguy, *Imilandu ya Babemba*, réimpr., Lusaka, Zambie, Educational Publishing House, 1996, p. 9.
19. Hugo F. Hinfelaar, *Bemba Speaking Women of Zambia in a Century of Religious Change (1892-1992)*, Leyde, E. J. Brill, 1994, p. 21.

puissances coloniales en 1899[20]. Même leur propre peuple a dû subir la dure mainmise du clan royal au pouvoir, les *Beena Ng'andu*. À propos des chefs bemba d'autrefois, les femmes bemba disent que les « *Bashamfumu ba ku lubemba* (les maîtres suprêmes du pays bemba)... [étaient] *nkakashi* (méchants) et *bakali* (cruels)[21] ». « Les légendaires Bemba étaient des guerriers féroces qui cultivaient avec leurs lances plutôt qu'avec leurs houes[22]. » Le souvenir des quelque deux siècles de règne des Bemba est conservé dans la tradition orale, bien qu'entrecoupé de lacunes et de données incertaines, comme le remarque Peter Snelson : « Il y a de nombreuses lacunes dans ce qui a été conservé de l'histoire de la Zambie[23]. »

Les missionnaires et le personnel colonial ont été les premiers à compiler des récits écrits de l'histoire des Bemba, extraits et reconstitués d'après des récits oraux des Bemba à partir du début du XXe siècle pour les plus anciens. Les quelques documents écrits par les premiers voyageurs et explorateurs[24], l'absence d'informations écrites plus précises, antérieures à l'ère coloniale et missionnaire, et la disparité des données orales posent des problèmes à l'historiographie qui présente les événements historiques par séquences temporelles linéaires[25]. Mais aussi précaires que soient les données historiques, il y a une histoire à raconter, une histoire ancrée dans le langage, une histoire qui trouve sa validité dans les événements réels de la communauté orale. Comme le remarque Joseph Ki-Zerbo, les sociétés africaines considèrent « l'histoire moins comme une science que comme une forme de sagesse, comme un art de vivre auquel on donne corps par la parole[26] ». Un proverbe bemba en témoigne avec pertinence : *umweo wa muntu*

---

20. Henry S. Meebelo, *Reaction to Colonialism. A Prelude to the Politics of Independence in Northern Zambia 1893-1939*, Manchester, Manchester University Press, 1971, p. 34-78.
21. Hinfelaar, *Bemba Speaking Women of Zambia*, p. 21.
22. Louis Oger, « Bemba Topics – With Appropriate Vocabulary », Ilondola, Language Centre, s. d., p. 8.
23. Snelson, *Educational Development in Northern Rhodesia 1883-1945*, p. v.
24. « Lacerda, le Père Pinto, Gamitto et Livingstone sont les plus connus des premiers explorateurs et missionnaires qui ont écrit dans ce domaine. » Werner, « Some Developments in Bemba Religious History », p. 3. Voir également Whitely, « Bemba and Related Peoples of Northern Rhodesia », p. 8.
25. Cela ne signifie évidemment pas que les récits écrits sont intrinsèquement exacts, ni que les récits oraux doivent être traités avec un a priori de prudence. Au contraire, les deux modes de préservation de l'histoire peuvent contenir certaines données fausses, manipulées, partielles, incomplètes, etc. Quoi qu'il en soit, toute la question de l'exactitude dépend du facteur humain, c'est-à-dire de la personne qui écrit ou raconte l'histoire.
26. Joseph Ki-Zerbo, « Methodology of African History », dans *General History of Africa. Abridged Version*, vol. 1, Berkeley, Calif./Londres/Paris, University of California Press/James Currey/UNESCO, 1990, p. 89.

waba mu kutwi, « la vie d'une personne est dans l'oreille ». De toute évidence, ce proverbe ne parle pas de la vie biologique ni ne situe son origine dans l'oreille. Il rappelle que la vie, et plus précisément la sagesse qui conduit à l'action, émane de la parole et de son contenu d'événements passés conservés dans le langage (par exemple, des documents historiques, des proverbes, des énigmes, des paraboles, etc.), plutôt que des faits conservés sur le support impersonnel du papier et de l'encre[27].

B. Histoire des Bemba : langue et rituel

« La langue comme système et outil de communication est un phénomène historique, [car] l'histoire est un produit de la langue à deux titres : c'est un discours et c'est une preuve historique[28]. » C'est le son des mots transmis par la bouche du locuteur à l'oreille de l'auditeur qui crée un lien – et donc la vie – entre les deux personnes, dans l'espace et dans le temps[29].

La vision bemba du monde est profondément imprégnée des épisodes de voyage des bandes regroupées de Bemba au cours des périodes de leurs mouvements migratoires vers le nord-est de la Zambie, depuis l'ouest qu'ils ont quitté vers l'est qu'ils ont paré de leurs espoirs. Ainsi, pendant le rite d'initiation des filles bemba (*cisungu*), l'axe est-ouest est un thème central pour les initiés, selon Hugo Hinfelaar, un érudit catholique reconnu[30]. L'ouest représente le lieu

---

27. Ernst Wendland, enquêtant sur les sermons de l'évangéliste malawien Wame, dit des Malawiens qu'ils sont « encore principalement orientés vers l'oral et l'écoute, plutôt que vers l'imprimé ou l'écrit ». Ernst Wendland, *Preaching that Grabs the Heart. A Rhetorical-Stylistic Study of the Chichewa Revival Sermons of Shadrack Wame*, A Kachere Monograph, Blantyre, Christian Literature Association in Malawi, 2000, p. 43-44. Je suppose que cela décrit également la situation générale en Zambie et encore plus chez les Bemba de la province du Nord. Kevin Maxwell, lui aussi, caractérise explicitement les Bemba « comme un peuple axé sur un fonctionnement oral » (Maxwell, *Bemba Myth and Ritual*, p. 26).
28. Ki-Zerbo, « Methodology of African History », p. 89.
29. La différence majeure entre celui qui raconte l'histoire oralement et celui qui l'écrit tient au fait que la technologie de l'alphabétisation permet à l'esprit d'une personne de se retirer dans la conscience de soi, en s'abstrayant de la conscience du peuple. Kevin Maxwell ajoute qu'« un écrivain travaille seul en dissociant les mots de la situation globale du dialogue original » (Maxwell, *Bemba Myth and Ritual*, p. 153). Ong remarque qu'un écrivain ne se contente pas d'écrire des mots, mais analyse des sons fugaces en composants spatiaux qui sont abstraits. Cela rend à son tour possible des processus d'analyse plus poussés (Ong, cité par Maxwell, *ibid.*).
30. Hinfelaar, *Bemba Speaking Women*, p. 3-6. La fille bemba qui subit la cérémonie du *cisungu* est appelée *nacisungu* (pl. *banacisungu*, « *na-* » étant un préfixe féminin). La pratique de la teknonymie implique que les femmes sont appelées par les noms de leurs filles ou de leurs fils. Par exemple, *banaChanda* signifie « la mère de Chanda ». Le préfixe « *ba-* » est un pronom personnel de la deuxième personne du pluriel et est fréquemment utilisé dans un

d'origine, mais aussi le lieu de la tourmente, de l'obscurité, de la nuit et de la mort[31]. Formant un contraste fortement tranché, l'est figure « l'avenir, l'espoir et les attentes, la lumière et le bonheur[32] ». Même après l'installation dans le pays des premiers immigrants venus de l'ouest, on n'a jamais cessé de voyager. Les premiers colons ont dû céder la place aux vagues suivantes de « conquistadors » venus en force de l'ouest. De plus, le pays était infesté par la mouche tsé-tsé, et la faible fertilité du sol obligeait les gens à continuer à se déplacer vers des pâturages plus verts[33]. Cette expérience historique a produit un impact profond sur la vie des gens. De ce fait, la vision du monde des Bemba porte des traces profondes de ces perpétuels voyages de leur expérience passée.

II. Conquérants d'espace

La vaste étendue du plateau du Nord n'était pas vide d'habitants lorsque les premiers groupes migratoires bemba ont envahi leurs territoires. L'espace géographique était une question pertinente qu'il s'agissait de régler avec les premiers habitants et les premiers immigrants. Les immigrants bemba ont surtout utilisé la force, mais ils ont également été « forcés » de recourir à la négociation et à la diplomatie pour arriver à s'établir comme puissance dominante dans cette vaste région. Leur immigration a consisté en vagues successives de conquête et de subjugation des immigrants précédents, tels que les Lungu, les Tabwa et les Fiba, ainsi que des habitants originels[34]. Au plus fort de leur quête de terres, ils

---

sens honorifique. (La teknonymie est la désignation d'une personne par référence à son ascendance ou à sa descendance. N.D.L.R.).
31. La Charte royale des Bemba raconte l'histoire des trois fils du chef Mukulumpe Mubemba dans le pays de Kola. La colère de celui-ci s'est enflammée contre eux lorsque l'un des trois a été tenu responsable de la mort de nombreux membres du peuple. Katongo, le fils coupable, a été puni par son père, qui lui a crevé les yeux. Les deux autres fils, Chiti et Nkole, échappèrent au châtiment et s'enfuirent avec leurs partisans en voyageant vers l'Est pour fuir la colère de leur père (Maxwell, *Bemba Myth and Ritual*, p. 37).
32. À l'est, les migrants bemba ont trouvé un lieu de refuge et une patrie pour les générations futures (Hinfelaar, *Bemba Speaking Women*, p. 3). L'axe ouest-est se manifeste également lors de la mort : les tombes sont orientées selon l'axe ouest-est, et la tête est toujours tournée vers l'est.
33. Hinfelaar, *Bemba Speaking Women*, p. 2.
34. Michael O'Shea, *Missionaries and Miners*, Ndola, Zambie, The Missionaries of Africa Mission Press, 1986. At Ipenburg note que les Bemba étaient « redoutés » par leurs voisins. Pour illustrer leur réputation, il raconte un incident arrivé au révérend Dewar, qui a essayé de prendre contact avec les Bemba en 1896. « Cette année-là, les Dewar ont rencontré un raid des Bemba qui avaient piqué des têtes humaines sur des pieux pour les effrayer ». Ipenburg, *"All Good Men"*, p. 30.

ont pénétré profondément dans les territoires des Shila, Tabwa, Lungu, Bisa[35] et Lala et, par d'incessantes guerres avec ces peuples, ils en ont pris fermement le contrôle. Les habitants d'origine, les *Bashimatongwa*, litt. « autochtones[36] », et leur présence dans cette partie de l'Afrique centrale sont entrés dans l'histoire[37]. Ils ont été soit complètement absorbés par des mariages mixtes avec les Bantous Bemba, soit expulsés et forcés d'émigrer vers le sud, ou même les deux.

Mais la revendication et la prise de contrôle de l'espace physique n'étaient qu'un aspect des épisodes guerriers ambitieux et cruels des Bemba en maraude. De tels succès de conquête n'ont jamais pu être dus à la bravoure des guerriers bemba. On ne peut pas non plus les attribuer aux seules tactiques astucieuses de leurs commandants. L'espace ainsi conquis était plus que de vastes étendues de sol et d'espace. C'était une terre richement pourvue en rivières, arbres, montagnes, chutes d'eau, grottes et sources d'eau – bref, c'était le lieu de résidence de pouvoirs spirituels. De plus, les vestiges des villages abandonnés étaient de puissants révélateurs de forces qu'il ne serait pas facile de soumettre simplement par la bravoure et la tactique. Toutes ces caractéristiques géographiques et ces lieux autrefois pleins d'activités humaines étaient « sacralisés par les esprits des anciens chefs et fixés dans la mémoire par les histoires racontées à leur sujet[38] ». Il en résulte que l'autre facette de la conquête bemba est un épisode où s'opposent un espace géographique et un territoire transcendental. L'irruption des forces bemba dans l'espace géographique ainsi occupé était en même temps une invasion dans le domaine des esprits établis dans le pays. Tandis que la question de l'espace géographique s'est réglée par la force, celle de la conquête de l'espace transcendental a dû être traitée dans une approche de compromis.

A. Hypothèse : le compromis du *Shimwalule*

Wim van Binsbergen émet l'hypothèse que les immigrants du clan royal bemba *Beena Ng'andu* avaient peu d'intérêt à renforcer leur relation avec les immigrants luba antérieurs et à en faire des prêtres-conseillers[39]. Pareille alliance

---

35. Hinfelaar note que vers 1830, les peuples Bisa ont été séparés de force, les Bemba ayant creusé un profond fossé dans leur territoire, qui s'avançait jusqu'à la région de Chinama à Mpika. Hinfelaar, *Bemba Speaking Women*, p. 24.
36. Il s'agissait de personnes d'origine khoisan, que l'on appelait les *Bashimatongwa*, les « autochtones ». Hinfelaar, *Bemba Speaking Women*, p. 2.
37. À environ trois kilomètres à l'est de Kasama, sur la route d'Isoka, on peut visiter des peintures rupestres dues aux « bushmen ».
38. Maxwell, *Bemba Myth and Ritual*, p. 83.
39. Wim M. J. Van Binsbergen, « Explorations in the History and Sociology of Territorial Cults in Zambia », dans J. M. Schoffeleers, sous dir., *Guardians of the Land. Essays on Central African Territorial Cults*, Gweru, Mwambo Press, 1999, p. 47-88.

n'offrait que des avantages minimes, voire nuls. L'intérêt des *Beena Ng'andu* consistait clairement à prendre le contrôle de la terre sur laquelle les prêtres prélubas « possédaient la clé de la légitimité ultime : le contrôle rituel de grandes étendues de terre[40] ». Trouver un compromis n'était donc pas une option, mais un acte d'une absolue nécessité. Une façon de parvenir à un contrôle total de la terre était d'intégrer les prêtres territoriaux prélubas dans le système. Van Binsbergen suggère en outre, mais ce n'est certes qu'une hypothèse, que les *Beena Ng'andu*, par exemple, ont agi rapidement et ont fait du *Shimwalule*, un prêtre établi en ces lieux, « la plus haute autorité non royale bemba[41] ». Celui-ci, en vertu de sa fonction, fait également office d'intendant royal[42]. Les *Shimwalule* suivants ont acquis l'autorité de superviser l'enterrement du Chitimukulu, le chef suprême bemba « investi d'importantes fonctions "écologiques"[43] ».

Le style de leadership hiérarchique des *Beena Ng'andu* parvint à s'arroger la domination en gérant le pouvoir politique de deux manières : en commandant le service et en contrôlant les ressources[44]. Les habitants précédents et leurs territoires ont été assujettis en leur imposant un système de tributs. Cela les a effectivement placés au service de leurs suzerains. Ceux-ci y sont parvenus en intégrant les prêtres territoriaux déjà établis dans le système *Beena Ng'andu* (comme ce fut probablement le cas pour le *Shimwalule*). Ce faisant, ils ont pu garder solidement en main le contrôle du pouvoir écologique et des ressources naturelles. Et ainsi, ils sont ensuite effectivement devenus les propriétaires de la terre. Pour être efficace, un système politique, tel que le pratiquent les Bemba, dépend fortement d'au moins un des deux facteurs suivants : définir et contrôler la structure du pouvoir et s'assurer le contrôle sur toutes les ressources écologiques disponibles.

Un troisième type de pouvoir que les *Beena Ng'andu* ont exercé sur le pays au fur et à mesure de leur installation a été instauré par Chitimukulu, le chef suprême, le chef rituel reconnu du peuple et de la chefferie. Gardien des reliques sacrées et « chargé de conserver la mémoire des souverains morts », Chitimukulu présidait également « aux pratiques quotidiennes de la production agricole et de l'entretien du village... au moyen d'un système de rites complexes liés à la fertilité [exerçant ainsi] son pouvoir surnaturel[45] ».

---

40. *Ibid.*, p. 70.
41. *Ibid.*, p. 71.
42. Maxwell, *Bemba Myth and Ritual*, p. 44.
43. Van Binsbergen, « Explorations », p. 71.
44. Cf. Richards, Audrey I., *Mother-Right among the Central Bantu*, p. 269.
45. Walima T. Kalusa et Megan Vaughan, *Death, Belief and Politics in Central African History*, Lusaka, The Lembani Trust, 2013, p. 50.

B. Hypothèse : le compromis *Mwine wa Mushi*

Hinfelaar souligne que les *Beena Ng'andu* ont, par exemple, eu recours à un autre compromis, bien qu'il ne s'agisse d'un compromis que du point de vue des Bemba et certainement pas de celui des habitants d'origine. Avant la conquête bemba, les villages avaient un *Mwine Mushi*, un prêtre local, « souvent le fils d'une épouse secondaire et considéré comme un *mwine calo* "propriétaire de la terre"[46] ».

Après la conquête, les villages et leurs *Mwine Mushi* ont été complétés par la nomination du *Mwine wa Mushi* (le chef)[47]. Son installation a été décrétée par une nomination centrale (des chefs et/ou du chef suprême Chitimukulu), et sa fonction était plus politique que spirituelle. Son rôle était celui d'un gouverneur responsable envers le chef et chargé de veiller à ce que « le rituel royal soit observé[48] ». Les Bemba étaient assez astucieux pour chercher la meilleure solution possible au problème de l'apaisement à leur profit des esprits gardiens de la terre. Ils avaient un besoin urgent de la bénédiction des *mwine calo*, des « propriétaires de la terre ». Éliminer totalement des gardiens originels de l'espace géographique (*mwine mushi*) et de leur rôle de médiateurs comme gardiens de l'espace transcendantal aurait entraîné une catastrophe cosmique avec de graves répercussions, aussi bien sur les conquérants que sur le pays tout entier. On a évité cette situation par l'astuce consistant à intégrer le *Mwine Mushi* existant et à introduire une autre option sous la forme du *Mwine wa Mushi*. Du point de vue terminologique, l'adaptation était minimale, mais, en termes d'impact sociétal, elle a eu un effet maximal. Une substitution dans les faits pourrait finalement équivaloir à une abolition effective des structures archaïques précédentes.

1. Transcendance et immanence : ambivalence culturelle

En ce qui concerne les Bemba, leur vision cosmique de la transcendance étendue jusqu'à l'immanence constitue une ambivalence culturelle. Les

---

46. Hinfelaar, *Bemba Speaking Women*, p. 21.
47. Il est intéressant de noter que l'histoire de la vallée de Luapula présente un cas presque identique. On se souvenait des premiers habitants d'un territoire, les *Bwilile*, sous le nom de *mwine wa mpanga* ou *mushi wa calo*, « les propriétaires de la forêt/de la terre ». Lorsque les Shila, et plus tard les Lunda, ont envahi la région et se sont imposés à eux, ils ont pris l'habitude de nommer dans leurs propres rangs un « *mwine wa mpanga* au sens politique pour chaque secteur du pays ». Le *mwine wa mpanga*, le colon d'origine, en était le propriétaire par le fait d'être là le premier, et c'était aussi son autorité rituelle. Le *mwine wa mpanga* imposé par les conquérants devenait le propriétaire politique « par le droit et la puissance, ou par la ruse ou la duplicité ». Ian G. Cunnison, *History of the Luapula*, Rhodes-Livingstone Institute Paper n° 21, Londres, Oxford University Press, 1969 (1re éd. 1951), p. 14, 16.
48. Hinfelaar, *Bemba Speaking Women*, p. 21.

gens doivent trouver les moyens de faire face aux deux. Des actes, tels que la négligence, commis contre les *imipashi* (esprits ancestraux familiaux), attirent leur vengeance. La maladie et d'autres calamités peuvent s'abattre sur la famille ou sur la communauté villageoise. En cas de sécheresse, de famine ou d'autres désastres de grande ampleur, l'homme et la société sont contraints de demander et d'obtenir la « pitié » des *imipashi*. Mais le point critique est que cette situation n'est pas sans remède. Il ne s'agit pas d'une voie culturelle à sens unique et sans issue. Des rituels établis de longue date et transmis de génération en génération permettent non seulement d'approcher les *imipashi*, mais aussi d'obtenir qu'ils accèdent aux demandes humaines.

2. Le rituel en paroles et en actes : conquérir l'espace transcendantal

Un rituel effectué de manière correcte ou appropriée en paroles et en actes contraint les esprits à rendre service à la communauté terrestre réceptive. C'est fondamentalement le mode de fonctionnement de la sorcellerie. Si l'on respecte dans le détail l'ordre correct des « choses à faire » et des « choses à dire » (pratique rituelle), on oblige le monde des esprits à obtempérer, ce qui permet d'atteindre effectivement le but recherché. La prière, elle aussi, peut se comprendre de cette même manière. Dans certains milieux chrétiens, il est parfois entendu que plus on prie fort et vite, plus la prière est efficace, ou même plus on est assuré d'obtenir le résultat souhaité. Je me souviens très bien d'avoir participé à un service religieux à Itinti (à environ 15 km à l'est de Kasama) en septembre 2000, où le responsable du service a clôturé le temps de culte par une prière. Il n'a pas parlé « en langues », mais à une vitesse, avec une intensité et un volume de décibels si incroyables que j'étais « perdu » – une performance de grand spectacle. Je n'ai pu m'empêcher de penser qu'il ne s'agissait pas d'un « dialogue dans la prière », mais de la mise en œuvre d'une « conquête par la prière[49] ».

III. Structure politique

Chez les Bemba, l'autorité est incarnée par un chef suprême héréditaire appelé Chitimukulu (du nom de leur premier chef Chiti Mukulu, ce qui signifie « Chiti le Grand »). Les *Abeena Ng'andu*, « le clan du crocodile », occupent la fonction de chef suprême depuis le XVIIIe siècle. Seuls les hommes descendant de la lignée du Chitimukulu et membres du clan royal sont éligibles à cette fonction. Tout le pays bemba est détenu par le chef suprême Chitimukulu, qui exerce le

---

49. Badenberg, *Sickness and Healing*, p. 202.

pouvoir judiciaire coutumier suprême. C'est pourquoi il est également appelé *Mwinelubemba Chitimukulu*[50].

En raison de leur structure sociale matrilinéaire, la succession des chefs se fait par la lignée féminine. Pour tous les chefs supérieurs, une condition non négociable pour l'exercice de la fonction est la descendance matrilinéaire, c'est-à-dire qu'ils « doivent être fils de la mère ou de la sœur (*namfumu*) du défunt Chitimukulu, [qui sont] au nombre de trois, Chitimukulu, Mwamba et Mukuka-Mfumu[51] ». Les chefs territoriaux se succèdent par héritage, mais doivent être approuvés et reconnus par le Chitimukulu.

La structure politique s'articule autour du Chitimukulu, des chefs supérieurs et territoriaux et d'un conseil composé de 40 fonctionnaires (*bakabilo*), dont la principale fonction est de conseiller le Chitimukulu sur les questions du peuple. Les autres chefs ont leurs propres conseillers appelés *bacilolo* (« ceux qui ont une autorité exécutive légale »)[52]. Au niveau du village, l'autorité appartient aux chefs (*bamwine mushi*).

IV. Conclusion

Les groupes bemba ont migré vers le nord de la Zambie sur une longue période. Leur arrivée, c'est l'histoire de vagues successives d'immigrants venus de l'ouest qui ont conquis, assujetti et soumis à leur suprématie des groupes de population déjà installés et occupant les vastes étendues du plateau du Nord. Certes, le déploiement agressif de leur puissance militaire a pu les aider à s'arroger la suprématie et à s'établir comme le peuple dominant et dirigeant sur le territoire. Mais la puissance militaire s'est avérée insuffisante pour le gouverner efficacement. Ce qui les a aidés à atteindre leurs objectifs, c'est une diplomatie astucieuse et la coopération avec les précédents « courtiers en pouvoir » transcendantal, tels que les prêtres territoriaux prélubas ou le prêtre du village local *mwine calo*, vus comme propriétaires de la terre, et peut-être *Shimwalule*, qui était désormais le *Shimwalule* (l'intendant royal). L'expérience du voyage et de la conquête imprègne profondément la vision du monde des Bemba, transcendant le temps et l'espace et s'étendant au domaine transcendantal. Les structures hiérarchiques centrées sur Chitimukulu, protecteur des reliques

---

50. Audrey I. Richards, « The Bemba of North-Eastern Rhodesia », citée par Alexander Roy Chileshe, « Land Tenure and Rural Livelihoods in Zambia. Case Studies of Kamena and St. Joseph », thèse de doctorat, Faculty of Arts, University of the Western Cape, Afrique du Sud, 2005, p. 105.
51. Tanguy, « The Bemba of Zambia. Beliefs, Manners, Customs », p. 4-5.
52. *Ibid.*, p. 5.

sacrées et gardien de la fertilité de la terre et du peuple, ainsi que les nombreux autres rituels accomplis en paroles et en actes, tout cela fonctionne comme des ancres ou des piliers soutenant l'univers culturel.

La « mentalité de conquérant » des Bemba a survécu à la défaite et à la capitulation devant la puissance britannique, à des décennies de colonialisme, à deux guerres mondiales, aux bouleversements de l'indépendance, au passage d'un système de parti unique à un système multipartite, et est parvenu jusqu'à l'aube d'un nouveau millénaire. Au titre d'ascendant officiel du « siège traditionnel le plus élevé du pouvoir bemba » (le chef suprême Chitimukulu), Henry Kanyanta Sosala a écrit en 2016 :

> Les Bemba ont considéré l'intrusion européenne en général comme une menace pour leur mode de vie, largement fondé sur la conquête et le pillage (ce que certains anthropologues ont appelé « la culture avec la lance »). La Loi de la Génération stipule : « Nous sommes tous liés aux générations précédentes qui nous ont précédés. Nos ancêtres sont dans nos gènes, dans nos os, dans notre moelle, dans notre constitution physiologique et émotive. À notre tour, nous serons inscrits dans les enfants qui viendront après nous »[53].

> Cela signifie que « ce que nous sommes, c'est ce que nous avons été ». Les Bemba sont issus de la race des guerriers. Le pouvoir de façonnement de cet héritage nous a tous continuellement modelés, et cet héritage a imprimé en nous certaines valeurs, certains modèles comportementaux, etc. Par exemple, dans la vie d'un véritable Bemba (*umu bemba inkonko*), l'audace téméraire est considérée comme du courage royal ; la prudente remise à plus tard est l'excuse du lâche ; la modération est le déguisement d'une faiblesse peu virile ; l'amateur de violence est toujours digne de confiance. Tout cela s'appuie sur un proverbe tel que *Amala ya mwaume yashala ku cishiki*, « un homme doit se battre jusqu'au dernier atome de son pouvoir[54] ».

---

53. Henry Kanyanta Sosala, « The Illusive Role of the Chitimukulu as the Chief Executive of the Bemba People and Tribe », *Lusaka Times*, 20 mai 2016.
54. *Ibid.*

2

Umuntu : plus qu'« exister »

Imiti ikula – e mpanga
Ce sont les arbres qui étendent la forêt
(Ce sont les personnes qui forment la communauté – rien d'autre)

La vision du monde des Bemba est solidement ancrée dans leur *histoire* de voyages et de conquêtes, comme l'a montré le chapitre précédent, le thème de la perpétuité servant de fil conducteur tissé dans la trame des événements historiques. Et pourtant, l'histoire n'est qu'un des angles d'approche pour explorer la vision du monde d'un peuple.

Un autre angle pourrait être la façon dont la *société* est structurée (par exemple, selon un mode matrilinéaire ou patrilinéaire), car elle influence la manière dont se négocie le pouvoir, dont s'organise la vie familiale et communautaire, le système selon lequel se conçoit l'héritage et la descendance, et la forme sous laquelle les rituels et les symboles reflètent tout cela. Il faut également prendre en compte le type de dynamique qui sous-tend l'interaction entre l'individu et la communauté. Kapolyo remarque :

> On ne soulignera jamais assez l'importance de la communauté et la place prioritaire qu'elle occupe par rapport à l'individu… Les individus ne vivent pas dans un vide social. Ils ne sont véritablement *abantu* que lorsque leur *ubuntu* se manifeste dans la société. Les Bemba disent : *umuntu ekala na bantu ; uwikala ne nama, akaliwa* « un homme vit parmi les hommes ; celui qui vit avec des animaux sera mangé ». On notera que la seule alternative est de vivre soit parmi les hommes, soit à l'écart des hommes, parmi les animaux sauvages de la forêt. Appeler quelqu'un *umuntu*, c'est l'associer

immédiatement aux *abantu* – le pluriel de *umuntu* – dans la communauté[1].

Évoquant le contexte malawite voisin, Bandawe accentue ce point de vue en y ajoutant un dicton sotho : « Le tissu même de la vie traditionnelle africaine est centré sur la communauté et sur l'appartenance à une communauté de personnes... *Umuntu ngumuntu ngabantu*, "une personne est une personne à travers des personnes"[2] ». Arno Meiring renchérit qu'« un Africain est un être-en-communauté[3] ».

Maxwell attire l'attention sur les cinq piliers de la religion bemba. Celle-ci équivaut en fait à la vie sociale bemba en tant que telle, puisqu'il n'y a pas de mot pour « religion » en bemba. Il déclare qu'elle est « traditionnelle, communautaire, anthropocentrique, vitalement dynamique et holistique concernant la cosmologie[4] ». Maxwell propose à juste titre ce commentaire :

> Toutes les pratiques religieuses des Bemba cherchent à établir et à maintenir la place centrale et régulatrice de l'homme dans l'ensemble formé par l'univers spirituel et physique. Les Bemba sont obstinément attachés à la terre, et leur vision d'eux-mêmes – leur vie, leur monde et leur divinité – est déterminée par leur implantation sur une terre. Ils sont à la fois l'image, le modèle et la partie intégrante de l'univers. Ils sont puissamment engagés dans la vie cyclique de cet univers, mais non submergés par elle[5].

La langue est encore un autre grand moyen d'explorer la vision du monde d'un peuple. *Umuntu* est le mot bemba qui peut signifier « être humain ». Mais, comme le souligne Louis Oger, il désigne plus précisément « la personne humaine, homme ou femme. Ce que l'on voit en vous, par exemple, quelqu'un d'autre que

---

1. Joe M. Kapolyo, *L'homme. Vision biblique et africaine*, Marne-la-Vallée, Farel, 2007, p. 38s. À ce sujet, M. Myandu note : « *Ubuntu* ne constitue pas seulement un ensemble de vertus humaines positives, mais l'essence même de ce qu'est l'humanité. *Ubuntu* persuade et rend capables les humains de devenir des *abantu* ou des êtres humanisés. » M. Mnyandu, « *Ubuntu* as the Basis of Authentic Humanity. An African Perspective », *Journal of Constructive Theology* 3, 1, 1997, p. 81.
2. Chiwoza Bandawe, *Practical Umuntu Psychology. An Indigenous Approach to Harmonious Living*, Balaka, Montfort, 2010, p. 17.
3. Arno Meiring, « As Below, So Above. A Perspective on African Theology », *Harvard Theological Studies* 63, 2. 2007, p. 735. Cf. Tokunboh Adeyemo, « Towards an Evangelical African Theology », *Evangelical Review of Theology* vol. 7, n° 1, 1983, p. 147-154.
4. Maxwell, *Bemba Myth and Ritual*, p. 20.
5. *Ibid.*, p. 22.

moi, un "soi" indépendant, c'est-à-dire une autre personne humaine, est plus important que le simple "fait d'exister"[6] ».

I. L'homme dans l'univers

La vision du monde des Bemba place la personne au centre. Ainsi, on commence toujours par soi-même : *ine na bantu bandi*, « moi et mon peuple ». L'individu est la personne importante, « le point à partir duquel on regarde autour de soi ». L'homme est au centre de l'univers et « votre position dans le monde est relationnelle[7] ». Le pluriel d'*umuntu* est *abantu*, « des personnes humaines ». L'aspect communautaire et relationnel d'*abantu* est exprimé dans *ubuntu* ou *ubuntunse*, « un terme ontologique bemba qui définit ce que signifie "faire partie de l'humanité"[8] ».

Il y aurait encore beaucoup à dire sur l'aspect linguistique de la vision du monde d'un peuple en ce qui concerne les Bemba. Louis Oger, linguiste et résident de longue date chez les Bemba, fournit des données linguistiques et culturelles précieuses, détaillées et pénétrantes, qui méritent d'être présentées ici dans leur intégralité[9]. Les insertions ou les commentaires ajoutés seront indiqués par des points de suspension et, au besoin, par des crochets […], afin d'indiquer la source différente. Cela nous dispensera d'utiliser la présentation comme citation pour les nombreuses données empruntées à Oger.

II. « Être/devenir »

Il n'y a pas de mot en bemba pour la notion abstraite de « personne ». La personne humaine se désigne soit par je (moi), tu, vous ou nous, suivi d'un nom propre [comme] Mulenga, Bwalya, ou, à défaut du nom, le terme d'adresse que le groupe considère comme approprié, tel que *mukwai* « monsieur, madame », *mune* « ami, cher » (pl. *bane*), *tata* « mon père », *mayo* « ma mère »… On vit dans ce monde et on se dirige vers le futur. Cela ressort des verbes « être », « avoir », « savoir » et « être intelligent »[10].

---

6. Oger, *Our Missionary Shadow*, p. 39.
7. *Ibid.*
8. Kapolyo, *L'homme*, p. 31.
9. Oger, *Our Missionary Shadow*, p. 39-46.
10. *Ibid.*, p. 39.

A. « Être » (*ukuba*)

Ukuba rend l'idée d'« être », mais son sens premier est « devenir ». On est ce qu'on est devenu.

Efyo naaba : généralement traduit par « voilà ce que je suis », mais la construction verbale *n-aa-ba* est la suivante : l'infixe « -aa- » associé à la terminaison du radical « -a » indique un événement (une action) du passé qui a abouti à une situation ou un état actuel. La traduction littérale donne « voilà ce que je suis devenu ». Mais cette phrase a toujours une connotation négative : *efyo naaba*, « voilà ce que je suis » (je n'y peux rien). Si on veut éviter cette connotation négative, la phrase sera *efyo nli* (*efyo n-li*, prononcé *ndi*). [Le marqueur de temps] « *-li* » est également un indicateur de situation passée-présente, qui signifie littéralement « voilà ce que je me trouve être maintenant ».

Efyo nleeba (*n-lee-ba*, prononcé *ndeeba*) : l'infixe « -lee- » indique le futur, à travers le présent, et la phrase va signifier « voilà ce que je vais être » (en train de devenir). Le bemba n'a pas de verbe pour « devenir ». L'idée de « devenir » est indiquée par la construction verbale (ou la « marque de temps ») dans le verbe « être ». Le verbe *ukuba* a besoin d'un attribut et ne peut être utilisé seul (comme, en anglais, « to be or not to be »). On est soit un homme ou une femme, soit bon ou mauvais. Et c'est là le résultat d'un événement ou d'un processus.

L'événement important est la *naissance*, où l'on est devenu ce qu'on est : un homme ou une femme, une vraie personne (avec des pouvoirs visibles qui contribuent au bien de la communauté), ou un personnage désagréable (qui peut finir par devenir une sorcière ou un sorcier avec des pouvoirs qui mènent à la destruction de la communauté), d'où le *nom de naissance* et son importance. Les membres de la famille passent beaucoup de temps à observer et à analyser les signes, afin de donner le nom adéquat à l'enfant. Ce nom peut finir par être révélé dans des rêves. Il est censé exprimer l'« individualité » d'une personne, son bien-être. Il exprime également son lien avec les morts-vivants (les ancêtres). C'est là que s'enracine le processus du « devenir » d'une personne. Si l'enfant tombe souvent malade, on change son nom. Si, dans la suite de sa vie, une personne se révèle être une sorcière ou un sorcier, on pense que son pouvoir maléfique vient de ses ancêtres.

Les surnoms sont également importants, mais ne sont donnés qu'à un stade ultérieur, lorsque la personne est acceptée ou rejetée dans la société.

Le verbe « être » [n'est pas utilisé pour désigner] la personne. Pour présenter les gens, pour les identifier, quand on veut se désigner soi-même et autrui, ce n'est pas le verbe « devenir-être » qu'on utilise, mais le « mot cheville » *ni*.

Ni ine (nine)	c'est je (moi) (pronom personnel)
Ni Mulenga	c'est Mulenga (nom propre)
Nine Mulenga	je suis Mulenga

Cela implique que l'identité d'une personne échappe au processus de « devenir ».

B. « Être avec » (*ukuba na*) : qualités ou biens personnels

Ukuba na, « être avec », traduit l'idée de « posséder, avoir », que ce soit pour une courte période (une simple association) ou de manière permanente. Ce qui a été dit à propos d'*ukuba* s'applique également ici. On n'a-pas-toujours-été-avec. Il y a eu un début, qui peut être la naissance, et même avant la naissance, dans l'ascendance (nom, qualité, nature de sorcier hérités).

Ukukwata rend l'idée d'« avoir, posséder », mais signifie avant tout « acquérir ». On a ce que l'on a acquis ou gagné. Le bemba n'a pas de verbe qui signifie « acquérir », « obtenir ». L'idée d'« acquérir » est rendue par la construction verbale que l'on utilise.

Naalikwata (*n-aali-kwata*) : j'ai acquis la chose depuis longtemps et je la possède de manière personnelle, permanente. Elle fait partie de moi, de mes biens.

Efyo naakwata (*efyo n-aa-kwata*), « voilà ce que je possède ». La propriété actuelle est le résultat de l'événement passé que fut l'acquisition.

En visant le futur, on dit :

Nleekwata (prononcé *ndeekwata*), « je vais l'avoir ; je vais l'obtenir aujourd'hui ».

Ndeisakwata (*nde-isa-kwata*), *-isa*, signifiant « venir », est ajouté pour accentuer.

C. « Être avec de l'intelligence, être intelligent » (*ukuba na maano*)

Ukuba na maano, litt. « être avec une cervelle » : les règles pour *ukuba* s'appliquent ici. Il y a eu un début, généralement la naissance. C'est une insulte de dire à quelqu'un : *tamwaaba na maano* « tu n'as jamais eu de cervelle », ou même *tamuli na maano* « tu n'as pas de cervelle ».

Ukwishiba rend l'idée de « savoir », mais signifie aussi d'abord « acquérir des connaissances, apprendre à connaître ». On peut faire ici les mêmes remarques concernant les constructions verbales.

Nleishiba (prononcé *ndeishiba*)… ne signifie jamais « je sais », mais plutôt « je vais savoir ».

Ukucenjela se traduit par « être intelligent, être malin, avoir de la cervelle ». Ce verbe entre également dans la catégorie des verbes signifiant « devenir, obtenir », et suit les règles énoncées ci-dessus.

Nlecenjela (prononcé *ndecenjela*) signifie « je deviens intelligent » plutôt que « je suis intelligent ».

Des verbes qui aboutissent à une situation ou à un état, comme « être gros », signifient littéralement « devenir gros », et suivent les règles du verbe « être ».

Conseil pratique :
Lorsque vous apprenez la langue, apprenez la signification « de base » des verbes bemba. Il en existe trois catégories : les verbes du « faire » (action), les verbes du « devenir, obtenir » (état), les verbes de « mouvement en direction de, ou loin de ».

III. « Appartenir »

Umuntu appartient à un lieu, à un groupe. Cela ressort des verbes *ukuba* « devenir, être », et *ukwikala* « être assis, vivre ».

A. « Appartenir à un lieu où l'on existe »

Ukuba est une simple abstraction. Pour lui donner un sens, il faut y ajouter quelque chose (voir ci-dessus). Par exemple, on peut ajouter le suffixe *-po*, « sur, à ».

Ukubapo... signifie « exister, être vivant, être présent, habiter ». D'où les expressions :

Epo naaba	c'est là que j'habite
Epo ndi	je suis ici, je suis présent

Ukwikala, [c'est l'endroit où je « suis assis »] au moment où je parle. Les mots bemba « être assis » et « vivre » sont les mêmes. On vit là où l'on est habituellement assis. C'est avant tout :

Le sol, la terre	*umushili*
Le village	*umushi*
La chefferie	*icaalo*
La maison (le foyer)	*in'ganda*
Le « siège »	*icipuna*

Là où se trouve votre *icipuna*, c'est là que vous vivez. *Icipuna* signifie également « autorité ». *Icipuna* d'un chef est conservé comme une relique. C'est une usurpation que de s'asseoir sur le « siège » (*icipuna*) de quelqu'un qui a un « statut » supérieur. C'est une véritable provocation. S'asseoir sur le siège d'une personne décédée pendant la période de deuil est un signe indéniable de sorcellerie.

Votre place ne peut être cédée. Elle « est » une partie de vous, même après la mort. Quiconque bouleverse votre tombe est un sorcier ou une sorcière. [Il en va de même] pour la terre où sont enterrés les ancêtres. Elle ne peut être « achetée » ou « vendue ». Autrefois, cela s'appliquait strictement à la « maison ». Elle était généralement détruite après la mort.

Conseil pratique :
Lorsque vous êtes invité à entrer, ne prenez pas n'importe quelle chaise. Attendez l'invitation du maître de maison à vous asseoir. Ne permettez à personne de s'asseoir, par exemple, sur votre chaise de bureau.

B. « Appartenir à un groupe de personnes »

Voici les expressions correspondantes :

Ukuba na	être avec (vivre)
Ukuba pamo	être ensemble
Ukuba pamo na	être ensemble avec

On est (vit) avec les gens. Exister (*ukubapo*) ou être présent implique que l'on ne peut pas exister sans être à un endroit. On dit *ukuba pamo* (*ukuba pa-mo* ; *-mo* signifiant un endroit). Ce *ukubapo pamo*, lorsqu'il s'agit de personnes, signifie toujours « être ensemble, vivre ensemble ». En d'autres termes, « j'existe ».

À ma place	et nulle part ailleurs
À une place	seulement du point de vue géographique
À une place	seulement du point de vue social, par exemple, on a sa place dans le groupe, dans la famille.

Cela explique l'importance des termes de parenté, la nécessité de s'adresser à un membre d'une famille avec le terme approprié. Les termes de parenté ont pour but d'indiquer la place de chacun dans le réseau familial.

La place dans la famille est un droit de naissance. L'âge n'a aucune incidence sur le type de relation, par exemple, entre une nièce et son oncle, qui peut avoir dix ans de moins. En d'autres termes, la relation est fondée sur le sang.

> **Conseil pratique :**
> *Apprenez le vocabulaire de parenté. Il est aussi important, et parfois même plus que les noms propres des personnes. C'est le cas, lorsque, par exemple, une mère est nommée d'après son premier-né : NaMulenga « la mère de Mulenga ».*

IV. « En relation avec »

L'appartenance [telle qu'elle a été brièvement esquissée ci-dessus] implique une relation : mon « être » doit « exister avec, être avec ».

A. Le « je-avec » dans mon groupe

L'expression *naaba fye* « j'existe, sans plus » est en fait un cri de misère. Le suffixe *fye* ajoute une finalité. Il signifie qu'il n'y a pas de gens avec qui vivre, pas d'endroit où vivre, pas de personne qui se soucie de vous – solitude, isolement, ostracisme. Être rejeté par les autres et être exclu du groupe est une malédiction (*lishamo*). Pour « être avec » et garantir de bonnes relations :

- je veux rester ce que je suis devenu ;
- je veux devenir ce que l'on attend que je sois ;
- je dois avoir un lien vital et viable avec les autres ;
- je dois mener un mode de vie approuvé par les autres.

Cela implique des traditions et des coutumes, des tabous, des interdits et des proscriptions.

Les relations et les échanges ne sont pas tout simplement automatiques, dans le sens où l'on serait passif. Les modes de vie [doivent] être acceptés. S'ils sont contestés, cela doit se faire dans le groupe où chacun a le droit et le devoir de s'exprimer. S'il faut les modifier, cela doit être fait par le chef, qui a le dernier mot, ou sous la pression des circonstances.

Pour le quotidien, les éléments suivants sont essentiels :

- les relations en face à face ;
- les contacts personnels ;
- les salutations (établir un contact plutôt qu'émettre des souhaits) ;
- les palabres (partager le pouvoir de la parole prononcée) ;
- l'obéissance à l'autorité (le dernier mot) ;
- les visites (discussions informelles [banales]).

Ces bonnes relations sont synonymes de bonne santé, d'*umutende* ; ce ne sont pas la santé physique et le bien-être des seuls individus, mais aussi du groupe. Un autre mot pour désigner cela est la paix. Cette paix peut être rompue de différentes manières (voir ci-dessous).

B. Le « je-avec » dans la lignée

Les relations ne sont pas rompues par la mort physique. Le monde est composé de deux parties :

- le monde visible, que l'on peut voir et toucher ;
- le monde invisible, le [monde] des ancêtres et des esprits, auquel on [accède] par des symboles et des rites, par des invocations et des évocations.

Dans le monde visible, on se souvient de vous. [Une personne] dont on se souvient avec amour et vénération est un *umupashi* : un esprit protecteur dont les enfants reçoivent le nom, un esprit ancestral qui continue à vivre dans ses descendants. Une personne dont on ne se souvient plus peut s'appeler un *ingulu*, un esprit éthéré, un étranger qui vient visiter et posséder des gens.

C'est pourquoi il faut avoir une descendance, afin de continuer à vivre après la mort. La mort sans descendance est une malédiction, une misère, une double mort. « Personne ne se souviendra de vous et [n'aura de relations] avec vous. »

Les bonnes relations avec le monde invisible exigent *ukupepa*, « invo-quer » les ancêtres, et *ukupaala*, « les apaiser ». Cette relation avec les habitants du monde invisible peut s'appeler religion, c'est-à-dire mettre en relation. Cette religion est surtout cultuelle et rituelle (*lipepo*) et vise à assurer de bonnes relations avec les esprits.

V. Les « relations brisées »

Les relations peuvent être rompues. La syllabe négative est *-ta*, et on peut entendre l'expression suivante : *tapali mutende*, « il n'y a pas de santé, pas de paix, pas de bien-être ». Cette expression peut désigner des décès, des épidémies, des catastrophes, etc.

A. La cause ultime

C'est toujours quelqu'un qui est en désaccord avec le groupe.

Taaba bwino (*ta-aa-ba bwino*) : « il/elle ne vaut rien de bon, il/elle est une mauvaise nouvelle ». Cela signifie qu'il/elle est un ennemi du groupe, ou du moins un danger pour lui.

Aaba ne ciwa : « il/elle est avec un mauvais esprit », par exemple l'esprit déchu d'un défunt (*ukuwa*, « tomber »). Cette expression signifie qu'il/elle est soupçonné(e) d'avoir commis une mauvaise action sous l'influence d'un ancêtre maléfique. L'expression plus moderne est *aaba ne cibanda* ; *cibanda* désigne tout mauvais esprit, même un étranger. Lorsque ce soupçon devient une certitude, on dit que la personne est une « sorcière » ou un « sorcier » (*umuloshi*). En la désignant du doigt, on dit :

Ni ndoshi	« il/elle est une sorcière, un sorcier, un(e) magicien(ne) » (notez que l'utilisation de *ni*... modifie l'identité).
Muuloshi	signifie la même chose (le préfixe accentué *muu-* a la même fonction que *ni*).

Ubuloshi : « sorcellerie, magie, sorcellerie » : On est un « sorcier » par nature, par naissance. Il/elle nuit au groupe par nature, consciemment ou inconsciemment. Cela s'exprime dans le dicton :

Efyo aaba	« Voilà ce qu'il/elle est. »

Cela se confirme dans la croyance commune qu'une telle personne ne peut pas changer ni se repentir, bien qu'elle puisse prendre conscience de sa manière d'agir. C'est également confirmé par le fait que ces personnages indésirables étaient autrefois éliminés – tués, vendus comme esclaves ou exilés.

Ubwanga : objets utilisés par les « sorciers ». Ce sont les preuves tangibles de la sorcellerie de quelqu'un, qui intéressent le plus le chasseur de sorciers. Le mot est généralement traduit par « sorcellerie, instruments de sorcellerie ». Les deux traductions sont correctes. L'expression est :

Aaba no bwanga :	il/elle est avec des objets [des instruments] de sorcellerie.

Une personne peut être accusée de sorcellerie, même si on ne trouve rien de compromettant sur elle ou dans sa maison. On dit alors qu'il/elle a *ubwanga bwa mpupeeni, bwa cikolwe*, « il/elle voyage la nuit, fait de la bilocation, tue à distance ». Habituellement, cette personne utilise des « objets » tels que des cornes, des feuilles, des os, etc. [Oger est] enclin à traduire *ubwanga* simplement par un « pouvoir » inné chez les gens et naturel dans les choses.

Ng'anga : celui qui restaure les bonnes relations. Il est l'expert en *ubwanga*, qu'il utilise pour de bonnes fins, c'est-à-dire pour détecter les personnes « malades » ou « qui rendent malades », ayant un pouvoir ou des intentions maléfiques. Il cherche à restaurer de bonnes relations en désignant une personne maléfique dans le groupe et en la neutralisant. Cette activité bénéfique de « ng'anga » [dit Oger] confirme son avis qu'il faut traduire *ubwanga* par « pouvoir de vie et de mort ». *Ubuloshi* signifierait alors uniquement « abus, mauvais usage, manipulation consciente ou inconsciente » de ce pouvoir.

B. Soupçon

- Toute personne agissant pour son propre compte est suspecte.
- S'isoler est une menace pour les autres.
- Utiliser des insultes (*insele*), des propos injurieux est un délit grave (abus du pouvoir de la parole).
- Posséder des *ubwanga* [instruments de sorcellerie] est une preuve certaine que l'on est mauvais.
- Maudire, menacer, jeter un sort est pervers (abus du pouvoir de la parole).
- Dans le cas d'une mort inexpliquée, c'est cette personne qu'on soupçonnera.

VI. Excursus : le verbe *uku-ba (-li)*

Comme on l'a montré, le verbe *ukuba* est d'un intérêt et d'une complexité remarquables, puisqu'il exprime un processus (« devenir ») plutôt qu'un état de choses abstrait (« être »). Dans le prolongement d'Oger, voici d'autres caractéristiques intéressantes de ce verbe[11] :

> *Uku-ba* « devenir »
> *Neeba bwino lelo*, « je vais guérir aujourd'hui »
> *Ndi bwino*, « je vais bien maintenant »

---
11. Oger, *Our Missionary Shadow*, p. 46-47.

Uku-bapo	« devenir – être présent, exister, vivre »
	Ndeebapo leelo « je serai là aujourd'hui »
	Epo naaba, « voilà où je vis »
Uku-bako	« devenir – présent »
	Ndeebako leelo « je serai là aujourd'hui »
	Eko naaba « voilà où j'habite »
Uku-bamo	« devenir – être contenu », p. ex., dans une foule
Uku-ba na	« être avec, associé, avoir »
Uku-ba pamo na	« être ensemble [avec] »

A. Extensions verbales

Applicatif :

Ukubeela	« devenir – être tel »
Efyo naabeela	« voilà comment je suis »
	être à l'endroit habituel
Eko naabeela	« voilà où j'habite »
	la raison d'être, la raison pour laquelle
Cinshi aabeela ifi ?	« pourquoi est-il/elle comme ça ? »
	être pour, prendre parti pour, obéir
Abeela abafyashi	il/elle obéit à ses parents

Passif :

Ukubeelwa	« être obéi »

Réversif :

Ukuibeela	« être distinct, différent »
Ukuibeelaibeela	« être totalement différent »

Intensif :

Ukubeelela	« s'habituer, être habitué à »
Naalibeelela ukubomba	« je suis habitué au travail »
Ndeebeelela incito	« je m'habituerai au travail »

Perfectif :

Ukubeelelela	« devenir et être pour toujours, permanent »
	Caabeelelela « cela dure pour toujours »

Causatif :

Ukubeelesha	la cause pour s'habituer, se familiariser

Réciproque :

Ukubeelana	« vivre en bonne intelligence »

Causatif/réciproque :

Ukubeeleshanya	« s'habituer l'un à l'autre »

B. Extensions verbales avec le nom uluse, « miséricorde, bonté »

Applicatif :	*ukubeelela uluse*, « être clément »
Passif :	*ukubeeleelwa uluse*, « être bénéficiaire de miséricorde »
Réciproque :	*ukubeeleelana uluse,* « être mutuellement miséricordieux »
Causatif / réciproque :	*ukubeleshanya uluse*, « se pardonner mutuellement »

C. Noms dérivés du verbe *ukuba*

Icibeelelo/ifibeelelo (pl.)	coutume, comportement
Umubeele/imibeele (pl.)	comportement personnel, habitude
Mbeela	habitudes d'une personne
Icibeeleshi	nuisance habituelle
(*umufuutatula*)	

Oger maintient l'opinion que les exemples fournis :

> ne sont pas de simples acrobaties linguistiques. La langue montre que, pour être une personne, il faut être « en relation avec », « avec un lieu » et « avec les gens de ce lieu ». « Exister, sans plus », ce n'est

même pas exister (être une non-personne). Ou, en d'autres termes : nous valons ce que valent nos relations[12].

Dans son livre de grammaire, le linguiste et éducateur missionnaire Ernst Hoch souligne d'autres caractéristiques significatives du verbe *ukuba*.

Selon le temps, le verbe soit conserve la racine verbale « *b* », soit se transforme en racine verbale « *li* ». Celle-ci n'est utilisée qu'au présent continu/présent progressif ou au plus-que-parfait progressif. Si elle est utilisée au présent progressif, « *li* » exprime soit un état temporaire, soit un état permanent.

Un état temporaire est indiqué, lorsque « *li* » apparaît dans une construction nominale, c'est-à-dire lorsqu'il est associé à un nom, le nom conservant sa voyelle de pré-préfixe, par exemple *ndi umusuma* (le pronom personnel « *n* » fusionne avec la racine verbale -*li* en *ndi*) et signifie « je vais bien » (en ce moment) ou *tuli abalwele* « nous sommes malades » (en ce moment).

Un état permanent est exprimé lorsque « *li* » apparaît dans une construction nominale, comme le montre l'exemple précédent, où le nom perd sa voyelle de pré-préfixe. Exemple : *uli mupupu*, « tu es un voleur » (toujours, de manière permanente) ou *tuli basuma*, « nous sommes beaux, aimables, nous avons bon caractère » (toujours, de manière permanente).

Comme l'a montré la section précédente, *ukuba* est une simple abstraction. Il exige toujours des éléments linguistiques additionnels, tels qu'un suffixe -*po*, -*ko*, -*mo* ou une conjonction comme « *na* ». Lorsqu'il est utilisé avec la conjonction « *na* » suivie d'un nom ou d'un pronom démonstratif, *ukuba na* prend le sens d'« être avec » ou « avoir », mais jamais de « posséder, être propriétaire ». Exemple : *ndi ne cit- abo* « je suis avec [un] livre », c'est-à-dire « j'ai un livre avec moi »[13].

VII. Conclusion

On a démontré que les trois grandes voies d'accès de la notion de vision du monde, l'histoire, la société et la langue, donnent chacune un aperçu de la vision

---

12. Oger, *Our Missionary Shadow*, p. 46-47.
13. Ernst Hoch, *A Bemba Grammar with Exercises*, Ilondola, Zambie, Language Centre, 1994, p. 192-193.

du monde des Bemba. Leur histoire faite de voyages et de conquêtes incessants est moins perçue comme un récit de quête d'aventures que comme une quête de perpétuité. Il faut préserver et assurer la permanence de la légitimité des lignées, afin d'éviter le chaos et le désastre pour la terre et ses habitants. L'importance de cette préoccupation est telle que les pouvoirs du chef suprême Chitimukulu et du clan royal (*Beena Ng'andu*) sont toujours encore défendus socialement et manifestés dans les institutions dans la terre des Bemba (*ulubemba*). L'admiration et la crainte du chef « transcendent les liens de loyauté personnelle ou les sentiments de parenté[14] ». La perpétuité du pouvoir et de la succession est le fil conducteur de la vie socio-économique tissé dans la trame des événements historiques, comme le souligne fortement le mythe de la charte bemba, « un narratif de performance[15] ».

D'une manière analogue, la perpétuité est ancrée dans le rite de la puberté de la fille (*cisungu*) et dans la prononciation des emblèmes sacrés (*mbusa*).

> [Elle est] censée signifier l'appropriation par les Bemba de leur culture orale. Les connaissances et l'éthique de la société bemba vivent dans ses cavités orales et vont s'effacer de la conscience culturelle, si elles ne sont pas constamment verbalisées[16].

Cela étant, un être humain, correctement compris comme personne humaine dotée de qualités individuelles, est moins apprécié en raison de ses réalisations individuelles que selon la mesure de sa contribution à la vie communautaire, en fonction du rang et du statut social qu'il occupe. La société est bien plus que la somme totale de tous ses membres individuels. La vérité est plutôt celle-ci : « Nous sommes, donc je suis. » Les pratiques religieuses règlent la vie sociale de la communauté autant que la vie personnelle de ses membres. Les personnes humaines « établissent et maintiennent la place centrale et régulatrice de l'homme dans le tout formé par l'univers spirituel et physique[17] ».

La langue renforce l'orientation de la société bemba sur la communauté, sur l'humain. Être (*ukuba*), c'est plus qu'exister. À sa naissance, chaque personne humaine vient se joindre à la communauté des vivants, elle mène sa vie dans un endroit donné en tant que membre d'une certaine communauté et, finalement, quitte cette communauté pour rejoindre celle de ses ancêtres. Comme le souligne

---

14. Richards, « The Story of Bwembya of the Bemba Tribe », p. 1.
15. Maxwell, *Bemba Myth and Ritual*, p. 59.
16. *Ibid.*, p. 95.
17. *Ibid.*, p. 22.

Oger, « "exister, sans plus", ce n'est même pas exister [...] Ou, en d'autres termes : nous valons ce que valent nos relations[18] ».

Il serait pourtant erroné de penser que l'individu ne peut être vu et compris que sous l'angle communautaire. La vision du monde des Bemba est foncièrement anthropocentrique : *umuntu*, « la personne humaine », occupe une place centrale dans l'univers culturel où l'homme est appelé non seulement à exister, mais aussi à occuper une place régulatrice d'où il peut agir. Un individu n'est donc ni un membre passif ni une marionnette dans une certaine communauté. Quels éléments sont cruciaux dans la vision qu'ont les Bemba d'eux-mêmes en tant que personnes humaines ? Quelles perspectives une approche sémantique d'*umuntu*, de l'être humain, peut-elle nous apporter ?

---

18. Oger, *Our Missionary Shadow*, p. 47.

3

Umubili : plus que « chair et os »

Mu nda ni mwisano : tamuyako na Kamo na Kamo
L'estomac, c'est comme la cour du Chef
(Tu n'y vas pas les mains vides)

I. L'homme : réalités biologiques et sociales

L'intégration d'un individu dans la famille, la communauté, le clan et la société en général a non seulement des dimensions socioculturelles, mais est en même temps une intégration du corps humain dans l'espace physique. Les cultures fixent des normes différentes pour la façon dont les corps humains sont intégrés dans l'espace physique : par exemple, des conventions sur l'apparence corporelle (un champ de recherche riche et intéressant pour les anthropologues[1]). L'apparence corporelle a une importance certaine en termes d'idéaux de beauté dominants, mais surtout parce que « la surface du corps [fonctionne] non seulement comme limite de l'individu en tant qu'entité biologique et psychologique, mais aussi comme frontière du soi social[2] ».

Frank Heidemann, dans sa présentation télévisée « Langage corporel », met en évidence un certain nombre d'aspects du corps humain, dont voici un bref résumé :

> Les personnes humaines sont à la fois des corps biologiques et des corps sociaux. Le corps humain se définit toujours culturellement, c'est-à-dire que la façon dont nous l'expérimentons, l'interprétons et le modifions présente de grandes variations et différences culturelles

---

1. Cf. Helen Thomas et Jamilah Ahmed, sous dir., *Cultural Bodies. Ethnography and Theory*, Oxford, Blackwell, 2004 ; Thomas F. Cash, sous dir., *Encyclopedia of Body Image and Human Appearance*, vol. 1, San Diego, Academic Press, 2012.
2. Terence S. Turner, « The Social Skin », dans *Hope Africa University Journal of Ethnographic Theory* 2, 2, 2012, p. 486.

à travers le monde. Ainsi, la modification du corps fait vivre une industrie de plusieurs milliards de dollars à travers le monde : qu'on songe aux produits de beauté, aux articles diététiques et aux prescriptions de remise en forme et à d'autres branches encore.

Les conventions corporelles comprennent également les parties du corps qui peuvent être montrées en public et celles qui ne le peuvent pas ; elles sont soumises aux normes culturelles en vigueur concernant certains vêtements, ainsi que les vêtements en général. Ces normes indiquent également quelle partie du corps une personne peut montrer à une autre, et même quand cela ne peut pas se faire.

Le corps est également une manifestation publique de l'identité. Les tatouages, par exemple, sont une modification permanente du corps, un phénomène mondial pour diverses raisons. Les pays occidentaux admettent une expression très libre des tatouages. C'est comme si « tout était permis ». Dans de nombreuses communautés ethniques, les tatouages fonctionnent comme des marqueurs d'identité signifiant à la communauté un certain statut ou l'appartenance à un groupe.

Outre les tatouages, il existe d'autres modifications permanentes du corps, telles que l'ablation ou la perforation de certaines de ses parties. Ainsi, la coutume de couper une partie d'un doigt peut servir à indiquer à la communauté qu'une personne est en deuil. Dans d'autres cultures, l'ablation d'une main est une forme de punition pour un vol et constitue une notification absolument définitive et permanente à l'adresse de la communauté à propos du délinquant.

Chaque culture adhère à certains canons de beauté qui trouvent leur expression dans l'art ou dans les objets d'usage quotidien. C'est en particulier le corps humain qui manifeste et porte l'idéal de beauté d'une culture, comme on peut le voir, par exemple, dans un certain style, tel que la perforation du lobe de l'oreille, de la lèvre, du nez, etc. Il peut également se révéler dans l'allongement des têtes, la ligature des pieds pour les maintenir petits, le port de bracelets en laiton autour du cou pour l'allonger, ou, phénomène plus récent, les pratiques de *body-building*, qui aboutissent à un véritable culte consistant à présenter au public un type de corps bien particulier.

Quant à ce qui constitue un corps idéal ou beau, il n'existe pas de formule ou d'accord universel, bien que l'on puisse peut-être trouver des critères fondamentaux de ce qu'est un corps idéal, comme un corps ou un visage symétrique, une peau homogène et une certaine proportion des parties du corps.

Les parties du corps servent également de métaphores dans la société : par exemple « se payer la tête de quelqu'un », « ne me forcez pas la main » ou « marcher sur les pieds de quelqu'un ».

Les personnes humaines ont un corps biologique, mais aussi un corps social, culturel, qu'on modèle, modifie, transforme et qui, en tant que tel, sera aussi lu par la société. En tant qu'être humain, on communique très efficacement par son corps[3] !

Dans sa présentation, Heidemann a omis les notions du corps envisagées d'un point de vue linguistique. Or, il s'agit là d'une perspective importante. Une langue encode une certaine vision du monde. Des idées et des hypothèses spécifiques et significatives sur le corps humain sont également inhérentes à la langue. Notre analyse propose une tentative de fournir une perspective linguistique (limitée) sur le corps par référence aux Bemba du nord de la Zambie.

Umuntu requiert une existence corporelle, *umubili* une présence physique dans ce monde. Être ce que l'on est devenu, être « en relation avec », « avec un lieu » et « avec les gens de ce lieu », tout cela ne peut se faire qu'avec *umubili*, un corps.

Le langage met en lumière les perceptions et les concepts du corps humain. Recueillir du vocabulaire sur les parties du corps ne donnerait donc pas seulement un aperçu de ces perceptions, mais aussi de la vision du monde et de la notion de personne en général. Comme le souligne Andy Warren-Rothlin :

> Les termes relatifs aux parties du corps font partie des substantifs les plus prolifiques dans de nombreuses langues. En d'autres termes, ils apportent à une langue bien plus que la seule désignation physique. Plus important encore, leur champ sémantique peut être considérablement élargi par les associations culturellement définies des parties du corps respectives. Ainsi, dans tout un éventail de cultures, on peut trouver :
>
> *Des associations spatiales* : « le cœur », « l'estomac », « l'œil » pour le centre ; « la tête » pour le haut ; « la main » pour le côté ; « la lèvre » pour le bord ; « le pied » pour le bas ; « le visage » pour l'avant ou le mouvement en avant.

---

3. Frank Heidemann, « Körperbotschaften » (langage corporel), partie de la série TV « Der lange Schatten von Kultur » (L'ombre longue de la culture), Bayerischer Rundfunk, 2009, https://www.br.de/fernsehen/ard-alpha.

> *Des associations fonctionnelles* : « la main » pour agir, travailler, prendre des responsabilités, posséder ; « la bouche » pour parler ; « les yeux » pour voir.
>
> *Des associations psychophysiques* : « le cœur » pour les sentiments, l'amour, la pensée ; « la tête » pour la pensée, la réflexion ; « la gorge » pour la personnalité ; « le foie » pour la joie, le courage ; « les tripes », « le sperme » pour le courage ; « l'utérus » pour la compassion ; « les reins » pour la valeur morale.
>
> *Des associations superstitieuses* : la « main droite » pour le bien, le vrai, la justice ; la « main gauche » pour le mal, ce qui est sinistre[4].

Warren-Rothlin aborde un aspect pertinent pour une compréhension plus complète de la notion de personne. Une liste de termes relatifs aux parties du corps ne fait qu'établir un lexique, alors que des « associations culturellement définies des parties du corps respectives » explorent un large éventail d'associations significatives, parmi lesquelles les associations psychophysiques constituent le principal intérêt de cet ouvrage. Le cœur de notre étude (nous y voilà !) consiste en une analyse détaillée de six domaines : 1) les notions de corps, 2) de siège des sentiments, 3) d'intellect, 4) des traits de caractère ou des modèles de comportement personnel, 5) les notions sur l'existence de la personne après la mort du corps, et, tout aussi important, car pertinent pour de nombreux groupes ethniques dans le monde, 6) les notions d'un être spirituel personnel (double spirituel), étroitement associé à la personne, mais ne faisant pas partie du corps. Ces domaines seront explorés en profondeur et clarifiés dans les chapitres suivants.

II. Le corps humain

Le terme le plus général par lequel la langue bemba qualifie le corps humain dans son intégralité est le mot *umubili* (pl. *imibili*). Or, *umubili* ne désigne que le corps des personnes vivantes. Un corps mort est classé comme *icitumbi* (pl. *ifitumbi*), un « cadavre », désormais placé dans la classe nominale des « choses » ! De même, tous les animaux vivants ont un *umubili* et sont divisés en plusieurs groupes. Il y a les *inama* – désignant aussi la viande –, c'est-à-dire les « animaux à quatre pattes ». Puis il y a la catégorie des *ifisenya* « insectes », et la catégorie des *ifyuni* « oiseaux, animaux volants ». Le groupe des *inama* comporte deux

---

4. Andy Warren-Rothlin, « Body Idioms and the Psalms », dans David Firth et Philip S. Johnston, sous dir., *Interpreting the Psalms*, Downers Grove, IL, InterVarsity, 2005, p. 204-205.

sous-groupes distincts : *inama sha mpanga* « animaux sauvages, gibier » et *ifitekwa* « animaux domestiques » (littéralement « les choses qu'on gouverne ou domine »).

Les plantes et les arbres n'ont pas d'*umubili*. Ces derniers sont souvent nommés d'après leurs caractéristiques. D'une manière générale, les choses ou les objets (comme les bouteilles ou les boîtes de conserve) n'ont pas non plus d'*umubili*, mais sont parfois appelés *umubili* lorsqu'une partie d'un objet est décrite en mettant l'accent sur sa forme. Par exemple, *pa mubili wa cilimba*, littéralement « au corps de la guitare », signifie le manche (le cou de la guitare). Cet exemple est intéressant, car *umubili* ne se rapporte pas au « corps », à la partie creuse de la guitare, le corpus, ni au manche (cou) lui-même. Il décrit plutôt une caractéristique spécifique du manche : le dos de la frette, la partie arrondie du long manche de la guitare.

Tous les êtres spirituels sont dépourvus d'*umubili*. Ils sont disqualifiés en raison de leur nature. Leur mode d'existence les empêche d'avoir des propriétés physiques. Seuls les êtres qui permettent un contact physique ont « un corps » (*umubili*). Cependant, les êtres spirituels ont la capacité d'apparaître sous une forme physique, par exemple sous la forme d'un serpent, d'un éclair ou d'une lumière vive, ou encore sous la forme d'un être humain, d'une apparition qu'une personne voit en rêve.

Le corps humain constitue un « domaine » qui intègre toutes les autres parties du corps[5]. Par conséquent, le terme *umubili* désigne un domaine qui contient tous les autres termes qui peuvent eux-mêmes constituer un domaine à part entière. *Umubili* est subdivisé en huit catégories ou domaines : *umutwe* « la tête », *umukoshi* « le cou », *ifipea / amabea* et *amaboko* « les épaules » et « les bras », *icitimbatimba* « la poitrine », *ulufumo* « l'abdomen », *inuma* « le dos », *umusana* « la taille » et *amolu* « les jambes ». Chacun de ces huit domaines établit sa propre structure hiérarchique ou taxonomie. Les termes du niveau hiérarchique le plus bas font partie du niveau suivant le plus élevé, et les termes de ce niveau font à leur tour partie du niveau supérieur suivant, et ainsi de suite, jusqu'à ce que le sommet de la taxonomie, *umubili*, soit atteint. Malgré l'ordre taxonomique de haut en bas, l'inclusion des termes s'applique de bas en haut, mais non en sens inverse (voir la figure 1[6]).

---

5. « Un domaine est un secteur de conceptualisation tel que l'espace, la couleur, le corps humain, les liens de parenté, les pronoms, etc. ». G. Roy d'Andrade, *The Development of Cognitive Anthropology*, Cambridge, Cambridge University Press, 1995, p. 34.
6. Badenberg, *Sickness and Healing*, p. 47.

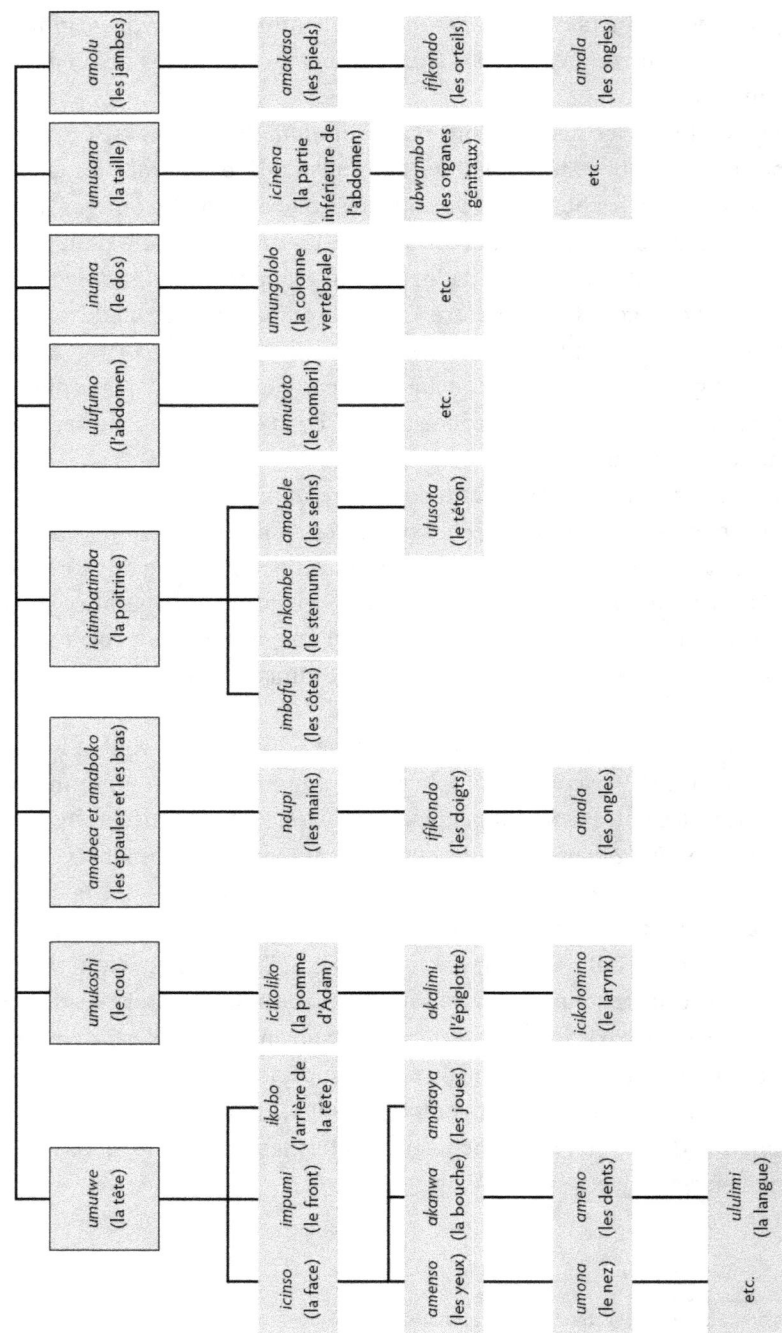

**Figure 1 : Taxonomie *umubili* de l'être humain,
© Robert Badenberg 2000**

L'ordre de gauche à droite reflète les structures hiérarchiques des termes dans la perception cognitive des Bemba en général, exprimées comme ils disent : *ukufuma pa mushishi ukufika pa fikondo*, « des cheveux aux orteils », c'est-à-dire « de haut en bas ». Par exemple, regarder longuement les pieds d'une personne passe pour un comportement inconvenant. L'expression ci-dessus est utilisée dans plusieurs contextes : 1) on l'utilise pour décrire une personne que l'on connaît très bien ; 2) elle s'emploie pour décrire un étranger dont on ne connaît des détails que dans l'intention d'en apprendre davantage sur lui ; et 3) elle sert dans le cas d'hommes qui regardent des femmes.

A. La tête (*umutwe*)

Le mot *umutwe* (pl. *imitwe*) porte plusieurs significations. Son sens premier est lié à l'anatomie du corps et désigne « la tête ». D'autres significations vont des cheveux, de l'intelligence, de la force de la volonté, de l'initiative jusqu'à la maladie (fièvre ou migraine). Le mot *umutwe* s'utilise également dans des expressions idiomatiques et des proverbes. Voici quelques exemples pour chacune de ces significations possibles.

1. *Umutwe* au sens de « cheveux »

Asomo lusengo mu mutwe, il/elle a glissé une corne dans ses cheveux.

2. *Umutwe* au sens d'« intelligence »

Ifwe mutwe walikosa, litt. « nous avons la tête très dure », ce qui signifie « nous sommes très ennuyeux ».

Ukuba no mutwe ubi nangu uusuma, litt. « être avec une tête mauvaise ou bonne » ; cela se dit d'une personne dont les rêves/aspirations mauvais ou agréables se réalisent.

Aliba no mutwe wa maano ou *umutwe ulebomba*, litt. « il/elle est avec une tête de sagesse », ou « sa tête travaille », ce qui veut dire « il/elle a de la cervelle, de l'astuce ». Se dit d'un enfant qui réussit très bien à l'école.

Umutwe walionaika, litt. « la tête est en état de destruction, de ruine », pour dire qu'« une personne manque d'intelligence ». Se dit d'un enfant peu éveillé, qui a du mal à l'école.

Umutwe au sens de « force de volonté, initiative » : *Ico naasosa ni pa mutwe wandi naasosa*, litt. « ce que je dis vient de ma tête, c'est moi qui le dis, c'est de mon initiative ».

3. *Umutwe* au sens de « fièvre, mal de tête »
- *Ukulwala umutwe*, « être atteint de fièvre ».
- *Ndi no mutwe*, litt. « je suis avec une tête, j'ai mal à la tête ».
- *Umutwe ulekalipa*, « avoir une légère migraine ».
- *Umutwe naulepuka*, litt. « la tête est en état de tremblement ou de refus », pour signifier « avoir un sérieux mal de tête ».

4. *Umutwe* dans le contexte de locutions idiomatiques
- *Umutwe we lyashi* ou *umutwe wa lisambililo ili*, « l'en-tête ou le titre de telle leçon précise ».
- *Umutwe wa lukasu*, « le manche de la houe ».
- *Ku mitwe ya busanshi*, « au bout du lit, le bout où l'on pose la tête ».
- *Ku mutwe wa luputa*, « au bout de la tombe, du côté de la tête ».
- *Ulutwe ulu wa ntampo*, « le bout de la corde, d'un côté ou de l'autre ».
- *Umutwe wa ng'anda*, « la tête de la maison, la personne qui gère les affaires de la famille ».
- *Umutwe wa cilye*, « le/la président(e) ».
- *Umutwe we bumba*, « un chef de groupe ».
- *Umutwe wa cilonganino*, « un dirigeant d'une Église, d'un parti politique ».
- *Umutwe we spoke*, « l'écrou d'un rayon sur la jante d'un vélo ».
- *Umutwe wa nsunga*, « la tête d'un clou ».
- *Ulutwe lwe sumbu*, « les bords d'un filet de pêche ».
- *Mutwe wa museke*, « le bord ou le haut du panier ».
- *Ali ku lutwi*, « la première personne en tête d'une file de gens ».
- *Nseke ishituntulu mu mutwe*, « le grain plein d'un épi de maïs ».
- *Umutwe*, « l'épi de maïs ».
- *Ukukusho muntu umutwe*, litt. « augmenter, rendre la tête d'une personne plus grosse », pour dire « faire honte, déshonorer quelqu'un ».
- *Uyu mulandu wa mutwe wa ng'ombe*, litt. « cette affaire est comme la tête d'un taureau », autrement dit, « elle est interminable comme la tête d'un taureau ».
- *Ukukalifya umutwe*, « épuiser quelqu'un, lui donner mal à la tête ».

5. *Umutwe* dans le contexte de proverbes
- *Amaano tayekala mu mutwe umo*, litt. « la sagesse/l'intelligence ne vit pas dans une seule tête » ; utilisé lorsqu'une personne entreprend un projet sans consulter les autres et échoue lamentablement.

- *Munshipingulwa : amaaano tayafula mu mutwe*, litt. « celui qui n'est pas conseillé n'a pas beaucoup de sagesse dans sa tête » ; appliqué à une personne qui dénonçait les conseils des autres et croulait ensuite sous les ennuis à cause de son entêtement.
- *Uushili noko* : *takutonya mutwe*, litt. « celle qui n'est pas ta mère ne sent pas ta tête », ce qui signifie « seule une mère se préoccupe vraiment et ne tardera pas à t'aider ».

La catégorie « tête » comprend divers sous-domaines, tels que *icinso* « visage », *impumi* « front » et *ikobo* « arrière de la tête ».

6. Bref excursus à propos des cheveux

La langue bemba a toute une gamme de mots pour la chevelure. Par exemple, alors que les langues indo-européennes identifient généralement les cheveux par un emplacement spécifique (par exemple, « cheveux sur la tête », « poils de barbe », « cheveux sur la poitrine », « cheveux dans le cou », « poils pubiens »), ou par un qualificatif (comme « cheveux gris »), la langue bemba emploie des mots distincts pour les cheveux à des endroits particuliers.

- *Inkopyo* ne sert que pour les « poils des cils et sourcils ».
- *Imishishi*, « poils sur la tête ».
- *Imishishi ya mu matwi*, « poils dans les oreilles ».
- *Imishishi ya mu kwapa*, « poils des aisselles ».
- *Imishishi ya pa cifuba*, « poils sur la poitrine ».
- *Imyefu*, « barbe, moustache et poils du nez ».
- *Amapipi ya ku molu*, « poils sur les jambes ».
- *Amapipi ya ku maboko*, « poils sur les bras ».
- *Amapipi ya kunuma*, « poils sur le dos ».
- *Amaso*, « poils pubiens ».
- *Mfwi* (sg. *lufwi*), « cheveux gris ».

B. Les organes des sens

La plupart des organes des sens (quatre sur cinq) fonctionnent en lien avec la tête. Il convient donc d'examiner de plus près les organes des sens. La langue bemba ne possède aucun terme qui désigne les « cinq sens ». L'ouïe, la sensation et le goût sont tous regroupés dans un seul mot : *ukuumfwa* ! D'autres termes pour désigner les deux sens restants sont *ukumona*, « voir » (vision), et *ukununsha*, « sentir » (odorat)[7].

La langue bemba n'a aucune expression pour désigner le rôle du « système nerveux » et du cerveau conçu comme origine et organe de perception des sensations physiques et des sentiments. Il n'existe pas non plus de terme pour désigner le(s) « nerf(s) ». Une approximation du mot « nerf » est le mot « sang ». On pense que le sang transmet des sensations, comme les démangeaisons ou la sensation de douleur. Tout le sang est accumulé dans le cœur et distribué par lui. Les signaux de douleur ou d'autres sensations sont ensuite transmis par le sang et finalement enregistrés par le cerveau. Le cerveau fonctionne comme un centre de commandement recevant et triant toutes les informations qui lui parviennent.

C. L'œil (*ilinso*)

Ilinso est le terme pour « l'œil » de l'être humain et des animaux (pl. *amenso*).

1. Les parties constitutives d'*ilinso*
- *Inkopyo sha pamulu we linso*, « les cils supérieurs ».
- *Inkopyo sha panshi we linso*, « les cils inférieurs ».
- *Icikumbi ca pamulu we linso*, « la paupière supérieure ».
- *Icikumbi ca panshi we linso*, « la paupière inférieure ».
- *Amanongo*, « le pus dans l'œil ».
- *Ifilamba*, « les larmes ».

2. *Ilinso* dans le contexte d'expressions
- *Ukushibata amenso*, « fermer les yeux ».
- *Ukutumbula amenso*, « fixer avec les yeux grands ouverts ».
- *Ukushibashiba*, « cligner des deux yeux ».
- *Ukutoteka*, « loucher ».
- *Ukufinya pa menso/ukukaka pa menso*, « froncer les sourcils » (rides sur le front en signe de désaccord).
- *Akulebeleba kwa linso*, « mouvement frénétique de l'œil ». *Alelebaleba* se dit de quelqu'un qu'on soupçonne d'être un voleur, de quelqu'un qui bouge énergiquement la tête pour observer tout ce qui se passe.

---

7. Voir la discussion des verbes *ukuumfwa*, *ukumona* et *ukununsha* dans White Fathers, *The White Fathers Bemba-English Dictionary*, éd. révisée, Ndola, Zambie, Society of the Missionaries for Africa (White Fathers), 1991, rubriques « *-umfwa* », « *-mona* », « *-nunsha* ».

3. *Ilinso* dans le contexte de locutions idiomatiques et de langage figuré

- *Pa linso lya lukasa*, « le milieu de la plante du pied ».
- *Ilinso lye taba/amenso ya mataba*, « le grain de maïs ».
- *Ilinso lya mushi*, « le chef » (celui qui surveille le village).
- *Ilinso lya nshindano*, « le chas de l'aiguille ».
- *Ukupima na menso*, « mesurer du regard ».
- *Pa linso lya cishilwa*, « le point central d'un cercle ».
- *Amenso ya sefya*, « les trous d'un tamis ».
- *Amenso ya mucetekanya*, « un jugement sain », quelqu'un dont les observations, les jugements ou les explications sont d'ordinaire justes.
- *Ukulufyanya pa menso*, litt. « faire mal aux yeux », c'est-à-dire « avoir l'air en colère ».

D. Le sens de la vision : le verbe *ukumona*

Ukumona est un verbe aussi bien transitif qu'intransitif. Voici trois significations principales, ainsi que quelques extensions verbales.

1. « Voir » :
   - *Namumona ku menso*, « je l'ai vu de mes propres yeux ».
   - *Ifyo mfwaya ukumumona mwe*, « combien j'étais impatient de te voir ».
   - *Nshilamona*, « cela ne suffit pas, ce n'est pas ce que vaut la chose ».
   - *Mona mulelu*, « avoir un aperçu de… ».
2. « S'apercevoir, constater » :
   - *Ulucelo namona isembe lyasendwa*, « le matin j'ai remarqué que la hache avait été prise ».
3. « Voir, trouver, avoir, voir comment en sortir » :
   - *Nga fwaka ndemumona kwi*, « où vais-je trouver du tabac ? ».
   - *Mwapoleni ! Ati : nshimona mutende.* « Comment allez-vous ? » Il a dit : « Je n'ai pas vu la santé, je ne vais pas bien. »
   - *Ntensha mundu wandi, nshimona ukuti nyende.* « Je soigne un parent malade, je ne vois pas d'issue ».
4. « Être en détresse, avoir du chagrin » :
   - *Namone inshiku*, « je vois des jours », pour dire « je suis en détresse ».
5. Conjonction « quand, si » (synonyme *ukumfwa*).
6. *Ukumonwa* (extension passive d'*ukumona*).
   - « être vu, visible » : *cintu tacimonwa*, « cet objet n'est pas visible ».

7. *Ukumonana/ukumoneshanya* (extension réciproque d'*ukumona*)
- « se rencontrer » ou « se rendre visite, se faire face » : *amayanda yamonana minshi*, « les cases se font face ».

8. *Ukuimona* (extension réfléchie d'*ukumona*)
- *baimona fye ni filya fine cali na kale*, « ils ont constaté par eux-mêmes ; ils ont constaté que rien n'avait changé depuis ce temps passé ».

E. La bouche (*akanwa*)

Du point de vue étymologique, le nom *akanwa* a comme racine le verbe transitif et intransitif *ukunwa*, « boire ». Ce lien étymologique désigne l'action principale d'*akanwa* (pl. *utunwa*) : être l'agent qui permet de satisfaire un besoin humain élémentaire. La bouche comme organe d'où partent les pensées sous forme de sons semble avoir moins d'importance. Ce qui entre dans le corps par la bouche a la priorité sur ce qui en sort par la bouche. En d'autres termes, avant de pouvoir parler, il faut vivre.

1. Les parties constitutives de *akanwa*
- *Umulomo* (pl. *imilomo*) *wa pamulu*, « la lèvre et l'espace entre la lèvre supérieure et le nez ».
- *Umulomo wa panshi*, « la lèvre inférieure ».
- *Mumbali ya kanwa*, « les coins de la bouche » (*ifulo* « écume sur la bouche »).
- *Ululimi* (pl. *indimi*), « la langue ».
- *Kalimba* (pl. *tulimba*), « le nerf de la langue ».
- *Amate*, « la salive ».
- *Ifiponshi*, « les gencives ».
- *Ameno* (sg. *ilino*), « les dents ».

2. Autres contextes où apparaît *akanwa*
- *Akanwa ka mupini*, « trou d'une houe qui permet d'emmancher la lame ».
- *Pa kanwa ke botolo*, « ouverture d'une bouteille ».
- *Pa kanwa ka mpoto/umupika*, « ouverture d'une casserole ».
- *Pa kanwa ka cilindi/pa milomo ya cilindi*, « les bords d'une tombe ».
- *Pa kanwa ka mbukuli*, « ouverture d'un sac » (mot employé pour tous les sacs qu'on peut fermer).
- *Pa kanwa ka museke*, « ouverture d'un panier ».

- *Pa kanwa ka lukombo*, « ouverture d'une calebasse utilisée pour boire ».

3. *Kanwa* dans des proverbes
- *Icilya icibiye cikula umutwe*, litt. « celui qui mange l'autre doit avoir une grosse tête » (par exemple, la marmite où cuit la citrouille doit être plus grande que celle-ci). Cela pour dire que celui qui dirige doit être plus sage que les autres.
- *Akanwa ka mwefu takabepa*, litt. « une bouche barbue ne ment pas », c'est-à-dire qu'une personne sage ne ment pas, elle fait plutôt preuve d'intelligence et de maturité. Ou encore, il ne faut pas négliger l'avis d'une personne d'un certain âge.

F. Les dents (*ameno*)

On peut aussi qualifier les dents en fonction de la tâche qu'elles accomplissent ou de l'état où elles se trouvent.
- *Insongwa*, « les dents tranchantes ».
- *Banaboya*, « les molaires ».
- *Imishila ye lino*, « les racines d'une dent ». *Cabo* (pl. *fyabo*) est un autre mot qui porte aussi le sens de « racine » dans divers contextes, p. ex. *ifyabo fya meno*, « les racines des dents », *cabo fya ngala*, « la racine d'un ongle ».
- *Icipunda ce lino*, « un trou dans une dent ».
- *Umucene*, « l'espace entre les dents ».
- *Umwangashima*, « l'espace entre les deux grosses dents supérieures de devant ».
- *Umuca*, « mal aux dents et enflure de la joue » (*ukufimba kwe saya*).
- *Ubulwele bwa meno*, litt. « maladie des dents », au sens de la perte d'une dent ou des dents.
- *Ukusenganya na meno*, « grincer des dents ».

G. La langue (*ululimi*)

La « langue » (*ululimi*, pl. *indimi*) n'est pas seulement un organe important du corps, elle apparaît aussi dans bien des contextes différents. La langue est un organe ambivalent par ses pouvoirs de construction et de destruction. *Ululimi* transforme les pensées en sons et en mots. Les mots créent et confirment des relations ou dénoncent et détruisent des liens personnels et communautaires. Les Bemba n'ont pas de mot pour « langue » au sens de langage, mais utilisent *ululimi* pour désigner une langue différente. Pour certaines communautés ecclésiastiques, *ululimi* est un mot clé de leur vocabulaire sacré. *Ukulanda mu ndimi ishalekana lekana*, « parler en langues », est devenu un objet de nombreux débats entre les Églises de différentes dénominations. Voici quelques autres sens d'*ululimi*.

1. *Ululimi* comme métaphore dans des associations cognitives
- *Ululimi lwe sembe*, « la lame d'une hache ».
- *Ululimi lwe lukasu/icilimi ca lukasu*, « la lame d'une houe ».
- *Ululimi lwa mwele*, « la lame d'un couteau ».
- *Ululimi lwa citenge/ululimi lwa citambala*, « le morceau/la langue de tissu qui pend sous un nœud ».
- *Ululime lwa supuni*, « la partie d'une cuillère qui sert à recueillir un produit ».
- *Ululimi lwa cibampa*, « la partie d'une louche qui sert à puiser ».

2. Autres sens propres de *ululimi*
- *Ululimi*, « une langue parlée ».
- *Ululimi*, « une flamme isolée ».
- *Ululimi lwa mulilo*, « la flamme/la langue d'un feu ». L'ensemble d'un feu s'appelle : *ulubingu lwa mulilo*.

3. *Ululimi* pour décrire le caractère d'une personne
- *Uwa ndimi shibili* est une expression négative ! Elle s'applique à quelqu'un qui a la « langue bien pendue », une personne à laquelle on ne peut pas faire confiance. Ses paroles disent une chose, mais son cœur et sa pensée vont dans un autre sens. Chez les Bemba, un tel trait de caractère négatif s'appelle *umubele ubi*, une disposition psychique négative permanente.

H. Les sens de l'ouïe, du toucher et du goût : le verbe *ukuumfwa*

Le verbe *ukuumfwa* est un mot particulièrement intéressant. C'est un verbe transitif et intransitif. Il a trois sens bien différents[8].

1. « Entendre, écouter, comprendre, faire attention, écouter les conseils »
- *Uumfwa nkwebe ifyo natesha*, « écoute-moi, que je te dise ce que j'ai entendu.
- *Toomfwa*, « il/elle n'écoute pas ou n'entend pas ».
- *Ulya aloomfwa*, « celui-là, cette personne écoute ».
- *Waumfwa ?* « Comprenez-vous ? »
- *Ukuumfwa mu menso*, « regarder fixement sans écouter ».
- *Tuumfwe !* « Faites silence pour que nous puissions entendre ! »
- *Umfweni !* « Écoutez voir ça ! » (parfois pour exprimer le mépris).

2. « Sentir, percevoir, prendre conscience »
- *Icikalipa cumfwa umwine*, « ce qui fait mal, on le sent, on en prend con-science ».

3. « Le goût »
- *Icakulya caumfwika shani ?* « La nourriture, a-t-elle bon goût ? »
- *Umucele tauumfwika iyoo*, « le sel n'a aucun goût ».

I. Le sens de l'odorat : le verbe *ukununsha*

L'odorat semble être moins important que la vision et occupe certainement un rang inférieur à celui de l'ouïe, du toucher et du goût. *Ukununsha* est un verbe transitif aussi bien qu'intransitif et a deux significations principales : 1) « sentir », au sens de « renifler » ou de « flairer », et 2) « puer », pour dire gêner par une odeur désagréable.

- « Sentir, flairer » :
  Ndenunsha ifyakulya ifisuma filenunka mu kitchen, « je sens de la bonne nourriture à la cuisine ».
  Alenunsha bwema bwatula ku maluba, « il/elle sent le parfum qui provient des fleurs ».

---

8. Le double « *-uu-* » du verbe *ukuumfwa* est dû au préfixe « *-uku-* » de l'infinitif complet et au radical du verbe « *-umfwa* ». Bien que les voyelles fusionnent dans certaines circonstances, le double « *-uu-* » indique une insistance dans la prononciation du verbe.

- « Sentir mauvais » :
  Fumako, witununsha, « va-t'en (sors d'ici), ne nous empeste pas ».
- Expression figurée :
  Amununsha lya ikofi kumununsha, « il lui fit sentir son poing, il le frappa, il le rossa ».

J. L'extérieur et l'intérieur de la poitrine : *pa cifuba* et *mu cifuba*

Pa cifuba désigne la région externe de la poitrine, depuis le haut du sternum jusqu'en bas (*pa nkombe*). La caractéristique majeure de cette région externe, c'est la présence des deux seins (*amabele*, un terme utilisé aussi bien pour les sujets mâles que pour les femelles ; même les animaux ont des *amabele*). Le mot *cifuba*, pris isolément, désigne la maladie plutôt que la poitrine elle-même, comme dans *ukuba ne cifuba*, qui veut dire littéralement « être avec une poitrine », mais signifie en fait « avoir un rhume de poitrine » ou « tousser ». Un synonyme est *ukulwala cifuba*, qui signifie littéralement « être malade de la poitrine », et qui signifie aussi « avoir un rhume de poitrine » ou « tousser ».

En changeant la préposition locative *pa cifuba* en *mu cifuba*, « dans la poitrine », on obtient des significations différentes. D'une manière très générale, *mu cifuba* désigne la région interne de la poitrine ou les organes internes de cette région. Dans un sens étroit et spécifique, *mu cifuba* est synonyme de *mutima*, « cœur », ou *mu mutima*, « dans le cœur »[9].

1. Les poumons (*bapwapwa*)

Le mot *bapwapwa* (sg. *pwapwa*) est une onomatopée rappelant le son produit par l'inspiration et l'expiration. La fonction du *bapwapwa* est d'agir comme un instrument qui tire et emprisonne l'air (*ukutinta kola mwela* ; *ukutinta* signifie « tirer » et *ukukola*, « emprisonner »). Il se trouve que l'idée de « piéger » l'air est un concept qui existe dans les langues africaines aussi bien que dans les langues indo-européennes. Ainsi, l'expression anglaise « *to catch one's breath* » traduit la même idée. Les poumons « tirent » et « piègent » l'air et le poussent vers le foie (*ilibu*). Là, il subit un processus de nettoyage ou de lavage (*ukusamfya umwela*). Du foie, l'air nettoyé va vers le cœur, qui met en marche le processus de respiration en pompant le sang à travers le corps.

---

9. Pour plus de détails, voir le chapitre suivant.

2. L'estomac (*icifu*)

L'« estomac » (*icifu*) fonctionne comme un lieu de stockage pour les aliments qui entrent dans le corps. La « vésicule biliaire » (*ndusha*) « fait fondre » la nourriture (*ukusungulula ifyakulya*)[10]. Cela laisse à l'estomac la fonction de « séparer » et de « trier » (*ukusobolola*) les « bons ingrédients » (*ifisuma*) des « mauvais » (*ifibi*). Le « résidu » (*ifiseekwa*) quitte le corps par les « intestins » (*amala*). Le « sang » (*umulopa*) est chargé d'« apporter » (*ukusenda twala*) la nourriture digérée dans toutes les parties du corps. La fonction principale de ce processus est de renforcer le cœur pour lui permettre de bien accomplir son travail (*no kupeela amaka ku mutima pakuti ulebomba bwino*).

K. Le cœur (*umutima*)

Umutima est le nom qui désigne le plus important des organes internes du corps. Cela transparaît dans la phrase : *Abantu beshiba ukuti nafwa nga bamona umutima waleka ukutunta*, « Les gens savent qu'il/elle est mort(e), s'ils constatent que le cœur a cessé de battre ».

Grammaticalement, *umutima* est un nom de classe 2 (voir l'annexe 4) ; dans cette classe, on trouve des noms d'autres parties du corps, en particulier les plus importantes, ou d'autres caractéristiques essentielles d'une personne humaine. Le tableau 1 en présente quelques exemples.

Umutima est considéré comme responsable de deux fonctions essentielles : 1) le processus de la respiration et 2) l'acheminement du sang vers toutes les parties du corps.

Tableau 1 : Noms de la classe 2 (*umu-* sg.), parties du corps

umubili	le corps
umutwe	la tête
umushishi	les poils (sur la tête)
umona (umu-ona)	le nez
umukolomino	l'œsophage
umunofu	la chair
umukoshi	le cou
umungololo	la colonne vertébrale

---

10. *Ukusungulula*, verbe transitif qui signifie « faire fondre, dissoudre, digérer (de la nourriture) ». White Fathers, *Bemba-English Dictionary*, « -sungulula ».

umutete we fumo	l'abdomen
umutoto	le nombril
umusana	le rein, l'utérus
umusula	le rectum
umulopa	le sang

1. Indices linguistiques soulignant les aspects anatomiques d'*umutima*

- *Umutima usunga ubumi uwa mubili wapema.*
  « Le cœur maintient la vie qui est un corps qui respire. »
- *Umutima ulenga ukupema.*
  « Le cœur provoque la respiration. »
- *Umutima inga ulaleko ukubomba umulopa teti wende bwino.*
  « Si le cœur cesse de fonctionner, le sang ne "circulera" pas bien. »
- *Umutima uli ukusalanganya umulopa elyo no kupeela amatontonkanya.*
  « Le cœur répand/disperse le sang et suscite les pensées. »
- *Umutima e ubomba mu kupêma. Pantu nga waleka ninshi umuntu kuti afwa.*
  « Le cœur travaille vraiment dans la respiration. Parce que s'il s'arrête, c'est alors qu'une personne peut mourir. »
- *Kwena umwela ulaya mu mutima epakuti umutima uletunta.*
  « C'est certain, la respiration va/se déplace vraiment vers le cœur, de sorte que le cœur bat. »
- *Umwela wingilila mu myona na mu kanwa no kwingilamo mu mutima.*
  « La respiration pénètre par le nez et par la bouche et entre dans le cœur. »
- *Amabu e yatinta umwela elyo yatwala ku mutima.*
  « Oui, vraiment, le foie pousse l'air et alors il est accueilli dans le cœur. »
- *Umwela ulesalangana mu filundwa fyonse ifya mubili nga wafuma mu mutima.*
  « L'air est alors répandu/dispersé dans toutes les parties du corps, quand il sort du cœur. »
- *Nga amabu tayaletinta umwela, umutima uleka no kutunta. umuntu kufwa.*
  « Si le foie ne pousse pas l'air, le cœur cesse de pomper. La personne meurt. »

- *Nomba umuntu nangu talesunkâna elyo baumfwa umutima uletunta baleshiba bati : acili mu tuuntulu.*
« Une personne qui n'enfle pas (qui ne se balance pas), alors ils tâtent le cœur ; s'il bat, alors ils disent : il est encore dans la plénitude, complet, en bonne santé. »

En d'autres contextes, *umutima* prend des significations diverses : les intestins, un trait de caractère, la conscience, l'intention, l'inclination, la tendance, le pressentiment, les sentiments, la volonté et l'attention. On s'arrêtera à ce stade, car le prochain chapitre va présenter une description plus complète d'*umutima*, plus précisément en attachant notre attention au large spectre psychologique de ce mot.

L. Excursus : *ukucite cupo* « l'acte le plus important de la vie »

Dans ses efforts pour préserver les connaissances traditionnelles pour les générations futures, R. M. Kambole souligne l'importance prioritaire de la maturité, de la fertilité et de la capacité sexuelle dans la culture bemba. Dans son livre, *Ukufunda Umwana Kufikapo* (1980)[11], il développe ces sujets en bemba[12]. Kambole plaide avec force pour la conservation des traditions. Sinon, dit-il, « il y aura des ténèbres sur la terre et sur la forêt ; des ténèbres sur la Zambie » (*Pafiita ninshi, Pafiitila imiti-ikula, Pafiitila impanga yonse, Pafiitila Zambia*)[13]. Les textes bemba ci-dessous contiennent quelques enseignements sur la pratique et la perception traditionnelles du mariage et des relations conjugales de l'homme avec la femme[14].

---

11. R. M. Kambole, *Ukufunda Umwana Ukufikapo*, Lusaka, Zambie, Educational Publishing House, 1980, p. vii. Joel Makopa traduit *Ukufunda Umwana Kufikapo* par « assurer une formation traditionnelle complète à une jeune personne ». Joel L. Makopa, « *Ukufunda Umwana Kufikapo*. Providing Complete Traditional Education to a Young Person », Chinsali, 1998.
12. À titre d'exemple, Kambole dit : *Icisungu calicindeme mu Lubemba ; embusa ikalamba yalimo, entulo yabwanakashi ; ebwanakashi bwine*, « La maturité (la puberté) féminine [la fertilité] est la tradition la plus signifiante, honorable et respectable chez les Bemba. En fait, elle est le plus grand emblème sacré ; elle est la source de la féminité [fertilité] ; elle est la féminité elle-même ». KAMBOLE, *Ukufunda Umwana Ukufikapo*, p. 17-18).
13. KAMBOLE, *Ukufunda Umwana Ukufikapo*, p. vii.
14. MAKOPA, « *Ukufunda Umwana Kufikapo* », p. 96, reproduit dans BADENBERG, *Sickness and Healing*, p. 65-66. La traduction est la nôtre. Toutefois, nous l'avons contre-vérifiée avec celle de Makopa.

Tableau 2 : Enseignement traditionnel bemba sur les relations conjugales

Kabili umbi ayipusha ati : *Nga umwana apangwa shani ?*	Puis un autre (ancien) demandait, disant : Un enfant, comment est-il formé ?
Umubiye ayasuka ati : *Imwe mwebo tufishe,* *tamwakulayikala fye iyo.*	L'autre ancien répondait, disant : Toi que nous avons marié, tu n'es pas ici, sur terre, simplement pour vivre. Ah non !
Mwakulabombo milimo uwacila pa milimo yonse ukucindama.	Tu dois te livrer constamment au travail, à la tâche qui surpasse toutes les tâches honorables.
Mwakulapanga icupo, kashita-kashita cila bushiku, mpaka uyu mwanakashi akemite.	Tu dois continuellement pratiquer l'acte conjugal (avoir des relations sexuelles) un peu, puis encore, chaque nuit, jusqu'à ce que cette femme conçoive.
Ninshi aleka no kulaaba ku mpepo.	C'est le moment où elle cesse d'être « froide ».
Baleeti fye ico bapombosa, Bayeba shibwinga na nabwinga.	Tout ce que (les anciens) voulaient dire, ils l'ont dit à l'époux et à l'épouse.
Babwekeshapo umo bacilandile umo umo.	Ils l'ont répété comme le premier l'a dit, de l'un à l'autre, ils l'ont dit.
Kabili umbi ayipusha ati : *Bushe umwanakashi nga ali ku mpepo, kuti mwapilibuka nankwe ?*	Alors, un autre (ancien) a dit : Si une femme est dans son mois (a ses règles), peux-tu revenir vers elle (avoir des relations sexuelles avec elle) ?
Iyoo, tecakwesha, kuti mwaikowesha.	Non, jamais ! Ce n'est pas un risque à prendre ; tu pourrais te faire « contaminer » (devenir maigre ou malade).
Mwalwala icifuba ca makowesha.	Tu attraperas la « toux de contamination » (terme technique pour la tuberculose).

We mwanakashi lyonse ilyo uli ku mweshi,	Toi, l'épouse, chaque fois que tu es dans ton mois (tu as tes règles),
tauli nakufutatila umulume pa kusendama ;	tu n'es pas en mesure d'être mouillée (rendue humide par le sperme), lorsque tu dors avec ton mari ;
tauli nakwisalako iciibi ;	Tu n'es pas en mesure de fermer la porte (de ta case) ;
tauli nakwikata pe shiko ;	Tu n'es pas en mesure de toucher aux pierres du foyer (quand tu fais la cuisine) ;
tauli nakwipika no kulunga mu munani tecakwesha.	tu n'es pas en mesure de faire la cuisine et d'assaisonner (saler) le repas ; ça, c'est une chose à ne pas tenter.

L'enseignement traditionnel est très explicite sur le devoir d'un homme et d'une femme et sur la raison de leur présence sur terre. Il y a un travail plus important que tout autre travail à accomplir : pratiquer continuellement l'acte conjugal. C'est l'acte le plus important de tous ! Même la grossesse de la femme ne peut rien changer à cette maxime. Voici ce qu'écrivait Tanguy :

> Chez les Bemba, la grossesse, même à un stade avancé, ne constitue pas une raison pour s'abstenir de l'acte conjugal. Les gens pensent et sont convaincus que des rapports sexuels fréquents sont nécessaires pour renforcer le fœtus (*pantu cileekosha fumo*) et aussi pour prévenir l'avortement[15].

L'importance de l'acte essentiel dans la vision du monde des Bemba est également mise en relief dans l'enseignement des filles qui subissent les rites d'initiation *cisungu*. Deux chansons illustrent ce fait ; elles sont tirées du travail de Tera Rasing, qui décrit les rites d'initiation *cisungu* en Zambie urbaine[16].

La première chanson accompagne le dessin du « Soleil » (l'un des emblèmes sacrés, *mbusa*) sur le mur sud de la maison où l'initiation a lieu.

Kasuba kawa nkonkele lumbwe, « Le soleil s'est couché, [il faut que] je suive mon mari ».

---

15. François Tanguy, « The Bemba of Zambia. Beliefs, Manners, Customs », Ilondola, Language Centre, 1983, 1re éd. 1954, p. 20.
16. Tera Rasing, *The Bush Burnt, the Stones Remain. Female Initiation Rites in Urban Zambia*, Münster/Hambourg/Londres, LIT, 2001, p. 159.

Interprétation : L'assistant de recherche a expliqué que, lorsqu'il se fait tard et que le mari n'est pas rentré, il faut commencer à s'inquiéter de savoir s'il ne serait pas avec une autre femme. Mais tu ne devrais pas le suivre. Le *nacimbusa* ajoute : « Le soleil brille le jour, tu peux préparer de la nourriture et des médicaments pour bien disposer le corps en vue de la nuit. Lave ton vagin, tu ne peux pas faire ça la nuit, quand il veut faire l'amour ». Le soleil fait référence à un homme. Lorsque le soleil s'est couché, la femme doit se préparer à avoir des relations sexuelles avec son mari[17].

La seconde va de pair avec un autre emblème sacré (*mbusa*), « l'aigrette » (*icembe*), une maquette d'oiseau ou un bonnet en argile.

Icembe we mutwa nkwashi waipama pe ishiba lyakwe waipama, « l'aigle, le pilon, pilonne dans [son] bassin, il pilonne ».

Interprétation : Le *nacimbusa* explique qu'*icembe* est un aigle, mais il représente un homme et le bassin représente le vagin. C'est une chanson relative à la relation sexuelle[18].

1. « Chaud » et « froid » : euphémismes pour la sexualité et l'« accès au divin »

Dans son enseignement sur les aspects culturels relatifs à la sexualité, Kambole parle de la femme qui se trouve dans un état de « froideur »[19]. La métaphore inverse correspondante serait « chaude » ou « dans un état de chaleur ».

Hinfelaar associe l'état de « froideur » et l'état de « chaleur » aux trois saisons du plateau du Nord. Les mois de mai à août comprennent la période des récoltes ; ces mois sont froids et secs et symbolisent le féminin. Août à novembre, c'est la période de la saison chaude qui correspond plutôt au masculin. La saison des pluies dure de novembre à avril. Ce sont les mois fertiles qui caractérisent la perfection, car le chaud et le froid se confondent. De la même manière, les rapports sexuels sont perçus comme symbolisant l'interaction de ces trois saisons. La perception de l'état froid de la femme et sa tâche ultime de « recevoir le don divin de la parentalité » nécessitent le complément de « l'influence chaude du mari ». En fusionnant le « froid » et le « chaud » dans le rapport conjugal, « l'accès au divin » est réalisé[20].

---

17. *Ibid.*
18. *Ibid.*, p. 160.
19. Kambole, *Ukufunda Umwana Ukufikapo*.
20. Hinfelaar, *Bemba Speaking Women of Zambia*, p. 7-8.

Maxwell considère que l'eau, le sang, le sexe, le feu et la vie sont les « métaphores fondamentales » de la culture bemba, car elles « mettent en mouvement leurs valeurs les plus sacrées[21] ». En ce qui concerne le sexe (*icupo*), le mari et la femme peuvent être des menaces potentielles pour la famille et la communauté en général. En effet, le sexe non sanctionné ou non sacralisé est à l'origine de maladies et de tensions sociales au sein de la communauté[22]. Le sexe et le feu constituent des pouvoirs qui nécessitent une attention et un contrôle extrêmes. Une fois libérés, ils peuvent détruire la vie même qu'ils sont censés garantir. La pollution du feu sur lequel les personnes sexuellement actives et non purifiées préparent la nourriture affecte la vie du groupe qui mange ensemble[23].

Audrey Richards, quant à elle, parle du sexe et du feu comme étant l'« idée maîtresse sous-jacente à la majorité des rites bemba[24] ». Comme la chaleur du feu constitue un danger, si on ne la manipule pas avec précaution, il en va de même pour les relations sexuelles qui rendent mari et femme « chauds ». Cet état ne peut être déchargé de son caractère dangereux que par l'élément purificateur qu'est l'eau. Pour ce rite, une marmite miniature (la marmite nuptiale, *akanweno*), propriété de l'épouse, est remplie d'eau et mise sur le feu. Le lavage des mains avec l'eau chaude de cette marmite après l'acte conjugal (*ukucite cupo*) « enlève l'état de chaleur du corps de l'homme et de la femme[25] ». Ils sont dès lors libres de toucher le feu sur lequel cuit la nourriture, sans attirer des effets néfastes sur les autres, en particulier sur les jeunes enfants.

Une autre chanson de la collection de chansons *cisungu* de Tera Rasing souligne l'importance des métaphores du « chaud » et du « froid ». Elle s'intitule « La lune » (*umweshi*) ; son symbole est le croissant blanc de la lune décroissante et il est dessiné sur le mur nord d'en face.

> *Umweshi nao auba ni mayo nga nshilila uwa kuti waya kabili wabwela nga nshilila wabwela*, « Si la lune était ma mère, je ne pleurerais pas ; elle s'en va et elle revient, je ne pleurerais pas ».
>
> Interprétation : La lune symbolise le cycle menstruel et la période de menstruation. Le *nacimbusa* dit : « Les menstruations surviennent chaque mois, lorsque la lune décroît. Elles vont avec la lune, ce qui signifie que lorsque la lune décroît, la période de fertilité de

---

21. Maxwell, *Bemba Myth and Ritual*, p. 28.
22. Voir la section sur la malnutrition dans le chap. 4.
23. Maxwell, *Bemba Myth and Ritual*, p. 31.
24. Richards, « The Story of Bwembya », p. 30.
25. *Ibid.*, p. 31.

la femme est terminée. Au village, les femmes ne disent pas à leur mari qu'elles ont leurs règles, elles dessinent simplement la lune. C'est comme un enterrement. Si la mère est comme une lune, elle reviendra, si ma mère meurt, elle meurt pour toujours. La lune s'en va, après deux semaines il fait noir, puis la nouvelle lune apparaît, et donc elle revient. Quand une mère meurt, elle meurt pour toujours. Mais quand la lune disparaît, elle revient, comme la fertilité d'une femme. Ne faites pas l'amour dans l'obscurité, quand il n'y a pas de lune ». Cette chanson évoque la continuité de la vie, le cycle de la fertilité et de l'infertilité (menstruation) de la vie et du cycle de la vie et de la mort. De toute évidence, le soleil et la lune symbolisent le cycle du jour et de la nuit, de l'alternance de la « chaleur » et du « froid »[26].

2. Autres euphémismes relatifs à la biologie de la reproduction

La culture bemba est très discrète sur les questions relatives au sexe dans la sphère publique. Malgré les terribles effets du VIH/SIDA dans les communautés, il y a toujours une réticence à parler de ces questions en public, surtout en zone rurale. Cette discrétion à propos du sexe ou des questions sexuelles se manifeste notamment dans les nombreux euphémismes utilisés pour parler du sexe, des organes sexuels ou de la biologie de la reproduction.

a. Organes de la reproduction

- *Bwamba* désigne « la nudité », mais c'est aussi un euphémisme pour les organes sexuels, un terme générique pour les organes sexuels humains[27].
- *U/bwanakashi*, « féminité », dérivé du nom *mwanakashi* (pl. *banakashi*), qui signifie « femme », et par implication « les organes sexuels féminins ».
- *U/bwaume*, « masculinité », dérivé du nom *mwaume* (pl. *baume*), qui signifie « homme », et par implication « les organes sexuels mâles ».
- *U/bufyashi*, « parentalité », par implication 1) « descendance, progéniture » et 2) « procréation ».

---

26. Rasing, *The Bush Burnt, the Stones Remain*, p. 159.
27. Richards, « The Story of Bwembya », p. 188.

- *Ulufumo*, « le sein maternel », dérivé du verbe *ukufuma* « sortir ». Il désigne également le tronc d'un arbre. Un arbre comporte trois parties principales : *imishila*, « les racines », *ulufumo*, « le tronc » et *fibuula*, « les branches ».
- *Mu nda*, « le sein maternel ». *Twafyele mu nda umo* « nous sommes nés du même sein ».
- *Ubula*, « le sein maternel » (pl. *amala*, sens premier « les entrailles »).
- *Mfwalo*, « les parties intimes, la nudité ». Le sens étymologique est « les parties qui doivent rester habillées ».

b. Menstruation

- *Ukuwa cisungu*, « tomber en maturité/puberté », au sens d'« avoir ses premières règles ».
- *Akuba na mpepo*, « être en état de froideur », au sens de « passer par la période mensuelle ».
- *Atiina mulilo*, « craindre le feu », au sens de « passer par la période mensuelle ».
- *Ukuba mu mitanda*, « être dans un abri en dehors du village, être dans un état liminal », cela pour désigner « une femme durant sa période mensuelle ».
- *Ukutaba*, « quitter le village ».
- *Ali mu minwe* ou *ukuba mu minwe*, « elle est ou va être aux mains (des ancêtres) », ce qui signifie « une femme qui passe par sa période mensuelle ».
- *Ali mu mweshi*, « elle est en état de se déplacer », c'est-à-dire « une femme qui passe par sa période mensuelle ».
- *Ali ku mweshi*, « elle est au mois », c'est-à-dire « passer par la période mensuelle »[28].

c. Grossesse

- *Muli pa bukulu*, litt. « tu es en grandeur, en grosseur » (physiquement), pour dire « tu es enceinte ».
- *Kapiye ku cipatala no kupimwa lintu lyonse nga mwaishiba ukuti muli pa bukulu*, « Va à la clinique pour te faire peser régulièrement, quand tu sais que tu es enceinte ».
- *Naimita umusuku*, « j'ai conçu un fœtus, je suis enceinte ».
- *Aba no musuku*, « elle est avec un fœtus, elle est enceinte ».

---

28. Hinfelaar, *Bemba Speaking Women of Zambia*, p. 10.

- *Ali ne fumo* : le terme *l/ifumo* a plusieurs sens. D'une manière générale, il désigne l'abdomen, le ventre. Il signifie aussi « sein maternel, grossesse, fœtus ». De ce fait, l'expression *ali ne fumo* signifie « elle est enceinte ».

III. Le corps social

Il n'est pas bien difficile de tracer le chemin qui va du corps physique au corps social, comme va le montrer une excursion linguistique. Par exemple, l'expression *ndi no mutwe* se traduit littéralement par « je suis avec (une) tête ». Mais le sens réel de cette phrase diffère tout à fait de ce que suggère la traduction littérale. Les mots signifient explicitement « j'ai (un) mal de tête ». Une autre expression est *ndi no cifuba*, traduite littéralement par « je suis avec (une) poitrine ». Là encore, le sens littéral s'écarte de ce que la phrase signifie vraiment, à savoir, « j'ai (un) rhume de poitrine ». Ces deux phrases révèlent déjà des caractéristiques intéressantes.

Tout d'abord, l'accent tombe directement sur le nom objet, et non sur une action faite à la tête ou une situation à laquelle elle est soumise. C'est le moi qui est soumis à un certain état. En d'autres termes, comme dans l'expression précédente, l'accent ne porte pas sur la douleur (comme en français), mais sur l'objet qui en est affecté, la tête. C'est l'accent placé sur l'objet proprement dit qui distingue la tête de toutes les autres parties du corps, attirant l'attention sur une intégralité perturbée. L'expression *ndi no cifuba*, « je suis avec (une) poitrine », met l'accent sur le dysfonctionnement des fonctions corporelles (problèmes respiratoires, toux, fièvre, etc.) plutôt qu'elle désigne de manière descriptive l'anatomie du corps.

Dans *Freedom of Culture* (1959), Dorothy Lee dit des Indiens Wintu de Californie du Nord que leur soi est indissociablement lié à l'aspect physique de l'individu. Les Wintu n'ont pas de mot pour désigner le corps (!), mais ils prennent en compte et évoquent la personne entière (*kot wintu*). De ce fait, ils n'ont pas de termes spécifiques pour les parties du corps ; les parties du corps « sont des aspects ou des emplacements[29] ». Dorothy Lee fournit, entre autres, l'exemple suivant : « Je me suis cassé le bras » s'exprime en wintu par « bras-cassé-moi ». Le français sépare la personne de l'activité (c'est-à-dire l'action propre de la personne), en mettant l'accent sur le verbe en liaison avec un second pronom personnel soulignant une action. Le wintu attire l'attention sur la personne en tant que personne tout entière et en qualifie un aspect spécifique ou un endroit/

---

29. Dorothy Lee, *Freedom and Culture*, Prentice-Hall, Harvard University Press, 1959, p. 134.

une partie. On pourrait dire, « je – le/la – ai cassé-bras », soulignant ainsi une situation. Dorothy Lee explique que les Wintu ne séparent le soi de la partie que lorsqu'une partie du corps n'est plus intégrée à la personne (par exemple, « ceci est *son* bras », qui signifie : « Le bras qui a été coupé, c'est le sien »)[30].

A. *Ubutuuntulu*

Chez les Bemba aussi, le soi est holistique. Mais les Bemba ont encore une autre façon de faire ressortir le soi. Alors que les Wintu soulignent un aspect ou un endroit/une partie spécifique du soi, lorsque, par exemple, un bras est cassé, les Bemba ne le font pas. Ils mettent en relief le fait que le soi « est en compagnie » d'une partie spécifique (« Je suis avec la tête »). Ce faisant, un locuteur bemba particularise le moi, mais – et c'est important – il/elle indique ainsi une perturbation négative de l'ensemble[31]. Une référence explicite faite à la tête à un moment particulier et dans une situation spécifique ne signifie pas qu'un(e) Bemba n'a pas conscience que sa tête est une partie de lui/elle-même, en dehors de cette situation. Chez les Bemba, le soi assume une conscience de soi distincte, lorsque l'ensemble (santé, bien-être) subit des influences ou des changements négatifs. Lorsque le soi est « avec » une partie particulière (la tête ou la poitrine) du tout (le corps), alors la totalité (la santé) se heurte à une limite. La particularisation menace l'ensemble. Le fait d'isoler une partie spécifique du corps et de la placer dans l'accompagnement d'une partie/d'un emplacement particulier indique une perturbation inquiétante d'*ubutuuntulu*, « intégralité, entièreté », et, par extension, d'« harmonie ». Hinfelaar propose une présentation plus approfondie d'*ubutuuntulu*[32].

Mu tuuntulu (*uli mu tuuntulu*) peut fonctionner comme un adjectif composé. *Mu* est une particule locative, mais sa valeur est prépositionnelle et adverbiale ; *mu* peut signifier « dans, dedans, à l'intérieur, sur ». L'adjectif *tuuntulu* signifie « entier, vivant, complet ». Cela donne à l'extension *mu tuuntulu* le sens « être complet, être entier, être en bonne santé, être dans un état de complétude et de santé ».

Mutuuntulu en tant que construction nominale et apparentée d'*ubutuuntulu* peut désigner une personne qui est dans un état entier. Il peut aussi être utilisé

---

30. *Ibid.*, p. 135.
31. Une autre manière de dire : *ndi no mutwe* est *ndeumfwa mutwe*, littéralement « je sens tête », ce qui signifie « j'ai (un) mal de tête ». Cette dernière expression souligne les hypothèses formulées ci-dessus.
32. Hinfelaar, *Bemba Speaking Women of Zambia*, p. 108.

comme une sorte de titre, comme c'est le cas pour Emilio Chishimba Mulolani, le fondateur de l'Église Mutima en Zambie, à qui ses adeptes s'en remettent en tant que Mutuuntulu, ou « Celui qui est Tout »[33].

Umuntu utuuntulu, « une personne humaine entière, complète » reflète une harmonie couvrant les fonctions végétatives, émotionnelles, affectives et rationnelles ainsi que le bien-être corporel. Être *umuntu utuuntulu* est une condition humaine très prisée dans la pensée bemba. L'idée de *tuuntulu* n'existe pas séparément des autres idées exprimant la plénitude et la santé. Par exemple, la salutation *mwapoleeni*, « comment allez-vous, comment vous portez-vous ? », est une salutation prédominante ou assez courante chez les Bemba. Elle souligne spécifiquement l'idée de plénitude. Il est clair que l'intérêt se porte sur l'état physique de la personne. Le verbe intransitif *-pola*, dont *mwapoleeni* est dérivé, exprime un état de bien-être spécifique et très recherché : la bonne santé. C'est l'état d'*ubutuuntulu*, « plénitude, être entier, santé », que l'on souhaite à une autre personne par la salutation *mwapoleeni*. (Le fait que la salutation soit censée communiquer réellement ce qu'une personne souhaite à quelqu'un d'autre n'est, bien sûr, pas une simple question de vocabulaire.)

En effet, relier le corps physique au corps social n'a rien de saugrenu. La culture bemba accorde une grande valeur aux liens communautaires. L'individualisme – entendons ici l'indépendance par rapport au groupe – est synonyme de particularisation qui menace l'ensemble (le corps social). L'individualisme signifie qu'une personne se démarque du reste de la communauté, par exemple en travaillant dur et en faisant une récolte abondante. De telles situations bouleversent les normes communautaires et peuvent créer des tensions entre les membres de la communauté, de l'envie et de la jalousie. Cela signifie-t-il que la « faible valeur » attachée à la particularisation et la « forte valeur » accordée à la conformité au groupe conduisent à une absence ou à un degré minimal d'individualité, de personnalité ou de liberté d'action individuelle ? Non, pas vraiment.

Au contraire, un individu n'est pas seulement affecté par la culture, en adoptant un comportement stéréotypé, mais l'action individuelle affecte aussi le contexte culturel, c'est-à-dire qu'elle évolue activement vers la particularisation. Celle-ci ne signifie pas nécessairement une menace pour l'ensemble. Pareille évolution vers une position originale dépend toutefois de la manière dont cette particularisation réussit dans le processus d'intégration, c'est-à-dire comment la personnalité réussit à intégrer sa créativité et son originalité dans son groupe social et dans la société en général. J'ai présenté ailleurs une étude de cas faisant

---

33. Burlington, « God Makes a World of Difference », p. 16.

ressortir les mécanismes de ce processus[34]. La maladie particularise également et constitue ainsi une menace pour l'ensemble. La maladie perturbe le *tuuntulu*. La maladie menace la santé. Il s'agit d'analyser non seulement cette nouvelle condition d'*ubutuuntulu* incomplet, perturbé – c'est-à-dire l'état de mauvaise santé –, mais aussi la ou les causes de la maladie ou des maux.

B. Excursus : *ukuumfwa*, une vertu importante

Un proverbe bemba déclare :

> *Icuumfwa maatwi ; amenso toomfwa*, « ce sont les oreilles qui sont faites pour entendre ; les yeux n'entendent pas ».

Ukuumfwa est un verbe aussi bien transitif qu'intransitif. Comme on l'a vu précédemment, il se rapporte aux sens de l'écoute, du toucher et du goût ! Un détail significatif est le nombre d'extensions verbales qui soulignent l'écoute et le lien direct de celle-ci avec la compréhension et les bonnes relations.

1. *Ukuumfwana*, la forme réciproque de ukuumfwa

- « S'entendre l'un l'autre » :
  Abapalamene mu mitanda baloomfwana, « ceux dont les jardins sont mitoyens peuvent s'entendre l'un l'autre ».
- « Être d'accord, parvenir à une entente, être en bons termes avec » :
  Baloomfwana no mukashi, « il s'entend bien avec sa femme ».

2. *Ukuumfwanya*, forme verbale transitive et causative de *ukuumfwana*

- « Amener à vivre en bons termes. »

3. *Ukuumfwika*

- « Être entendu, compris, perçu » :
  Mulandu waumfwika, « la cause a été entendue ».
  Ishiwi lyaumfwika, « la voix/la parole a été entendue ou comprise ».
- « Être connu, faire connaître à » :
  Mulandu waumfwika, « la cause/l'affaire fut rendue publique ».
- « Entendre parler de » :
  Baya kale nokuumfwika, iyo, « ils sont partis depuis longtemps et on n'a plus entendu parler d'eux (depuis lors) ».

---

34. Badenberg, *Sickness and Healing*.

4. *Ukuumfwikika*, forme verbale intransitive intensive de *ukuumfwika*
- « Être bien compris » :
  Amashiwi yaumfwikika, « les voix/paroles sont bien comprises ».

5. *Ukuumfwikisha*, forme verbale transitive intensive de *ukuumfwa*
- « Être parfaitement compris » :
  Aumfwikisho mulandu, « il/elle a parfaitement compris le cas ».

La grande importance accordée à la capacité d'écoute va bien au-delà de la capacité auditive acoustique. L'oreille est le point d'entrée qui permet de devenir une personne qui écoute. L'écoute est un signe du respect (*kucindika*) porté à des personnes, par exemple de la famille, des aînés et des dirigeants. *Umucinshi*, « respect, bonnes manières, politesse, courtoisie », est une vertu très importante, et il faut la posséder pour être socialement acceptable, pour être *umuntu wa mucinshi*, « une personne polie, aux bonnes manières, une personne qui sait respecter ».

Par exemple, *uyu muntu taakwata mucinshi*, « ce gars n'a pas de manières [respect] », est une grave atteinte à l'intégrité et au statut social d'une personne. Une telle déclaration vous qualifie définitivement d'insociable, « comme quelqu'un qui soit ne connaît pas sa place dans la société soit ignore les règles du comportement[35] ». Être *umuntu wa mucinshi* signifie également « être une personne intelligente ». Sur ce sujet, Maxwell note :

> Le critère d'intelligence des Bemba n'est pas l'originalité, mais la bonne connaissance de la tradition... Se conformer à la sagesse traditionnelle inscrite dans les chants et les danses des anciens est un signe certain que l'on « comprend » (*kuumfwa*, littéralement « entendre »). *Munshumfwa sha bakulu*, « celui qui n'obéit pas ou n'écoute pas les anciens », est la cible proverbiale de nombreuses blagues dans cette culture[36].

La grande importance accordée à *ukuumfwa*, « la compréhension », marque toutes les étapes du *cisungu*, le rite d'initiation des filles. Toujours selon Maxwell, l'importance de l'écoute, de la compréhension, est :

> explicitement répétée dans la chanson du *cisungu* « *Tumwe mafunde* » (« Écoutons les enseignements »). La marmite *mbusa* qui l'accompagne est entaillée de dizaines de petites fentes « comme

---

35. Oger, « Bemba Topics », p. 1.
36. Maxwell, *Bemba Myth and Ritual*, p. 94.

des oreilles penchées pour entendre » (Corbeil IV). Les filles doivent écouter en silence et ne pas être entendues. Ainsi, lorsque les filles s'assoient sur des tabourets, elles sont immédiatement et théâtralement chassées par la parenté la plus âgée, car les tabourets sont des signes de l'autorité traditionnelle de la parole[37].

IV. Conclusion

Le corps humain est une source valable pour entreprendre une enquête sur les notions de vision du monde et d'identité personnelle. Il incarne littéralement les structures cognitives fondamentales par sa présence physique, d'une part en termes de soi individuel (une entité biologique et psychologique), et d'autre part en tant que soi social. Cette « présence corporelle » bipolaire ouvre un large champ à d'autres concepts interconnectés, tels que les conceptions relatives à la reproduction, les rites de passage, la maladie et le bien-être, et d'autres encore.

À l'instar de Warren-Rothlin[38], la gamme lexicale des parties du corps, et tout particulièrement leurs « associations culturellement définies », fournit véritablement une description beaucoup plus riche et précise de la « présence corporelle » bipolaire. Si l'on considère le résultat positif d'une telle approche, une attention uniquement portée sur la biomédecine ne ferait que propager une vision réductionniste sur laquelle Roy Willis attire notre attention :

> Alors que la biomédecine occidentale, depuis Descartes, a développé un modèle du corps humain vu comme une machine complexe, au fonctionnement autonome, les cultures non occidentales conçoivent généralement le corps physique comme l'expression matérielle d'une entité causale invisible, souvent appelée « âme »[39].

En d'autres termes, *umubili*, c'est bien plus que « la chair et l'os » ! L'« entité causale invisible », l'« âme » de Willis, sera d'une importance capitale dans les chapitres suivants, qui traitent des aspects essentiels de l'« âme » dans le cadre de l'anthropologie bemba.

---

37. *Ibid.*
38. Warren-Rothlin, « Body Idioms and the Psalms », p. 204.
39. Roy Willis, « Body », dans Alan Barnard et Jonathan Spencer, sous dir., *Encyclopedia of Social and Cultural Anthropology*,, Londres/New York, Routledge, 2002, p. 115.

4

Umutima : plus que « le cœur »

Iciteeko mutima : matwi
Ce qui dirige le cœur, ce sont les oreilles !

I. *Umutima* : l'organe primordial

Comme l'a souligné le chapitre trois, *umutima* est le nom propre du plus important de tous les organes internes du corps[1]. Cependant, la richesse de ce mot tient moins à son importance physiologique qu'à sa portée comme notion psychologique clé. On dit que l'homme est un être biologique, un être culturel, un être social, un être moral, et, de plus, c'est aussi un être psychologique. *Umutima* est le lieu où réside la vie, en tout cas en ce qui concerne les fonctions physiologiques végétatives de cet organe. Or, la vie, c'est bien plus que l'existence physique ; *umutima* est le siège de la vraie vie. Il réunit la physiologie et la psychologie, ce qui en fait l'organe et le concept les plus éminents de l'anthropologie bemba.

A. Trois prépositions importantes : *pa*, *ku* et *mu*

Quand on emploie ces prépositions de lieu (*pa*, *ku* et *mu*) avec *umutima*, chacune d'elles indique une différence de sens.

1. *Pa mutima* décrit un certain *état* du cœur. Il s'agit souvent d'une expression qui désigne une fonction physique perturbée et accompagnée de douleur (p. ex., *pa mutima palekalipa*, « au cœur, il y a

---

1. Ce point, Greenstein le souligne à propos du cœur (*leb*) dans l'hébreu biblique : « Le cœur est un organe très particulier au sein de la cage thoracique, [car] lorsque le cœur parle, il fonctionne comme un organe de la parole. » Edward L. Greenstein, « The Heart as an Organ of Speech in Biblical Hebrew », dans Aaron J. Koller, Mordechai Z. Cohen et Adina Moshavi, sous dir. *Semitic, Biblical, and Jewish Studies in Honor of Richard C. Steiner*, Jérusalem/New York, Mosad Bialik/Yale University Press, 2020, p. 209, 211.

une douleur », pour dire « J'ai une colique »), ou elle sert d'euphémisme pour la maladie ou un mal touchant les intestins : *alwala pa mutima* « il/elle a la diarrhée ».

2. *Ku mutima* décrit des actions d'origine externe faites ou dirigées *vers* le « cœur ». *Cinshi ico musosela ku mutima wandi ?* ce qui signifie littéralement, « pourquoi parles-tu vers mon cœur ? », pour dire « pourquoi me parles-tu ? ».

   Ine kwali ku mutima wandi, litt. « Je l'avais vers mon cœur », pour dire « Je l'avais sur le cœur ».

   Mucibike na ku mutima yenu, litt. « Place-le vers ton cœur », pour dire « prends-le à cœur ».

3. *Mu mutima* évoque ce qui se passe *dans* le cœur ; le cœur est le lieu où se manifestent les sentiments, où se déroulent les processus intellectuels.

   Wilapata munonko mu mutima obe, ce qui signifie « ne hais pas ton frère dans ton cœur ».

   Ilyo amwene, amusuulile mu mutima wakwe, ce qui signifie « quand elle le vit, elle le méprisa dans son cœur ».

   Alepanga ifibi mu mutima, ce qui signifie « il/elle combine du mal, des méchancetés dans son cœur ».

   Alesosela mu mutima wakwe, ce qui signifie « il/elle a parlé, pensé, médité dans son cœur ».

La préposition de lieu *mu* présente un intérêt particulier. En effet, elle peut s'employer dans diverses constructions nominales. Elle modifie les conditions d'une situation en lui donnant l'apparence d'un lieu soit dans l'espace, soit dans le temps. *Mu mutima* désigne l'« intérieur » du cœur et, compte tenu de l'accent mis sur l'espace, il doit être compris plus précisément comme un lieu où s'effectuent les processus psychologiques et mentaux.

B. *Umutima* conçu comme la psuché : définition préliminaire

Comme premier échelon d'argumentation, on peut facilement démontrer que c'est dans *mu mutima* que les sentiments et les émotions apparaissent. C'est là qu'ils prennent forme, tantôt en s'accompagnant d'une profonde sensation de bien-être, tantôt en se combattant avec violence. Un deuxième échelon d'argumentation souligne que même les activités intellectuelles et les processus cognitifs ont à voir avec *mu mutima*.

Pour étayer ces deux échelons, il y a une abondance de contextes où *umutima* apparaît dans le langage. Les 77 expressions suivantes ne sont pas vraiment triées ou classées de manière particulière, mais servent à démontrer l'abondance des aspects anthropologiques d'*umutima* comme lieu où s'élaborent les processus psychologiques, d'où son appellation de « psuché »[2].

1. *Kusoobolola ifyo mutima wa muntu upanga nefyo utontonkanya*, « séparer, trier ce que le cœur d'une personne fait et ce qu'il pense »
   → « penser, réfléchir, projeter »
   umutima upanga, « le cœur projette »
   amapange ya mutima, « les projets du cœur »
   kelenganya, « quelqu'un qui élabore une méthode, un concepteur ; quelqu'un qui conçoit des projets »

2. *Pantu imwe mwafine mitima*, « à cause de votre cœur lourd »
   → « parce que tu es incapable de comprendre »
   ukufino mutima, « cœur lourd »
   imifinine ya mutima, « la lourdeur du cœur »
   → p. ex., « retenir de l'aide ; complaisance, paresse ; fuir le travail ; être très paresseux »
   uwafina mutima, « un fainéant »

3. *Kulunguluka ku mutima*, « souffrir d'une douleur vers le cœur »
   → *kulunguluka* v. i. « souffrir, être mal à l'aise »

4. *Kulanda mu mutima*, « parler dans le cœur »
   → « réfléchir, méditer sur quelque chose »

5. *Umutima wakwe walambatile kuli Mulenga*, « son cœur était collé à Mulenga »
   → « il était follement amoureux de Mulenga »

6. *Ilyo akakumona, kuti asaamwa mu mutima wakwe*, « quand elle te verra, elle sera pleine de joie dans son cœur »
   → « quand elle te verra, elle sera très heureuse »

7. *Ukutalamiko mutima*, « raidir ou paralyser le cœur »
   → faire en sorte que quelqu'un ait la tête dure.

---

2. Badenberg, *The Body, Soul and Spirit Concept of the Bemba in Zambia*, p. 58.

imitalamine ya mutima, « la raideur, la paralysie du cœur, entêtement, obstination »
uwatalama, « une personne obstinée, entêtée »

8. *Bamunyinefwe nabasungulule mitima yesu*, « nos frères ont fait fondre notre cœur »
→ « ils nous ont fortement découragés »
ukusungululo mutima, « faire fondre le cœur (être mou, découragé) »
imisungulukile ya mutima, « désespoir, impuissance »
kasungulula, « une personne dans le désespoir ».

9. *Mucibike na ku mitima yenu*, « place-le vers ton cœur »
→ « prends-le à cœur »

10. *Ukwishiba mu mutima*, « connaître, comprendre dans le cœur »
→ « s'y connaître, avoir de la compréhension »

11. *Kupeela umutima uwatutuma*, « faire frissonner, trembler le cœur »
→ « être effrayé, éprouver de l'angoisse »
uwamwenso, « un lâche »

12. *Kubonsa kwa mutima*, « flétrissement, pâleur du cœur »
→ « être totalement découragé ; n'avoir aucun élan intérieur »

13. *Alesosela mu mutima wakwe*, « il/elle a dit dans son cœur »
→ « réfléchir à, considérer, méditer sur »

14. *Umutima wandi wayangila*, « mon cœur est joyeux »
→ « être joyeux, gai »
uwayanga, « personne joyeuse »

15. *Alamine ifyebo ifi mu mutima*, « il/elle a avalé ces paroles dans son cœur »
→ « considérer sérieusement, accueillir, prendre à cœur »

16. *Elyo umukashi amwebele ifi fintu, nao umutima mu nda walifwile, kabili aisaba kwati libwe*, « quand sa femme lui a raconté ces choses, son cœur est mort au fond de lui-même et il devint comme une pierre »
→ « quand sa femme lui a raconté ces choses, il a perdu tout espoir et il a sombré dans un désespoir total »

17. *Umutima wakwe watutwime iciibi*, « son cœur frémissait fortement »
→ « il/elle était très abattu(e) »

18. *Alitambalalo mutima*, « il/elle a le cœur droit »
→ « être droit de cœur »

19. *Umutima nautambalala*, « son cœur est droit, plat »
    → « être sans souci, sans chagrin »
20. *Cali mu mutima wakwe*, « c'était dans son cœur »
    → « c'était son intention, il l'avait à l'esprit »
21. *Ukupindululo mutima*, « un cœur qui change de direction »
    → « réformer, changer le comportement »
22. *Muli bumpomfu bwa mutima*,
    → « en force, en bravoure ou en droiture de cœur »
    uwashipa/uwampomfu, « un géant mental, un héros par son courage »
23. *Umutima wakwe tawali uwa cishinka*, « ton cœur n'est pas un cœur de vérité »
    → « ne pas être véridique, ne pas dire la vérité »
    uwacishinka, « personne véridique, fiable »
24. *Pa mulandu wakuti umutima obe uteku*, « à cause de ton cœur qui est doux »
    → « être réceptif à l'enseignement ; être attentif »
    ubuteku bwa mutima, « douceur du cœur »
    → « réceptivité à l'enseignement, attention (souvent utilisé à propos des enfants) »
25. *Ine kwali ku mutima wandi*, « je l'avais vers mon cœur »
    → « c'est ce que j'avais à l'esprit »
26. *Ici te cimbi kano icikonko ca mutima ku bulanda*, « ce n'est rien d'autre que le nœud du cœur à cause de la tristesse »
    → « à cause de la tristesse et des chagrins, on se sent disposé d'une certaine manière »
27. *Pantu abantu bali no mutima wa kubomba*, « parce que les gens avaient le cœur à l'ouvrage »
    → « parce que les gens étaient encouragés et aimaient travailler »
28. *Pantu bamufiisha ku mutima*, « parce qu'ils l'ont noirci vers le cœur »
    → « insulter, mettre en colère »
29. *Ukufwa no mutima uwasashila*, « mourir avec un cœur blessé »
    → « mourir dans l'amertume »
30. *Ukulengo mutima ukufwe cipuupu*, « faire mourir le cœur d'un souffle du vent »
    → « devenir faible, s'évanouir, perdre connaissance »
    ukufwa cipuupu [adverbial], « mourir d'un coup de vent » (inconscience)

31. *Umutima wandi taunseebanya inshiku shandi shonse*, « mon cœur ne me déshonore pas tous les jours de ma vie »
    → « rien dont il faille avoir honte, avoir la conscience nette »

32. *Eco nomba umutima wandi mu nda wasunguluka*, « c'est pourquoi mon cœur est porté au point de fusion en mon for intérieur »
    → « Je suis ému de pitié »

33. *Bushe umutima wandi tawaikatilwe umubusu ubulanda ?* « mon cœur ne s'est-il pas fermement tenu dans la pauvreté des nécessiteux ? »
    → « n'ai-je pas fait preuve d'une réelle préoccupation pour les personnes dans le besoin ? »

34. *Mwe bantu ba mutima wa mano*, « vous, peuple au cœur de sagesse »
    → « vous, gens sages et compréhensifs »

35. *Abantu ba mutima wa cine*, « personnes ayant un cœur de vérité »
    → « personnes fiables, honorables »

36. *Bumununu ku mutima*, « être sans foyer vers le cœur »
    → « esprit débauché, être méchant » ;

37. *Umutima wandi naufulunganiwa*, « mon cœur est brisé, parti »
    → « je suis anéanti, brisé »

38. *Nga wafulwa mutima wafulungana*
    → « quand tu es en colère, ton cœur est brisé, dispersé à tout vent »

39. *Ukuba na kafiisha mutima*, « être avec un cœur noirci »
    → « être de très mauvaise humeur »

40. *Amatontonkanyo ya mu mutima wandi*, « les pensées qui sont dans mon cœur »
    → les pensées que j'ai à l'esprit »

41. *Ntungilileni ku mutima wa kuitemenwa*, « conduis, s'il te plaît, vers un cœur qui s'aime lui-même »
    → « rends-moi heureux, joyeux, m'aimant moi-même »

42. *Washikimano umutima wandi*, « mets-toi debout, mon cœur »
    → « être prêt, être confiant »

43. *Ifya kutontonkanya fya mitima yabo fyalisansantika*, « ce qu'ils pensent dans leur cœur est brisé, plein de trous »
    → « leur pensée et leurs paroles n'ont pas de cohérence »

44. *Ilyo wasashile umutima wandi*, « quand mon cœur était en peine »
→ « quand j'étais en colère, perturbé, quand je me comportais mal »

45. *Natuntwo mutima, nafilwo kusosa*, « je suis agité intérieurement, je ne parviens même pas à parler »
→ « intérieurement je suis tellement bouleversé que je n'arrive même pas à parler »

46. *Ndelolesho mutima tamuli*, « je regarde dans mon cœur, là-dedans il n'y a rien »
→ « regarder quelque chose sans s'y intéresser »

47. *Pantu bapanda amaano umutima umo*, « parce qu'ils conseillent d'un seul cœur »
→ « parce qu'ils conseillent et coopèrent dans l'unité »

48. *No kuleka tumone umutima wa mano*, « et voyons le cœur de la sagesse »
→ « soyons prudents et agissons avec sagesse/prévoyance »

49. *Umutima uwapondama ufume kuli ine*, « un cœur qui est courbé, tordu, il s'éloigne de moi »
→ « un esprit tordu, qu'il soit loin de moi »

50. *Awe bamufiishe ku mutima ku micitile yabo*, « ils l'ont noirci(e) vers le cœur par ce qu'ils faisaient »
→ « ils l'ont mis(e) en colère par leurs agissements »

51. *Muleikala abaibukila, epali imitima yenu yalemenena ku mikalile ya buwelewele*, « vous vivez comme des gens conscients, de peur que votre cœur ne s'enfle dans un mode de vie bête et insignifiant »
→ « soyez sur vos gardes ! Ne vous laissez pas occuper par trop de festins et de boissons et par les soucis de cette vie »

52. *Imitima yabo yasunguluka ku bucushi*, « leur cœur a fondu de douleur »
→ « ils étaient dans un état de douleur et de crainte »

53. *Ni shani imitima yamufuma mwalatwishika no kutwishika ?* « Comment ton cœur peut-il sortir et tu continues à douter encore ? »
→ « Pourquoi ces doutes surgissent-ils dans ton esprit ? »

54. *Umutima wakwe walishikimana*, « son cœur est droit, debout »
→ « elle est forte, assurée, elle a confiance en elle-même »

55. *Umutima wakwe walitungililwa*, « son cœur est conduit, dirigé »
→ « avoir de l'assurance, être sans peur »

56. *Umutima wandi wafungaulwa ku kufuluke*, « mon cœur est brisé en morceaux, parce que mon chez-moi me manque »
   → « être saisi par le mal du pays, avoir de la nostalgie, la nostalgie de son chez-soi »

57. *Pantu mukusho mutima wandi*, « parce que tu élargis mon cœur »
   → « rendre quelqu'un heureux, le réconforter »

58. *Imitima yabo yainisha ngo munofu wa mafuta*, « leur cœur est gras comme de la viande grasse »
   → « aucune compassion, être insensible »

59. *Cine cine natalalika umutima wandi*, « en effet, j'ai refroidi mon cœur »
   → *ukutalalika* (v. t. caus. de -*talala*), « faire taire, calmer, interrompre, rendre paisible, apaiser, réconforter »

60. *Abapange fya bubi mu mitima yabo*, « ceux qui conçoivent du mal dans leur cœur »
   → « imaginer du mal, projeter de faire du mal aux autres »

61. *Mutima naunjisalila*, « le cœur m'en a retenu »
   → « mon attention a été attirée ailleurs »

62. *Umutima wandi walemba*, « mon cœur boite »
   → « je suis sans force, je suis désespéré »

63. *Umutima we libwe*, « le cœur de pierre »
   → « avoir le cœur dur, pas de sentiments, être insensible »

64. *Umutima wa munofu*, « le cœur de chair »
   → « avoir des sentiments, de la compréhension »

65. *Muntu wa mitima ibili*, « une personne avec deux cœurs »
   → « hypocrite, avec des arrière-pensées, personne non fiable »

66. *Mutima walunkonena*, « le cœur qui s'accroche »
   → « caractère têtu, n'abandonne jamais facilement, persévérer »

67. *Mutima taunjebele*, « le cœur ne m'a pas dit »
   → « ne pas être certain de quelque chose, ne pas avoir d'idée arrêtée »

68. *Ubupe bwa mutima*, « don du cœur »
   → « talent, disposition exceptionnelle »

69. *Umutima wakulowa*, « esprit d'envoûtement »
   → « esprit maléfique, haineux, impitoyable, intérêt à causer du tort (à envoûter) »

70. *Umutima wakubomfya*, « cœur de l'utilisation »
   → « utiliser une chose avec soin, être capable de superviser, prendre soin du bien d'autrui »
71. *Umutima wakufutuka*, « cœur du changement »
   → « hypocrite, manque d'assurance »
72. *Umutima wakalabana*, « cœur de rudesse »
   → « faire les choses avec précipitation »
73. *Epo akobeke umutima*, « il y a accroché le cœur »
   → « être fou de quelque chose »
74. *Umutima ulya ico utemenwe*, « le cœur mange ce qu'il aime »
   → « inutile de critiquer le choix d'autrui » ;
75. *Upali umutima obe apo ulemenwe we mwine*, « là où est ton cœur, là est ton amour »
   → « volonté, avoir des principes »
76. *Aleilwisha mu mutima*, « elle se bat contre elle-même dans son cœur »
   → « être indécis quant au choix à faire »
77. *Wifiitwa bwangu mu mutima obe, pantu ukufiitwa kwikala mu fifuba fya bawelewele*, « ne t'assombris pas rapidement dans ton cœur, car s'assombrir [là] s'installe dans la poitrine des gens stupides »
   → « ne te mets pas facilement en colère, parce que les gens en colère sont des gens stupides »

II. *Umutima*, le terme anthropologique primordial

L'épreuve des faits démontre qu'*umutima* est non seulement l'organe principal du corps humain soutenant la vie physique, mais aussi la notion anthropologique centrale et la plus marquante de la pensée bemba. Les idées relativement vagues sur les organes internes, associées à la faible compréhension des complexités anatomiques internes, ne devraient pas faire conclure que peu, voire rien, ne peut être dit sur l'« homme intérieur ». Au contraire ! Ce flou est totalement compensé par une forme intensive d'introspection[3].

---
3. C'est un constat que confirme également Bernd Janowski à propos de la pensée hébraïque durant la période classique. Bernd Janowski, « Das Herz – ein Beziehungsorgan. Zum Personverständnis des Alten Testaments », dans Bernd Janowski et Christoph Schwöbel, sous dir., *Dimensionen der Leiblichkeit. Theologische Zugänge*, vol. 16, Neukirchen-Vluyn, Neukirchener Verlag, 2015, p. 9.

Le terme de psuché n'a été retenu que pour mettre en lumière ce spectre d'*umutima* comme le lieu intérieur qui a affaire aux sentiments et aux aspects intellectuels et cognitifs de la vie humaine. Contrairement à la conceptualisation occidentale, ces fonctions ne sont pas des propriétés délimitées, des facultés distinctes les unes des autres, mais fusionnent ou se chevauchent « dans le cœur » (*mu mutima*), pour constituer un point fixe organique commun[4].

À ce stade, il est pourtant nécessaire d'écarter le terme difficile et ambigu de *psuché*, car il ne saurait couvrir de manière adéquate et complète toutes les dimensions significatives d'*umutima* : il y a là les sentiments, les processus intellectuels et cognitifs, mais aussi un troisième ensemble de dispositions, les traits de caractère plus ou moins permanents. Il vaut mieux adopter l'acronyme *SSIC* proposé par Lothar Käser pour désigner le *Siège des sentiments, de l'intellect et du caractère*[5].

A. *Umutima* vu comme SSIC : définition englobante

Les sentiments, l'intellect et les traits de caractère sont tous des *qualités* d'*umutima* ! Les *sentiments* sont « ce que ressent le cœur » (*imyumfwikile/imyumfwile ya mutima*). Ce sont des qualités *temporaires* d'*umutima* et elles se présentent en deux catégories, l'une positive et l'autre négative, ou, plus précisément, l'une agréable et l'autre désagréable. L'*intellect* n'est généralement pas associé au pouvoir mental du cerveau, mais se conçoit comme une qualité du cœur ! Un troisième aspect – et voilà en quoi le terme « psuché » ne suffit pas pour définir de manière exhaustive *umutima* – concerne les *traits de caractère* qui sont également considérés comme des qualités, mais des qualités *permanentes* du cœur appelées *imibeele*. Elles aussi se présentent en deux catégories, les qualités permanentes positives (agréables) et les qualités permanentes négatives (désagréables) du cœur.

---

4. Cf. Janowski, « Das Herz – ein Beziehungsorgan », et Greenstein, « The Heart as an Organ of Speech in Biblical Hebrew », qui attestent pour l'hébreu biblique le cœur comme organe de la parole.
5. Käser, *Animisme*, p. 170 ; Käser, *A Chuukese Theory of Personhood. The Concepts Body, Mind, Soul and Spirit on the Islands of Chuuk (Micronesia). An Ethnolinguistic Study*, Nuremberg, VTR, 2016, p. 116.

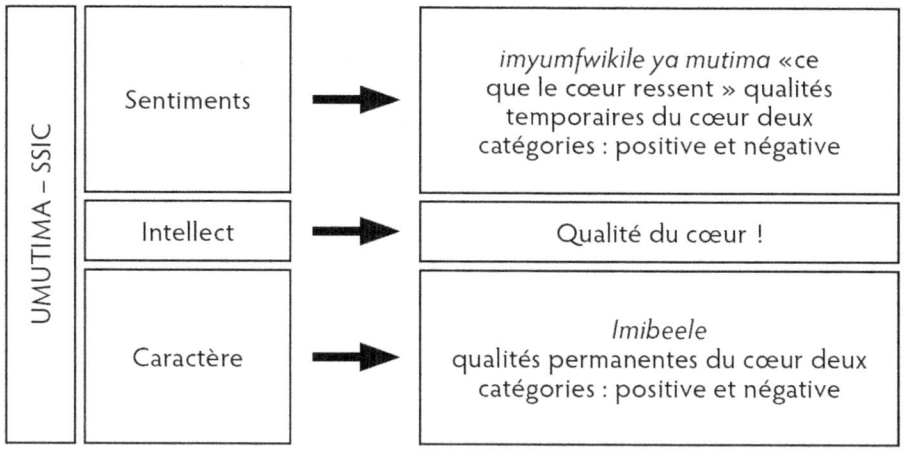

Tableau 3 : *Umutima* comme SSIC

B. *Imyumfwikile/imyumfwile*, « sentiments »

Imyumfwikile et son synonyme *imyumfwile* sont dérivés du verbe *umkuumfwa*, « sentir » (voir chap. 3). Lorsqu'il est utilisé pour le corps humain, il existe deux connotations : *imyumfwikile ya mubili* et *imyumfwikile ya mutima*. La première expression désigne les « sentiments du corps », la seconde les « sentiments du cœur ». Les « sentiments du corps » sont des sensations physiques qui peuvent être ressenties sur la *totalité* du corps. Mais les « sentiments du cœur » sont limités à *un seul endroit* ! (Résumé dans le tableau 4.)

Tableau 4 : Sensations physiques et dispositions psychiques

imyumfwikile ya mubili	*imyumfwikile ya mutima*
« sentiments du corps » sensations physiques qui peuvent être ressenties sur la *totalité* du corps	« sentiments du cœur » dispositions psychiques limitées à *un seul endroit*

Cet endroit, ce point précis, se confond partiellement avec ce qui est appelé en français l'« âme » ou « psuché », ou en anglais *soul* ou *psyche*, ou en allemand *Seele* ou *Psyche*, mais seulement de manière partielle et insuffisante, en induisant beaucoup d'ambiguïté et d'imprécision. Il vaudrait donc mieux éviter ces équivalences. L'acronyme SSIC serait un terme bien plus approprié.

Dans la pensée bemba, le SSIC est associé à un endroit dans le corps ou à un organe interne spécifique et toujours en lien avec la préposition de lieu *mu*. Il y a trois expressions qui ont certains aspects en commun : *mu cifuba*, *mu nda* (*mukati ka mu nda*) et *mu mutima*. Ces trois expressions ont la même signification dans certaines circonstances. Mais elles sont distinctes lorsqu'il s'agit de souligner des aspects spécifiques du SSIC. Toutefois, les contextes contenant *mutima* (ou *mu mutima*) sont de loin les plus nombreux.

1. L'expression *mu cifuba*

Mu cifuba est une expression alternative par rapport aux deux autres. Elle se concentre sur la localisation, sur une partie ou une zone concrète du corps. Elle est associée au SSIC dans sa capacité à désirer ou à avoir des intentions, mais de manière moins différenciée que *mu mutima*.

Ankumbwa mu cifuba, « il me désire dans son cœur, il m'aime ».

Nshishibe ico waba naco mu cifuba, « je ne sais ce que tu es et ce qui est dans ton cœur », pour dire « je ne sais pas à quoi tu penses ».

En raison du rôle mineur joué par l'expression *mu cifuba* dans le cadre du SSIC, et du fait qu'elle est devenue relativement rare pour exprimer des dispositions psychiques, on l'abandonnera dans la suite de la discussion.

2. L'expression *mu nda*

L'expression *mukati ka mu nda* ou simplement *mu nda* identifie le SSIC comme un « point à l'intérieur du ventre, au milieu », et pourrait être rendue par « le for intérieur ».

1. *Na mu nda ya bawelewele muli ukufulungana*, « le for intérieur des fous est éparpillé, confus et plein de chaos ».
2. *Moneni, icishinka ca mu fya mu nda eco mubwekelamo*, litt. « voici la vérité qui habite au plus profond de toi, il faut que tu y reviennes », ce qui signifie « veille à la vérité, reviens à ses principes, reviens à tes convictions ».

Le mot *mukati* est formé de deux unités : la préposition *mu* (« en, dans ») et le nom *kati* (« à l'intérieur, dans, au milieu de »). Il désigne le « noyau central d'une chose », « le milieu entre deux points », ou pourrait signifier « parmi » lorsqu'il est utilisé comme préposition.

L'expression *mu nda* porte diverses significations selon le contexte où elle apparaît :

1. *Mu nda* est un nom composé dont la première partie est la préposition de lieu *mu*. *Nda*, sans la préposition *mu*, est un nom, et signifie « pou ».

Le lien étymologique entre la préposition de lieu en première partie et le nom commun n'est pas clair.
2. *Mu nda*, comme terme générique, désigne l'ensemble de la région interne de la poitrine et de l'abdomen. Cette affirmation est confirmée par la phrase : *ishina lya mu nda lipilibula ifyaba mukati ka mubili onse*, ce qui signifie « le mot *mu nda* peut aussi être employé pour tout l'intérieur du corps ». On peut dire d'*umutima* qu'il est *mu nda*, c'est-à-dire qu'il se trouve « dans le ventre », mais jamais l'inverse.
3. Plus précisément, *mu nda* désigne d'abord les organes *icifu*, « estomac », et *amala*, « intestins ». Mais *mu nda* lui-même n'est pas un organe du corps.
    - Certains *imyumfwikile ya mubili* (« sensations, sentiments du corps » peuvent être associés à *mu nda* :
    Imyumfwikile ya mu nda sont des « maux d'estomac » et *ukulwala mu nda*, c'est « avoir une maladie d'estomac, avoir la diarrhée ». « Être avec la faim » est condensé dans le membre de phrase *ndeumfwa insala mu nda*, « je ressens la faim à l'intérieur », ou *mu nda muli lubebeelu*, « mon estomac est vide », qui signifie « j'ai faim ». « Prendre des forces en mangeant » peut s'exprimer par la construction verbe/nom -*ikasha mu nda*, litt. « renforcer l'estomac », pour dire « se fortifier en mangeant de la nourriture » (p. ex., *ukuya ku milimo kano naikasha mu nda*, ce qui signifie « je ne peux pas aller travailler si je ne fortifie pas mon estomac », c'est-à-dire « si je ne mange pas »).
    - *Ndeumfwa ukwikuta mu nda* équivaut à *ndeumfwa ukwikuta mu mala*, et signifie « je me sens satisfait dans mon estomac, dans mes entrailles, je suis rassasié, j'ai eu assez de nourriture ».
    - *Mu nda mulecita macololo*, litt. « mon estomac fait *cololo* ». Le mot *macololo* est une onomatopée qui imite le rot. L'expression veut dire « mon estomac rote, éructe ».
4. *Mu nda* est un euphémisme pour « le sein maternel » :
    - *Twafyelwe mu nda imo*, « nous sommes nés du même sein, de la même mère ».
    - *Wa mu nda nkalamba*, litt. « un d'un grand sein maternel », pour dire « une personne de sang royal ».
    - *Akabufi kabamu nda*, litt. « le mensonge est dans ton sein », pur dire « la preuve de ton adultère est dans ton sein ».

3. Les expressions *mu mutima* et *mu nda* : leur signification différentielle

Même si *mu nda* représente la réflexion, les pensées, l'action de faire des projets, avoir des intentions, les traits de caractère et les actions, l'utilisation de *mu nda* en relation avec ces manifestations du SSIC est collective.

a. *Mu nda* : aspects collectifs du SSIC

Chaque fois qu'un certain aspect du SSIC est exprimé sous forme collective, *mu nda* est synonyme de *mu mutima*. À titre d'exemples : *amatontonkanyo*, « pensées », *mapange*, « projets, intentions », *imibeele*, « traits de caractère », *imicitile*, « actes ». Toutes ces catégories collectives peuvent s'associer à *mu nda*.

Des exemples où *mu nda* est synonyme de *mu mutima* :

- *Ndetontonkanyo amatontonkanyo mu nda* revient à dire *ndetontonkanyo amatontonkanyo mu mutima*, litt. « je pense des pensées dans ma psuché », pour dire « je réfléchis ».
- *Ndepanga amapange mu nda* revient à dire *ndepanga amapange mu mutim*, litt. « je fais des plans dans mon cœur », autrement dit « je projette ».
- *Mu mutima yabo batila abati : ico tucitile taciweme* revient à dire *mu nda shabobatila abati : ico tucitile taciweme*, litt. « dans leur cœur ils ont dit, disant : ce qu'ils ont fait n'était pas bien », ce qui signifie « en réfléchissant à la question, ils se sont rendu compte que ce qu'ils ont fait n'était pas bien ».

b. *Mu mutima* : aspects particuliers du SSIC

Exemples pour des caractéristiques ou des mouvements spécifiques du SSIC qui sont localisés dans le cœur et associés à lui :

- *Insansa*, « joie, bonheur » et « colère » (*icipyu*) sont des sentiments spécifiques : l'un est positif, l'autre négatif.
- *Ukupeela*, « donner, être généreux », est considéré comme *umubeele uusuma*, « un bon trait de caractère ».
- *Ukwiba*, « voler », est vu comme *umucitile wibi* « une mauvaise action, un acte mauvais ». Les sentiments, les traits de caractère, les actes ont leur source « dans le cœur » (*mu mutima*).

Exemples dans lesquels *mu nda* ne peut pas servir de synonyme de *mu mutima* :

- *Ndeumfwa insansa mu mutima*, « je ressens de la joie dans mon cœur, je suis heureux » ne peut être remplacé par *ndeumfwa insansa mu nda*.

- *Ndeumfwa icipyu mu mutima*, « je ressens de la colère dans mon cœur, je suis irrité », ne peut être remplacé par, *ndeumfwa ulupato ma nda*.
- *Ndeumfwa ulupato mu mutima*, « je ressens de la haine dans mon coeur, je suis haineux » ne peut pas être remplacé par *ndeumfwa ulupato mu nda*.
- *Ndeumfwa ukutemwa mu mutima*, « je ressens de l'amour dans mon cœur, j'aime », ne peut être remplacé par, *ndeumfwa ukutemwa mu nda*.
- *Alikwata umutima wa kupeela*, « il/elle a un cœur pour donner », signifiant « il/elle est une personne généreuse, qui donne », ne peut être remplacé par, *alikwata mu nda ya kupeela*.
- *Aba no mutima wa cikuuku*, « il/elle est avec un SSIC de compassion, de gentillesse, de tendresse », pour dire « il/elle est une personne aimable, compatissante, tendre » ne peut être remplacé par *aba no mu nda ya cikuuku*.

Bien qu'il ait été démontré que les trois expressions sont utilisées pour désigner et attribuer le SSIC à une zone ou à un point unique, la psychologie bemba est fermement attachée à *une seule localisation*, à l'organe interne *umutima*.

Mu mutima caractérise le SSIC comme lieu des activités psycho-intellectuelles centrées primordialement sur l'origine des intentions, l'exercice de la volonté, la réflexion, le siège des traits de caractère (dispositions psychiques permanentes, *imibeele*), les actes (*imicitile*) et les attitudes d'une personne, et, enfin, sur le siège des sentiments (dispositions psychiques passagères, *imyumfwikile ya mutima*).

Les résultats sont brièvement résumés dans l'illustration suivante.

4. Synthèse des trois expressions

1. Les trois expressions *mu cifuba*, *mu nda* et *mu mutima* décrivent *umutima* comme le SSIC.
2. Les trois ont le même sens fondamental, mais ne sont pas toujours interchangeables.
3. Chacune met l'accent sur des aspects particuliers du SSIC.
   Mu cifuba (« dans la cage thoracique ») :
   - Aspect de la dimension physique du SSIC.
   - Ne s'utilise pas beaucoup en lien avec le SSIC.

   Mu nda (« à l'intérieur, dans la cavité abdominale, la zone la plus profonde ») :
   - Ce n'est pas un organe, mais tout l'intérieur de la cavité abdominale, y compris l'estomac et les intestins (p. ex., *casungululamabu mu nda*, litt. « cela a fait fondre mon foie à l'intérieur »).
   - Euphémisme pour le bas de l'abdomen féminin.

   Mu mutima (« à l'intérieur du cœur ») :
   - Aspect du SSIC en lien avec les qualités de la personne (sentiments, intellect, traits de caractère ou de personnalité).

   (*Mu-* est un préfixe aux multiples applications. Il caractérise des objets en leur donnant l'apparence d'un lieu dans l'espace et le temps.)

Mu mutima marque le lieu, le point où se déroulent les processus intellectuels et où se manifestent les dispositions psychiques passagères (sentiments et émotions) et les dispositions psychiques permanentes (traits de caractère). Cette dernière catégorie fait l'objet d'une attention toute particulière dans la pensée bemba ; elle s'appelle *imibeele*, et, sans elle, on ne saurait être considéré comme vraie personne humaine. Une personne humaine (*umuntu*) est appelée à incarner et à faire preuve d'un certain nombre d'*imibeele* (par exemple, le respect, l'humilité, la patience, la capacité d'écoute, la maturité, la sagesse, la disposition à partager, et d'autres encore) pour avoir droit à une place dans le réseau complexe des liens sociaux et de la vie communautaire.

C. *Imibeele* : les traits de caractère

Le mot *imibeele* est un dérivé du verbe intransitif *ukuba*, « être », ou, plus exactement, « devenir ». La forme conjuguée de ce verbe est *ukubeela*, comme dans *efyo naabeela*, « voilà comment je suis ».

Un dérivé de la forme conjuguée d'*ukubeela* est le nom de classe 2 *umubeele* au singulier et *imibeele* au pluriel[6]. Le mot *imibeele* peut s'employer pour des personnes, des plantes, des animaux ou des objets. On le trouve le plus souvent au pluriel et appliqué à une personne. Il désigne son comportement individuel, c'est-à-dire la façon dont elle agit et se comporte envers les gens de manière habituelle ou plus ou moins permanente. Par exemple, le rire d'une personne est une caractéristique spécifique qui la distingue d'une autre.

Les *imibeele* sont classés en deux groupes : *imibeele iisuma* (les *imibeele* bons ou positifs) et *imibeele iibi* (les *imibeele* mauvais ou négatifs). Les *imibeele* sont des dispositions psychiques permanentes ; ils constituent une caractéristique majeure de la qualité du SSIC – un thème qui sera approfondi dans la suite de notre analyse.

Il convient de noter la façon dont on utilise les *imibeele* dans le discours, car cela aussi donne un petit aperçu sur le monde de la pensée des Bemba, sur les caractéristiques intéressantes et parfois spécifiques de leur conception du SSIC.

1. Perceptions de *imibeele* : tournures linguistiques

La colonne de gauche du tableau 5 ci-dessous présente des expressions d'*imibeele*, suivies d'une colonne portant une appréciation positive ou négative (bon ou mauvais *imibeele*). La colonne de droite présente des expressions d'*imibeele* qui sont l'inverse de celles de la colonne de gauche, suivies également d'une appréciation positive ou négative (bon ou mauvais *imibeele*).

Tableau 5 : *Imibeele*, **tournures linguistiques**

Manière dont *imibeele* se manifeste	+ ou -	Manière inverse	+ ou -
ukulanga imibeele v. t. « montrer *imibeele* »	+	*ukufisa imibeele* v. t. « cacher, masquer *imibeele* »	-
ukutampa imibeele v. t. et v.i. « commencer *imibeele* »	-	*ukupwisha imibeele* v. t. et v. i. « épuiser, utiliser complètement *imibeele* »	-
ukutendeka imibeele v. t. « commencer *imibeele* »	-	*ukuleka imibeele* v. i. « arrêter, cesser *imibeele* »	+

---

6. Comme langue bantoue, le bemba structure les noms dans neuf classes (voir l'annexe 2), la plupart d'entre elles consistant d'une racine et d'un préfixe. Cf. Sims, *An Elementary Grammar of Cibemba*, Fort Rosebery [devenu Mansa], Northern Rhodesia [devenue Zambie], Mansa Mission, 1959, p. 9.

Manière dont *imibeele* se manifeste	+ ou -	Manière inverse	+ ou -
ukuonaula imibeele v. t. int. « détruire totalement *imibeele* »	-	*ukuwamya imibeele* v. t. caus. « améliorer, réparer, embellir *imibeele* »	+
ukukuula ne imibeele v. i. « grandir avec *imibeele* »	+	*talekuula ne mibeele* « ne pas grandir avec *imibeele* »	-
ukusebanya imibeele v. t. « déshonorer, faire honte à *imibeele* »	-	*ukucindika imibeele* v. t. « honorer, respecter *imibeele* »	+
ukufulunganya imibeele v. t. « troubler *imibeele* »	-	*ukulungika imibeele* v. t et v. i. « redresser, corriger *imibeele* »	+
ukupata imibeele v. t. « haïr, détester, ne pas aimer *imibeele* »	-	*ukutemwa imibeele* v. t. et v. i. « aimer, se réjouir de *imibeele* »	+
ukusalanganya imibeele v. t. caus. « disperser, désorganiser *imibeele* »	-	*ukulongaanika imibeele* v. t. caus. « assembler, accumuler d'*imibeele*	+
ukulufya imibeele v. t. « perdre, oublier *imibeele* »	-	*ukusanga imibeele* v. t. et v. i. « trouver, rétablir *imibeele* »	+
ukusunga imibeele v. t. « prendre soin, conserver *imibeele* »	+	*ukulufya imibeele* v. t. « perdre, oublier *imibeele* »	-
ukwikata imibeele v. t. « attraper, retenir *imibeele* »	+	*ukulekelesha imibeele* v. t. « négliger, abandonner *imibeele* »	-
ukulungika imibeele v. t. et v. i. « corriger, redresser *imibeele* »	+	*ukuonaula imibeele* v. t. int. « détruire totalement *imibeele* »	-
ukucimfya imibeele v. t. « réprimer, étouffer, maîtriser *imibeele* »	+	*ukufilwa imibeele* v. i. « échouer, être incapable d'*imibeele* »	-
ukufwaya imibeele v. t. et v. i. « désirer, vouloir d'*imibeele* »	+	*ukulufya imibeele* v. t. « perdre, oublier *imibeele* »	-

Manière dont *imibeele* se manifeste	+ ou -	Manière inverse	+ ou -
ukutamfya imibeele v. t. « éloigner, écarter *imibeele* »	-	*ukwita imibeele* v. t. « convoquer, appeler *imibeele* »	+
ukuputula imibeele v. t. « découper, casser une partie d'*imibeele* »	+	*ukulunda imibeele* v. t. « augmenter, ajouter, compléter *imibeele* »	+
ukukosha imibeele v. t. « durcir, renforcer *imibeele* »	+	*ukunasha imibeele* v. t. caus. « fatiguer, ramollir, épuiser *imibeele* »	-
ukukusha imibeele v. t. caus. « agrandir, étendre, grandir avec, faire grandir *imibeele* »	+	*ukwipaya imibeele* v. t. « tuer *imibeele* »	-
ukukaana imibeele v. i. « refuser *imibeele* » v. t. « refuser, repousser *imibeele* »	-	*ukusumina imibeele* v. t et v. i. « croire, accueillir, être d'accord, appuyer *imibeele* »	+
ukwishiba imibeele v. t. et v. i. « connaître, reconnaître *imibeele* »	+	*ukuluba imibeele* v. i. et v. t. « *imibeele* disparaît, se perd »	-
ukuolola imibeele v. t. « redresser *imibeele* »	+	*ukupetamika imibeele* v. t. caus. « plier, soumettre *imibeele* » *ukukongamika imibeele* « courber *imibeele* »	-
ukucita cipya cipya v. t. « renouveler *imibeele* »	+	*ukuleka fye imibeele* v. i. « arrêter, bloquer *imibeele* »	-
ukusansamusha imibeele v. t. « rendre heureux, réjouir, ravir *imibeele* »	+	*ukulenga ubulanda* v. t. et v. i. litt. « tristesse » *imibeele* « provoquer, infliger *imibeele* »	-
ukukonkomesha imibeele v. t. « instruire, confirmer *imibeele* »	+	*ukusuula imibeele* v. t. « mépriser *imibeele* »	-
ukwipaya imibeele v. t. « tuer *imibeele* »	+	*ukukula ne mibeele* v. i. « grandir avec *imibeele* »	+

Manière dont *imibeele* se manifeste	+ ou -	Manière inverse	+ ou -
ukulesha imibeele v. t. et v. i. « empêcher, arrêter *imibeele* »	-	*ukusuminisha* v. t. et v. i. « retenir, croire, appuyer totalement, approuver *imibeele* »	+
ukukaka imibeele v. t. et v. i. « lier, surveiller attentivement *imibeele* »	-	*ukukakula imibeele* v. t. rév. « délier, ouvrir *imibeele* »	+
ukukola imibeele v. t. « attraper, ramasser, copier *imibeele* »	-	*ukulufya imibeele* v. t. « perdre, oublier *imibeele* »	-
ukupekanya imibeele v. t. « préparer, mettre en ordre, tenir prêt *imibeele* »	+	*ukulekelesha imibeele* v. t. « négliger, abandonner *imibeele* »	-
ukukwata imibeele v. t. « posséder, acquérir *imibeele* »	+	*ukuonaula imibeele* v. t. et v. i. « détruire complètement *imibeele* »	-
ukukanya imibeele v. t. « ralentir, dissuader, interdire *imibeele* »	-	*ukusuminisha imibeele* v. t. et v. i. « retenir, croire, appuyer totalement, approuver *imibeele* »	+
ukulunda imibeele v. t. « augmenter, ajouter, compléter *imibeele* »	+ -	*ukuputula imibeele* v. t. « découper, casser une partie d'*imibeele* »	-
ukulekelesha imibeele v. t. « négliger, abandonner *imibeele* »	-	*ukupekanya* v. t. « préparer, tenir prêt, mettre en ordre *imibeele* » *ukusunga imibeele* v. t. « garder, s'occuper d'*imibeele* »	+
ukufusha imibeele v. t. caus. « augmenter *imibeele* »	+ -	*ukucefya imibeele* v. t. caus. « réduire, diminuer *imibeele* »	+ -
ukwangusha imibeele v. t. « alléger, réduire, diminuer *imibeele* »	+	*ukufinya imibeele* v. t. « surcharger, dominer *imibeele* »	-

Manière dont *imibeele* se manifeste	+ ou -	Manière inverse	+ ou -
ukukonka imibeele v. t. et v. i. « suivre *imibeele* »	+	*ukuula imibeele* v. t. « mépriser *imibeele* » *ukukaana imibeele* v. i. « rejeter *imibeele* » *ukukaana imibeele* v. t. « refuser, diminuer *imibeele* »	-
ukukumbinkanya imibeele v. t. caus. « unir, rassembler *imibeele* »	+	*ukupasaula imibeele* v. t. int. « disperser, gaspiller, éradiquer complètement *imibeele* »	-
ukutinya imibeele v. t. caus. « effrayer, menacer, alarmer *imibeele* »	+	*ukusuminisha imibeele* v. t. et i. int. « retenir, croire, appuyer totalement, approuver *imibeele* »	+
ukucena imibeele v. t. « frapper, blesser *imibeele* »	-	*ukusansamusha imibeele* v. t. « rendre heureux, réjouir, ravir *imibeele* »	+
ukusambilila imibeele v. t. et v. i. « apprendre, acquérir, faire connaître *imibeele* »	+	*ukukaanaishiba imibeele* « refuser de reconnaître *imibeele* »	-
ukucincisha imibeele v. t. « encourager, stimuler *imibeele* »	+	*ukulekelesha imibeele* v. t. « négliger, abandonner *imibeele* »	-
ukushukuka imibeele v. i. « être déterré », au sens de « sortir de terre, ressusciter *imibeele* »	+	*ukushiikama imibeele* v. i. « *imibeele* complètement recouvert, totalement oublié »	-
ukwanguka imibeele v. i. « être facile, transparent, rapide/actif *imibeele* »	+	*ukufina imibeele* v. i. « être dur, sinistre, lent, paresseux *imibeele* »	-
ukusekela imibeele v. i. appl. « *imibeele* heureux, content »	+	*ukufulilwa imibeele* v. i. « *imibeele* mécontent, maussade »	-

Manière dont *imibeele* se manifeste	+ ou -	Manière inverse	+ ou -
ukuposa imibeele v. t. « jeter, se débarrasser de *imibeele* »	-	*ukubwesha imibeele* v. t. « faire revenir, ramener rendre *imibeele* »	+
ukuleka imibeele v. i. « arrêter, bloquer *imibeele* »	+	*ukutampa imibeele* v. t. et v. i. « lancer, commencer *imibeele* »	-

Certaines constructions « verbe + nom » en rapport avec *imibeele* ne sont pas possibles. Mais elles sont tout aussi importantes comme points de référence pour une autre nuance de la nature d'*imibeele* (voir le tableau 6).

Tableau 6 : Désignations *imibeele* non applicables

ukubelama imibeele « cacher *imibeele* »	*ukufuuta imibeele* « exterminer, effacer *imibeele* »
ukukuula imibeele « construire *imibeele* »	*ukwendesha imibeele* « accélérer, faire démarrer *imibeele* »
ukubonsa imibeele « sécher, dessécher *imibeele* »	*ukupoka imibeele* « recevoir *imibeele*, comme on reçoit un cadeau, un visiteur »
ukutantika imibeele « commencer *imibeele* »	*ukupeelwa imibeele* « se voir donner *imibeele* »
ukusalanganya imibeele « disperser *imibeele* »	*ukupetula imibeele* « déballer, remonter, enrouler *imibeele* »
ukusunka imibeele « pousser *imibeele* »	*ukulimbula imibeele* « transplanter, déplacer *imibeele* »
ukutinta imibeele « tirer *imibeele* »	*ukufumya imibeele* « ôter, sortir *imibeele* »
ukulosha imibeele « diriger, orienter *imibeele* »	*ukulima* « planter *imibeele* »
ukuumfwa imibeele « tâter, ressentir *imibeele* »	*ukuteeta imibeele* « mutiler *imibeele* »
ukusanika « allumer *imibeele*, comme on allume un feu »	*ukulepula imibeele* « déchirer, arracher *imibeele* »
ukukama/ukutinta imibeele « pincer, écraser *imibeele* »	*ukufwanta imibeele* « faire mal, blesser, léser *imibeele* »

III. *Umutima* : « mot clé » de la psychologie bemba

A. Description introductive d'*umutima* comme SSIC

Sans *umutima*, la vie physique est impossible. Mais, si l'on n'envisage pas *umutima* comme SSIC, une représentation de l'être humain comme être psychologique n'exprimera pas véritablement la condition humaine. La qualité de vie est indissociablement liée à certaines « qualités du cœur ». Ces qualités n'adviennent pas à une personne humaine comme ensemble complet et définitif au moment de la naissance et devraient, à des fins d'analyse, être considérées comme des dispositions du SSIC.

Tableau 7 : Terminologie bemba pour les dispositions du SSIC

Dispositions du Siège des sentiments, de l'intellect et du caractère (SSIC) *umutima*				
Dispositions psychiques permanentes *imibeele* « qualités du cœur » (traits de caractère)		Intellect projets, réflexion, mémoire	Dispositions psychiques passagères *imyumfwikile ya mutima* « sensations du cœur » (sentiments)	
positives *imibeele iisuma*	négatives *imibeele iibi*		agréables *imyumfwikile ya mutima iisuma*	désagréables *imyumfwikile ya mutima iibi*
amabilité, etc.	cupidité, etc.		joie, etc.	réticence, etc.

Pour approfondir la structure ci-dessus en tant qu'illustration de la nature du SSIC, on donnera dix exemples de chaque colonne en commençant par la gauche avec les dispositions psychiques permanentes positives (*imibeele iisuma*).

B. Dispositions psychiques permanentes positives (*imibeele iisuma*)

Noms et composés verbaux à l'infinitif (*u* comme préfixe avec élément de liaison *a*) → *ua* (fusion des voyelles : *wa*).

Tableau 8 : Dispositions psychiques permanentes positives

Umutima wa kukomba	disposé à travailler, personne impatiente de travailler (si poussé à l'extrême : bourreau de travail)
Umutima wa kuumfwa	quelqu'un qui écoute, qui écoute les autres, qui réalise ce qu'il/elle a dit (obéissance), qui fait attention à ce qu'on lui dit
Umutima wa kwampana	quelqu'un qui désire l'intimité, qui prend soin des autres, qui aimerait travailler avec d'autres, en équipe
Umutima wa kuculu-luka	quelqu'un qui a l'habitude de souffrir, qui ne se plaint pas facilement ; quelqu'un qui fait preuve de résilience en souffrant pendant des périodes prolongées de circonstances difficiles
Umutima wa kuboko	quelqu'un qui donne volontiers, qui soutient, comportement généreux (*kuboko* désigne le bras ou la main avec lesquels on aide ou blesse, p. ex., vole. Dire de quelqu'un qu'il est *ukuba nokuboko* peut indiquer que c'est une personne généreuse ou un voleur)
Umutima wa bufuma cumi	personne qui défend des intérêts, qui est fiable, sur qui on peut compter, à qui on peut se fier
Umutima wa munofu	personne très compréhensive, empathique, capable de se mettre à la place des autres
Umutima wa cikuuku	personne qui prend soin des autres sans se plaindre, sans rancune ; personne aimante, gentille, compatissante, douce, chaleureuse
Umutima wa mucetekanya	personne qui fait preuve de perspicacité, de compréhension, est intelligente et attentive ; elle cherche à connaître les faits, elle n'est pas oublieuse
Umutima wa matwi	quelqu'un qui écoute (les avis, les conseils), qui ne s'entête pas

C. Dispositions psychiques permanentes négatives (*imibeele iibi*)

Tableau 9 : Dispositions psychiques permanentes négatives

Umutima wa kusongelekanya	quelqu'un qui cherche toujours querelle, à qui on ne peut faire confiance, qui provoque des disputes, semeur de troubles, bagarreur ; synonyme : *umutima wa kulwikanya*
Umutima wa kufutuka	quelqu'un qui promet facilement, mais ne tient pas, qui donne sa parole à la légère, se contredit facilement, enclin à retirer une promesse, un consentement. Autre sens possible : personne mal assurée, qui n'a pas confiance en elle-même, qui se désengage facilement
Umutima wa kuituumika	quelqu'un qui se vante devant les autres, imposteur
Umutima wa kufutika	quelqu'un qui déçoit, trahit les autres, prêt à frauder, « tricheur », qui jette de la poudre aux yeux
Umutima wa kusonsomba	personne qui aime importuner, harceler autrui, qui jette toujours le trouble, rapide à se monter la tête, perturbateur
Umutima we libwe	quelqu'un qui n'a pas de cœur, qui manque en particulier d'empathie, qui garde tout pour soi, ne manifeste aucune sympathie ou intérêt et ne veut rien avoir à faire avec personne
Umutima wa buwelewele	personne stupide, pleine de mesquinerie, imbécile
Umutima wa uma	personne sans cœur, qui peut agir sans ménagement, poursuivre une action sans scrupule. Il peut aussi s'agir d'un cœur qui n'est pas en paix, facilement déstabilisé ; autre sens : « avoir le pressentiment de quelque chose »
Umutima wa bubifi	menteur, tricheur
Umutima wa kaso	un avare, un jaloux

D. Dispositions intellectuelles (cognitives) du SSIC

Tableau 10 : Dispositions intellectuelles (cognitives) du SSIC

Umutima upanga	*alefwaisho kwishiba ifyo mutima wandi upanga nefyo utontonkanya* : « il/elle veut savoir ce que pense et projette mon cœur » (il/elle veut connaître mes projets mes intentions)
Ukulanda mu mutima	*ine ncili nshilapwo kulandamu mutima wandi* : « je n'avais pas fini de discuter dans mon cœur » Synonyme : *ukusosamu mutima* « parler dans son cœur » (réfléchir, analyser, méditer sur quelque chose)
Ukubika ku mutima	*tawabikile mutima obe pa fikali ifi* : « quand c'était important tu ne l'as pas placé vers ton cœur » (au moment décisif tu étais inattentif, imprudent)
Amapange ya mutima	*nkasuke nkafishe amapange ya mutima wandi* : « je mènerai à terme les plans de mon cœur » (je terminerai ce que j'ai entrepris de faire)
Ukuiwamya umutima	« nettoyer le cœur » (mettre de l'ordre dans le cœur, se soumettre à un examen de conscience)
Ukwimina mu mutima	*kabili tacaimine mu mutima wandi* : « cela ne s'est jamais dressé dans mon cœur » (cela n'a jamais traversé mon esprit, je n'y ai jamais pensé)
Ukupanda amaano kwa mu mutima	*ukupanda amaano kwa mutima wa muntu menshi ayashika* : « la façon dont le cœur humain délibère, décide ce qu'il faut faire, est comme une eau profonde (insondable) »
Kuli ku mutima	*Ine kwali ku mutima wandi* : « je l'avais (dirigé) vers mon cœur » (j'y avais réfléchi, je l'avais tourné et retourné dans ma pensée, je l'avais à l'esprit)
Umutima taunjebele	« Mon cœur ne me l'a pas encore dit » (je ne suis pas encore arrivé à me décider, ce n'est pas encore décidé)
Umutima ukwishibila	*Iwe nawishibo bubi bonse ubo umutima obe waishibila, ubo wacitile* : « tu sais toutes les mauvaises choses que ton cœur connaît bien/auxquelles il est habitué, ce que tu as fait » (tu es conscient de tout le mal que tu as fait, tu en es conscient)

E. Dispositions psychiques passagères agréables (*imyumfwikile ya mutima iisuma*)

Tableau 11 : Dispositions psychiques passagères agréables

Umutima nawisuka	commencer à comprendre une chose, une personne, en être venu à accepter un conseil à ce moment-là
Umutima nautwa	être arrivé à un point de grande disponibilité à faire des travaux de toute sorte
Umutima nawima	avoir compris, appréhendé quelque chose, donner un sens à la confusion qui entoure une question, s'être réveillé du sommeil de l'ignorance, de l'inconscience, etc., si nécessaire grâce à l'aide ou au conseil d'autrui, avoir le sentiment [d'être à la hauteur]
Umutima naukosa	avoir la force mentale pour poursuivre une entreprise, un projet, avoir le sentiment d'amener quelque chose à son accomplissement, avoir confiance
Umutima nawipaiwa	être follement amoureux d'une personne, être fou d'une femme, d'un homme, être aveuglé d'amour et totalement incapable de penser à autre chose
Umutima nautambalala	être sans souci, sans regret, sentiment de paix intérieure
Umutima nausansamuka	être joyeux, heureux, sentiment de satisfaction (avoir vécu quelque chose de bon, de beau, avoir apprécié un bon repas, etc.)
Umutima nawanguka	sentiment de soulagement, être réconforté, ne plus être préoccupé
Umutima naucilimuka	être effrayé, positivement stupéfait, avoir le cœur saisi
Umutima nautungililwa	se sentir soutenu (*umutima wakwe walitungililwa*, « son cœur est fortifié », au sens d'être réconforté, n'avoir rien à craindre).

F. Dispositions psychiques passagères désagréables (*imyumfwikile ya mutima iibi*)

Tableau 12 : Dispositions psychiques passagères désagréables

Umutima naunyongaana	avoir des inquiétudes, s'énerver pour quelque chose, avoir de gros soucis ; autre sens : ne pas faire ce qui avait été dit de faire, agir contrairement à ce qui était convenu
Umutima naufuupa	refuser de continuer quelque chose, avoir perdu tout intérêt à continuer, n'avoir aucune envie d'essayer encore
Umutima nauluba inshila	n'avoir aucune conscience de ce qui se passe, de ce qui est en cours, être dans un état où l'on a oublié ce qui est bien, admissible, p. ex., moralité, bonne conduite, s'être égaré
Umutima naunaka	sensation de fatigue, d'épuisement après un travail, se sentir fatigué émotionnellement, épuisé aussitôt après une longue discussion ou une dispute, aspirer à la paix et au repos, pouvoir poser ses pieds sur la table
Umutima nausendwa bunkole	(devoir) se soumettre à l'autorité, consentir à être dirigé par quelqu'un, sentiment de défaite
Umutima ulekalipa	ressentiment après une insulte, se sentir mal après une insulte
Umutima ulekunta	être nerveux avant de passer un test, un examen, le trac
Umutima watutwime iciibi	sentiment de désespoir extrême
Umutima watuntwa	sentiment d'être battu, d'agitation intérieure
Umutima naufungaulwa	sentiment de grande tristesse ; forte nostalgie de quelqu'un ou de quelque chose

IV. *Umutima* : une caisse de résonance

Quand on examine le vaste corpus de matériel linguistique dans lequel *umutima* occupe une place prépondérante, on peut apprécier l'incroyable richesse de la langue pour décrire et évoquer la condition humaine. En d'autres termes, sans *umutima*, on ne peut pratiquement rien en dire et il y a vraiment peu de choses qu'une personne humaine puisse dire sur elle-même et sur ce que cela signifie d'être humain. L'impressionnante fréquence et l'incroyable richesse du mot *umutima* transparaissent dans le large spectre et la complexité des états intérieurs des êtres humains vus sous l'angle de la langue bemba. Et plus encore ! Les langues encodent la vision du monde : dans notre cas, l'enquête linguistique sur *umutima* encode une vision bemba du monde, avec au centre l'acteur principal : *umuntu*.

A. Description métaphorique d'*umutima* comme SSIC

Il ne serait pas raisonnable pour une monographie comme celle-ci de vouloir y intégrer la totalité du corpus de données disponibles concernant le SSIC. En particulier en ce qui concerne le très grand nombre d'expressions métaphoriques pour des dispositions psychiques permanentes et passagères, nous avons dû nous contenter d'en sélectionner certaines, tout en incluant suffisamment de données linguistiques pour une représentation raisonnable et équitable.

La section précédente a abordé le SSIC d'un point de vue analytique, en le divisant en catégories de dispositions permanentes et passagères avec des marqueurs de qualité positifs et négatifs. La présente section s'écarte de la voie analytique stricte et se penche sur les facettes extrêmement « colorées » de l'espace intérieur, *mu mutima*, comme point central du SSIC. Elle y introduit une certaine visibilité en saisissant et fixant les « couleurs » dans des catégories métaphoriques, ce qui donne effectivement une caisse de résonance extrêmement riche et colorée. Les métaphores, comme l'affirme André Warren-Rothlin, « sont en fait la forme la plus [primitive] du langage » et représentent « non pas un terme équivalent, mais tout un faisceau de caractéristiques sémantiques[7] ».

---

7. Warren-Rothlin, « Body Idioms and the Psalms », p. 200.

B. Dispositions psychiques permanentes (*imibeele iisuma* et *imibeele iibi*)

1. Métaphores sur la forme[8]

Le SSIC est grand, gros (*-kulu* adj., *ubukulu* nom) :

Umutima ubukulu : trait de caractère positif, quelqu'un qui réfléchit en profondeur, qui planifie soigneusement et obtient ensuite de bons résultats, personne qui réussit (en affaires, dans sa carrière, etc.) ; un penseur.

Umutima wa bukulu : trait de caractère négatif, quelqu'un qui se comporte comme une personne âgée, qui se plaint toujours de quelque chose, qui n'est jamais satisfaite.

Ubukulu bwa mutima : « la taille du cœur », du point de vue anatomique.

Le SSIC est petit (*-nono* adj., *ubunono* nom) :

Umutima unono : 1) anatomie : « petitesse de cœur » (petite taille du cœur) ; 2) « canard boiteux », qui ne réussit jamais rien, personne de faible intelligence, qui ne sait jamais achever un travail, incapable de faire même un travail simple.

Umutima wa bunono : trait de caractère négatif, quelqu'un qui se comporte comme un enfant (personnes âgées ou jeunes) ; sans égards, ne pense pas aux autres, p. ex., un père qui dilapide son argent et n'en rapporte pas à la maison (expression le plus souvent employée par des femmes pour leur mari. Autre sens : « lourdauds, etc. ».

Ubunono bwa mutima : la « petitesse du cœur » (la petite taille du cœur, au sens anatomique).

Le SSIC est profond (*ukushika* v. t. et v. i.) :

Umutima uwashika : trait de caractère positif, quelqu'un qui réfléchit en profondeur, qui réussit grâce à une préparation minutieuse, à une réflexion approfondie, quelqu'un qui sait faire face à des problèmes, même difficiles, et les résoudre, et à qui l'on demande donc aussi de l'aide et des conseils, à qui l'on confie des situations difficiles. Ces gens occupent alors souvent des fonctions officielles ou deviennent des chefs de village, etc.

Umutima walishika : synonyme de *umutima uwashika*.

---

8. Pour des exemples supplémentaires de ce groupe de métaphores, voir l'annexe 1.

Le SSIC est plat, droit, s'étendre à plat (*ukutambalala* v. t.) :

Un tissu est *ukutambalala* lorsqu'il est « étalé » ; être *ukutambalale fumo*, « avoir un ventre plat (fuselé) » ; par contraste, *ukutambalalo mubili*, « être grand et mince ». Par rapport au SSIC :

Umutima walitambalala : trait de caractère positif, quelqu'un qui n'est pas facilement accablé de soucis et d'ennuis, qui malgré ces choses garde le moral, garde son assurance, une personne équilibrée.

Synonyme : *ukololoka* v.i.

Le SSIC est droit, debout (*ukololoka* v. i.) : être droit, se tenir debout :

Ukololoka : « être droit » (un bâtiment, un chevron du toit, etc.) ; « être debout » (s'étirer et se redresser).

Umutima wololoka : trait de caractère positif, intégrité, qui n'implique pas de motivations cachées. Avoir son opinion claire et sans ambiguïté ; quelqu'un qui aide les autres à se sortir des difficultés, qui aide à se réinsérer dans la société.

Umutima walyololoka : quelqu'un qui est connu pour ne pas recourir au mensonge pour arriver à ses fins, qui ne trompe pas ou n'agit pas malhonnêtement, qui ne triche pas, à qui on peut faire confiance (un tel SSIC est demandé aux trésoriers, aux administrateurs, etc.).

2. Métaphores sur la qualité[9]

Le SSIC est bon (*uusuma* adj.) :

Umutima uusuma : expression de sens très large, couvrant toutes les qualités de caractère et les facultés intellectuelles positives, toutes les émotions et dispositions mentales bonnes et agréables ; c'est une personne observant la bienséance, toujours prête à aider, faisant toujours le bien, aimable envers tout son entourage.

Ubusumo mutima : « la bonté, la beauté du SSIC », exprimées dans son attitude envers autrui.

Aliba no mutima uusuma : personne bonne et généreuse.

Ubusuma bwa mutima : bonté, beauté du SSIC.

---

9. Pour des exemples supplémentaires de ce groupe de métaphores, voir l'annexe 1.

Le SSIC est beau (*ukuyemba* v. i.) :

Umutima waliyemba : qualité de caractère positive, « personne qui a bon cœur ».

Le SSIC est mauvais, affreux (*ubi* adj.) :

Umutima ubi : l'inverse d'un *umutima uusuma*. L'expression comporte toutes les qualités de caractère et les facultés intellectuelles négatives, tous les sentiments et dispositions mentales mauvais ; une personne sans savoir-vivre, refusant d'accepter le moindre conseil, qui a une attitude fondamentalement inamicale envers autrui.

Ububi umutima : « la nature mauvaise, retorse » du SSIC (p. ex., la dureté de la méchanceté et de la fausseté du SSIC).

Wa mutima ubi : trait de caractère négatif ; « scélérat, personne méchante ». Synonyme : *umubi*.

Le SSIC est léger (*ukwanguka* v. i.) :

Umutima walyanguka : personne à l'aise avec ses dispositions fondamentales, qui ne cache et n'entretient rien de mauvais dans son SSIC.

Ukwanguka umutima : trait de caractère positif, personne vive d'esprit, qui saisit les choses vite et sans peine, qui fait preuve de compréhension et se montre accessible, à qui il est facile de parler, qui est facile à approcher.

Cette expression est également employée au sens négatif pour une personne qui s'emporte facilement, encline à s'emballer : *alianguko mutima nga kasonto*, « il/elle est irascible et réagit aussi vite qu'une souris ».

Dans un autre contexte, *ukwanguko mutima* désigne une personne à qui peu d'arguments suffisent pour s'échauffer, facilement influençable, prompte à changer d'opinion et réticente à prendre une position ferme sur une question.

Le SSIC est affuté, aiguisé (*ukutwa* v. i.) :

Umutima walitwa : trait de caractère positif, personne toujours [en feu], prête à s'impliquer et à aider.

3. Métaphores sur le repos

Le SSIC s'est assis (*ukwikala*) :

Umutima waikala : « le SSIC est assis ; avoir trouvé le repos, être satisfait », en mesure de respirer calment après une grande agitation, ne plus être anxieux.

Synonyme : *umutima watalala* : « retour du calme » après un orage ; après une tempête en mer, l'eau retrouve son calme, alors le monde est *ukutalala*. Ce mot s'applique au SSIC, quand il retrouve paix et soulagement après une forte tension, une grande angoisse et un choc émotionnel.

Le SSIC est calme, complet, entier (*-tuuntulu*) :

Umutima utuuntulu : « être dans un bon état d'esprit ; se sentir complet », trouver que la vie est belle ; sentiment de plénitude et d'harmonie.

4. Métaphores sur le mouvement[10]

Le SSIC tourne (*ukupilibuka*) :

Umutima wa kupilibuka : trait de caractère négatif, personne qui va tantôt dans un sens, tantôt dans l'autre, qui est toujours en train de faire autre chose (qui change constamment d'opinion, de métier, d'emploi, etc.).

Le SSIC pétille (*ukusabuka* v. i.) :

Ukusabuka signifie aussi « lancer des étincelles » : personne qui surprend les autres par l'élégance de ses vêtements, provoquant la stupéfaction (*kwena mwasabuka*, « tu es ravissante »).

Umutima usabuka : trait de caractère positif, personne qui souvent « jette des étincelles, s'illumine, pétille », qui donne de bonnes et rapides réponses, trouve des solutions. Elle ne manque pas d'idées, de suggestions, etc.

Le SSIC tombe, s'écroule (*ukuwa* v. i.) :

Umutima uwa : trait de caractère négatif, personne qui est toujours en train de tomber, de s'écrouler, qui fait toujours quelque chose de stupide, qui dit des bêtises, qui ne se montre jamais sérieuse, quelqu'un dont le SSIC a perdu sa stabilité.

---

10. Pour des exemples supplémentaires de ce groupe de métaphores, voir l'annexe 1.

Umutima waliwa : après un certain moment dans le passé, ne plus être capable de penser et d'agir clairement ; ne plus être capable d'agir pour soi-même de manière normale.

Une expression intéressante : *umupashi waliwa*, *umupashi* est « tombé ou s'est écroulé ». Cela désigne une personne qui a perdu la raison et sert à caractériser une maladie mentale (« personne folle »).

Le SSIC vibre (*ukutetema* v. i.)

Umutima utetema : trait de caractère négatif, personne qui perd facilement son équilibre intérieur, que la moindre chose fait facilement ou toujours trembler intérieurement, qui est facilement détournée de sa route, totalement déstabilisée intérieurement, sans pourtant le manifester extérieurement.

Le SSIC n'est pas aligné sur la direction (*ukukaana lungama* v. i. et v. t.) :

Umutima ushalungama, synonyme de *cumbu munshololwa* = « courbé comme une patate douce ». Si vous essayez de la redresser, elle casse. Une personne de ce type ne peut être corrigée sans qu'elle riposte.

Umupashi ushalungama : manière polie de dire que quelqu'un a « perdu » son *umupashi*.

Umutima walikaana lungama : trait de caractère négatif, personne têtue, tordue, qui n'indique pas le bon chemin, dont les actions ne peuvent pas être contrôlées par les autres ; quelqu'un de très vaniteux, convaincu de toujours faire ce qu'il faut.

Le contraire, c'est *uwalungama*, « personne droite, honnête, juste ».

5. Métaphores tirées du corps humain[11]

Le SSIC est fort, puissant (*ukukosa* v. i.) :

Umutima walikosa : qualité de caractère ; au sens positif, l'expression désigne une personne qui ne se laisse pas facilement intimider, qui est mentalement résistante, qui a du courage, de l'endurance, qui reste calme dans le danger, habituée à l'austérité. Au sens négatif, c'est quelqu'un d'obstiné, qui ne se laisse pas convaincre, qui ne se laisse rien dire, qui est fort, imperturbable (têtu).

---

11. Pour des exemples supplémentaires de ce groupe de métaphores, voir l'annexe 1.

Le SSIC est faible, il cède (*ukunenuka* v. i.) :

Umutima wa kunenuka : trait de caractère négatif, personne qui n'achève pas les choses, les projets, qui manque d'endurance pour « mener une affaire à bonne fin », qui influence aussi autrui à renoncer.

Le SSIC est épuisé, sans vie (*ukutembuka* v. i.) :

Umutima walitembuka : personne qui ne cesse de dire qu'elle n'a pas ou ne peut faire ; un état qui peut mener à la dépression, et même à la maladie.

Le SSIC est mou, épuisé (*ukunaka* v. i.) :

Umutima walinaka : trait de caractère négatif, personne qui prétend toujours qu'elle ne peut pas le faire, qui est toujours « fatiguée », qui refuse toujours et n'aide pas ou ne veut pas aider les autres.

Ukunaka umutima : au sens positif, « être doux, attentif, obéissant, se soumettre » ; au sens négatif, « pas prêt même à lever le petit doigt ».

Le SSIC a faim (*insala* nom) :

Umutima wa nsala : trait de caractère négatif, personne à qui il manque toujours quelque chose, toujours en train d'exiger quelque chose (p. ex., un goinfre, insatiable dans ses exigences et ses attentes).

6. Métaphores d'un autre type

Le SSIC vu comme un nœud (*icikonko* nom) :

Icikonko ca mutima est un nœud d'arbre ou de bambou. L'emploi métaphorique peut signifier : quelqu'un est écrasé par une charge. Plus souvent, il y a une connotation négative, p. ex., *ukwenda ne cikonko ku mutima*, « courir à l'entour avec un nœud dans son SSIC, avoir un grief contre quelqu'un ».

Ukufwe cikonko mu mutima : « mourir avec un nœud dans le SSIC, mourir avec une haine ou une rancune ».

Kukamba kwa mutima : « insolence, impudence, grossièreté ».

Ukumanama kwa mutima : « angoisse, terrifié ».

7. Métaphores sur la guerre ou sur des activités guerrières[12]

Le SSIC lance une attaque (*ukusansa* v. t.) :

Ali no mutima wa kusansa : trait de caractère négatif, personne qui projette le mal, querelleuse, toujours déterminée à nuire à autrui.

Le SSIC est en plein combat (*ukulwa* v. t.) :

Umutima uulwa : qualité du caractère. Au sens positif : quelqu'un qui ne lâche pas prise ; se battre jusqu'au bout pour quelqu'un, pour une cause. Au sens négatif : saisir toutes les occasions de provoquer une dispute.

Le SSIC est entièrement détruit (*ukonaulwa* v. t. int. pass.) :

Umutima walionaulwa : avoir perdu le contrôle de soi-même (en paroles ou en actes). Personne qui a perdu tout repère pour vivre correctement.

Le SSIC fait du mal (*ukucena* v. i.) :

Umutima ucena : trait de caractère négatif, personne qui fait délibérément du mal aux autres, qui, par principe, cherche toujours à se venger ou à rendre la pareille.

Umutima wa kucena : voir ci-dessus.

Le SSIC pille, vole (*ukutapa* v. t.) :

Umutima wa kutapa : trait de caractère négatif, extorquer des informations aux gens sous la contrainte d'autrui ; quelqu'un qui utilise également la violence pour obtenir ce qu'il veut savoir.

8. Métaphores pour des dispositions psychiques permanentes qui correspondent à des catégories occidentales

a. Traits positifs : *imibeele iisuma*

Le SSIC de la droiture (*ukutambala*) :

Ukutambalala kwa mutima : droiture, honnêteté, fiabilité.

Le SSIC de la compassion (*luse*) :

Umutima wa luse : être compatissant, avoir pitié, être gentil.

---

12. Pour des exemples supplémentaires de ce groupe de métaphores, voir l'annexe 1.

Le SSIC du refus du mensonge (*ukubepa*) :

Umutima ushibepa : personne qui tient ses promesses, s'en tient à la vérité, dit la vérité (p. ex., au tribunal).

Le SSIC de la douceur, de l'amabilité, de l'humilité, du respect (*ubufuuke*) :

Umutima wa bufuuke : personne douce, gentille, humble, qui respecte les autres.

Le SSIC du travail (*ukubomba*) :

Umutima wa kubomba : bonne volonté pour travailler, bourreau de travail.

b. Traits négatifs : *imibeele iibi*

Le SSIC de la duplicité (*wa mitima ibili*) :

Muntu wa mitima ibili : personne avec deux SSIC, personne à l'esprit double, imprévisible, hypocrite.

Le SSIC de la prospérité, de l'honneur (*ukutakalala*) :

Ukutakalala kwa mutima : orgueil, vantardise.

Le SSIC de l'habileté (*ubucenshi*) :

Umutima ucenjeshi : personnalité rusée.

Le SSIC de la sécheresse (*wa buuma nkonso*) :

Umutima wa buuma nkonso : obstination, entêtement.

9. Métaphores pour des dispositions psychiques permanentes qui correspondent moins directement à des catégories occidentales

a. Traits positifs : *imibeele iisuma*

Le SSIC comme être élargi (*ukukuusho*) :

Ukukuusho mutima : personne qui réconforte et procure de la joie. D'une manière plus particulière, aider à modeler, guider le comportement de quelqu'un vers un niveau adulte.

Le SSIC comme être malléable (*ukupetamo*) :

Ukupetamo mutima : « être calme, tranquille, ne pas faire de bruit ». Cette expression a un sens plus spécifique dans le contexte de l'obéissance, de la soumission : on attend d'un enfant qu'il « courbe son cœur », c'est-à-dire qu'il obéisse à sa mère.

Le SSIC de la douceur, de l'amabilité (*wa cikuuku*) :

Umutima wa cikuuku : dans le contexte spécifique d'une personne qui veille sur une autre, sans se plaindre ni murmurer ; personne qui considère comme un privilège de rendre ce service particulier.

b. Traits négatifs : *imibeele iibi*

Le SSIC frappé d'avarice, de pingrerie (*ukuba na kaso*) :
Aliba na kaso mu mutima : personne pingre ou avide, surtout quand il s'agit de nourriture.

Le SSIC des gens peu loquaces (*ukweba*) :

Mutima kaebele : personne qui n'a pas besoin des conseils d'autrui, personne indépendante, qui se suffit à elle-même. On craint ce genre de personnes, parce que c'est le type du sorcier qui n'a que faire de conseils et constitue de ce fait une grave menace pour la communauté.

Sans-logis dans son SSIC (*ubunununu*) :

Bunununu mu mutima : personne sans domicile fixe, vagabond. Elle peut de ce fait présenter un danger, puisque son SSIC, c'est-à-dire son comportement, est inconnu.

Pleurnicheur dans son SSIC (*ukutefya*) :

Ukutefya mu mutima : personne qui ne cesse de se plaindre ; être impatient, agir sans avoir vraiment réfléchi et s'attirer les moqueries des autres.

C. Dispositions intellectuelles permanentes et passagères[13]

Le SSIC des pensées :

Umutima wa kutontonkanya : personne réfléchie qui agit après mûre réflexion et évaluation, qui examine tout dans sa réflexion, un penseur ou une penseuse.

Umutima uutontonkanyapo : être méticuleux, approcher les choses pas à pas, examiner les choses dans leurs moindres détails.

Balatontonkanya mu mitima yabo : ils y ont réfléchi, ils l'ont étudié dans leur cœur.

Amatontonkanyo ya mutima wandi : les réflexions de mon cœur.

Le SSIC de la volonté, de l'énergie, du désir :

Umutima wa kufwaya : avoir de la force dans sa volonté, au sens de réaliser jusqu'au bout ce qui a été lancé, projeté ; homme ou femme d'action (au sens positif aussi bien que négatif) ; au sens négatif, quelqu'un qui veut toujours tout faire.

Il y a aussi « un SSIC plein de désirs », toujours heureux de participer activement, disposé à apporter sa contribution, à s'engager, qui veut le meilleur pour lui-même et pour autrui.

Ukufwaya kwa mutima wa iko mwaliipeela : l'envie et le désir propres du cœur, tu te l'accordes toi-même.

Le SSIC de la volonté forte, d'un grand désir :

Umutima wa kufwaisha : être une forte tête, avoir une grande force de volonté.

Le SSIC des égards, de la compassion :

Umutima wa kulanguluka : personne réfléchie, prévenante, qui n'agit pas précipitamment, ne fonce pas tête baissée ; également une personne compatissante.

Projeter, conceptualiser, imaginer dans son SSIC :

Ukupanga mu mutima : « échafauder » dans son SSIC, projeter, imaginer, élaborer des choses dans sa pensée.

---

13. Pour des exemples supplémentaires de ce groupe de métaphores, voir l'annexe 2.

Le SSIC de la planification, de la conceptualisation :

Umutima wa kupanga : personne qui prévoit tous les détails, qui soupèse et prépare tout (aussi lorsque la chose se présente de manière inopinée ou urgente).

Ukupanga fya bubi mu mitima : projeter du mal dans son cœur.

D. Dispositions psychiques passagères (*imyumfwikile ya mutima – iisuma* et *iibi*)

Les dispositions psychiques passagères décrivent la situation du SSIC à un moment donné, et sont exprimées au passé composé[14]. Cependant, comme Bernd Janowski[15] le remarque pour le cœur dans la pensée hébraïque, *umutima* en tant que SSIC n'est pas la source des sentiments et des émotions, mais plutôt le lieu où ils se manifestent. Là encore, les nombreuses métaphores dont dispose une langue pour désigner les états émotionnels peuvent être une indication du « besoin » qu'a un groupe de personnes d'exprimer ces états de manière très différenciée.

1. Métaphores sur la forme[16]

Le SSIC est largement ouvert (*ukwisuka* v. i.) :

Umutima nawisuka : situation actuelle, être sur le point de comprendre une chose ou une personne, en être venu à accepter un conseil à ce moment-là, sentiment d'ouverture.

Le SSIC est tordu (*ukunyongaana* v. i.) :

Umutima naunyongaana : situation actuelle, avoir des ennuis, personne anxieuse, troublée, dérangée par quelque chose, s'énerver de quelque chose, avoir eu de gros soucis, ne pas être en train de faire ce qui avait été dit de faire, agir à l'encontre de ce qui était convenu.

Ukwinyongaano mutima : « tordre son propre SSIC, être ennuyé », mécontent pour une raison quelconque, être de mauvaise humeur, se rendre malade pour de petites choses.

---

14. Le passé composé exprime un passé immédiat. Il signifie « à partir d'aujourd'hui et dans toute la suite » et qualifie une situation actuelle.
15. Janowski, « Das Herz – ein Beziehungsorgan », p. 1-45.
16. Pour des exemples supplémentaires de ce groupe de métaphores, voir l'annexe 3.

Le SSIC est tordu, comme quand on essore la lessive (*ukupota* v. t.) :

Umutima naupota : situation comme si on était essoré, se préoccuper de quelque chose ou de quelqu'un.

Le SSIC est plat, raide, s'étirer à plat (*ukutambalala* v. i.) :

Umutima nautambalala : sentiment de contentement, libre de tout souci, parce que pour l'instant il n'y a pas de problème à affronter, pas de pression mentale ; sentiment de bien-être après qu'on a réussi à résoudre un problème.

Le SSIC est courbé, plié (*ukupetama* v. i.) :

Umutima naupetama : personne qui, dans des situations précises, ne tire pas de conclusions hâtives, ne s'embrouille pas, analyse suffisamment les faits et garde son calme.

2. Métaphores sur la qualité[17]

Le SSIC est léger (*ukwanguka*) :

Umutima nawanguka : se sentir soulagé après avoir traité un problème, être libre de tout souci, ne plus se sentir chargé, pouvoir respirer librement.

Le SSIC est lourd (*ukufina*) :

Umutima naufina : se sentir accablé, malheureux à propos de quelque chose ou de quelqu'un, craindre quelque chose qui ne s'est pas encore concrétisé, être préoccupé.

Le SSIC est tranchant, il martèle (*ukutwa* v. i.) :

Umutima nautwa : situation présente, en être arrivé à une forte envie de réaliser un travail, quel qu'il soit.

Le SSIC est émoussé (*ukufuupa* v. i.) :

Umutima naufuupa : être dans un état où l'on refuse de poursuivre quelque chose, avoir perdu tout intérêt à continuer, n'avoir aucune envie d'essayer encore.

---

17. Pour des exemples supplémentaires de ce groupe de métaphores, voir l'annexe 3.

Le SSIC est refroidi (*ukutalala*) :

Umutima nautalala : situation actuelle, retrouver la paix et le soulagement après une forte tension, une grande inquiétude et un choc émotionnel ; sentiment d'apaisement, de « refroidissement » après un épuisement total sur le plan émotionnel.

3. Métaphores sur le repos

Le SSIC est droit, plat (*ukutambalala*) :

Umutima nautambalala : n'avoir aucun souci, aucun chagrin ; sentiment de paix intérieure.

Le SSIC se repose, cesse son activité (*ukutusha*) :

Umutima nautusha : repos, sensation de détente intérieure.

4. Métaphores sur le mouvement[18]

Le SSIC se met debout, il se lève (*ukwima* v. i.) :

Umutima nawima : situation actuelle ; avoir compris, saisi quelque chose, donner un sens à la confusion qui entoure une question, s'être réveillé et sortir des brumes de l'ignorance, de l'inconscience, etc., si nécessaire, grâce à l'aide ou aux conseils d'autrui, avoir le sentiment de maîtriser les choses.

Le SSIC quitte le sentier, il s'est perdu (*ukuluba inshala* v. i. et v. t.) :

Umutima nauluba inshila : situation actuelle, n'être pas conscient de ce qui arrive, de ce qui est en cours, être dans un état où l'on a oublié ce qui est bien, admissible (p. ex., les principes moraux, le bon ton), s'être détourné du droit chemin).

Umutima nauluba : situation actuelle, ne pas savoir que dire ou que faire, « être perdu » par rapport à ce qui se passe à l'entour (p. ex., chercher une solution à un problème et ne pas s'y retrouver, plus on cherche, plus on est entouré de mystères).

---

18. Pour des exemples supplémentaires de ce groupe de métaphores, voir l'annexe 3.

Le SSIC est étonné, secoué de frayeur, il « fait un bond » (*ukucilimuka*) :

Umutima naucilimuka : situation actuelle, être positivement étonné, « saisi au cœur » (p. ex., *bushe, imitima yesu tayacilacilimukila mu nda shesu ?* « notre cœur n'a-t-il pas fait un bond dans notre ventre ? », notre cœur n'a-t-il pas brûlé en nous ?).

Le SSIC est dispersé, troublé (*ukufulungana*) :

Umutima naufulungana : état d'agitation, sentiment d'être décontenancé à cause de tout ce qui s'est passé, ne sachant plus où donner de la tête.

Le SSIC tourne (*ukupilibuka*) :

Umutima naupilibuka : situation actuelle, se retourner, c'est-à-dire ne pas vouloir continuer, par peur ou par découragement.

Synonyme : *umupashi naupilibuka*.

5. Métaphores sur le corps humain[19]

Le SSIC est fort, plein de puissance (*ukukosa* v. i.) :

Umutima naukosa : situation actuelle, avoir la force mentale pour poursuivre une entreprise, un projet ; sentiment de mener quelque chose à son accomplissement, avoir confiance, être sûr de soi.

Le SSIC est faible, mou, affaissé (*ukutompoka* v. i.) :

Umutima nautompoka : situation actuelle, sensation de ralentissement, de faiblesse ; on a perdu toute énergie, tout courage.

Le SSIC est faible, sans force (*ukutentuka* v. i.) :

Umutima nautentuka : état d'oppression, on a peu d'énergie mentale, on se sent oppressé à cause de quelque chose qui est arrivé (dispute, calomnie, insultes, etc.), il est difficile de divertir une telle personne ou de lui remonter le moral.

Le SSIC est fatigué, épuisé (*ukunaka* v. i.) :

Umutima naunaka : état actuel, sensation de fatigue, d'épuisement après un travail, se sentir émotionnellement à bout, vidé aussitôt après une longue discussion ou dispute, aspirer à la paix et au repos, pouvoir mettre les pieds sur la table.

---

19. Pour des exemples supplémentaires de ce groupe de métaphores, voir l'annexe 3.

Le SSIC est irrité, il démange (*ukubaba* v. i.) :

Umutima naubaba : état actuel, sentiment d'énervement, qui se présente quand on ne sait pas comment cerner une remarque, quelque chose qui fait bizarre et qui irrite ou « démange » facilement.

6. Métaphores sur la guerre et les activités guerrières[20]

Le SSIC est tué (*ukwipaiwa* v. *pass.*) :

Umutima nawipaiwa : état actuel ; être follement amoureux de quelqu'un, être fou d'une femme ou d'un homme, être aveuglé d'amour et complètement incapable de penser à autre chose.

Le SSIC est emmené de force (en prison) (*ukusendwa bunkole* v. t. *pass.*) :

Umutima nausendwa bunkole : état actuel ; (devoir) se soumettre à l'autorité, (devoir) accepter d'être dirigé par quelqu'un, sentiment de défaite.

Cette expression s'emploie le plus souvent pour les hommes qui sont sous la férule de leur épouse, qui n'ont rien à dire à la maison, qui se sont soumis au commandement de leur épouse, ses désirs étant des ordres.

Le SSIC a la paix (*ukukwata icibote*) :

Umutima naukwata icibote : état actuel où l'on est libre de tout souci, se sentir libre de tout ennui, avoir retrouvé la paix de l'esprit, sentiment de paix retrouvée après une passe difficile.

Le SSIC est attaqué (*ulesanswa*) :

Umutima ulesanswa : avoir des problèmes ou des difficultés coup sur coup en peu de temps.

Umutima nausanswa : état actuel ; esprit perturbé, recevoir des informations inquiétantes, être découragé, désillusionné. Cela peut conduire à la dépression.

Le SSIC défend (*ukucingilila* v. t. et v. i. *pass.*) :

Umutima ulecingilila : intervenir en faveur d'un autre, défendre quelqu'un avec des paroles et des arguments (parce qu'on ressent le désir ou le devoir de s'interposer).

---

20. Pour des exemples supplémentaires de ce groupe de métaphores, voir l'annexe 3.

Umutima naucingilila : s'être interposé (en paroles) après une dispute, en apportant à un autre son soutien, son aide.

Umutima naucingililwa : 1) sens anatomique ; 2) personne qui a reçu protection et soutien d'un autre (se sent désormais en sécurité).

E. Dispositions psychiques : métaphores d'un type inhabituel

C'est un fait que la langue offre à ses utilisateurs une boîte à outils extrêmement bien garnie, avec laquelle ils peuvent créer des œuvres d'art magnifiquement ornementées. Les métaphores sont de telles œuvres d'art. Les pages précédentes ont montré ce que les locuteurs bemba peuvent créer avec et à partir de leur langue à l'intenion du monde qui les entoure. Pour le souligner davantage, voici une série de situations plutôt particulières du SSIC, illustrées par des métaphores.

Ukutapwo mutima, « réduire le SSIC en esclavage » :
- une personne incapable d'abandonner quelque chose, en particulier de mauvaises habitudes ;
- une personne pourrie, gâtée.

Ukwandiko mutima, « huiler le SSIC » :
- provoquer une maladie mentale, en particulier par la sorcellerie.

Ukusaamo mutima, « suspendre le SSIC » :
- être vexé, énervé ;
- personne impatiente.

Ukushimo mutima, « baisser, réduire (asperger, p. ex., une flamme), éteindre le SSIC » :
- être paresseux, flegmatique.

Ukuumo mutima, « dessécher le SSIC » :
- être sans pitié, obstiné.

Kubonsa kwa mitima, « un SSIC flétri, desséché » :
- se désespérer, avoir perdu tout courage.

Ukubaila umutima, « niveler, aplanir le SSIC » :
- être incohérent dans ses paroles.

Ukusakana umutima na mafi, « mélanger le SSIC avec des selles » :
- être contrarié, dans une colère hors de tout contrôle ;
- partir en colère.

Ukucenuno mutima, « découper, hacher le SSIC » :
- blesser quelqu'un par inadvertance, mais gravement.

Umutima ulesalaba, « un SSIC qui se tortille, comme une queue coupée » :
- avoir une certaine inquiétude, qui entraîne de l'agitation.

Ukobeka umutima, « suspendre le SSIC », comme des vêtements au porte-manteau :
- être fou de quelqu'un ou de quelque chose ;
- *epo akobeke umutima* : « il ou elle y a accroché son cœur ».

Umutima wa kubomfya, « un SSIC qui sert, est utile » :
- être capable de superviser ;
- prendre soin du bien d'autrui.

Umutima ulya ico utemenwe, « le SSIC mange ce qui lui plaît » :
- il ne sert à rien de critiquer le choix d'un autre.

Wampita mu mutima, « tu as passé devant moi dans le SSIC » :
- « tu m'as enchanté, tu as mobilisé toute mon attention, toute ma pensée ».

Bunununu mu mutima, « sans domicile dans le SSIC » :
- personne sans domicile fixe, vagabond.

Wakungumanina we mutima, « apparence plaintive, languissante du SSIC » :
- personne plongée dans la tristesse, dans la souffrance morale (*ukungumana* sert à qualifier une personne malade et assise, les bras croisés sur la poitrine) ;
- *cinshi ico wakungumanina wa mutima wandi*, « pourquoi as-tu l'air si misérable, si malade, ô toi, mon SSIC ? ».

Ukutuuma kwa mutima, « le SSIC plein à craquer » :
- personne fière (au sens négatif), arrogante, très vantarde ;
- *ukutuuma kwa mutima kutangililo kuipununa*, « le SSIC plein à craquer, il va mener à sa chute ».

Ukubulwa mutima wa mano, « recevoir un SSIC de sagesse » :
- personne qui accepte les conseils ;
- *abulwo mutima wa mano uufunkana mu minwe*, « qui reçoit un cœur de sagesse, se salue, se félicite.

Isha wansansamuko mutima, « provoquer l'arrivée d'un SSIC heureux, réjoui, satisfait » :
- *lelo isha wasansamuko mutima mutebeto wa pe*, « ceux qui font venir la joie dans le cœur jouissent d'une fête perpétuelle » (être de bonne humeur est une fête perpétuelle).

V. *Umutima* : une salle de tribunal

La langue bemba n'a pas de terme technique – en termes linguistiques, un lexème – pour « conscience » (il est bien clair que ce mot présente ses propres difficultés parmi tout le spectre des sciences sociales et tout particulièrement dans la littérature psychologique). Il faut surtout éviter la fausse idée selon laquelle du moment qu'une langue ne possède pas de mot pour quelque chose, pour un objet, pour un être vivant ou un état d'être, on en conclut que cette chose, cet objet, cet être vivant ou cet état d'être n'existe donc ni dans le monde physique ni dans l'esprit des gens. En d'autres termes, parce qu'une langue donnée est dépourvue d'un mot équivalent, par exemple « merci », cela signifie-t-il que les gens qui vivent dans le cadre de cette langue ne sont pas reconnaissants ? Ou encore, dans une langue qui n'a pas de mot pour désigner la mort, comme c'est le cas pour le peuple unangan des îles Aléoutiennes[21], cela signifie-t-il que ces insulaires ne connaissent pas la mort ? L'absence d'équivalence lexicale signifie-t-elle l'inexistence du concept, l'absence de l'expérience correspondante ? Certainement pas !

Chaque culture fournit à ses membres une théorie locale de la vie et de la mort, des normes et des valeurs qui permettent de frayer leur route sur le terrain accidenté de la vie humaine. Cela étant, toute personne doit commencer par acquérir des connaissances sur ces normes et ces valeurs, ensuite s'y conformer et enfin être capable de s'évaluer par rapport à elles, afin d'être en mesure de se réajuster en conséquence chaque fois que cela s'avère nécessaire (que ce soit de sa propre initiative ou sur l'intervention d'autrui).

Pour en revenir à l'absence d'un lexème pour la notion de « conscience » dans la langue bemba, de quelle autre façon pourrait-on alors saisir l'intériorisation des normes et des valeurs, le processus d'évaluation, de jugement et d'alignement sur celles-ci, et la réadaptation chaque fois que cela est nécessaire, si ce n'est en affectant ces questions au centre même des processus mentaux, émotionnels et psychologiques ? Si les sentiments, les processus intellectuels et les traits de caractère sont tous du ressort du SSIC, il n'est que logique que tout ce qui concerne la conscience soit également attribué au SSIC.

A. *Umutima* : le « siège du jugement »

Une fois de plus, *umutima* confirme sa suprématie de terme psychologique clé en assumant, outre ses « fonctions de siège triple », une autre « fonction de siège » supplémentaire, à savoir celle de « siège du jugement ». Et c'est *mu*

---

21. « La mort » est désignée par la tournure idiomatique « fini de visiter cette terre ».

mutima, « dans le SSIC », que s'effectue le « jugement ». Je veux dire par là que c'est sous la modération du SSIC qu'a lieu l'évaluation des pensées, des actes (les comportements) et des paroles. La série d'expressions linguistiques proposée ci-dessous n'est qu'un échantillon et suffira à montrer les processus d'évaluation dans le SSIC, celui-ci étant parfois lui-même l'interlocuteur.

B. Preuves linguistiques : *umutima* comme « conscience »

Umutima wandi taunseebanya : « mon SSIC ne m'a pas fait honte, ne m'a pas méprisé », ce qui signifie « Je n'ai rien à me reprocher, j'ai la conscience tranquille ».

Umutima mu nda : « le cœur dans la région abdominale », ce qui signifie « être consciencieux, n'avoir rien à se reprocher ».

Kampingu wa mutima : « le juge du SSIC ».

Ukupingula mu mutima : « juger dans le SSIC, soupeser les problèmes », s'aligner sur les normes et les valeurs, ce qui signifie « se conformer à sa conscience ».

Pa mulandu wakuti umutima obe uteku : « en raison de ton SSIC souple », parce que tu as été touché, alarmé dans ton SSIC, ce qui signifie « à cause de ta conscience troublée ».

Ukuilengulo mutima : « se scruter dans son SSIC, épier son propre SSIC », signifiant « vérifier ses motifs, examiner sa conscience ».

Ukuiwamya umutima : « auto-embellissement du SSIC, nettoyage du cœur », ce qui signifie : se soumettre à un examen de conscience.

Ukuisokolola kwa mutima : « révélation du SSIC à lui-même, auto-dévoilement du SSIC », pour dire « décharger, soulager sa conscience ».

Umutima uwasanguluka : « avoir un SSIC pur, être nettoyé (acquitté) de toute faute, être débarrassé des tabous », ce qui signifie « une conscience pure, libérée ».

Umutima watetekelwa : « un SSIC de confiance, sur lequel on peut compter, rester fidèle à ses principes, rester ferme sur ses convictions », p. ex., « suivre sa conscience ».

Camushinina mutima : « conviction dans le SSIC », pour signifier « être convaincu dans son cœur de quelque chose, par exemple la conscience a condamné quelque chose ».

Ubulungani mu mutima : « [promiscuité] sans vergogne dans le SSIC », ce qui signifie « totalement dépourvu de morale, moralement déchu, sans conscience ».

Mu mitima yabo batila abati : ico tucitile taciweme : « dans leur cœur, ils ont dit : ce que nous avons fait n'était pas bien » ; « après avoir réfléchi, raisonné dans leur SSIC, ils ont réalisé le mal qu'ils avaient fait », c'est-à-dire que leur conscience les a frappés.

Ukubuukuluke mu mutima : « éclater à nouveau, réapparaître dans le SSIC », ce qui signifie « se sentir mal à l'aise à propos de quelque chose, quelque chose a fait surface, un sentiment dans le cœur » ; « avoir des remords de conscience ». Autre sens : « changer d'avis ».

Ukulakalaka no mutima : « être mal à l'aise avec le SSIC », ce qui signifie « avoir l'esprit troublé, ne pas être en paix avec soi-même » (p. ex., avoir mauvaise conscience).

C. La « conscience » : une théorie anthropologique

Toutes ces preuves linguistiques si concluantes constituent pour le mot bemba *umutima* autant de raisons valables pour qu'on le considère comme le terme clé anthropologique primordial et hors pair. Une partie de ces preuves confirme que les « questions de conscience » sont effectivement des « questions de SSIC ». Par conséquent, la « conscience » se développe parallèlement à la formation du SSIC.

1. Enculturation et apprentissage d'une langue

Lorsqu'un être humain entre dans le monde de ses semblables, l'enfant est exposé et immergé dans des expériences d'apprentissage essentielles. Le nouveau membre pénètre dans un environnement culturel spécifique dont les principes et les processus directeurs seront « instillés » dans ses facultés mentales et émotionnelles, avec, en plus, la participation active de l'enfant ! Ainsi se fait l'intériorisation de ces principes et processus, certes pas d'un seul coup, mais une grande partie s'opère au cours des sept ou huit premières années de l'enfance[22].

---

22. Voir Lothar Käser, *Voyage en culture étrangère. Guide d'ethnologie appliquée*, Charols, Excelsis, 2008, p. 120.

a. Se faire « instiller » et « porter » activement

Se faire « instiller » la culture et la « porter » comme un vêtement, en s'appropriant activement ses éléments, c'est ce que l'on appelle le processus d'enculturation[23]. L'anthropologie culturelle contemporaine s'est éloignée des théories antérieures de socialisation et comprend « [l'enfant] comme un agent, activement engagé dans l'élaboration des idées et des pratiques qui informeront sa vie adulte[24] ». Cela ne signifie naturellement pas que l'enfant « est capable, tout seul, de donner un sens à son expérience. Au contraire, du fait que les humains sont des organismes *bio-sociaux*, le processus de création de sens s'opère toujours par l'intermédiaire des relations avec les autres[25] ».

b. Une réussite inégalée

De même, la langue est une chose qu'il faut apprendre, ce qui implique deux choses : être enseigné, et acquérir activement la matière enseignée. « L'apprentissage d'une langue, c'est le processus d'acquisition d'une variante spécifique du langage humain, comme l'anglais, le navajo, la langue des signes américaine ou le coréen[26] », et plus spécifiquement, dans le cadre de ce travail, le bemba. Le processus d'apprentissage d'une langue est assez intensif et les progrès sont rapides. Voici une esquisse des réflexions de Lila Gleitman et Paul Bloom sur l'acquisition du langage :

> [Elle] commence dès la naissance, si ce n'est plus tôt. Les enfants âgés de quelques jours seulement savent distinguer leur propre langue d'une autre, vraisemblablement grâce à une sensibilité aux propriétés de la prosodie[27] et du schéma phonétique propres à cette langue... Au cours des quelques premiers mois de leur vie, ils distinguent tous les contrastes phonétiques connus, utilisés dans les langues naturelles, mais cette capacité diminue avec le temps, de

---

23. Paul G. Hiebert, *Mission et culture*, Saint-Légier, Emmaüs, 2002, p. 53 ; Hiebert, *Anthropological Insights for Missionaries*, p. 50 ; Charles H. Kraft, *Anthropology for Christian Witness*, Maryknoll, N. Y., Orbis, 1996, p. 263.
24. Christina Toren, « Childhood », dans Alan Barnard et Jonathan Spencer, sous dir., *Encyclopedia of Social and Cultural Anthropology*, Londres/New York, Routledge, 2002, p. 142.
25. *Ibid.*
26. Lila Gleitman et Paul Bloom, « Language Acquisition », dans Robert A. Wilson et Frank C. Keil, sous dir., *MIT Encyclopedia of the Cognitive Sciences*, Cambridge, Mississ./Londres, MIT, 1999, p. 434.
27. La prosodie (du grec ancien *prosoidia*, « chant pour accompagner la lyre ») dénomme la branche de la linguistique qui étudie l'accent, le ton, l'intonation, la jointure, la pause, le rythme et le débit, et qui s'appelle la phonologie (N.D.T.).

sorte que, vers douze mois, les enfants ne distinguent plus que les contrastes propres à la langue à laquelle ils sont exposés... Entre le septième et le dixième mois environ, les nourrissons commencent le babillage reproductif, émettant des sons tels que « baba » et « gaga »... La compréhension de quelques mots a été démontrée dès l'âge de neuf mois... Les premiers mots parlés apparaissent généralement entre douze et quatorze mois... À ce stade initial, les nouveaux mots apparaissent dans ce qui est dit au rythme d'environ deux ou trois par semaine et sont produits de manière isolée (c'est-à-dire dans des « phrases d'un mot »). Le rythme d'expansion du vocabulaire augmente, de même que la nature du vocabulaire, avec l'ajout de verbes et d'adjectifs et l'apparition de morphèmes[28] fonctionnels... Vers l'âge de trois ans ou avant... les énoncés des enfants augmentent en longueur et en complexité... Une compétence proche de celle de l'adulte est atteinte à l'âge de quatre à cinq ans, malgré de grandes différences dans les mentalités et les motivations des enfants, les circonstances de leur éducation, et la langue particulière à laquelle ils sont exposés[29].

Ce résultat frappant est inégalé. Gleitman et Bloom affirment :

Ni les systèmes de communication naturels des infrahumains ni les résultats obtenus par des singes spécialement formés aux aspects des systèmes parlés ou signés ne s'approchent, en termes de contenu ou de complexité formelle, des performances de l'être humain le plus ordinaire âgé de trois ans... et les enfants sont les seuls êtres... capables d'un tel apprentissage[30].

2. Enculturation et socialisation

Les caractéristiques spécifiques de la manière de se comporter (un premier type de communication) et de la façon de parler (d'utiliser la langue – un autre type de communication) sont imbriquées dans l'apprentissage de la culture et l'acquisition de la langue dans un environnement culturel donné. Ce processus nécessite un encadrement (un pilotage) et des conseils « parce que les enfants

---

28. Le morphème est un concept linguistique qui peut désigner soit le plus petit élément significatif grammatical d'un mot, soit plus largement une unité minimale de signification (N.D.T.).
29. Gleitman et Bloom, « Language Acquisition », p. 434s.
30. *Ibid.*

qui apprennent les éléments culturels ne les classent pas soigneusement dans la matrice culturelle appropriée, à laquelle ces éléments appartiennent[31] ».

En outre, ce processus de tri hiérarchise les comportements, en ce sens que les comportements approuvés par la culture ont priorité sur d'autres comportements possibles. Grâce au processus d'enculturation, les enfants sont socialisés au système de valeurs et aux normes existantes et ils apprennent un comportement acceptable d'un point de vue interne à la culture, c'est-à-dire un comportement « normal ».

> Les normes sont des schémas de pensée ou des jeux de règles déterminés par une culture pour le comportement humain. Dans leur majorité, les membres de cette culture voient dans leur respect, tel qu'ils le conçoivent, le moyen d'accéder à un comportement « correct », « convenable » ou « normal ». Les normes ne sont pas forcément rigides, elles admettent des écarts et prévoient la possibilité d'une application souple, si la situation l'exige[32].
>
> Au sens culturel, les valeurs sont des agrégats de représentations de ce qui doit être considéré et exigé comme souhaitable et digne d'efforts. Ainsi, des cultures occidentales ont des valeurs comme la prospérité, la jeunesse, l'assurance de soi, une ligne svelte et bien d'autres encore[33].

a. Les valeurs ne sont pas absolues

Les valeurs sont diverses et ne peuvent être considérées comme absolues que dans un seul environnement culturel spécifique. Les cultures s'affrontent en raison de valeurs contradictoires, c'est-à-dire que deux ensembles d'« absolus » peuvent s'entrechoquer et dresser les gens les uns contre les autres. Si une culture A donne la priorité à la fabrication complexe et sophistiquée d'outils mécaniques et donc à leur besoin d'entretien pour une utilisation prolongée, alors qu'une culture B accorde la priorité à leur utilisation incessante et à leur disponibilité constante en négligeant l'entretien (parce qu'il coûte de l'argent et qu'il faut respecter un planning et puisque de toute façon ils ne sont pas censés durer éternellement), les gens pourraient avoir du mal à fonctionner et à coopérer au même niveau. Certaines valeurs sont tenues pour plus importantes que d'autres, surtout celles « que les membres d'une culture peuvent citer sans

---

31. Käser, *Voyage en culture étrangère*, p. 119.
32. *Ibid.* p. 123.
33. *Ibid.* p. 126.

hésiter ni réfléchir longuement : on les appelle les valeurs *explicites.* Parmi elles, on compte par exemple [dans un cadre occidental] la fidélité, la véracité, la ligne svelte, etc. ». En revanche, d'autres valeurs sont pratiquées moins délibérément et « sont moins conscientes, et ne peuvent donc pas être décrites avec la même aisance... On les appelle des valeurs *implicites*[34] ». Par exemple, si dans un contexte d'Afrique australe vous prêtez quelque chose à une autre personne, elle peut « l'emprunter pour de bon ». Les normes fonctionnent de la même manière : certaines sont explicites, d'autres sont implicites.

b. Les valeurs créent des objectifs

Comme nous considérons certaines valeurs comme absolues, nous sommes prêts à nous battre ou même à souffrir pour elles, lorsqu'un compromis ne semble pas acceptable ou réalisable. De manière moins spectaculaire, les valeurs peuvent susciter une très forte motivation chez les gens, les poussant à l'action. Recevoir des visiteurs et les accueillir chez soi est une valeur de haut niveau dans la société bemba, et pareille occasion pousse les gens à l'action (en particulier l'équipe de cuisine qui s'active pour préparer la nourriture). « Le fait que les valeurs qu'on se donne poussent à l'action signifie qu'elles fonctionnent en même temps comme des normes, c'est-à-dire qu'elles donnent à la manière d'agir une structure caractéristique[35]. »

c. Les valeurs sont hiérarchisées

Les valeurs font l'objet de priorités. Dans un cadre occidental, la fidélité est plus prisée que la minceur physique. Dans un contexte d'Afrique australe, le fait d'être orienté vers les personnes a la priorité sur le fait d'être axé sur le temps. Parfois les valeurs constituent des sous-systèmes compliqués et substantiels. De même, dans un contexte d'Afrique australe, il est obligatoire de suivre le protocole pour reconnaître et accueillir correctement les représentants de l'autorité politique ou traditionnelle dans l'espace public, ce qui implique l'application de toute une série de valeurs. En poussant les choses à l'extrême, pour changer ou extirper certaines valeurs, il faudrait changer ou éradiquer la culture. Par exemple, il y a d'une part le droit de vivre une vie dont on est seul maître et décideur, comme le préconisent les droits de l'homme. Et d'autre part, il y a la pratique de la mutilation génitale féminine (MGF), considérée comme une valeur fondamentale (érigée en norme) dans certaines cultures où une vie déterminée par les filles elles-mêmes est encore hors de question pour beaucoup. Voilà deux systèmes

---

34. *Ibid.,* p. 127.
35. *Ibid.*

de valeurs diamétralement opposés. Pour parvenir à l'autodétermination en ce qui concerne les MGF, il faut un changement de culture.

3. Le correct et l'inconvenant

Le correct et l'inconvenant sont fondamentalement liés à des normes et à des valeurs et leur mise en œuvre devient une affaire d'éthique[36]. La *psychologie morale* examine les principales questions d'éthique, telles que « ce qui a une valeur intrinsèque, ce qui constitue le bien-être humain, et ce qu'exigent la justice et la décence envers les autres[37] ». Naturellement, pour répondre à ces questions, il faut un examen plus large d'un autre ensemble de thèmes, que John Deigh précise comme suit :

- la compréhension des principaux motifs du comportement humain ;
- les sources de plaisir et de douleur dans la vie humaine ;
- la capacité des humains à agir volontairement ;
- la nature des états et processus psychologiques, tels que le désir, le sentiment, la conscience, l'examen du pour et du contre, le choix, le caractère ou la personnalité, et la volition[38].

Étudier ces thèmes, c'est surtout s'interroger sur la nature des capacités intellectuelles et émotionnelles de l'être humain, qui dépasse celle des animaux et qui justifie que les êtres humains soient qualifiés d'agents moraux. Le fait d'agir comme être moral soumet celui-ci à une évaluation morale, et c'est pourquoi les humains sont moralement responsables de leurs actes. Mais pour être moralement responsable, il faut être capable de comprendre la qualité morale de ses actes et être motivé pour agir en conséquence. Quelles sont donc les capacités qui confèrent à une personne la qualité d'agent moral ? L'éthique moderne se

---

36. Don Richardson relate un scénario d'horreur, pour des esprits occidentaux, dans ce qu'on appelait autrefois la Nouvelle-Guinée néerlandaise, l'actuelle Irian Jaya. Dans le passé, dans l'un des peuples autochtones des Sawi, on considérait comme mise en œuvre de valeurs essentielles le fait de nouer et d'entretenir un lien d'amitié sur la durée avec un membre d'un groupe voisin avec lequel le village était bloqué dans l'inimitié depuis des générations. Ils s'invitaient mutuellement à des festins jusqu'au jour où l'on jugeait arrivée l'heure du coup de théâtre ultime : l'hôte ôte sauvagement la vie à son « ami ». Plus l'« amitié » camouflée avait été astucieusement développée pour aboutir à l'élimination de l'« ami », plus grands en seront les louanges et l'honneur. La trahison cruelle et le meurtre odieux étaient considérés comme des comportements éthiques sawi convenables. Les normes et les valeurs culturelles fournissent la justification et la force de motivation pour agir de cette manière. Don Richardson, *L'enfant de paix*, Miami, Flor., Vida, 1981.
37. John Deigh, « Moral Psychology », dans Robert A. Wilson et Frank C. Keil, sous dir., *The MIT Encyclopedia of the Cognitive Sciences*, Cambridge, Mississ./Londres, MIT, 1999, p. 561.
38. *Ibid.*

concentre largement sur le rôle et l'importance de la raison dans la réflexion et la motivation morales[39].

a. Les philosophes rationalistes : Kant et ses amis

Deigh évalue les deux écoles de pensée qui traitent de la réflexion morale et de la motivation morale : l'une affirme que la raison seule, si elle peut donner sa pleine mesure, suffit pour qu'un acte soit moral ; l'autre école adopte une position négative. Kant, le réformateur rationaliste, et d'autres à sa suite, défendent le premier point de vue. La raison, déclarent-ils, agit de deux manières pour les êtres humains : elle informe une personne sur la qualité morale de ses actes ; mais elle élabore aussi une motivation à agir moralement[40].

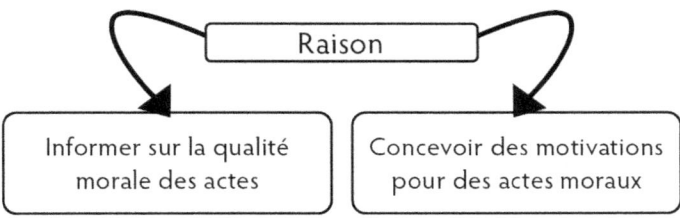

Figure 2 : Fonctionnement double de la raison

La motivation est le produit de deux catégories fondamentales de désirs : des désirs rationnels et des désirs non rationnels (voir la figure 3 à la prochaine page).

> Les désirs rationnels ont leur source dans le fonctionnement de la raison, les non rationnels dans l'envie, la convoitise, la passion animales. En conséquence, selon cette conception, la motivation morale est une espèce de désir rationnel, et la raison non seulement produit un tel désir [à gauche dans la figure 3], mais elle est aussi capable de l'investir d'assez de force pour supprimer les impulsions opposées de l'envie et de la passion [à droite dans la figure 3][41].

Pour un rationaliste, la raison est l'autorité suprême. « L'action morale chez l'être humain consiste donc à gérer l'envie, la convoitise et la passion par la raison, et disposer de la raison suffit donc d'ordinaire en soi pour rendre la personne responsable de ses actes[42]. »

---

39. Deigh, « Moral Psychology », p. 561.
40. *Ibid.*
41. *Ibid.*
42. *Ibid.*

124   « Exister, sans plus », ce n'est même pas exister

Raison : premier mode opératoire

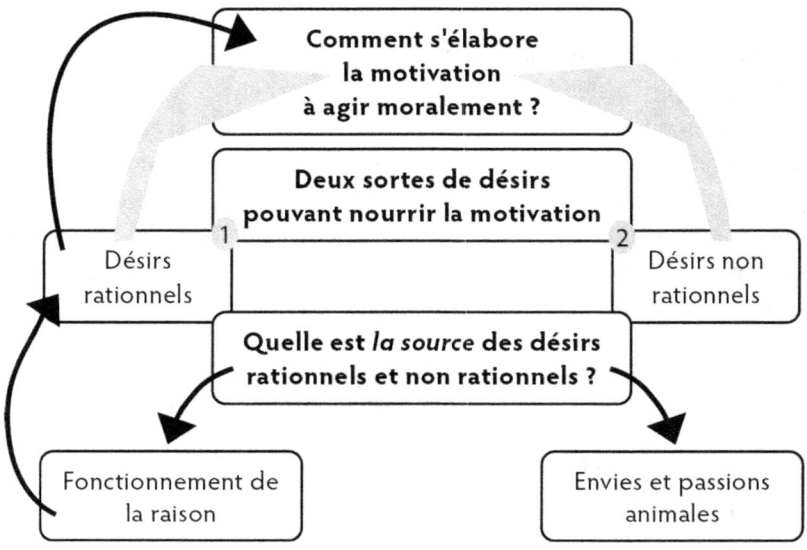

Raison : deuxième mode opératoire

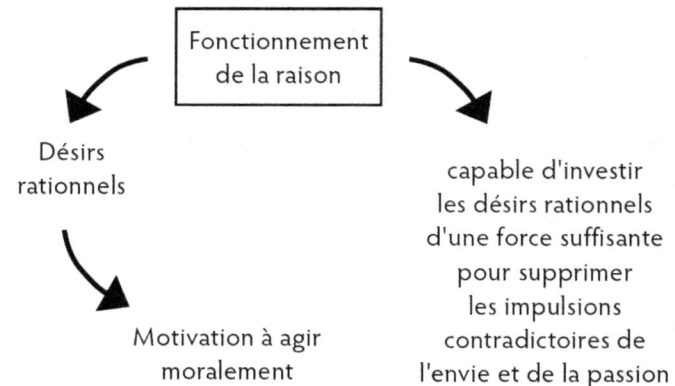

Figure 3 : Deux modes opératoires de la raison

b. Les philosophes empiristes : Hume, Mill et leurs amis

L'autre école de pensée est celle des philosophes empiristes, par exemple Hume et Mill, qui s'opposent à la position rationaliste en niant que « la raison soit toujours la source de la motivation morale et en limitant son rôle, comme fonction morale, à montrer à la personne la valeur morale de ses actes[43] » (voir la figure 4).

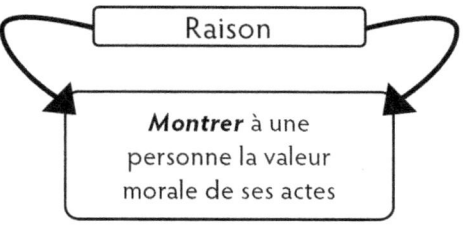

Figure 4 : Raison, mode opératoire uniquement unidirectionnel

« Selon ce point de vue, tous les désirs trouvent leur origine dans l'envie animale et la passion, et la raison agit au service de ces désirs pour produire une action intelligente[44]. » Elle est intelligente parce que les désirs d'objets sont satisfaits par des actes bien ciblés.

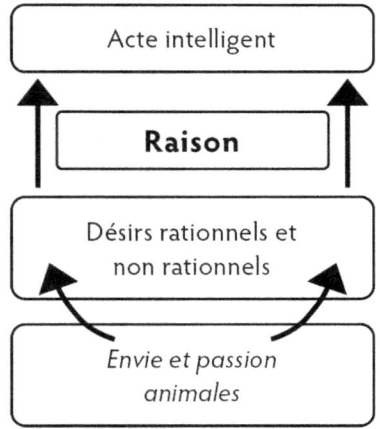

Figure 5 : La raison au service des désirs

Par conséquent, la motivation morale se concentre principalement sur le désir d'agir correctement et sur l'aversion d'agir mal. Ces désirs ne sont pas produits par la raison, « mais sont en fait acquis par un processus mécanique de

---

43. *Ibid.*
44. *Ibid.*

socialisation qui associe leur objet à celui des désirs et des aversions naturels[45] ». Les êtres humains agissent moralement en raison de la coopération entre plusieurs forces, « y compris la raison, ainsi que le désir d'agir correctement et la répugnance à agir mal, qui trouvent leur origine dans les désirs et aversions naturels... L'acquisition de ces désirs et aversions n'est pas garantie par la maturation de la raison. Le fait de disposer de la raison ne suffit jamais à lui seul pour rendre quelqu'un responsable de ses actes[46] ».

c. Apprendre les « choses à faire et les choses à ne pas faire »

Ce que ces deux points de vue opposés signifient par rapport à la conscience est important. Kant et d'autres « voient dans l'indépendance et l'autorité apparente de la conscience un bon motif pour attribuer les phénomènes de la conscience, y compris leur force de motivation, au fonctionnement de la raison[47] ».

Ce que cela signifie également, selon Kant, c'est que la raison est souveraine, qu'elle est innée chez les êtres humains et qu'elle existe en quelque sorte de manière supraculturelle. En ce qui concerne la conscience, l'école kantienne affirme hardiment que « la conscience ne s'acquiert pas. Chaque être humain, en tant qu'être moral, l'a en lui-même dès la naissance, comme organe de relation avec lui-même... C'est la raison, et non la conscience, qui doit décider si un acte est bon ou mauvais[48] ». Mais ce n'est pas le cas. La raison n'est pas supraculturelle[49]. Ce n'est pas une chose qui existe en dehors des réalités culturelles, puisque la raison est liée au langage, aux idées (ses fondements cognitifs), aux normes et aux valeurs, et à la connaissance, qui est apprise, puisque toute connaissance est une acquisition culturelle[50].

Christina Toren affirme que les humains sont des êtres biosociaux[51]. Il n'y a donc pas lieu de maintenir la distinction entre biologie (nature) et culture[52] ni

---

45. *Ibid.*
46. *Ibid.*
47. *Ibid.*
48. Hannes Wiher, *Shame and Guilt. A Key to Cross-Cultural Ministry*, Bonn, Culture and Science Publications, 2003, p. 49.
49. Alasdair MacIntyre, *Whose Justice? Which Rationality?* Notre Dame, Ind., University of Notre Dame Press, 1988 ; Lesslie J. E. Newbigin, « Religious Pluralism and the Uniqueness of Jesus Christ », *International Bulletin of Missionary Research* 13, 2, 1989, p. 50-54.
50. David J. Bosch, *Dynamique de la Mission chrétienne. Histoire et avenir des modèles missionnaires*, Paris/Genève, Karthala/Labor et Fides, 1995.
51. Toren, « Childhood ».
52. Cf. Gustav Jahoda, « Culture, Biology and Development across History », dans Heidi Keller et autres, sous dir., *Between Culture and Biology. Perspectives on Ontogenetic Development*, Cambridge, UK, Cambridge University Press, 2002, p. 13-29.

d'emprunter la voie kantienne ou darwinienne. Il existe plutôt une interrelation entre la biologie et la culture, et le fait d'être « biosocial » exige un examen plus attentif de la socialisation en tant que processus complet, force fondamentale contribuant à la formation du SSIC et de la conscience.

Lothar Käser, quant à lui, attire l'attention sur une idée fausse très répandue selon laquelle « la conscience serait un outil dont la nature l'a équipé au départ, une sorte d'organe qui se développerait de manière "naturelle"... indépendamment de ses semblables et des influences de son environnement social et culturel[53] ». Mais si la culture « est le meilleur milieu pour comprendre les êtres humains[54] », alors elle est certainement aussi l'environnement où les êtres humains deviennent humains à tout point de vue, ce qui implique une grande part d'apprentissage.

Toute société humaine soumet ses membres à un tel apprentissage et ses membres « doivent apprendre à se conduire d'une manière acceptable pour leurs semblables. Les gens formulent ce qui doit être appris sous forme de règles de conduite et de listes de choses à faire et d'autres à ne pas faire[55] ». De plus, les gens apprennent également à s'évaluer et à apprécier leur comportement et celui des autres, en fonction de ces principes culturels fondamentaux. La capacité d'évaluer son propre comportement et celui des autres est essentielle pour vivre pratiquement sa culture, pour participer à ses dons, tout comme elle est capitale pour la perpétuer.

Par rapport à ce qui précède, on peut écarter trois conceptions de la conscience :

- La raison n'est pas supraculturelle ; le raisonnement s'inscrit dans la logique d'un système de connaissance culturel particulier ; le fondement des phénomènes de conscience ne peut donc pas être attribué au fonctionnement de la raison.
- La distinction entre biologie et culture est inutile et infructueuse.
- Par conséquent, la conscience n'est pas donnée par la nature, développant sa capacité de manière autonome et indépendante des autres personnes ; les preuves linguistiques dans le contexte bemba indiquent que les « questions de conscience » sont des « questions de SSIC ».

On peut conclure que *la « conscience » se développe parallèlement à la formation du SSIC et fait partie intégrante du processus de socialisation*. Le « phénomène de la conscience a été analysé par de nombreuses disciplines

---

53. Käser, *Voyage en culture étrangère*, p. 133.
54. Kapolyo, *L'homme*, p. 126.
55. Ward H. Goodenough, « In Pursuit of Culture », *Annual Review of Anthropology* 32, 2003, p. 2.

différentes : la philosophie, la jurisprudence, la théologie, la psychologie, la sociologie, l'anthropologie culturelle et la missiologie[56] ». La question de savoir ce qu'est la conscience est confrontée à un problème épistémologique. Les mécanismes par lesquels la conscience se développe font également l'objet de larges discussions et ne peuvent être approfondis ici. Je me concentre sur ce qui me paraît être les éléments essentiels d'une *théorie anthropologique de la conscience*, de son développement et de ses fonctions, qui sont particulièrement importants pour des objectifs interculturels.

4. Culture et orientation de la conscience

Les cultures ont leur propre façon de socialiser leurs membres. Les études interculturelles confirment l'existence de deux courants fondamentaux d'orientation culturelle en opposition binaire : ce sont les cultures individualiste ou collectiviste, ou, d'un autre point de vue, les cultures axées sur la culpabilité ou sur la honte et l'honneur. Toutefois, la formulation « culture axée sur la culpabilité » et « culture axée sur la honte » est trop monolithique, trop simpliste, car aucune culture n'est totalement et exclusivement de l'une ou de l'autre nature[57]. On observe plutôt une orientation prédominante vers un fonctionnement individualiste ou collectiviste, vers un fonctionnement du système culturel selon les règles ou les relations. L'orientation de la conscience se présente au sein de l'une ou l'autre orientation culturelle, chacune avec certaines techniques et certains mécanismes de socialisation caractéristiques et, par conséquent, avec des résultats différents[58].

Les partisans des études récentes sur la socialisation définissent la socialisation comme :

> Le processus au cours duquel, pendant son existence, l'organisme humain, doté de sa charge biologique, se développe en une

---

56. Wiher, *Shame and Guilt*, p. 30.
57. Pour la « dichotomie d'après Mead et Benedict », cf. Samuel Wunderli, « The Significance of Shame and Guilt-oriented Consciences for Cross-Cultural Ministry », mémoire de master, Columbia Biblical Seminary and Graduate School of Missions, Columbia, South Carolina, 1990, p. 18.
58. « Il convient tout d'abord de noter que, dans le cadre des théories comparatives de la honte et de la culpabilité, leur spécificité culturelle, ou plus précisément leur dépendance vis-à-vis du critère sociologique de l'individualisation par rapport à l'orientation collective d'un contexte culturel, n'a pas été suffisamment prise en compte, que ce soit par les tenants du concept de honte sociale ou par ceux qui ont mis l'accent sur le lien entre la honte et les valeurs propres d'un individu et qui ont ainsi tracé l'image d'une honte individuelle. » Rita Werden, *Schamkultur und Schuldkultur. Revision einer Theorie*, thèse de doctorat, Faculté de philosophie de l'Université Albert-Ludwig, Fribourg-en-Brisgau, 2013, p. 183.

personnalité socialement capable d'agir dans une interaction permanente avec les conditions de vie existantes. La socialisation est l'appropriation des dons naturels et l'interaction tout au long de la vie avec ceux-ci, c'est-à-dire, en particulier, les fondamentaux physiques et psychologiques qui constituent la « réalité intérieure » d'un individu, et l'environnement social et physique (matériel), qui forment la « réalité extérieure » d'une personne[59].

Rita Werden ajoute deux éléments bienvenus et, à notre avis, très importants dans ce processus :

> L'interaction avec les personnes de référence et l'acte d'appropriation de leurs perspectives sont des facteurs décisifs dans le développement d'un individu capable de réflexion personnelle et morale[60].

Le premier élément important est la référence de Werden à *l'interaction avec les personnes de référence* et le second est l'importance de *l'appropriation de leurs perspectives par l'individu*. Lié à ces deux éléments, il y a le facteur des objectifs culturels qui motivent les personnes de référence à mettre en scène leurs interactions. Un intérêt similaire revient à la question de savoir s'il faut accorder de l'importance au nombre de personnes de référence avec lesquelles un enfant interagit au cours des années de l'enfance.

a. Socialisation, une spécificité culturelle

Dans son article sur les familles américaines de la classe moyenne à double revenu, Chris McCollum aborde le problème suivant : « Les couples sont tiraillés entre des objectifs divergents : répondre aux exigences des employeurs, d'une part, et satisfaire les besoins de la famille, d'autre part[61]. » Cette tension est liée à certaines perceptions, à un objectif culturel primaire à atteindre, et affecte directement les pratiques d'éducation des enfants dans la société américaine de classe moyenne.

Comme le souligne McCollum, les pratiques d'éducation des enfants s'articulent autour de l'objectif d'inculquer aux enfants, « de manière subtile, mais systématique », qu'ils doivent se définir « par leurs sentiments, leurs pensées

---

59. Klaus Hurrelmann, *Einführung in die Sozialisationstheorie*, 9ᵉ éd., Weinheim/Basel, Beltz, 2006, cité par Werden, *Schamkultur und Schuldkultur*, p. 185.
60. Werden, *Schamkultur und Schuldkultur*, p. 168.
61. Chris McCollum, *Early Precursors of Work-Family Tension. A Psychodynamic Study of Socialization*, Marial Center, Emory University, Working Paper 10, 2002, p. 1.

et leurs motivations les plus profonds, et que leur objectif premier doit être la mise en place d'un soi indépendant et unique[62] ». Cette insistance systématique et persistante conduit l'individu à se percevoir comme un « navigateur solitaire » qui doit finalement laisser derrière lui les attachements de l'enfance et se lancer dans une quête personnelle pour cultiver ses potentiels innés[63].

Comment les personnes qui s'occupent des enfants les incitent-elles à se définir par leurs sentiments, leurs pensées et leurs motivations les plus profonds pour devenir un individu indépendant et unique ? Sur la base des résultats de son étude, McCollum présente le scénario suivant : le fait d'être à la fois tenus à des obligations professionnelles et engagés dans des relations familiales place les parents sous tension, c'est-à-dire qu'ils doivent d'une part tirer parti des périodes de séparation régulières et prolongées, et d'autre part promouvoir et favoriser l'individuation de l'enfant.

> Cette nette séparation que les chargés d'enfants [*caregivers*] de la classe moyenne américaine mettent entre les temps de sommeil solitaire et les temps de veille socialement animés, ils la considèrent comme une mise en ordre nécessaire et naturelle du monde interpersonnel de l'enfant[64].

Ces objectifs concurrents font vivre à l'enfant une tension dynamique en ce sens que les « gratifications de l'indépendance du soi » sont compensées par un désir croissant d'intimité et de liens. À partir de l'âge de deux ans, les enfants sont encouragés et stimulés à explorer et à découvrir leur environnement, ce qui accroît leur motivation à agir de manière autonome. Cela conduit inévitablement à une distanciation entre eux et leurs personnes de référence. L'initiative personnelle et l'activité entreprise par eux-mêmes leur valent la récompense d'éloges verbaux pour leurs succès, de la part des parents ou des responsables d'enfants (échange social actif). Par exemple, les parents font participer leurs enfants à des tâches et à des travaux ménagers et, une fois le travail achevé, ils attribuent à l'enfant tout le mérite de l'avoir réalisé[65]. McCollum constate :

- Le caractère exceptionnel des modes d'interaction, c'est-à-dire « le peu de contact physique que les responsables d'enfants de la

---

62. Fred Rothbaum et autres, *The Development of Close Relationships in Japan and the United States. Paths of Symbiotic Harmony and Generative Tension*, Hoboken, N. J., Wiley, 2000, cité par McCollum, *Early Precursors of Work-Family Tension*, p. 1.
63. Daisaku Ikeda, *The New Human Revolution*, Santa Monica, Calif., World Tribune Press, 1998, p. 156, cité par McCollum, *Early Precursors of Work-Family Tension*, p. 1.
64. McCollum, *Early Precursors of Work-Family Tension*, p. 3.
65. *Ibid.*, p. 2.

classe moyenne ont avec leurs enfants... Ces personnes les tiennent rarement dans leurs bras et utilisent volontiers des parcs et d'autres équipements ». Voici les raisons qu'ils indiquent : a) « l'importance pour les enfants d'avoir leur propre espace physique », et b) « tant que les enfants reçoivent de fréquents stimuli visuels et verbaux, disent leurs responsables, ils peuvent facilement passer de longues périodes seuls à dormir ou à se reposer[66] » ;
- La fréquence à laquelle les parents et les chargés d'enfants de la classe moyenne pratiquent avec leurs enfants des formes intenses de relation psychologique. Ils bavardent, par exemple, de manière très stylisée avec eux, avec la certitude de communiquer avec eux émotionnellement, sinon linguistiquement. Les raisons invoquées sont les suivantes : a) « ils soulignent la façon dont ils s'efforcent de "partager" avec leurs enfants », et b) « ils imprègnent leurs enfants d'un sentiment de bien-être[67] ».

Au fur et à mesure que les enfants mûrissent, les parents gardent le souci de maintenir un strict équilibre entre « les objectifs concurrents d'inculquer la séparation et de cultiver l'intimité ». Le message culturel dominant que les personnes qui s'occupent d'enfants communiquent à ceux-ci, dit McCollum, est celui-ci : « progresser régulièrement vers une conscience de soi individualisée est essentiel pour devenir une personne bonne et digne[68] ». Toutefois, ce message comporte un revers de la médaille : « progresser vers l'autonomie – ou être séparé des autres[69] ». À mesure que l'enfant grandit, ses capacités d'autorégulation et d'autodirection augmentent et :

> permettent à l'enfant d'atteindre cet objectif : faire de plus en plus preuve de la caractéristique considérée comme la marque de la maturité émotionnelle dans cette société, à savoir la capacité de conserver sa stabilité émotionnelle et l'estime de soi, même en l'absence de tout soutien ou toute reconnaissance externes[70].

En outre, les parents et personnes de référence « insistent également sur le fait que cette saine indépendance ne peut être cultivée sans le maintien d'un lien

---

66. *Ibid.*, p. 3.
67. *Ibid.*
68. *Ibid.*, p. 5.
69. *Ibid.*, p. 2.
70. *Ibid.*, p. 5.

interpersonnel fort et suivi avec d'autres personnes importantes, en particulier avec les parents[71] ». En guise de résumé, nous pouvons conclure ceci :

- Les pratiques d'éducation des enfants et les modes de socialisation sont spécifiques à chaque culture (voir aussi une étude récente chez les Gusii ruraux du Kenya[72]) ;
- Elles se fondent sur certaines valeurs culturelles qui visent à atteindre un objectif culturel. Par le biais du processus de socialisation, elles sont inculquées aux enfants et influencent profondément leur comportement, leurs schémas de pensée et leur monde intérieur émotionnel ;
- Les modes de socialisation spécifiques à une culture inculquent également une conscience de soi caractéristique (voir la figure 6).

À l'opposé d'un processus de socialisation hautement individualisant, il existe d'autres approches, radicalement différentes, pour socialiser les enfants et les faire entrer dans la famille, la communauté et la société au sens large. S'appuyant sur les recherches de R. A. LeVine et autres, McCollum attire l'attention sur le fait que d'autres cultures (comme les Gusii ruraux du Kenya) mettent l'accent sur des stratégies d'un autre type :

- un contact corporel très étroit avec leurs nourrissons à tout moment, jour et nuit ;
- relativement peu d'attention accordée au nourrisson en tant qu'être émotionnellement sensible, sous forme de contact visuel, d'incitation au sourire et de « tons vocaux par lesquels les Américains expriment la chaleur et l'affection[73] » ;
- en revanche, les chargés d'enfants font tous leurs efforts pour apaiser la détresse et calmer l'agitation[74].

---

71. *Ibid.*
72. Cf. Judi Mesman, Norbert Basweti et Joseph Misati, « Sensitive Infant Caregiving among the Rural Gusii in Kenya », *Attachment and Human Development* vol. 20, 2018.
73. R. A. LeVine et autres, *Child Care and Culture. Lessons from Africa*, New York, Cambridge University Press, 1994, cité par McCollum, *Early Precursors of Work-Family Tension*, p. 4.
74. McCollum, *Early Precursors of Work-Family Tension*, p. 4.

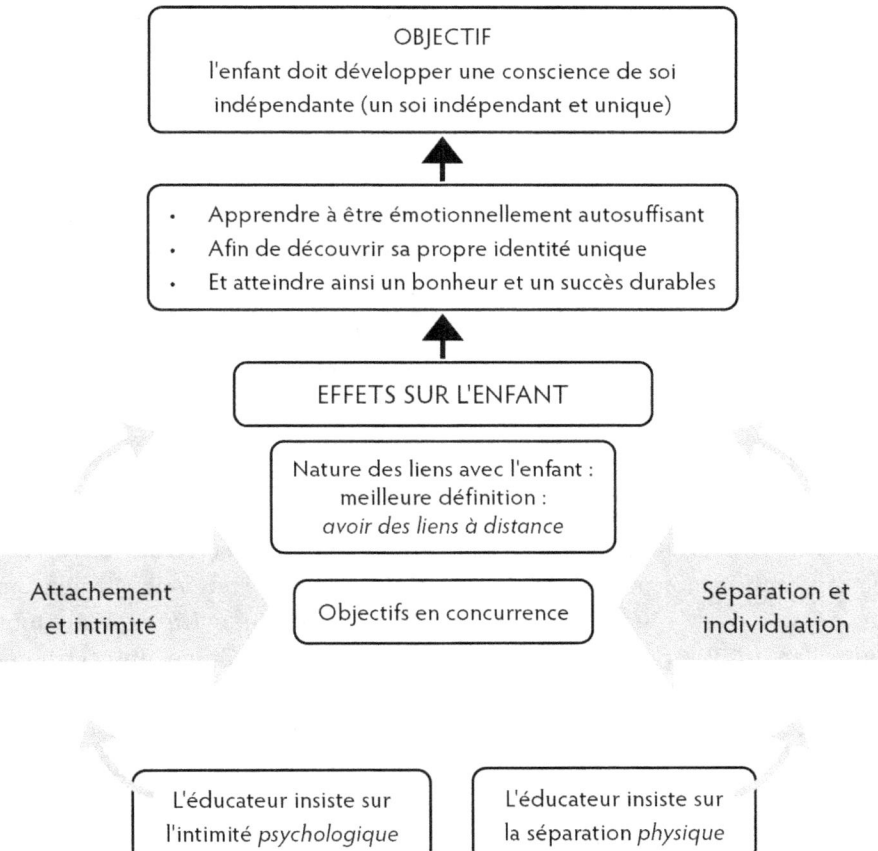

Figure 6 : Socialisation des enfants dans la classe moyenne américaine

Judi Mesman et autres remettent en question le niveau du supposé manque de soins affectifs tel que le présentent LeVine et autres, qui recherchaient auparavant des marqueurs tels que « l'interaction verbale, la chaleur et le contact visuel ». Selon Mesman et autres, ces marqueurs ne sont « pas les caractéristiques définissant les soins affectifs[75] ». Ils confirment cependant que les pratiques d'éducation des enfants en bas âge se font le plus souvent « de manière non verbale sous la forme d'une réactivité physique (subtile) de la part d'une variété de chargés d'enfants responsables, et elles s'observent dans une large mesure

---

75. Mesman, « Sensitive Infant Caregiving among the Rural Gusii in Kenya », p. 7.

pendant l'alimentation des nourrissons[76] ». Parmi les communautés rurales gusii étudiées :

> [un] objectif général de socialisation visant à favoriser le développement optimal de l'enfant peut inclure une surveillance attentive des besoins du nourrisson et une réponse à ces besoins, mais aussi des stratégies de contrôle plus sévères qui enseignent au nourrisson les limites comportementales qu'il est important d'observer dans une communauté culturelle particulière[77].

Les pratiques d'éducation des enfants des Bemba ressemblent certainement plus à celles des communautés gusii étudiées au Kenya, qui, pour un simple observateur ne comprenant pas la culture, pourraient apparaître comme des modes de soins plutôt passifs[78].

b. L'impact des objectifs culturels

Ce qu'on peut certainement déduire de cet aperçu des réalités interculturelles est une confirmation positive de l'importance des objectifs culturels, qui motivent les personnes de référence à donner forme et à orienter *leurs* interactions pour l'enfant. De plus, cette façon systématique d'inculquer un sentiment d'individualité (dans la classe moyenne américaine) peut, d'une manière générale, être typique des cultures occidentales et permettre d'affirmer que relativement *peu de personnes de référence* (surtout les parents) participent à ce processus.

En revanche, les sociétés collectivistes s'appuient en général sur *un grand nombre de personnes de référence* (p. ex., les communautés gusii et bemba), ou, comme le montre Alan Roland[79] à propos des pratiques d'éducation des enfants dans les familles étendues hindoues en Asie du Sud, qui, toutes, renforcent et dirigent la socialisation de l'enfant. Dans le contexte culturel japonais, le manque de respect et de tact envers les autres est considéré comme le pire des comportements possibles[80]. Pour le Japon, l'objectif culturel est de produire des individus bien élevés et polis. D'autres cultures asiatiques soulignent également l'importance de la communauté. Les parents présentent à leurs enfants le groupe

---

76. *Ibid.*, p. 1.
77. *Ibid.*, p. 7.
78. Voir la section VI ci-dessous.
79. Alan Roland, *The Uses (and Misuses) of Psychoanalysis in South Asian Studies. Mysticism and Child Development*, Communiqué à la conference d'Asie du Sud, University of Wisconsin, Madison, 11 octobre 2002, http://alan-roland.sulekha.com/blog/post/2002/11/the-uses-and-misuses-of-pychoanalysis-in-south.html.
80. Wunderli, « The Significance of Shame », p. 78.

comme référence pour qu'ils testent ainsi leur comportement. Les enfants prennent pour modèle l'attitude de leurs parents et « apprennent à craindre les éventuelles opinions négatives des autres, en particulier de ceux qui sont considérés comme supérieurs[81] ».

Naturellement, des techniques de socialisation différentes parviennent non seulement à produire des adultes qui sont bien adaptés et fonctionnent bien en accord avec leur contexte culturel spécifique, mais elles affectent aussi la structure et la dynamique du monde émotionnel des gens. La culpabilité et la honte sont deux de ces puissants sentiments humains, qui méritent d'être examinés de plus près.

c. Sentiments de la culpabilité et de la honte

Dans son cours, June Gruber fait ressortir plusieurs aspects pertinents de la culpabilité et de la honte[82]. Elle affirme que ces deux sentiments sont socialement douloureux et font partie de la famille des sentiments autoconscients et moraux. À la naissance, les humains n'en disposent pas encore, mais ils les acquièrent avec l'apprentissage de la culture et ils joueront plus tard un rôle important dans leur vie. June Gruber explique ensuite les caractéristiques respectives de la culpabilité et de la honte que nous listons ci-dessous.

i. Caractéristiques de la culpabilité

La *personne* évalue négativement un acte donné. Cette évaluation entraîne un certain *comportement* sur la base d'un sentiment négatif par rapport à l'objectif. La *conséquence* en est une motivation à traiter le problème.

ii. Caractéristiques de la honte

La *personne* fait une évaluation négative d'elle-même dans son ensemble. Cette évaluation provoque un certain *comportement* sur la base d'un « sentiment de petitesse » ; on veut se cacher du groupe social. La *conséquence* est qu'on est moins porté à prendre des mesures correctives pour résoudre le problème.

iii. Différences interculturelles : la honte

June Gruber souligne à juste titre des différences interculturelles importantes et significatives en ce qui concerne la honte.

---

81. *Ibid.*, p. 110.
82. June Gruber, « Human Emotion. Shame and Guilt », vidéo YouTube, 4 juin 2013, https://www.youtube.com/watch?v=jKlMPDJnE10.

Tableau 13 : Différences interculturelles à propos de la honte

Cultures individualistes	Cultures collectivistes
• L'identité du soi est séparée des autres • Les normes ont une référence individuelle	• L'identité du soi ne sépare pas des autres • Les normes ont une référence interpersonnelle
	Rôle de la honte : • hautement prisée, fort estimée comme sentiment • très familier, joue un rôle majeur dans le quotidien • conduit souvent à des changements de comportement pour réparer la violation des normes du groupe

Il n'existe évidemment pas de modèle culturel unique concernant la façon dont la honte se manifeste dans le monde de la vie, même dans le contexte de cultures collectivistes axées sur la honte. Le rôle que jouent les spécificités culturelles dans la manière dont les sentiments sont suscités est crucial. Charles Nuckolls affirme qu'en tant qu'êtres humains, nous sommes tous nés « avec la même gamme de sentiments fondamentaux[83] ». Cependant, revenant sur Gregory Bateson et sa discussion sur la « fierté » dans la culture des Iatmul[84], Nuckolls conclut que « la fierté selon la culture iatmul est toujours une fierté telle que nous la connaissons, mais, pour la comprendre, il faut tenir compte des *manières uniques* dont elle a été élaborée par la culture iatmul[85] ».

Matsumoto distingue deux aspects de la honte (japonais *haji*) dans la société japonaise. Il parle de :

> *haji-disgrâce*, qu'il caractérise comme un sentiment de vulnérabilité et de faiblesse face aux autres, lié à une auto-évaluation négative et à une faible estime de soi. Elle est associée à l'incohérence ou à l'inadéquation avec le statut social revendiqué et peut conduire

---

83. Charles W. Nuckolls, *The Cultural Dialectics of Knowledge and Desire*, Madison, Wisc., University of Wisconsin Press, 1996, p. 64.
84. Gregory Bateson, *Naven. A Survey of the Problems Suggested by a Composite Picture of the Culture of a New Guinea Tribe Drawn from Three Points of View*, Cambridge, Cambridge University Press, 1936.
85. Nuckolls, *The Cultural Dialectics of Knowledge and Desire*, cité par Badenberg, *Sickness and Healing*, p. 241s (nous soulignons).

à perdre la face et à l'humiliation. Elle déshonore également ceux qui appartiennent au même groupe. Elle peut conduire au suicide, afin de restaurer l'honneur perdu. La *haji-disgrâce* est considérée comme une sanction sociale qui perturbe les relations et entraîne une auto-condamnation en raison du mauvais comportement. Elle est fréquemment employée comme sanction par le processus de socialisation[86].

Un deuxième aspect de la honte est appelé le *haji-embarras* par Matsumoto. Elle survient lorsqu'une personne est exposée et fait l'objet de l'attention des autres : elle se sent mal à l'aise et « fait tache » dans le groupe. « C'est lié à une incertitude quant à la distance relationnelle (*ma*), à un décalage entre "soi" et "l'autre"[87]. » Contrairement à la *haji-disgrâce*, nous explique Matsumoto, le *haji-embarras* doit par principe n'entraîner

> aucune sanction sociale, mais seulement des fonctions sociales : soit comme point de départ pour nouer de nouvelles relations, soit pour les perturber. Mais dans une société où l'harmonie et l'unité constituent les valeurs fondamentales, cette « honte-discrétion » devient une force morale qui soutient l'ordre personnel et social[88].

iv. Culpabilité et honte : similitudes

Pour poursuivre avec June Gruber, la culpabilité et la honte partagent des similitudes tout en étant marquées par des différences :

- toutes deux font partie de la famille des sentiments autoconscients et moraux ;
- toutes deux sont associées à des actes répréhensibles ;
- toutes deux encouragent les comportements sociaux ou altruistes ;
- elles sont vécues socialement (le soi dans le contexte des autres).

La culpabilité découle d'un comportement spécifique perçu comme mauvais par soi-même et par les autres. La honte, en revanche, ne se préoccupe pas d'un comportement spécifique (mauvais), mais se centre sur un sentiment global d'auto-évaluation négative et d'imperfection intrinsèque, de tort ou d'une certaine défectuosité. Néanmoins, les similitudes entre la culpabilité et la honte

---

86. Paul Matsumoto, « The Missiological Implications of Shame in the Japanese World View », mémoire, Fuller Theological Seminary, 1985, cité par Wunderli, « The Significance of Shame », p. 76.
87. Wunderli, « The Significance of Shame », p. 77.
88. *Ibid.*

ne signifient pas qu'elles sont interchangeables ou que l'une peut être substituée à l'autre. Néanmoins, June Gruber met en évidence des différences importantes entre les sentiments de culpabilité et de honte.

v. Culpabilité et honte : différences évidentes

Selon Gruber, l'attention est centrée sur un point ou sur l'ensemble[89].

Tableau 14 : Culpabilité et honte, point de vue occasionnel ou global

Culpabilité	Honte
• comportement occasionnel • se sentir mal pour un comportement spécifique • « comment ai-je pu faire *ça* ? » • quelque chose n'est pas bien dans ce que j'ai fait	• disposition générale • se sentir mal dans sa peau • « comment ai-*je* pu faire ça, *moi* ? » • quelque chose ne va pas chez moi, d'une façon générale

Ronald Potter-Efron situe la honte dans un continuum honte/honneur et la culpabilité dans un continuum culpabilité/fierté morale[90].

> Les questions liées à la honte touchent l'identité [d'un individu], l'ensemble de son soi. En revanche, la culpabilité concerne des comportements spécifiques, réels ou envisagés de cet individu. La personne honteuse se désole : « Comment ai-*je* pu faire cela, *moi* ? », tandis que la personne coupable se demande : « Comment ai-je pu faire *cela* ? »[91].

Il y a d'autres différences entre les sentiments de culpabilité et de honte, en particulier dans les motivations que les deux inspirent aux gens pour en gérer les effets. June Gruber propose deux autres exemples : la motivation à corriger ou à dissimuler le comportement[92].

---

89. Gruber, « Human Emotion. Shame and Guilt ».
90. Ronald T. Potter-Efron, *Shame, Guilt and Alcoholism. Treatment Issues in Clinical Practice*, New York/Londres, Haworth Press, 1989, p. 145s.
91. Potter-Efron, *Shame, Guilt and Alcoholism*, p. 2 (italiques dans l'original), cité par Wiher, *Shame and Guilt*, p. 71.
92. Gruber, « Human Emotion. Shame and Guilt ».

Tableau 15 : Motivation à corriger ou à dissimuler le comportement

Culpabilité	Honte
• corriger le comportement	• cacher le comportement
• motivation à affronter le problème	• motivation à masquer le problème
• s'excuser, défaire, réparer (affronter la tempête)	• disparaître, se cacher ou éviter la honte (esquiver le coup)

Un autre binôme proposé par Gruber implique le fait de se défendre ou ne pas se défendre.

Tableau 16 : Réponse défensive et réponse non défensive

Culpabilité	Honte
• réponse non défensive	• réponse défensive
• approche rationnelle (discuter, agir)	• tendance à blâmer autrui (pour éviter le sentiment de honte)
• gérer la colère de manière constructive et proactive	• tendance à s'irriter plus fort et à se comporter de manière agressive

d. Conscience axée sur la culpabilité ou conscience axée sur la honte

L'existence de ces deux puissants sentiments humains est une donnée universelle, présente dans toutes les cultures humaines, bien que chacune les exprime et les élabore de manière spécifique. Les objectifs culturels des personnes de référence qui orientent et déterminent leurs interactions avec les enfants au cours de leurs années de formation, avec la participation active de l'enfant dans ce processus, produisent chez l'individu un certain sens du soi et mettent en place une manière de gérer ces sentiments de gêne que sont la culpabilité et la honte. Michael Lewis note :

> Connaître les normes, les règles et les objectifs, et évaluer son comportement par rapport à ces normes et à soi-même donne alors lieu à des sentiments autoconscients, c'est-à-dire la honte... [qui est pratiquement développé] vers la fin de la troisième année[93].

---

93. Michael Lewis, *Shame. The Exposed Self*, New York, Macmillan, 1992, p. 48, 66, 85, 94, cité par Wiher, *Shame and Guilt*, p. 79.

Et, comme le souligne à juste titre Wiher : « Il est évident qu'on ne peut étudier la conscience qu'à partir de sa propre orientation de la conscience[94]. » Les gens peuvent être en désaccord avec une orientation différente. Les Occidentaux peuvent nier l'importance de la honte dans leur propre culture, mais Micha Hilgers suggère :

> La honte – en fractions digestibles – est la gardienne du soi et des limites du soi ; c'est le sentiment sans lequel il n'y a pas de développement personnel ni de psychothérapie efficace, pas d'identité, ni de saine recherche d'autonomie. Mais c'est aussi le sentiment qui provoque la régression, l'isolement, la destruction et la violence, s'il échappe à tout contrôle[95].

La littérature s'accorde également sur le fait qu'il est important de savoir combien de personnes de référence inculquent certains objectifs culturels, et, avec eux, un comportement acceptable. En ce qui concerne les cultures individualistes, il est utile de noter « que les parents eux-mêmes constituent presque exclusivement les personnes de référence dont la punition est crainte et dont les principes sont intériorisés[96] ». Ce que cela signifie pour le développement de la conscience, c'est que « la conscience orientée vers la culpabilité ressent la culpabilité lorsque la personne de référence est internalisée[97] ». En d'autres termes, un enfant internalise la norme ainsi que la personne de référence qui incarne pour ainsi dire la norme. Le type de conscience qui se développe dans ce type d'environnement culturel s'appelle en termes freudiens le *surmoi*.

Dans les cultures collectivistes, le groupe est la principale référence pour le comportement et, plus tard, pour le fonctionnement social d'un individu. C'est pourquoi la honte occupe une place primordiale dans les questions de vie quotidienne. Une « conscience orientée vers la honte ressent l'anxiété comme la crainte d'être abandonné, et la honte seulement après la découverte de la violation[98] ». Le type de conscience qui se développe dans ce genre d'environnement culturel s'appelle l'*idéal du moi*.

On a souligné plus haut qu'on n'examinera dans cet ouvrage que deux aspects d'une théorie anthropologique de la conscience, son développement et ses fonctions, qui sont particulièrement décisifs pour les objectifs interculturels. Les

---

94. Wiher, *Shame and Guilt*, p. 31.
95. Micha Hilgers, *Scham. Gesichter eines Affekts*, Göttingen, Vandenhoeck et Ruprecht, 1996, p. 24, cité par Wiher, *Shame and Guilt*, p. 84.
96. Wunderli, « The Significance of Shame », p. 109.
97. Wiher, *Shame and Guilt*, p. 158.
98. *Ibid.*

facteurs de développement de la conscience ont été abordés en montrant que les cultures individualistes axées sur la culpabilité et les cultures collectivistes axées sur la honte conduisent leurs membres à acquérir, à leur tour, une orientation de conscience spécifique à leur culture. Cela en raison de buts culturels opérant différemment, de techniques d'éducation des enfants différentes, et du nombre de personnes de référence différent. S'il y a des différences notables dans l'acquisition d'une certaine orientation de la conscience, peut-on, pour autant, s'attendre à ce que les fonctions de la conscience soient tout aussi diverses, ou existe-t-il un ensemble fondamental de caractéristiques communes par-delà les frontières et les spécificités culturelles ? Et, dans l'affirmative, quels sont les traits saillants des fonctions de la conscience qui constituent une théorie anthropologique de la conscience ?

5. Théorie anthropologique de la conscience selon Käser

La conscience guide le *comportement social* d'une personne en fonction des normes et des valeurs existantes[99]. Il n'y a pas de culture humaine sur terre qui en soit dépourvue !

En s'alignant sur ce qui est jugé convenable ou inconvenant, bon ou mauvais, la conscience remplit d'importantes *fonctions sociales*. Sans ces catégories et l'obligation d'y adhérer, la société ne peut se maintenir comme structure cohérente. C'est vrai à l'échelle universelle ! Käser appelle cela la « dimension horizontale de la conscience[100] ».

Par rapport à un comportement jugé bon ou mauvais, mais qui relève d'une juridiction supérieure (une autorité transcendante, une divinité, Dieu), la conscience assume des *fonctions religieuses*. Käser appelle cela « la dimension verticale de la conscience ». On ne trouve sans doute que très peu de cultures humaines où cet aspect serait totalement obsolète.

La conscience produit les *lois morales* pour les faire peser sur un individu en le touchant dans ses sentiments et en le motivant à accomplir certains actes. Vivre concrètement une culture, c'est défendre ou promulguer une variante spécifique de lois morales. Il n'y a pas de culture humaine sans lois morales !

a. Caractéristiques communes universelles, cas positif

On peut répondre par l'affirmative à la question de savoir s'il existe un ensemble universel de caractéristiques communes, au-delà des frontières et des spécificités culturelles de la conscience. Et du moment que la question centrale

---

99. Käser, *Voyage en culture étrangère*, p. 134.
100. *Ibid.*, p. 135.

appelle une réponse positive, la deuxième partie de la question, qui demande de définir les traits saillants des fonctions de la conscience constituant une théorie anthropologique de la conscience, exige de préciser ces caractéristiques.

b. Fonctions universelles, cas positif

Malgré les différences significatives dans l'élaboration culturelle des sentiments moraux de culpabilité et de honte, et, de ce fait, dans leur manière de conduire à certains modèles de comportement différents, la façon dont un comportement déviant est surveillé par un puissant détecteur intérieur (la « conscience ») n'a qu'un seul mode de fonctionnement (*modus operandi*). C'est-à-dire que cet unique *modus operandi* est strictement exprimé en termes de fonctions de cet appareil intérieur et a une validité universelle. Käser déclare : « Dans toute société humaine, la conscience d'un adulte arrivé à maturité dispose des fonctions suivantes[101] » :

Tableau 17 : Théorie anthropologique de la conscience selon Käser

1.	Elle *passe au crible* les actes, envisagés ou réalisés, pour établir s'ils correspondent ou non aux normes de la société concernée. Peu importe qu'un acte ou un comportement soit déjà entré dans les faits ou n'ait été qu'envisagé.
2.1.	Elle *informe* de la conformité aux normes par le sentiment d'être en train d'agir correctement ou de l'avoir fait. Dans ce processus, les actes et comportements analysés par la conscience sont reconnus comme bons, convenables ou conformes aux normes. Le sentiment qui en résulte, c'est ce que le langage populaire appelle la « bonne conscience ».
2.2.	Elle *dénonce* la non-conformité à ces normes par le sentiment d'être en train de faire ou d'avoir fait ce qui n'est pas juste. Dans ce processus, les actes et comportements analysés par la conscience sont reconnus comme méchants, inconvenants ou contraires à la norme. Le sentiment qui en résulte, c'est ce que le langage populaire appelle la « mauvaise conscience », et il est perçu comme punition.
3.	Elle *contrôle* l'individu par le sentiment de la mauvaise conscience et empêche, en général, des infractions aux normes par l'attente de cette punition.

---

101. *Ibid.*, p. 138s.

D. La conscience : « voix de Dieu » (vox Dei) ?

La conscience est un terme presque aussi délicat, sinon problématique à définir, que le terme culture[102]. Quel angle, quelle perspective ou quelle définition est à retenir ? La présence de la conscience parmi toutes les cultures du monde est difficile à nier (bien qu'on ne l'accepte pas non plus facilement). La « voix intérieure », comme expérience humaine spécifique, qui alerte les gens à propos d'actes envisagés ou déjà réalisés, de paroles prononcées ou simplement de pensées non verbalisées qui « ratent la cible », sont un phénomène universel.

1. Perspectives divergentes

Une approche darwinienne aborde la formation de la « voix intérieure » comme un aspect biologique de notre histoire évolutive comme *homo sapiens*. Une approche psychologique freudienne voit en la personne entière un appareil psychique, tandis que d'autres considèrent les humains comme des êtres moraux et impliquent une raison religieuse à la présence de la « voix intérieure » qu'ils appellent « conscience » ; pour certains c'est une sorte de vestige divin.

Cette section se concentre sur un point de vue religieux spécifique, sur la théologie chrétienne qui, dans sa longue histoire si diverse, accueille une gamme d'opinions tout aussi variées sur ce sujet. Le récent regain d'intérêt pour ce domaine se traduit dans de nouveaux sujets de cours avec une nouvelle terminologie. On l'appelle élenctique, par exemple dans la volumineuse publication de Müller[103] ou dans l'étude élenctique de Wiher[104]. Quant à moi, je vais restreindre mon champ d'investigation et me concentrer sur la compréhension de la conscience comme « voix de Dieu » (*vox Dei*), qui semble être un sujet suffisamment intéressant pour être examiné.

Dans son enquête exégétique théologique sur l'usage du mot grec *suneidèsis* « conscience », Hans Joachim Eckstein recense quatorze occurrences dans les écrits de l'apôtre Paul dans le Nouveau Testament pour le nom verbal ionien *suneidèsis* « conscience », et une occurrence du verbe réfléchi *sunoida emautou* « connaître, être conscient de moi-même ». Le participe substantivé *to suneidos* d'origine attique, et synonyme, est totalement absent des écrits de Paul, tout comme les paraphrases contemporaines de « conscience », telles que « observateur », « témoin », « procureur », « avocat-conseil » ou « juge ». En d'autres termes,

---

102. Cf. A. L. Kroeber et C. Kluckhohn, *Culture. A Critical Review of Concepts and Definitions*, Cambridge, Mass., Peabody, 1952 ; Nuckolls, *The Cultural Dialectics*.
103. Klaus W. Müller, *Conscience - The Moral Law Within. Formation and Function of Super-Ego/Ego-Ideal, Shame and Guilt within Society, Culture and Religion*, Handbook Elenctics, Nuremberg, VTR, 2023.
104. Wiher, *Shame and Guilt*, 2003.

dans son emploi de « conscience », Paul s'écarte considérablement de l'usage courant de ce terme et donc de ses significations à l'époque. Au lieu de cela, il utilise toujours *suneidèsis* dans un sens absolu, c'est-à-dire comme *autorité*[105].

La fonction de *suneidèsis* au sens de « témoignage, confirmation » est explicitement exprimée dans deux textes (Rm 9.1 ; 2 Co 1.12). Sinon, selon Eckstein, chaque contexte où le terme est utilisé décrit la fonction et la signification de *suneidèsis* dans son sens absolu, puisque Paul n'en envisage pas une description précise plus profonde en employant d'autres outils grammaticaux possibles (p. ex., des adjectifs qualificatifs).

2. Paul : un seul sens attribué à *suneidèsis*

L'emploi nuancé mais uniforme que Paul fait de *suneidèsis* au sens d'« autorité » est remarquable. Ce faisant, il *exclut* la racine étymologique du terme, « co-connaissance », ainsi que la signification abstraite de « conscience », dans le sens rationnel, intellectuel et moral. En outre, Paul exclut la définition de la « conscience » comme élément purement affectif et concret, dans un sens neutre ainsi que spécifiquement négatif de « pris de remords » ou « remords de conscience »[106].

En utilisant *suneidèsis* exclusivement au sens d'« autorité », Paul souligne sa fonction, à savoir avoir le contrôle, évaluer et prendre conscience de son propre comportement, et parfois de celui des autres, selon des normes prescrites et reconnues.

3. Conclusions importantes

On retiendra donc :

- *Suneidèsis* n'est lui-même ni un mode de connaissance principal du bien et du mal, comme faculté et exigence de prendre une décision morale ou propension au bien, ni une autorité éthique décidant d'actes concrets du comportement et incitant à agir de la sorte – au sens spécifique d'une conception scolastique de la *conscientia*.

---

105. Hans Joachim Eckstein, *Der Begriff Syneidesis bei Paulus. Eine neutestamentlich-exegetische Untersuchung zum Gewissensbegriff*, WUNT 2, Tübingen, J. C. B. Mohr (Paul Siebeck), 1983, p. 311.
106. *Ibid.*, p. 312.

- Dans sa fonction d'autorité, *suneidèsis* ne prescrit donc pas le comportement, mais l'évalue selon des normes prescrites. Avec cette définition de *suneidèsis*, la désignation classifiante de la « conscience antécédente » (*conscientia antecedens*)[107] est catégoriquement exclue.
- On définit donc et classe *suneidèsis* comme une « conscience conséquente » (*conscientia consequens*)[108], dans la mesure où cela souligne son rôle subordonné par rapport à l'adhésion consciente aux normes existantes et au comportement convenable.
- Non seulement *suneidèsis* évalue ou juge des actes accomplis dans le passé, mais elle surveille également des actes présents, des actes simplement envisagés ainsi que des processus de prise de décision. Et pourtant, *suneidèsis* elle-même n'est pas en soi le décideur qui statue sur l'opportunité morale ou religieuse d'un acte, mais elle évalue et juge des pensées, des paroles et des actes pour signaler leur conformité à ce qui est généralement et concrètement accepté comme contraignant et bon. Ce jugement sur le comportement des gens peut aboutir à le considérer comme positif ou négatif, ce qui signifie que l'accord avec les normes sera approuvé, tandis que leur non-respect sera puni ou sanctionné[109].
- Pour Paul, *suneidèsis* est dès lors une autorité neutre qui rachète une *suneidèsis* conçue simplement comme conscience de la faute n'ayant qu'une fonction de juge. De manière positive, Paul fait appel à sa *suneidèsis* comme autorité objective témoignant de son intégrité. De plus, le jugement positif de la manière dont Paul comprend *suneidèsis* est analytique, car il confirme, d'un point de vue humain, son intégrité comme étant fondée sur la grâce[110].
- *Suneidèsis*, en tant qu'autorité, n'est pas exclusivement attribuée à des gens religieux et en particulier aux chrétiens, mais Paul présuppose que *suneidèsis* est une autorité neutre qui évalue, juge et approuve dans la vie de tout le monde[111].

---

107. La conscience antécédente désigne une évaluation d'actes envisagés, mais pas encore réalisés (N.D.T.).
108. La conscience conséquente désigne une évaluation d'actes déjà accomplis (N.D.T.).
109. *Ibid.*, p. 312-313.
110. *Ibid.*, p. 313.
111. *Ibid.*

Étant donné que Paul emploie *suneidèsis* comme autorité présupposée aussi bien chez les non-chrétiens que chez les chrétiens, il prévient un autre malentendu essentiel :

- *Suneidèsis* n'est pas un terme théologique spécifique, mais plutôt anthropologique, ce qui *exclut* donc l'idée que *ho suneidèsis* fonctionne comme « voix de Dieu » (*vox Dei*), comme « Esprit Saint » (*spiritus sanctus*), qui habite une personne en tant qu'observateur et gardien, ou comme « semence divine » (*semen divinum*).
- *Suneidèsis* ne participe donc ni directement ni spécifiquement au divin et n'est pas vu de ce fait comme étant d'origine divine. Il en résulte que *suneidèsis* ne peut être compris comme l'organe récepteur ou transmetteur de la révélation et de la proclamation divines[112].
- *Suneidèsis* fonctionne donc d'une manière générale comme une autorité anthropologique intérieure, objective et neutre. Cela ne change pas, même lorsque s'est produite une expérience religieuse, comme la conversion et la justification, car, en principe, son mode de fonctionnement reste en place. Mais en raison de son état renouvelé, elle opère désormais en conformité avec de nouvelles normes acceptées et intériorisées, ce qui conduit par conséquent à un comportement nouveau et approprié.
- Enfin, la relation d'une personne à sa propre *suneidèsis*, comme autorité évaluant, jugeant et approuvant de manière objective et incontournable, est concrètement une relation de responsabilité. De ce fait, l'expression *dia ten suneidèsin* peut se rendre par « à cause de la responsabilité » ou « étant donnée la responsabilité »[113].

4. *Suneidèsis*, une définition

En résumé, en prenant en compte ces différents aspects, on arrive à la définition suivante de *suneidèsis*. Eckstein conclut que, pour Paul, *suneidèsis* est *une autorité anthropologique intérieure, neutre et objective au sein de la personne, qui évalue et juge objectivement le comportement en fonction de normes données et prescrites, et suscite en conséquence une prise de conscience critique ou approbatrice*. Étant donné le mode de fonctionnement de cette autorité intérieure, la nature de la relation entre *suneidèsis* et le soi est nécessairement une relation de responsabilité. Cette dimension de responsabilité est ensuite étendue à la

---

112. *Ibid.*, p. 314.
113. *Ibid.*

responsabilité devant Dieu (Rm 12.1), et ainsi le concept anthropologique de *suneidèsis* acquiert une dimension théologique[114].

La lecture du travail exégétique d'Eckstein sur *suneidèsis*, ses occurrences, ses emplois et ses fonctions dans les écrits de Paul dans le Nouveau Testament révèle une cohérence et une affinité surprenantes avec la théorie anthropologique de la conscience de Käser. Le phénomène d'une voix intérieure, d'une autorité intérieure ayant pour fonction de surveiller, d'évaluer et de juger le comportement passé ou présent, conforme ou déviant, par rapport aux normes culturelles en vigueur – aussi diverses et distinctes soient-elles dans l'espace et le temps – est à la fois étonnant et unificateur.

5. La conscience : condition préalable à l'humanisation des êtres humains

Dans son roman *The Ox-Bow Incident* (1940)[115], adapté à l'écran en 1943 avec Henry Fonda, Walter Van Tilburg-Clark s'interroge sur la manière dont la culture, et en particulier une petite communauté du Far West, élabore la justice. La dramatisation d'une justice « élaborée » se termine de façon catastrophique par le déni de justice pour ceux qui en avaient le plus besoin.

Nevada, 1885. Trois présumés voleurs de bétail, qu'on croit également liés au meurtre présumé de l'ancien propriétaire du bétail, sont poursuivis, appréhendés et, avec l'aide du shérif adjoint local avide d'action, condamnés à mort par pendaison. Le verdict n'est cependant pas unanimement approuvé, et les gens sont invités à prendre parti, mais ils finissent par se ranger du côté de la majorité. Aussi convaincants que soient les arguments de l'accusé et de certains sympathisants pour rejeter l'accusation, la majorité fait finalement office de loi, assumant simultanément les rôles de procureur, de jury et de juge. Comme on a accordé à chacun des trois accusés une dernière volonté, l'un d'eux écrit une lettre à sa femme, qui ne se doute de rien, et la remet à quelqu'un du parti opposé aux bourreaux autoproclamés pour l'application de la « loi ». Après l'avoir lue, celui-ci supplie instamment la bande de lyncheurs de ne pas poursuivre et d'écouter ce que dit la lettre, mais la bande « procureur-jury-juge » n'est pas encline à changer le moins du monde. Finalement, la sentence est exécutée – justice est faite ! Une fois leur travail terminé, ils s'apprêtent à rentrer chez eux lorsqu'ils se heurtent à la justice et que le shérif local leur révèle que le prétendu meurtre du propriétaire du bétail n'est rien de plus qu'une affaire inventée : aucun meurtre n'a été commis ! Qu'en est-il de la « justice » rendue ? Qu'en est-il de la justice,

---

114. Wiher, *Shame and Guilt*.
115. Walter Van Tilburg-Clark, *The Ox-Bow Incident*, New York, Random House, 1940.

désormais ? Avec cette lettre, l'homme qui se balance à l'arbre, pendu au « nom de la justice », élève une fois de plus la voix.

> Les lois, c'est bien plus que des mots que vous mettez dans un livre, ou des juges, des avocats ou des shérifs que vous engagez pour les appliquer. C'est tout ce que les gens ont jamais découvert sur la justice et ce qui est bien ou mal. C'est la conscience même de l'humanité… Il ne peut y avoir ce qu'on appelle civilisation sans que les gens aient une conscience. Car s'il y a un endroit où les gens touchent Dieu, où sera-ce, sinon dans leur conscience ? Et qu'est-ce que la conscience d'une personne quelconque, si ce n'est un petit morceau de la conscience de tous les humains qui ont jamais vécu[116] ?

Dans la même veine, Karl Barth dit que « la conscience, c'est l'interprète parfait de la vie[117] ».

VI. *Umutima* : depuis *katuutu* jusqu'à *umuntu utuuntulu*

A. La formation du SSIC

Dans la pensée bemba, une personne humaine (*umuntu*) naît avec un cœur, mais sans SSIC en état de fonctionner. De plus, être une personne humaine est un processus de « devenir », et le début de ce processus n'est pas l'événement de la naissance. Un nouveau-né est appelé *katuutu*. Ce terme présente les caractéristiques grammaticales suivantes :

- *aka-* est prépositionnel et appartient à la classe des diminutifs exprimant la petitesse ou la finesse en termes de taille, de forme (« avant-projet ») ou de quantité ;
- *-tuutu* est un adjectif et rend l'idée de blancheur (connotation de pureté) ou de transparence (connotation de vide) ;
- Le radical *-tuutuu* se trouve en relation avec le verbe *ukubuuta* et signifie « blanc » et, dans un sens plus large, « vide », p. ex., *mwashala fye tuutuu mu butala*, « ce qui reste dans le silo à grains, ce n'est rien que du blanc (là-dedans) », il est complètement vide ;
- *katuutu* : une « chose » minuscule (petite), pure, transparente (vide).

---

116. *Ibid.*
117. Karl Barth, *Parole de Dieu et parole humaine*, traduit de l'allemand par Pierre Maury et Auguste Lavanchy, Paris, Éditions « Je sers », 1933.

L'événement de la naissance est un simple événement biologique qui fait entrer *katuutu* dans la communauté des vivants, mais le laisse dans les limbes jusqu'à ce que ce statut soit supprimé et que le processus d'évolution vers *umuntu* puisse commencer, ce qui a lieu lors de l'attribution d'un nom à *katuutu*. Jusque-là, le SSIC d'*katuutu* est vide, c'est-à-dire une « chose » minuscule, pure, transparente (vide) ; un simple ensemble de dispositions qui ont besoin de recevoir une forme propre.

1. La cérémonie de l'attribution d'un nom (*kwinika ishina*)

Le nom, c'est l'identité. « Le nom d'une personne représente son autorité, sa réalité et son caractère. Le nom a une influence sur la personne et sur ceux qui la connaissent », dit Sebastian Lutahoire à propos des Bantous de Tanzanie[118]. Dans la culture bemba, les gens expriment la même idée, lorsqu'ils disent que ce n'est qu'avec la réception d'un nom que l'on devient un être humain à part entière. L'événement de la naissance doit être complété par l'événement de l'attribution du nom, car l'identité humaine est obtenue par l'identité du nom, qui nécessite la cérémonie de l'attribution du nom (*kwinika ishina*).

Avant de nommer *katuutu*, il faut d'abord le débarrasser du cordon ombilical (*umutoto naupona*), preuve physique de son attachement préalable à la mère. Autrefois, la chute du cordon ombilical était célébrée par une cérémonie appelée *umulilo wa mwana*, « feu de l'enfant ». Labrecque l'explique ainsi :

> Une fois le cordon ombilical tombé, le feu de la case est éteint et les braises et les cendres sont jetées dans la fosse à l'ouest, loin du village (*ku masamba*, « à l'ouest »). Une fois de plus, on lave la case à la chaux et on allume un nouveau feu, le feu sacré de l'enfant. Ce nouveau feu doit durer jusqu'à la cérémonie appelée *ukupoka umwana*, « recevoir l'enfant », ou *ukutwala ku mpasa*.
>
> Les femmes nubiles, les femmes enceintes et les femmes allaitant leur bébé au sein ne peuvent pas utiliser ce feu (*mwingilila mu mulilo wa mwana*). On prévient le mari qu'il lui est strictement interdit de commettre l'adultère (*elacila umwana*, « il ne doit pas dépasser l'enfant »). La femme prend soin de jeter quelques médicaments dans le feu, afin d'être sûre que son mari se comportera bien. Tout mari coupable d'enfreindre cette coutume d'*umulio wa mwana* serait la proie de maux terribles, comme *ututema*, « impureté » et *amasho*,

---

[118]. Sebastian K. Luthahoire, *The Human Life Cycle among the Bantu*, Arusha, Tanzanie, Makumira Publications, 1974, p. 39-40.

« un sort résultant de la non-réalisation de la purification rituelle ». Une fois que l'homme a confessé sa faute et fait la compensation nécessaire, il doit prendre un médicament fait à partir de la racine de l'arbre *citapatapa*[119].

L'*attribution du nom* à un enfant n'est pas affaire de choix aléatoire, mais elle est guidée, orientée et implique une réflexion approfondie. Ce guidage et cette orientation du choix du nom convenable viennent par l'intermédiaire de rêves (*ifiloto*), et il est bien entendu que ces rêves ne sont pas des rêves ordinaires, mais plutôt une communication riche de sens provenant du domaine des ancêtres.

Les membres décédés de la famille continuent à être vus comme membres de la famille. Leurs conseils et leurs souhaits, communiqués par des rêves, sont essentiels pour choisir un nom, qui provient de la lignée familiale (souvent un membre de la famille récemment décédé).

Au moment de l'attribution du nom, certains membres de la famille sont présents : la tante paternelle (*mayosenge*), la tante maternelle (*banyinasenge*), les oncles des deux côtés, le grand-père, la grand-mère, certains membres de la communauté (des voisins proches qui sont pour la plupart des femmes âgées). La tante paternelle ou la grand-mère essaieront de vérifier ou de confirmer le nom de l'enfant, et le moyen le plus sûr de le savoir est de faire appel aux rêves qu'un ou plusieurs membres de la famille ont faits pendant la grossesse de la mère. Les rêves « valides » sont ceux dans lesquels un membre de la famille décédé apparaît, idéalement à plusieurs reprises. S'il y a deux rêves « valides » différents de la part de différents membres de la famille, on trouve un compromis en nommant l'enfant avec les deux noms des membres de la famille apparus dans les rêves. Après cela, les anciens s'assoient un moment pour boire de la bière. La mère et le bébé sont libérés et rentrent chez eux.

Le nom de naissance, le « nom ombilical » (*ishina lya mutoto*), est d'une très grande importance. Voici un commentaire de Tanguy :

> Le nom de naissance d'un enfant n'est jamais oublié. Si on demande à une personne âgée son nom ombilical, elle n'hésitera pas à le donner. Même si la personne a changé de nom plusieurs fois, le nom de naissance reste toujours le vrai nom[120].

---

119. Labrecque, « Beliefs and Religious Practices of the Bemba », p. 62.
120. Tanguy, « The Bemba of Zambia. Beliefs, Manners, Customs », p. 83.

a. Donner un nom à un premier-né

Le premier-né d'un couple marié porte toujours le nom d'une personne de la famille du père, à moins que le père ne soit pas connu. Dans ce cas, le garçon reçoit le nom du père de la mère et la fille le nom de la mère de la mère. Traditionnellement, lorsqu'un couple a son premier enfant, c'est la famille du père qui lui donne un nom. Habituellement, le grand-père paternel de l'enfant (s'il s'agit d'un garçon) ou la grand-mère paternelle de l'enfant (s'il s'agit d'une fille) sont des candidats possibles. Les deux peuvent être encore en vie ou déjà décédés. Si le grand-père ou la grand-mère ne sont pas des possibilités, la personne suivante sera la sœur du père (la tante paternelle). Si cela ne va pas non plus, la recherche se déplace vers la lignée de la mère en commençant par son frère (l'oncle maternel de l'enfant).

Le deuxième enfant reçoit son nom de la lignée maternelle. On pense d'abord au grand-père maternel (pour un garçon) ou à la grand-mère maternelle (pour une fille). Si cela ne va pas, l'oncle maternel (*banalume*) sera le suivant. Si ce n'est pas lui, on choisira une autre personne de cette famille. Toutefois, cette pratique n'est plus strictement suivie, et les enfants prennent même le nom de leur père ou de leur mère.

b. Donner un nom à des jumeaux

Lorsqu'il naît des jumeaux, les deux bébés reçoivent le même nom, *Mpundu*. On pourrait encore leur donner un autre nom, pour les distinguer l'un de l'autre. L'enfant qui naît immédiatement après des jumeaux s'appellera toujours *Chola*, et celui qui vient ensuite *Chisala*. Le père des jumeaux est appelé *Shimpundu*, « père de *mpundu* » et la mère est appelée *Nampundu*, « mère de *mpundu* ».

Le nom, c'est l'identité, mais, chez les Bemba, il y a encore une autre dimension extrêmement vitale. Une fois que l'enfant a un nom, il n'est plus un *katuutu*, mais un être humain. Et, fait encore plus important, en même temps qu'il reçoit son nom, *umupashi*, ce « compagnon humain transcendantal », vient s'attacher à lui[121]. Pour l'instant, retenons simplement qu'*umupashi* est un « être spirituel » (un aïeul, un ancêtre) avec une biographie humaine qui a accumulé ses données biographiques au sein de la famille et de la communauté dont « il » a fait un jour partie.

2. Éducation assistée : effort humain et coopération transcendantale

Le type de relation qui s'établit entre l'enfant et l'*umupashi* est très personnel et intime (p. ex., *umupashi wandi*, « mon *umupashi* »). Les parents, la famille, voire

---

121. Badenberg, *The Body, Soul and Spirit Concept of the Bemba in Zambia*.

la communauté au sens large, attendent des « retours » positifs de cette union. Les attentes tournent autour de l'idée que l'éducation d'un enfant le conduira finalement à la qualité d'être humain et à un comportement approprié envers les parents, la famille, la communauté et la société en général. Le processus de socialisation par l'interaction avec les personnes de référence pourrait ne pas suffire, mais il repose sur la conviction que les efforts humains sont complétés par la coopération apportée par l'*umupashi* de l'enfant. Les idées sur le type d'aide qu'un *umupashi* peut apporter à l'éducation d'un enfant sont clairement centrées sur l'apport d'*imibeele*, « traits de caractère, marques de personnalité » dans le cœur (*mu mutima*) de l'enfant. *Umupashi* est l'acteur décisif de la transformation d'une « chose » (*katuutu*) minuscule, pure, petite et transparente (vide) en un être humain (*umuntu*, « une personne humaine »). Les *imibeele* proviennent de l'ancêtre du nom de l'enfant, un « héritage transcendantal[122] », et sont, pour ainsi dire, revitalisés ou rendus tangibles dans une autre personne, le « compagnon humain » (*umupashi*). Cela fait de la formation du SSIC de l'enfant un processus à double entrée.

Mais les enfants de moins de cinq ou six ans ne se signalent guère par des *imibeele*. Les gens disent simplement : *efya baice baba*, « ils sont comme ça, les enfants », et c'est ainsi qu'une grande part du (mauvais) comportement d'un enfant est excusée et tolérée[123].

Cette conception de l'éducation est peut-être liée à la croyance selon laquelle, lorsqu'*umupashi* dépose des *imibeele* dans le cœur d'un enfant, la formation du SSIC suivra son cours au fil du temps et, par conséquent, ce n'est qu'une part minime de « formation active du SSIC » qui est exigée du côté humain[124]. D'un point de vue positif, une trop grande ingérence humaine pourrait « perturber » l'*umupashi* de l'enfant et l'empêcher de former correctement le SSIC, ce qui pourrait avoir des répercussions inattendues et indésirables.

À l'âge de neuf ou dix ans, les parents et les membres de la famille accordent plus d'attention aux habitudes de l'enfant. C'est à ce moment que l'enfant sera

---

122. *Ibid.*, p. 70, 90-96.
123. Cette conception de l'éducation semble très répandue. On la retrouve dans des cultures aussi éloignées de l'Afrique que la Papouasie-Nouvelle-Guinée. Aloys Kasprus rapporte qu'une mère de la région de la rivière Middle Ramu, dans le nord-est de la Nouvelle-Guinée, a répondu à la remarque d'un Blanc qui reprochait à son garçon de tenir un cigare allumé entre ses doigts, alors qu'il tétait le sein de sa mère, par la remarque suivante : « Laissez-le faire, ce n'est qu'un bébé, et il aime ça. » Cf. Aloys Kasprus, SVD, « The Tribes of the Middle Ramu and the Upper Keram Rivers (North-East New Guinea) », *Anthropos* vol. 17, 1973, p. 61.
124. On pourrait peut-être qualifier ce processus de formation de « formatage », à l'instar de ce qui se passe sur un dispositif de stockage numérique pour le rendre utilisable.

informé de l'histoire et des particularités de son nom et de la personne dont il l'a hérité. L'enfant est également sensibilisé à l'identité de ses proches, à la position qu'ils occupent et à l'endroit et à la manière dont il doit s'intégrer dans la famille, la communauté, le clan et les structures sociétales plus larges.

3. Idéal et réalité : quand la vie tourne mal

Aucune société ne vit concrètement ses prémisses idéologiques d'une manière qui les reflète exactement dans la réalité vécue. La société bemba est consciente du décalage entre l'idéal et la réalité. Comme partout ailleurs, les enfants sont des enfants et semblent moins préoccupés par l'idéal lorsqu'il s'agit de se plonger dans le monde ambiant, parfois de manière peu conventionnelle. Des inquiétudes se font jour lorsque l'âge ne peut plus excuser ou tolérer le mauvais comportement récurrent d'un enfant à l'encontre des lois et des valeurs communautaires. Encore plus de préoccupations s'expriment lorsque les mesures de réprimande et de discipline semblent sans effet sur le comportement d'un enfant, car la perpétuation de certains comportements répréhensibles peut concrètement conduire à un SSIC « courbé » ou « tordu ». Une telle situation ne peut être tolérée et nécessite une intervention, par exemple lorsqu'on constate qu'un enfant risque d'avoir un SSIC « tordu », parce qu'il ne cesse de voler, malgré des mesures correctrices prises par ses parents, mais sans succès. Les aînés de la famille se réunissent alors pour s'adresser à l'*umupashi* de l'enfant en *paroles* et en *actes*. Selon la gravité de l'affaire, l'acte peut impliquer la mort d'un poulet et le versement de son sang sur le sol. Accompagnant cet *acte*, les *paroles* suivantes peuvent être prononcées :

> *Twamipeele nkoko iyi pakuti mutubeeleleko uluse uyu mwana aleke ubupupu.* « Nous te [*umupashi*] présentons ce poulet en demandant ta pitié et en t'implorant de nous pardonner, afin que cet enfant cesse désormais de voler. »

On expose à l'*umupashi* l'inquiétude ressentie à l'égard de l'enfant qui a tendance à prendre de mauvaises habitudes (p. ex., le vol) et à cultiver de mauvais traits de caractère (*imibeele iibi*). Les défauts humains ont besoin de pardon, mais en implorant la pitié, on demande une intervention qui comporte l'espoir d'un changement potentiel du comportement de l'enfant à l'avenir. Une façon d'exprimer cet espoir est de dire :

> *Umupashi ulelungamika imibeele ya mutima*, « *umupashi* (généralement on mentionne aussi le nom) est en train de redresser les *imibeele* (traits de caractère) dans le cœur (SSIC) ».

La métaphore du « redressement » implique que quelque chose était « courbé » ou « de travers ». La perception consiste à penser que les mauvais traits de caractère (*imibeele iibi*) sont dus à un SSIC « courbé » ou « tordu » ! Alternativement, on pourrait aussi dire : *umupashi uleoloolola ya mu mutima*, « *umupashi* redresse *imibeele* dans le cœur ».

Le verbe *ukuololo* présente des caractéristiques intéressantes :

- *Oloole nsalu*, « repasser un tissu » (l'accent est mis sur l'aplatissement, le redressement) ;
- *Oloole shiwi*, « accorder sa voix » (fig.) ;
- *Oloolo mulandu*, « redresser une affaire », ce qui signifie expliquer une affaire en détail, prendre la bonne décision dans une affaire ;
- *Oloolo muntu*, « redresser une personne humaine », c'est-à-dire apprendre à quelqu'un la bonne façon d'agir ;
- *Ukuoloolola*, « parler "droit" », autrement dit « dire la vérité » (*aoloolola*, « cet homme dit la vérité »).

Un appel et une intervention réussis d'*umupashi* signifient des changements positifs notables dans le mode de vie de l'enfant, ou, en d'autres termes, le « redressement » de l'*imibeele* négatif remet la formation du SSIC sur la bonne voie.

4. Excursus : questions relatives à l'attribution du nom

a. Naissance de jumeaux

Autrefois, la naissance de jumeaux (*ukufyala bampundu*) causait une certaine agitation dans le village et nécessitait l'accomplissement de certaines cérémonies et l'observance de certains rites[125]. Le village était souillé, il fallait éteindre les feux, jeter les cendres vers l'ouest (*ku masamba*) et un rituel spécial devait être accompli par les parents. Pour la sage-femme qui acceptait la tâche difficile de sevrer les jumeaux (jusqu'à quatre ans), cela signifiait qu'elle devait s'abstenir de toute relation conjugale avec son mari. Le *sing'ang'a* devait organiser une longue danse cérémonielle qui ridiculisait largement les malheureux parents ; on leur donnait des médicaments (*mulombo*) pour se laver. Tous les autres villageois devaient également se purifier en se lavant le corps avec des remèdes pour en éviter le gonflement. Après ces cérémonies, les malheureux parents rentraient chez eux et devaient accomplir l'acte conjugal en présence de deux témoins ; puis ils allumaient un nouveau feu (*ukushiiko mulilo upya*) dans leur case, indiquant

---

125. Labrecque, « Beliefs and Religious Practices of the Bemba » ; Tanguy, « The Bemba of Zambia. Beliefs, Manners, Customs », 1954/1983.

par cet acte au reste du village de faire de même, pour assurer ainsi la purification complète du village[126].

b. Tabous relatifs aux jumeaux

En outre, la naissance de jumeaux soumettait les parents et les proches à des tabous stricts. Ils devaient veiller à donner aux deux enfants la même éducation : tout ce qui était fait ou donné à l'un devait être pareillement fait ou donné à l'autre. Les parents devaient s'abstenir d'avoir des relations sexuelles jusqu'au sevrage des jumeaux ; les proches devaient se frotter le corps avec le médicament *mulombo*, et le refus de le faire pouvait entraîner une maladie avec gonflement et tremblements dans tout le corps[127].

c. Mort et succession d'un des jumeaux

L'attribution de noms aux jumeaux présentait également une différence. Tous les autres enfants recevaient des noms d'ancêtres ; les jumeaux étaient simplement appelés *Mpundu*, « les jumeaux », et étaient considérés comme étant « à part » des autres[128].

La mort d'un des jumeaux entraînait également des tabous pour le jumeau survivant et l'exécution de certaines cérémonies. Tout d'abord, le défunt était enterré entre deux fourmilières ; le jumeau survivant devait prendre un médicament pour se libérer de l'obligation de suivre le jumeau décédé dans la tombe. Le jumeau décédé devait être remplacé ou recevoir un successeur, et les parents devaient chercher un enfant dans leur famille pour prendre la place (et le nom !) du jumeau défunt[129]. Ils étaient désormais considérés comme des jumeaux et le successeur était soumis aux mêmes restrictions : il/elle devait faire tout comme le jumeau, et ce, jusqu'à l'adolescence. Mais ces restrictions cessaient avec le mariage[130].

La pratique de la désignation d'un successeur permet de conclure que les jumeaux (bien que dépourvus de nom ancestral) étaient néanmoins dotés d'un *umupashi*. Cette notion était certainement présente lorsque, plusieurs décennies plus tard, j'ai effectué des recherches, et qu'il s'est confirmé que des jumeaux avaient effectivement le même *umupashi* ! Cela explique pourquoi ils sont étonnamment proches l'un de l'autre, par exemple pourquoi ils sont toujours

---

126. Labrecque, « Beliefs and Religious Practices of the Bemba », p. 71.
127. *Ibid.*, p. 72.
128. *Ibid.*
129. Cette coutume sera décrite plus en détail dans le chap. 6.
130. *Ibid.*, p. 73.

habillés de la même façon ou reçoivent le même type d'objets, etc. On m'a dit que ce genre d'*umupashi* est assez « drôle », car comment expliquer autrement pourquoi si l'un des deux pleure, l'autre pleure aussi, si l'un se comporte d'une certaine manière, l'autre se comporte de la même façon ?

d. Deux noms

Il arrive que des personnes reçoivent deux noms. Cela se produit lorsque quelque chose n'est pas normal, par exemple lorsqu'un nouveau-né pleure sans cesse, alors qu'un nom lui a déjà été donné[131]. On choisit alors un nom de remplacement.

Une autre raison pour l'attribution de deux noms est le décès d'un membre de la famille très peu de temps après la mise au monde d'un bébé par une femme de la famille. Le nom du défunt sera automatiquement transmis au bébé comme deuxième nom supplémentaire. Il est d'usage que le père vienne voir l'enfant après la chute du cordon ombilical. S'il n'est pas entièrement satisfait du nom déjà choisi, il peut ajouter un deuxième nom. L'enfant aura alors deux noms et deux *imipashi*.

La caractéristique la plus marquante d'un enfant portant deux noms propres est qu'il a deux *imipashi* qui l'aideront, en le protégeant de tout mal. Lorsqu'un enfant reçoit un deuxième nom, on s'adresse au premier *umupashi* à peu près en ces termes :

> *Mwifulwa* untel (en mentionnant le prénom de la personne concernée) *twamupeela na banenu, muleumfwana*, « ne te fâche pas untel, nous te donnons un ami, un compagnon ; coopère avec les autres ».

Ce rituel assure la collaboration entre les deux *imipashi* de l'enfant.

e. Acquisition d'un nouveau nom

Une situation intéressante se présente lorsqu'une personne adulte est vraiment mécontente ou insatisfaite de l'*umupashi* reçu lors de la première

---

131. Wendland cite un exemple similaire dans un contexte chewa, où un étudiant a expliqué ceci : « Par exemple, l'année dernière, avant que je vienne à l'école ici, ma sœur aînée voulait donner à son nouveau-né le nom de notre grand-père [maternel]. Mais ce bébé a pleuré pendant deux jours entiers, ce qui, selon nos anciennes croyances, signifiait qu'un autre esprit souhaitait que l'enfant soit appelé de son nom. C'était l'esprit de mon défunt oncle [maternel]. Et alors, dès que ce nom lui a été donné, le bébé a cessé de pleurer. Maintenant, qu'est-ce que cela signifie ? » Ernst Wendland, « Dimensions of Dynamism. The Vital Influence of Traditional Socio-Religious Context upon Christian Communication in Central Africa », s. d., p. 6.

cérémonie d'attribution de nom, pendant son enfance. Il est possible d'acquérir un autre nom, un nouveau nom, mais cela signifie que l'« ancien » *umupashi* doit partir, pour ainsi dire « quitter le service », et que le « nouvel » *umupashi* doit venir prendre la relève. Mais les occasions où les gens acquièrent un nouveau nom sont extrêmement rares. Dans le cas d'un tel « changement d'*umupashi* », la personne se tourne vers les anciens de la famille, en disant que ce sont eux qui lui ont donné son nom (ce qui implique bien sûr que c'est de leur faute si elle se trouve dans cet état). Les aînés de la famille se consultent entre eux et, s'ils acceptent la demande, ils convoquent une réunion pour effectuer un rituel. On dira quelque chose comme ceci :

> *Nga niwe we mupashi walelenga ukuti uyu aleiba twakutamfya. Twamupeele ishina ya mubiyo*, « c'est toi *umupashi* qui pousse celui-ci à voler ; nous te chassons. Nous lui donnons le nom de ton compagnon ».

Ce rituel permet de s'assurer que l'« ancien » *umupashi* prend congé et que le « nouvel » *umupashi* prend la relève. Après que le nouveau nom a été donné, la famille, en particulier les aînés, surveille cette personne. Si les choses changent, ils savent que l'ancien *umupashi* a été libéré avec succès, pour ne pas dire « chassé ».

f. Les homonymes dans la même famille

Une autre question intéressante se pose lorsque des membres d'une même famille portent le même nom. Par exemple, si la famille compte une personne aisée et respectée et que cette personne a huit enfants, il est fort probable que ces huit enfants donneront plus tard à l'un de leurs propres enfants le nom de leur grand-père. Tous ces enfants descendants hériteraient du même *umupashi*. Or, l'*umupashi* pourrait être gâché par l'une des personnes qui serait faible dans sa coopération avec l'*umupashi*[132]. S'il y a un problème (si la personne ne coopère pas avec l'*umupashi*), les gens diront :

> *Aitoolela fye imisango tefyo bashikulu bakwe bali*, « il a pris [développé] son propre mode de vie qui est différent de celui de son grand-père ».

Aux personnes qui gâchent leur *umupashi*, on dit :

> *Pa nsaka tapabula ciwelewele*, « la communauté n'a pas d'imbécile », ce qui signifie : dans cette communauté il faudrait un imbécile.

---

132. Voir le chap. 5.

Si l'un des huit membres de la famille ayant hérité du même nom « gâche » son *umupashi*, cela pourrait également affecter les relations de cette personne avec les autres homonymes, car le fait de rester en contact étroit avec cette personne pourrait inciter les autres à se comporter de la même manière et à « gâcher » pareillement leur *umupashi*. Mais cela ne « gâcherait » pas l'*umupashi* des autres ou la façon dont l'*umupashi* fonctionne chez les autres. Si l'un des huit porteurs de nom « gâche » tout de même son *umupashi* et si cette situation ne peut être corrigée, ce nom n'apparaîtra plus dans cette famille particulière, mais il pourra être conservé par les sept autres familles.

B. Le but de la formation du SSIC

La brève esquisse de la formation du SSIC met en lumière des aspects intéressants de la qualité de personne humaine, telle qu'elle est construite à partir d'éléments de l'univers culturel des Bemba. Sans la notion de SSIC, l'importance des *imibeele* (leur qualité !), le rôle instrumental d'*umupashi*, pour les déposer dans le SSIC d'un enfant, et sans la formation correcte du SSIC, une philosophie de la personne humaine selon les Bemba manquerait réellement de bases élémentaires. L'éducation de la petite enfance au sens moderne (comme l'engagement actif axé sur un but et l'interaction du corps, du cœur et de l'esprit pour contribuer à former la personnalité de l'enfant) contraste avec la conception de l'éducation des enfants dans les communautés bemba traditionnelles. Il faut souligner ce point : l'expression *ukutampa imibeele*, c'est-à-dire « commencer » (activement) *imibeele*, est toujours une mauvaise nouvelle, car, par exemple, dans la petite enfance, un tel comportement ne mène à rien d'autre qu'à un SSIC « courbé » ou « tordu », comme on l'a déjà mentionné.

La formation adéquate du SSIC est une préoccupation majeure à propos de chaque enfant qui s'ajoute à la famille humaine, car, sans elle, on ne peut atteindre pleinement l'âge adulte et devenir un membre à part entière de la communauté. Les rites de passage marquent les étapes de transition entre « ce qui était » et « ce qui est maintenant », soulignant souvent les changements biologiques qu'une personne a subis, associés, bien sûr, aux attentes d'un comportement désormais conforme au statut nouvellement acquis dans la société. La formation du SSIC doit suivre le rythme des changements biologiques du corps, et le processus de « formation du SSIC » devrait culminer avec l'accession à la pleine maturité au sein de la communauté.

1. Preuve de la « formation du SSIC »

Un SSIC correctement formé s'observe en une personne qui démontre qu'elle vit les normes et les valeurs culturelles ou, en d'autres termes, quelqu'un qui affiche l'ensemble des *imibeele* formés dans son SSIC et devenant désormais tangibles dans un style de vie approprié. L'intérêt linguistique, c'est de voir comment la tangibilité des *imibeele* est perçue ou exprimée.

- *Ukumoneka*[133] *ne mibeele*, signifiant « apparaître avec *imibeele* », c'est-à-dire « venir à la lumière, devenir visible, se faire connaître, afficher un comportement susceptible d'évaluation ». Cette expression signifie que quelque chose de caché apparaît au grand jour ou est mis en évidence. Les *imibeele* apparaissent au grand jour, on peut en prendre connaissance. Un enfant apparaît avec des *imibeele* ; ils sont de véritables projections d'un « trésor » caché.
- *Ukukuula*[134] *ne mibeele*, signifiant « grandir avec *imibeele* », c'est-à-dire « grandir, devenir grand, devenir adulte ». Ce terme met l'accent sur le fait de s'appuyer sur quelque chose. Au fur et à mesure qu'un enfant grandit, la véritable nature ou qualité de son « câblage » apparaît de plus en plus clairement. Une attention particulière doit être accordée à la conjonction *ne*, « avec », dans les deux exemples. Une personne est avec des *imibeele*, mais ne les possède jamais.
- *Ukulanga*[135] *imibeele*, signifiant « montrer des *imibeele* », c'est-à-dire « rendre visible ce qui est couvert ou caché ».

Il convient de noter qu'*imibeele* n'implique en aucun cas une charge génétiquement conditionnée. Ces trois exemples montrent clairement la différence fondamentale entre la pensée occidentale et la pensée bemba. Les *imibeele* sont la somme d'un bien, d'un trésor, d'un héritage, qui n'est pas d'origine biologique ou génétique, mais qui vient d'une opération transcendantale, par l'intermédiaire d'*umupashi*, le « compagnon humain transcendantal », et qui, en fin de compte, détermine de manière décisive et ultime la qualité du SSIC.

---

133. *Ukumoneka* : infinitif d'un verbe transitif. Le sens varie entre « être visible, apparaître », et un usage plus figuré « devenir manifeste, être connu » (p. ex., *mulandu wamoneka*, « l'affaire est connue de tous »).
134. *Ukukuula* : infinitif d'un verbe transitif et intransitif. L'usage intransitif confère au verbe un éventail de significations. Dans notre contexte, il veut dire « grandir, devenir grand, atteindre l'âge adulte » dans le sens de « faire preuve de maturité ».
135. *Ukulanga* : infinitif d'un verbe transitif signifiant « montrer un objet, donner une explication ».

Insistons sur ce qui précède : lorsque les parents sont satisfaits de l'« apparition » ou de la « croissance avec » l'*imibeele* de leur jeune, ils savent que l'*umupashi* fait son travail. Ils disent :

> *Umupashi ulekuula imibeele ya mu mutima*, « *umupashi* fait pousser *imibeele* dans le cœur ».

Notons le glissement linguistique de *ukukuula ne mibeele*, « grandir avec *imibeele* » en parlant d'une personne, vers *ukukuula imibeele*, « cultiver, faire grandir *imibeele* » en parlant d'*umupashi* !

Lorsque les *imibeele* « apparaissent » fréquemment, c'est-à-dire lorsque l'enfant agit et se comporte de la manière qui avait fait la réputation de l'ancêtre du nom, on dit :

> *Imibeele ya bafwile yaba mu mutima wa mwana*, « les *imibeele* du défunt, ils sont maintenant dans le cœur de l'enfant ».

Les deux verbes, « grandir avec » et « apparaître », bien qu'étant grammaticalement des verbes actifs, prennent dans le contexte où ils sont utilisés un sens principalement passif. Cependant, quelque chose se passe dans le SSIC d'une personne, et cela est attribué à l'activité venant de l'*umupashi*.

2. Quand la vie va bien

La formation du SSIC pourrait peut-être être considérée comme achevée lorsqu'une personne humaine est désignée comme *ukuba na mano*, « être avec sagesse, intelligence », ou *umuntu wa mano*, « être une personne humaine de sagesse, d'intelligence ». Cela inclut certainement une attitude d'écoute, de bonnes manières, mais aussi de la patience, de l'amabilité, la volonté de partager, la disponibilité, le travail (bien que cela effraie les gens, car cela vous fait vieillir), l'aide aux personnes en conflit, l'honnêteté, le pardon, la fiabilité.

Une autre façon d'exprimer la même idée du point de vue d'*imibeele* est de dire : *aliba uwapwilika mu mibeele yakwe*, « il/elle est bon(ne)/complet(e)/parfait(e) dans son *imibeele* ». Cette personne va en outre faire preuve de stabilité émotionnelle, c'est-à-dire qu'elle ne se laisse pas facilement emporter par la colère, par un accès d'insatisfaction ou d'impatience, etc. Une personne qui fait preuve de ces qualités de manière habituelle ou permanente est véritablement une personne mûre. Une telle personne a un cœur digne d'éloges, un SSIC de qualité : *umutima uusuma*. Un tel SSIC comporte *toutes les qualités louables de caractère et d'intelligence, tous les bons sentiments et les bonnes dispositions mentales agréables ; quelqu'un qui a de la décence, qui est toujours prêt à aider, qui fait toujours le bien, qui est amical et respectueux de tous ceux qui l'entourent.*

Pour traverser le terrain accidenté de la vie humaine en bonne santé et avec une personnalité mature, incarnant la véritable humanité, la physiologie et la psychologie – le corps, le cœur et le SSIC – exigent développement et formation. Si, en plus, une telle personne marche en harmonie avec l'*umupashi*, le « compagnon humain transcendantal » (son double spirituel), elle est vraiment *umuntu utuuntulu*, une personne humaine saine et complète, dans un état dont on ne peut jouir que tant qu'on est dans son corps, car un cadavre ne peut jamais être -*tuuntulu*, même si l'intégralité anatomique est avérée.

VII. Conclusion

Il est difficile d'admettre, car fallacieux, qu'une relative absence chez de nombreux groupes ethniques de manifestations visibles de réalisations culturelles, telles qu'une architecture d'une esthétique pompeuse ou des réalisations techniques et technologiques impressionnantes, serait le reflet d'un esprit primitif. Des esprits qui développent des structures linguistiques sophistiquées avec un vocabulaire riche, nuancé et élaboré, une abondance de figures de style, telles que des métaphores, des métonymies, des tournures idiomatiques ou des euphémismes pour affronter la réalité de la condition humaine, notamment en termes d'associations psychophysiques[136], évoluent bien au-delà de l'étiquette « primitif ».

Umutima, « cœur », englobe un ensemble véritablement complexe de concepts allant de la physiologie (avec des caractéristiques anatomiques intéressantes !) à la psychologie. En réalité, la richesse extrêmement élaborée de ce terme exige que l'on s'éloigne des désignations inadaptées comme « *psuché* » ou « âme » pour adopter une définition beaucoup plus complète, bien qu'il s'agisse d'un acronyme (SSIC). Cet acronyme fournit un outil permettant d'établir une description détaillée et complète de la psychologie et des idées des Bemba sur ce qu'est une personne humaine. En réalité, les associations psychophysiques du mot *umutima* pour une partie du corps révèlent l'interconnexion entre le corps (*umubili*) et d'autres éléments cruciaux de la conception bemba d'une personne, tels qu'*imibeele* « dispositions psychiques permanentes » et *umupashi*, un thème qui sera abordé plus en détail dans le chapitre suivant.

---

136. Warren-Rothlin, « Body Idioms and the Psalms ».

5

Umupashi : plus que « l'esprit », plus que « l'âme »

Mupashi wa mubiyo : tawendelwa
Mupashi de ton ami : ne voyage pas pour toi !

Ce qui frappe, lorsqu'on parcourt les publications anthropologiques, c'est la grande incohérence, voire la confusion dans l'utilisation et la définition des termes « âme » et « esprit ». C'est peut-être dû en partie à l'énorme complexité de ces mots et aux contenus dont ils sont chargés. Mais il est vrai aussi que, très souvent, on tente de saisir des concepts autochtones traditionnels dans une terminologie occidentale (euroaméricaine).

> Même dans les publications ethnologiques, on trouve des imprécisions conceptuelles dues aux structures sémantiques typiques de l'indo-européen des mots « âme » et « esprit ». Ainsi, le dictionnaire d'ethnologie de Walter Hirschberg (1965, p. 143) contient ce passage : « ...d'*esprits de morts* (d'*âmes de défunts*)... », et des choses analogues apparaissent chez Bleibtreu-Ehrenberg (1991, p. 75-93). Si l'on compare les caractéristiques sémantiques des deux notions d'âme et d'esprit, on s'aperçoit que, dans la pensée occidentale, les deux sont des entités de nature spirituelle. Mais il n'est possible ni de définir les âmes par la notion plus générale d'esprits ni de procéder en sens inverse[1].

Cela ne nous avance en rien. Déjà, Franz Boas (1943) appelait à la rigueur dans l'analyse des idées et des concepts d'une culture, voulant dire par là qu'elle devait

---

1. Käser, *Animisme*, p. 42. Cf. Walter Hirschberg, sous dir., *Wörterbuch der Völkerkunde*, Stuttgart, Kröner, 1965, p. 143.

se faire selon la terminologie propre à cette culture et non selon la nôtre[2]. Plus tard, Kenneth Pike (1967) a appelé cette perspective analytique une *perspective émique*, ce qui signifie fondamentalement qu'il faut adopter un point de vue interne à un système culturel, par exemple une perspective ethnolinguistique[3]. Prenons le cas du mot bemba *umupashi*.

I. *Umupashi* : définitions dans la littérature spécialisée

H. Barnes estimait qu'*umupashi* ne peut être associé à une personne vivante[4]. Il a cependant été limité dans son observation, car il a essayé d'établir la signification d'*umupashi* en accord avec la notion anglaise de *spirit*, « esprit », ou avec le terme grec *pneuma*. D'ailleurs, son article sur le sujet est très court. Ses informations sont trop vagues pour parvenir à des idées concluantes sur la notion d'*umupashi*, un fait que Hermann Hochegger déplore à juste titre dans sa vue d'ensemble des notions d'âme en Afrique, établie à partir de données s'étendant de 1881 à 1961[5].

Audrey Richards a été la première anthropologue à travailler en pays bemba, au début des années 1930. Dans son livre, *Mother-Right Among the Central Bantu* (« Le droit de la mère dans la région centrale des Bantous », 1934-1970), elle constate et reconnaît spécifiquement l'identification « exceptionnellement complète » qui s'opère entre la personne décédée et son héritier. Tout Bemba doit avoir un successeur à sa mort. En plus de son nom, de son statut et de ses obligations sociales, l'héritier reprend aussi son *umupashi*. « Dans ce cas, l'identification entre le défunt et son héritier me semble exceptionnellement complète[6]. » Audrey Richards a vu dans cette identification exceptionnellement complète l'interaction entre l'*umupashi* et une personne vivante, signifiant ainsi que le premier devient « l'esprit gardien » du second[7].

---

[2]. Anja Fischer, « *Unterhaltung in der Wüste. Verbale Interaktion und Soziabilität bei Imuhaê-NomadInnen* », thèse de doctorat, Université de Vienne, 2010, p. 50.

[3]. Kenneth L. Pike, « Etic and Emic Standpoints for the Description of Behavior », dans Donald C. Hildum, sous dir., *Language and Thought. An Enduring Problem in Psychology*, Princeton, D. Van Norstrand Company, 1967, p. 37ss, cité par Anja Fischer, *Unterhaltung in der Wüste*, p. 50.

[4]. H. Barnes, « Survival after Death among the Ba-Bemba of North-Eastern Rhodesia », *MAN* 22, 1922, p. 41.

[5]. Hermann Hochegger, « Die Vorstellungen von Seele und Totengeist bei afrikanischen Völkern », *Anthropos* 60, 1965, p. 319.

[6]. Richards, *Mother-Right Among the Central Bantu*, p. 269.

[7]. Richards, *Chisungu. A Girl's Initiation Ceremony*, p. 28-29.

Tanguy écrit que, dans la pensée bemba, l'être humain comporte deux parties : le corps (*umubili*) et l'esprit (*umweo*). À la mort, *umweo* quitte le corps et prend le nom d'*umupashi*. Tanguy appelle les *imipashi* (pl. d'*umupashi*) les « fantômes des morts »[8].

Pour Douglas Werner, le culte des *imipashi* constitue « l'engagement personnel le plus significatif chez les Bemba[9] ». Sa définition d'*umupashi* comme « esprit tutélaire[10] » est essentiellement celle d'un gardien ou d'un protecteur (d'un être humain vivant), en accord avec la ligne de pensée d'Audrey Richards.

Plus proche de la définition de Tanguy, Oger parle des *imipashi* comme des « âmes des défunts ordinaires[11] », tout en soulignant qu'il y a des exceptions, comme la nature de la mort ou l'état mental d'une personne de son vivant.

La position de Maxwell sur les *imipashi* prend une tournure humaine très forte. Tout en étant des « esprits ancestraux », ils ont indubitablement une matrice humaine. « Ils ont un jour été humains et peuvent renaître comme humains ». Malgré les pouvoirs supérieurs des *imipashi*, qui sont évidents et reconnus par la communauté, les Bemba se dégagent de leurs pouvoirs innés par une « ruse religieuse[12] ».

Carey est d'accord avec Maxwell et qualifie les *imipashi* d'« esprits ancestraux ». Mais il s'attarde moins sur la manière dont le mode humain entre en jeu et se préoccupe davantage de commenter les rituels à propos des *imipashi*, tels que la vénération (*kupaala*), la consommation rituelle de bière après les funérailles (*bwalwa bwa lupopo*), la succession (*ubupyani*), et ainsi de suite[13].

Ipenburg n'aborde que brièvement le sujet dans une référence à la traduction de la Bible par les missionnaires protestants lubwa en langue vernaculaire bemba. Il affirme que le mot bemba *umupashi* est « un mot qui, à l'origine, signifiait *un ancêtre qui était décédé*[14] ».

---

8. Tanguy, « The Bemba of Zambia. Beliefs, Manners, Customs », p. 106.
9. Douglas Werner, « Some Developments in Bemba Religious History », *JRA* vol. 4, n° 1, 1971, p. 1-24.
10. Cette désignation d'« esprit tutélaire » pour *umupashi* ne me satisfait pas, parce que, comme le fait remarquer J. M. Schoffeleers, cette expression comporte une large gamme de sens. Il précise : « On trouve des divinités-serpents, des Grands Dieux, des personnages semblables à des prophètes, des chefs défunts, des prêtres et d'autres personnes de renom. » J. M. Schoffeleers, « Introduction », dans *Guardians of the Land. Essays on Central African Territorial Cults*, Gweru, Mwambo Press, 1999, p. 11.
11. Oger, « The Bemba of Zambia. Outlines of Their Lifecycle and Beliefs », p. 27.
12. Maxwell, « Bemba Myth and Ritual », p. 23.
13. Carey, *Conscientization and In-Service Education*, p. 32-39.
14. Ipenburg, « All Good Men », p. 23 (c'est nous qui soulignons).

Hinfelaar adopte une position différente, dans la mesure où il attire l'attention sur l'ultime combat qu'une personne bemba mène dans sa vie sur terre. Par exemple, lors des rites d'initiation des filles (*cisungu*), l'accent est mis sur l'enseignement donné aux néophytes, déclarant qu'on atteint la transcendance parfaite en acquérant le sexe opposé. « On est créé ici-bas sur terre pour devenir un *mupashi mukankala*, un esprit/un ancêtre riche et généreux. » C'est en ce sens qu'il faut comprendre *umupashi*, comme une « ombre jumelle bisexuée », qui accorde la vie et la santé à la génération suivante[15] ».

La tentative de s'approprier les termes « esprit », « âme », « fantôme », « ombre » ou « esprit tutélaire », afin de condenser leur charge sémantique dans le mot *umupashi*, et, ce faisant, de compromettre les dimensions émiques d'*umupashi*, est beaucoup trop ambiguë, approximative, souvent peu claire ou même très déformante. En réalité, aucun des deux termes ne suffit pour décrire complètement *umupashi*. Mais ce que l'on peut dire à ce stade, c'est qu'*umupashi* représente une caractéristique exceptionnelle de l'anthropologie bemba en général et de la notion bemba d'une personne en particulier.

II. *Umupashi*, approche sémantique

Umupashi est un nom de la classe deux[16]. Il est composé des préfixes *umu-* (singulier) respectivement *imi-* (pluriel), du radical *-pash* et d'un suffixe *-i*.

A. L'argument de l'isoglosse

Werner a montré que certains termes bemba, qu'on retrouve dans d'autres dialectes bantous, doivent avoir une origine commune. Il a fondé son argument sur le fait que, dans une zone limitée, le « processus de différenciation dialectale peut se décrire raisonnablement ». Cette différenciation dialectale peut être établie en examinant le degré de correspondance entre les lexiques de base des dialectes de chaque région. Werner trace alors une isoglosse marquant le degré de correspondance par rapport au dialecte bemba. Les zones qui présentent quatre-vingt-cinq pour cent ou plus de correspondance sont les dialectes voisins immédiats[17].

---

15. Hinfelaar, *Bemba Speaking Women*, p. 6.
16. Hoch, *A Bemba Grammar with Exercises*, p. 68 ; Geo W. Sims, *An Elementary Grammar of Cibemba*, Fort Rosebery (devenu Mansa), Northern Rhodesia (devenue Zambie), Mansa Mission, 1959, p. 9.
17. Werner, « Some Developments… », p. 8.

En ce qui concerne le membre *-pashi*, on constate une répartition *limitée* et *massive* entre les dialectes bantous, c'est-à-dire ceux qui jouxtent immédiatement la zone bemba principale. Seuls les voisins les plus directs des Bemba utilisent le membre *-pashi* dans leurs dialectes respectifs, ce qui suggère qu'il est entré en usage « avant que les dialectes de l'isoglosse ne commencent à se séparer[18] ». Dans le contexte d'une distribution géographique limitée et massive, *umupashi* constitue également une caractéristique unique de ceux des dialectes bemba dans lesquels il prend de l'importance concernant certains phénomènes relatifs à l'être humain.

B. L'argument de la racine verbale

L'une des principales caractéristiques de la langue bemba est le verbe, qui se divise en trois catégories : les verbes d'action, les verbes d'état (« devenir ») et les verbes de mouvement (vers ou à partir de)[19]. *Tous* les suffixes des verbes se terminent par une voyelle. Les noms portent fréquemment le radical d'un verbe[20], précédé du préfixe propre à sa classe (voir l'annexe 4) et une voyelle comme suffixe. Le verbe *ukupala*[21] est aussi bien transitif qu'intransitif et a au moins quatre significations : 1) ressembler, avoir l'air de ; 2) gratter ; 3) convenir, être convenable, approprié ; 4) couler sur, déborder[22].

L'extension causative transitive de *ukupala* est *ukupasha*, qui signifie « faire ressembler, transmettre des traits héréditaires, des caractéristiques, des qualités (bonnes ou mauvaises)[23] ». Le nom dérivé d'*ukupasha* est *ici-pasho*, avec comme sens premier « similitude, ressemblance (physique ou morale)[24] ».

Il est justifié de conclure qu'*umupashi* est, lui aussi, un nom dérivé du verbe causatif transitif *ukupasha*. À la lumière de l'argument grammatical selon lequel les noms dérivés des verbes ont comme suffixe une voyelle, comme c'est le cas pour le nom dérivé *ici-pash-o*, on peut affirmer que, dans un cas similaire, *umu-pash-i* répond aux exigences grammaticales d'un nom dérivé.

---

18. *Ibid.*
19. Oger, *Our Missionary Shadow*, p. 41.
20. Il existe trois types de noms différents. Le nom commun, le nom propre et le nom dérivé (un nom qui dérive d'un autre nom, d'un adjectif, d'un verbe ou d'un adverbe). Cf. Hoch, *A Bemba Grammar*, p. 44.
21. À ne pas confondre avec *ukupaala*, qui signifie : 1) « invoquer les ancêtres », 2) « bénir », 3) « souffler », 4) « commencer à pousser ». The White Fathers, *Dictionary*, entrée « -pâla ».
22. *Ibid.*
23. *Ibid.*, entrée « -pasha ».
24. *Ibid.*, entrée « *cipasho* ».

C. L'argument des classes de noms

Il convient de noter, en outre, que *ici-* et *umu-* sont des préfixes de leurs classes respectives (voir l'annexe 4). *Ici-* (*Ifi-* au pluriel) est un préfixe de la quatrième classe de noms et s'utilise dans un sens indéfini ou comme classe pour les « choses » en général. *Umu-* (*Imi-* pluriel) est un préfixe de la deuxième classe des noms qui désignent les parties primordiales ou les organes majeurs du corps, des objets de la vie quotidienne, et servent à nommer de nombreux arbres[25]. Les deux noms *icipasho* et *umupashi* dérivent de la même racine verbale transitive causative *-pash*, suffixé par une voyelle *-a* et *-i* respectivement. Le suffixe vocalique *-i* n'est pas exceptionnel pour les noms de la classe deux, par exemple, *umubili*, « le corps », *umushishi*, « les cheveux », *umukoshi*, « le cou », et d'autres.

Comme on l'a vu plus haut, les noms de la deuxième classe comprennent les parties primordiales ou les organes majeurs du corps. Ce n'est peut-être pas du tout un pur hasard qu'*umupashi* soit rangé dans cette classe. Je pense, au contraire, que c'est parce qu'il y a un lien certain avec le corps, comme on l'a montré précédemment. L'affiliation linguistique d'*umupashi* aux parties et aux organes du corps, au corps humain dans son ensemble, est significative et confirme le lien étroit qui existe entre *umupashi* et le corps de la personne humaine !

Un tableau abrégé des principales parties du corps souligne ce qui précède (voir le tableau 18).

Tableau 18 : Liste abrégée de la deuxième classe de noms (*umu-* sing.) – parties du corps

Terme composé bemba	Signification en français
umu-bili	corps
umu-twe	tête
umu-ona (*umona*)	nez
umu-pu	respiration
umu-kolomino	cou
umu-tima	cœur
umu-sana	reins, sein, utérus
umu-pashi	*pas une partie spécifique du corps, et pourtant étroitement liée au corps*

---

25. Hoch, *A Bemba Grammar*, p. 68-75.

D. Double genre et absence de genre

La question se pose de savoir si *umupashi* est spécifique d'un genre, c'est-à-dire s'il s'agit d'un *umupashi* « il » ou d'un *umupashi* « elle ». Les pronoms personnels sont spécifiques d'un genre, masculin ou féminin. Mais le bemba n'a pas de neutre, et donc pas de *umupashi* « ça ». Cela signifie que l'on doit parler d'*umupashi* comme étant « il » ou « elle ». Or, du moment qu'il est certain qu'*umupashi* désigne un « être personnel », mais *sans* aucune attribution de genre (genre neutre), le pronom personnel ne fonctionne pas non plus de manière claire. Il y a là une évidente ambiguïté, mais elle n'inquiète pas les locuteurs bemba. Elle ne fait qu'ajouter au caractère spécifique de ce mot, tout en soulignant l'affinité particulière que les Bemba ont avec *umupashi*. Bien qu'il n'y ait pas de genre affecté à *umupashi*, les gens lient un pronom personnel à *umupashi*, comme dans cet exemple : *umupashi wandi wacimpela icimonwa ku tulo*, ce qui signifie « mon umupashi [« il » ou « elle », mais pas « ça » !] m'a donné une vision pendant mon sommeil ». Le caractère non genré d'*umupashi* explique également pourquoi les garçons et les filles peuvent recevoir le même nom. On ne peut pas distinguer le sexe d'une personne à partir de son seul nom. Par exemple, *Chilufya*, *Mutale*, *Mulenga*, *Bwalya* et *Mubanga* sont des noms bemba typiques donnés aussi bien aux garçons qu'aux filles, mais lorsque c'est nécessaire, on ajoute l'adjectif masculin (*umwaume*) ou féminin (*umwanakashi*).

E. Argument de conclusion

À la lumière de l'étude sémantique du terme *umupashi*, il est raisonnable de conclure qu'*umupashi* :

- influe sur l'individu pour en faire une personne humaine, aussi bien que pour produire la ressemblance des véritables qualités requises d'une personne humaine ;
- est très fortement associé au corps humain d'une personne vivante, mais n'en est pas une partie[26].

---

26. Richard Steiner a présenté un cas intéressant pour qu'on réexamine de manière critique l'ancienne notion hébraïque de *nèfèsh*, traditionnellement considérée comme une âme désincarnée après la mort du corps. Il affirme que *nèfèsh* peut être (temporairement) localisé en dehors du corps humain. De plus, « [*nèfèsh*], bien qu'étant une partie de la *personne*... n'est pas une partie du *corps*... Par conséquent, il dispose d'une liberté de mouvement considérable ». Richard Steiner, *Disembodied Souls. The Nèfèsh in Israel and Kindred Spirits in the Ancient Near East, with an Appendix on the Katumuwa Inscription*, Ancient Near East Monographs, n° 11, Atlanta, Society of Biblical Literature, 2015, p. 125.

Ce constat est en parfait accord avec Audrey Richards, qui parlait d'une identification exceptionnellement complète entre *umupashi* et une personne humaine vivante[27]. Mais là où Audrey Richards a failli et n'est pas allée jusqu'au terme de son enquête, c'est en posant les questions logiques suivantes : quelle est la nature de l'influence causale d'*umupashi* sur une personne vivante ? Qu'est-ce exactement qui rend cette identification avec un être humain vivant si exceptionnellement complète ? Et de quelle manière *umupashi* est-il associé au corps humain d'une personne vivante ?

La première question a été traitée (de manière non exhaustive, mais fondamentale) dans le chapitre précédent, identifiant *umutima* (« cœur ») comme étant le SSIC. La formation correcte de celui-ci n'est pas seulement réalisée par le processus de socialisation de l'individu qui vit dans sa famille et dans sa communauté, mais bien davantage, et de manière plus décisive, quand on attache *umupashi* à un nouveau-né au moment où on lui donne son nom. À partir de là, *umupashi* exerce une influence causale sur la personne humaine vivante, en lui transmettant ou en déposant des *imibeele* (« des traits de caractère ») dans le cœur (*mu mutima*) de l'enfant, ce qui déclenche la formation du SSIC.

Les réponses à la deuxième et à la troisième question nécessitent une enquête plus approfondie qu'ouvrira la section suivante et que poursuivra le prochain chapitre.

III. *Umupashi*, le « double spirituel » d'une personne vivante

Pour rassembler d'autres aspects d'*umupashi* en relation avec une personne humaine vivante, on va passer d'*umupashi* conçu comme « compagnon humain transcendantal » à *umupashi* vu comme « *double spirituel* ». Si l'on propose ainsi de définir *umupashi* comme « double spirituel d'une personne vivante », c'est à la suite de recherches que l'auteur a menées dans la région de Kasama, où il a vécu et travaillé de 1989 à 1991 et de 1995 à 2003. Il a acquis suffisamment de compétences en cibemba pour travailler sans interprète et se déplacer librement dans de nombreuses communautés villageoises. De 1991 à 1995, il a vécu dans le Copperbelt, sans jamais vraiment perdre le contact avec le lubemba. Les données linguistiques ainsi recueillies pendant de nombreuses années ont révélé que la notion de double spirituel est un complément important et essentiel à ce que d'autres chercheurs avaient déjà mis en lumière, comme on l'a vu plus haut. La notion de double spirituel est documentée en détail dans la thèse de

---

27. Richards, *Mother-Right*, p. 269.

Lothar Käser[28], qui est une documentation linguistique de la notion d'« âme » chez les habitants de Truk (aujourd'hui Chuuk), une petite île dans l'océan Pacifique appartenant aux États Fédérés de Micronésie.

A. La notion de double spirituel

Dans la langue de Truk (Chuuk), le mot *ngúún* exprime diverses caractéristiques. *Ngúún* est l'ombre d'un objet, lorsque la forme extérieure de l'objet est au moins reconnaissable. De même, l'image miroir d'un objet ou d'une personne s'appelle également *ngúún*. Un troisième aspect de *ngúún* est l'idée que toutes les choses de ce monde, parallèlement à leur existence matérielle et physique, existent aussi sous une forme immatérielle et spirituelle. Ces deux formes sont si rigoureusement identiques que l'une peut facilement être confondue avec l'autre[29]. Le *ngúún* d'une personne humaine l'emporte cependant sur le *ngúún* des deux autres contextes mentionnés ci-dessus.

Tout d'abord, un être humain possède deux doubles spirituels à la fois : un double spirituel bienveillant (*ngúnúyééch*) et un double spirituel malveillant (*ngúnúnngaw*)[30]. Ensuite, le double spirituel d'un être humain a des caractéristiques qui lui sont exclusivement propres. Le double spirituel bienveillant (*ngúnúyééch*) d'une personne peut être vu dans les rêves de celle-ci, alors que, quand elle est éveillée, il ne peut être vu que par des personnes douées des capacités de médiums ou de voyants. Avant tout, un *ngúnúyééch* a des caractéristiques semblables à celles d'un être humain, telles que des attributs corporels, la parole et des sens. Mais le plus important de tout, c'est que le *ngúnúyééch* possède un SSIC.

Dans les moments difficiles, le *ngúnúyééch* gémit, il peut être effrayé ou avoir le mal du pays. Sa disposition psychique permanente est positive, et il est doté d'une intelligence exceptionnelle. En résumé, un *ngúnúyééch* ressemble jusque dans les détails à son homologue humain : il est intelligent et amical ; il a une attitude positive ; il a constamment une disposition psychique positive ; et, du point de vue de ses sentiments, il est fortement lié au corps physique d'une personne[31]. Le *ngúnúyééch* n'est pas simplement un esprit, mais un être spirituel, et cela en raison d'une nature caractéristique du SSIC. De plus, il est un

---

28. Lothar Käser, *A Chuukese Theory of Personhood – The Concepts Body, Mind, Soul and Spirit on the Islands of Chuuk (Micronesia). An Ethnolinguistic Study*, Nuremberg, VTR, 2016.
29. *Ibid.*, p. 169-174.
30. *Ibid.*, p. 229.
31. *Ibid.*, p. 232-237, 290-291.

double spirituel à cause de sa ressemblance et de son association étroite avec une personne humaine.

B. *Umupashi*, un double spirituel avec deux caractéristiques primordiales

La définition que donne Käser du double spirituel cadre parfaitement avec le contexte bemba, et cela sous deux points de vue.

1. Une ressemblance

Umupashi ressemble en détail à son compagnon humain et peut apparaître sous forme humaine dans un rêve ou une apparition, mais il n'a pas besoin de corps pour exister. Une personne n'est pas capable elle-même d'identifier en tant que tel son propre *umupashi* dans un rêve, mais elle peut identifier l'*umupashi* d'une autre personne. Par exemple, un homme voit en rêve une personne réelle habillée de blanc ; les traits sont nettement reconnaissables et le visage ressemble exactement à celui de sa femme. Ce qu'il voit, ce n'est pourtant pas sa femme, mais l'*umupashi* de sa femme. Par conséquent, l'expression double spirituel est une désignation très appropriée et exacte d'*umupashi*.

2. Un SSIC idéal et génial

En outre, *umupashi* est conçu comme un être bon, bienveillant et bienfaisant, dans la mesure où son SSIC ne comporte que des *imibeele iisuma* (« des dispositions psychiques positives permanentes »). Il s'agit là d'un fait extrêmement important concernant *umupashi* comme être spirituel : la présence d'un SSIC. Pas n'importe quel type de SSIC, mais le SSIC idéal, génial. Ce SSIC idéal et génial n'est pas pour autant immunisé contre les sentiments et les émotions. Au contraire, il subit des changements psychiques, comme des accès de colère et de mécontentement, mais seulement de manière temporaire. Ce qui est également remarquable, c'est sa capacité de s'engager dans des processus intellectuels, comme la réflexion (*ukutontonkanya*, « penser, réfléchir »), le désir (*ukufwaya*) et le souvenir (*ukubukisha*, « faire revenir à la vie » ou « se souvenir »)[32].

Pour renforcer l'argument d'un SSIC idéal et génial comme marqueur de qualité d'*umupashi* en tant qu'être spirituel bienveillant, il convient de noter que certains états psychologiques *ne peuvent pas* s'appliquer à *umupashi*.

---

32. Badenberg, *The Body, Soul and Spirit Concept of the Bemba in Zambia*, p. 70-71.

3. Descriptions du SSIC non applicables à *umupashi*

Umupashi naufulunganya	provoquer le chaos, mettre le désordre, confondre les problèmes, être dans un état de confusion.
Umupashi naupeshiwa amaano	être à bout de nerfs.
Umupashi naushika	profond, au sens de réfléchir intensément, méditer pour arriver à une solution.
Umupashi nausongoloka	étroit, au sens d'être totalement absorbé par quelque chose ou quelqu'un, ne penser constamment qu'à une seule chose.
Umupashi nausabuka	étinceler, au sens de trouver une solution appropriée, des idées ; avoir pleinement compris quelque chose.
Umupashi ulapeeleela	hésiter, au sens d'être incertain quant à l'issue (positive) d'un problème donné, d'une question, de savoir si quelque chose va fonctionner.
Umupashi ulatetema	vibrer, trembler, au sens d'une perte d'équilibre intérieur, trembler intérieurement (à cause d'une menace), être vite déstabilisé.
Umupashi nauluba	perdu, au sens d'être désorienté, confus dans sa pensée, « être perdu » par rapport à ce qui se passe à l'entour (p. ex., chercher une solution pour une question particulière et être totalement perdu ; plus on cherche, plus on est entouré de mystères).
Umupashi uupilibukapilibuka bwangu	toujours en train de changer, c'est-à-dire *pilibuka bwangu*, changer constamment d'opinion, d'intention, de plan ; ne jamais arriver à prendre une décision sur une chose.
Umupashi uupilibukapilibuka limo limo	changer lentement, au sens d'avoir le cœur dur, d'être obstiné, difficile à convaincre, à faire changer d'opinion, de position.
Umupashi uubutuka	il court, c'est-à-dire il est lâche, il fuit les responsabilités ou les défis à relever ; autre sens : il exécute vite et volontiers les tâches, sans remettre à plus tard.

Umupashi walitambalala	droit, plat, étendu à plat, au sens de ne pas être facilement accablé de soucis et d'inquiétudes, etc., personne pondérée, qui ne peut se charger que de tâches faciles, peu intelligent.
Umupashi nawima	se lever, se dresser, dans le sens d'avoir compris, saisi quelque chose, donner un sens à la confusion qui règne autour d'une question, s'être réveillé du sommeil de l'ignorance, de l'inconscience, au besoin grâce à l'aide et aux conseils d'autrui, sentir qu'on maîtrise bien la situation.
Umupashi naukupukula	il révèle, au sens de divulguer, communiquer tout ce qu'on sait ou peut faire.

C. Excursus : la notion de double spirituel dans d'autres cultures

Dans la ligne de l'exploration de mondes nouveaux, des explorateurs, des missionnaires, des anthropologues et d'autres ont vu dans les autres cultures un champ d'études, tout aussi intéressant et fascinant. Au début du vingtième siècle, la singularité d'une entité (âme, esprit, etc.) associée à un être humain a suscité de l'intérêt, mais a aussi créé de la confusion. On a vu apparaître des désignations telles que « double » dans la littérature anthropologique et les encyclopédies[33]. Un siècle plus tard, la littérature anthropologique note encore une relative absence d'études ethnolinguistiques détaillées sur ce qu'on entend par « personne », couvrant les notions de corps, les concepts de double spirituel et de SSIC, et elle appelle à plus, à beaucoup plus de recherches. Les quelques références suivantes ne feront qu'effleurer – et il faut insister sur « effleurer » – le phénomène très répandu de théories locales sur le double spirituel dans de nombreuses cultures dans le monde.

En ce qui concerne l'Afrique, la notion de double spirituel, telle que la propose la présente monographie, est un domaine de recherche à ce jour largement négligé[34], non pas parce qu'elle est difficile à localiser, mais plutôt parce qu'on

---

33. P. ex., A. E. Crawley, « Doubles », *Encyclopedia of Religion and Ethics*, vol. 4, sous dir. James Hastings et autres, New York, T. et T. Clark, 1911.
34. « Jusqu'à une date récente, les chercheurs occidentaux n'ont pas su apprécier jusqu'à quel point les religions africaines sont fondées sur une anthropologie et une éthique systématiques. » Benjamin Ray, *African Religions*, New Jersey, Prentice Hall, 1976, cité dans Emifie Metuh-Ikenga, *African Religions in Western Conceptual Schemes. The Problem of Interpretation*, Studies in Igbo Religion, 2e éd., Jos, IMICO, 1991.

force ce type d'être spirituel à entrer dans un corset terminologique occidental. À titre d'exemple, on peut citer l'*Encyclopedia of African Religion*, dans laquelle Zetla Elvi s'efforce de décrire les systèmes de croyances africains sous l'entrée *soul* (« âme »), en tâchant de comprimer les caractéristiques vitales du double spirituel dans ce terme anglais ambigu[35]. Il est intéressant de noter que l'expression « double spirituel » est mentionnée dans l'Encyclopédie – même deux fois –, mais sous l'entrée « placenta ». Ce concept n'est néanmoins pas passé inaperçu, et des chercheurs africains comme Emifie Metuh-Ikenga[36] et Peter Ogunboye[37] ont renforcé ce domaine de l'anthropologie culturelle en documentant le monde de la pensée des Igbo et des Yoruba en Afrique occidentale. Comme le dit Metuh-Ikenga, il s'agit de « comprendre les croyances religieuses des Igbo de la manière dont les Igbo eux-mêmes les comprennent[38] ».

1. Les Yoruba et les Igbo – Afrique occidentale

Dans le contexte igbo, « le *chi*… est une sorte de "double spirituel" ou de génie tutélaire associé à la personne dès le moment de la conception… mais on croit qu'*eke* est une ombre ancestrale incarnée dans chaque nouveau bébé. Le bébé reprend l'apparence et/ou le caractère de l'*eke* ». De cette description, on peut déduire que les Igbo associent une personne humaine à deux doubles spirituels, sans les « apports » desquels un être humain manque d'éléments constitutifs essentiels à son identité. La pensée yoruba considère *ori* comme un esprit gardien de la personne[39].

2. Les Lugbara (Ouganda) et les Nyakyusa (Tanzanie) – Afrique orientale

Les Lugbara d'Ouganda ont, eux aussi, le mot *ori*, qui peut se définir comme « l'être qui survit à la mort du corps ». *Orindi* (l'essence de l'être spirituel *ori*) est le siège des sentiments et peut probablement même être qualifié de SSIC. Déterminer si et dans quelle mesure il existe des points de contact entre l'*ori* de la pensée yoruba et l'*ori* des Lugbara pourrait être un sujet d'investigation

---

35. Zetla K. Elvi, « Soul », dans Molefi Keti Asante et Ama Mazama, sous dir., *Encyclopedia of African Religion*, Los Angeles/Londres/New Delhi/Singapore/Washington DC, Sage, 2009, p. 627-629.
36. Emifie Metuh-Ikenga, *African Religions in Western Conceptual Schemes* ; Metuh-Ikenga, « The Concept of Man in African Traditional Religion. With Particular Reference to the Igbo of Nigeria », dans E. M. Uka, sous dir., *Readings in African Traditional Religion. Structure, Meaning, Relevance, Future*, Bern, Peter Lang, 1991.
37. A. O. Peter Ogunboye et Lois Fuller, « The Human Soul in Yoruba/Igbo Tradition and the Bible », *Africa Journal of Evangelical Theology* 19, 1, 2000, p. 75-86.
38. Cité dans *Book Notes for Africa*, n° 4, octobre 1997, p. 11.
39. Ogunboye et Fuller, « The Human Soul in Yoruba/Igbo Tradition », p. 78-79.

intéressant, surtout en prenant en compte la distance géographique entre les deux groupes ethniques. L'interaction entre *ori* et *orindi* n'est pas un simple accident linguistique, mais elle a des répercussions spécifiques sur la notion de personne dans la pensée lugbara[40].

Godfrey Wilson a étudié le peuple nyakyusa de la région de Tukuyu dans le sud-ouest du Tanganyika (aujourd'hui la Tanzanie) dans les années 1930. Il s'est beaucoup intéressé aux rituels de mort. La mort « était au centre de sa description ethnographique et de son analyse[41] ». Dans ses notes prises sur le terrain, il signale « la croyance ferme et "résolue" des Nyakyusa en la survie des morts en tant qu'"ombres" ou ancêtres, dont les interventions dans le monde des vivants devaient être à la fois reconnues et gérées[42] ». Les rites de purification qui suivaient l'enterrement avaient pour but de protéger les personnes en deuil « en assurant que leur fertilité se poursuive (ainsi que celle de la terre)[43] ». L'enterrement du cadavre devait être effectué correctement, pour que l'esprit s'en sépare convenablement.

> Ensuite avait lieu un dangereux processus au cours duquel l'« ombre » ou l'esprit du défunt était séparé du corps du conjoint survivant et des proches parents. Une fois cette opération accomplie, l'esprit transformé pouvait être invité à revenir dans la famille, au foyer familial et au lit conjugal[44].

L'éloignement de l'esprit loin de la veuve et des proches parents exigeait un rapport sexuel avec un parent masculin du défunt. Ne pas le faire, c'était s'attirer de graves ennuis et « causer du tort par négligence et mépris du rituel », mais l'exécution correcte des rites funéraires obligatoires « ne marquait pas pour autant la fin de l'intimité avec les esprits des défunts[45] ».

Wilson a été profondément impressionné par l'ambivalence avec laquelle ses informateurs réagissaient à « l'implication continue des esprits dans leur vie quotidienne », au point que même les pouvoirs de procréation masculins et féminins dépendaient « du soutien de l'esprit de l'ancêtre fondateur Kyela ». « Il a

---

40. John Middleton, « The Concept of the Person Among the Lugbara of Uganda », dans *La notion de personne en Afrique noire*, Colloque international du Centre national de la recherche scientifique à Paris, du 11 au 17 octobre 1971, Paris, l'Harmattan, 1973, p. 493-494.
41. Kalusa et Vaughan, *Death, Belief and Politics*, p. 67.
42. *Ibid.*, p. 68.
43. *Ibid.*, p. 70.
44. *Ibid.*, p. 70-71.
45. *Ibid.*, p. 71.

appris que "l'ombre et le sperme sont frères", que les ombres produisent le désir sexuel chez les hommes et les menstruations chez les femmes[46]. »

L'esprit (*unsyuka*), que Wilson appelait "l'ombre", « serait non seulement présent dans la vie des vivants, mais essentiel pour eux[47] ». Il est regrettable que Wilson, et tant d'autres avec lui dans les travaux contemporains, voient clairement le rôle central d'un être spirituel dans la vie des gens, reconnaissant même son interaction intentionnelle et intelligente avec les personnes humaines, leur insufflant une personnalité présumée, mais, dans le même mouvement, ils le relèguent dans les *numina* mystérieux d'une « ombre » dépersonnalisée. Il existe, en effet, « une longue tradition d'érudition anthropologique qui décrit les ancêtres comme des "ombres" ayant une présence dans le monde physique[48] ». Or, pour être le genre d'esprit que reconnaissent en lui les Nyakyusa, et certainement aussi les Bemba, ainsi que de nombreux autres groupes ethniques qui partagent une théorie similaire à travers l'Afrique, il a sans conteste besoin d'avoir une personnalité, il a besoin d'un SSIC ! La conséquence de ce constat, c'est la nécessité d'une méthodologie de recherche différente qui réunisse ces éléments de double spirituel et de SSIC, une méthodologie que nous avons décrite en détail dans une publication antérieure[49].

Si l'on cherche des « ombres », il est normal qu'on ne trouve que des « ombres » ! À notre avis, cela ne suffit pas. La section sur les Benuaq du Kalimantan oriental ci-dessous illustre le type de recherche nécessaire pour pouvoir parler de manière beaucoup plus précise et spécifique de tout un ensemble de phénomènes relatifs à la notion de personne.

3. Les peuples chin (Myanmar) – Asie du Sud-Est

Les Chin d'Asie du Sud-Est habitent la région montagneuse située à la frontière entre l'ouest du Myanmar et le nord-est de l'Inde. Leur conception de la bonne santé et de la maladie est liée à la présence ou à l'absence d'êtres spirituels. *Tha* est le mot pour « esprit » ; avec le préfixe *thi*, *thi-tha* désigne un esprit mort, tandis que le préfixe *mihing* lié à *tha*, *mihing-tha*, signifie « esprit humain »[50]. *Tha* (*mihing-tha*) est très important en matière de maladie ou de

---

46. *Ibid.*
47. *Ibid.*, p. 76.
48. David M. Gordon, « Seeing Invisible Worlds », dans *Invisible Agents. Spirits in a Central African History*, Athens, Ohio University Press, 2012.
49. Badenberg, *La conception de l'homme dans les cultures étrangères*.
50. Philip Cope Suan Pau, « For the Divine Name of the Christian God among the Chin Peoples. *Pathian* and the *Pau Cin Hau* Movement in Chin Hills Myanmar », The Christian Literature Society of Korea, 30 avril 2009, p. 5.

bonne santé. La personne est considérée comme associée à (*mihing*)-*tha*, qui peut habiter le corps, mais aussi le quitter. La présence ou l'absence de *tha* dans le corps a un impact direct sur la condition physique de la personne, soit de manière positive pour son bien-être, soit de manière négative dans la maladie. L'absence permanente de *tha* ou son incapacité à revenir dans le corps est désastreuse et peut conduire à la mort de la personne[51]. Sing Khaw Khai affirme que « lorsqu'une personne va bientôt mourir, son esprit *tha* se rend dans les endroits où il est déjà allé antérieurement et vers ceux dont il se souvient le mieux. L'esprit vagabonde non seulement pendant le sommeil, mais aussi pendant son état de veille[52] ».

4. Les Benuaq du Kalimantan oriental (Indonésie) – Asie du Sud-Est

Dans son étude monumentale sur les Benuaq du Kalimantan oriental (640 pages !), Oliver Venz déplore, lui aussi, le fait qu'il existe dans la littérature sur les peuples d'Asie du Sud-Est une grande incohérence et souvent une confusion sur la manière de traduire les mots locaux ou de désigner certains phénomènes relatifs à leur manière de concevoir la personne, parce qu'on utilise des termes euroaméricains ayant plusieurs niveaux de sens.

Prenons l'exemple du mot *juus* chez les Benuaq. Les spécialistes occidentaux parlent couramment du *juus* comme de l'« âme », de l'« âme de vie », de l'« esprit », de l'« esprit de la personne vivante », de l'« acteur surnaturel », de la « force vitale », de l'« essence vitale », de la « force de vie », du « principe animé » ou de l'« aspect invisible », ce qui ne représente ou ne recouvre guère le schéma de pensée des Benuaq[53]. L'intérêt que Venz porte d'un point de vue ethnolinguistique à la recherche sur la notion de personne chez les Benuaq met au jour une masse d'informations riche et détaillée dont voici un résumé.

Les Benuaq considèrent qu'une personne vivante (*senarikng*) est faite de trois éléments constitutifs importants : *unuk* (« le corps »), *juus* (qu'il définit de manière convaincante comme « double spirituel » et « ego des rêves » - un thème qui sera développé plus loin) et *asakng* (« le SSIC »)[54].

Parler du *juus* comme d'une simple force vitale ou d'une puissance non personnelle, c'est passer à côté de la réalité. Le *juus* est vu comme un être

---

51. *Ibid.*, p. 6.
52. Khaw Khai Sing, *Zo People and their Culture. A Historical, Cultural Study and Critical Analysis of Zo and Its Ethnic Tribes*, New Lamka, Manipur, Khampu Hatzaw, 1995, p. 127, cité par Pau, « For the Divine Name », p. 6.
53. Oliver Venz, « Die autochthone Religion der Benuaq von Ost-Kalimantan. Eine ethnolinguistische Untersuchung », thèse de doctorat, Faculté de philosophie de l'Université Albert-Ludwig à Fribourg-en-Brisgau, 2012, p. 187-188.
54. *Ibid.*, p. 231.

Umupashi : plus que « l'esprit », plus que « l'âme »   179

personnel, individuel (le critère essentiel étant, bien sûr, la présence d'un SSIC, comme l'atteste Venz[55]). L'association du corps (*unuk*) avec un *juus* est une condition fondamentale pour le fonctionnement de toutes les fonctions végétatives, émotionnelles, actives et rationnelles d'une personne humaine, c'est-à-dire qu'elle est la condition d'une vie saine et consciente[56].

Le *juus* peut se dissocier du corps ou peut en être séparé et, pendant ces phases de comportement autonome, on peut tout de même constater sa présence, en raison de sa nature et de son apparence. La dissociation de *juus* d'avec *unuk* pendant le sommeil, au cours duquel *juus* prend l'apparence du double non corporel de la personne, échappe à l'influence humaine. Le fait que *juus* soit identique dans sa forme à son homologue humain et qu'il soit considéré comme le double de la personne conduit à définir *juus* comme *double spirituel*. En outre, il assume également la fonction d'ego des rêves, puisque tous deux participent à l'événement du rêve[57].

Outre la dissociation pendant le sommeil, *juus* peut, en principe, être séparé de son corps, bien que de tels épisodes de séparation mis en scène plus ou moins « volontairement » soient strictement réservés à un groupe spécifique de personnes, à savoir les experts religieux. Leur ego des rêves nécessite une protection spéciale pendant leurs épisodes de voyage hors du corps, comme c'est le cas immédiatement après une réassociation réussie avec le corps à la fin du rituel. Toutes les autres causes de dissociation de *juus* d'avec le corps humain, comme le fait de l'effrayer ou le faire prisonnier, sont des événements indésirables. De même, tous les cas de dissociation temporaire de *juus* d'avec le corps humain sont pour la personne entière pour le moins dangereux et peuvent avoir des conséquences sur la santé ou, en raison d'une séparation permanente, ils peuvent même conduire à la mort. L'événement d'une expérience de dissociation de *juus* d'avec le corps humain nécessite des procédures de réassociation immédiate des deux composants par le biais de rituels[58].

Juus est associé au groupe d'êtres classés comme non corporels (*esaaq yaq aweeq unuk*) et invisibles (*esaaq yaq beaau ditaatn*). Pourtant, *juus* n'est pas dénué de forme, mais conçu comme *Gestalt* (*umakng*)[59]. Dans des circonstances normales, *juus* est attaché à une personne, comme une sorte d'image immatérielle,

---

55. *Ibid.*, p. 267.
56. *Ibid.*, p. 231.
57. *Ibid.*
58. *Ibid.*, p. 231-232.
59. *Ibid.*, p. 232. *Gestalt* est une entité perceptive, notion de théories philosophique et psychologique particulières (N.D.T.).

comme une seconde version de cette personne. La notion de « double » est encore renforcée par la correspondance entre le *juus* et l'image-miroir ou l'image-ombre (*inu*). La désignation de *juus* comme double spirituel est donc pleinement justifiée, d'autant plus que les Benuaq eux-mêmes parlent de *juus* « comme (du) Second (de nous) ».

De plus, *juus* n'est pas seulement le terme désignant le double spirituel d'une personne humaine, il désigne aussi le double spirituel des animaux, des plantes et des objets sans vie. Bien qu'en rapport avec les humains, les animaux et les plantes, *juus* exerce plutôt la fonction de « donner vie », alors que, pour les objets sans vie, il est facteur de « vitalité ».

Un dernier attribut de *juus* comme double spirituel d'une personne humaine souligne sa fonction prophétique, puisque *juus* a le don de prédire à la personne l'approche d'un malaise, de la maladie ou de la mort imminente.

5. Les Israélites – Proche-Orient ancien

Dans une étude récente, Richard Steiner présente de nouvelles preuves impressionnantes sur la nature du terme hébreu *nèfèsh*, traditionnellement traduit de manière large par « âme ». De nouvelles preuves linguistiques amènent Steiner à parler de *nèfèsh* comme d'un « esprit désincarné » avec des caractéristiques spécifiques. La place étant limitée, on n'en présentera ici qu'un résumé très concis sous la forme d'affirmations[60] :

- *nèfèsh* est différent de *hayim*, « vie » (Ps 103.2-4 ; Jb 10.1) ;
- *nèfèsh* a une localisation dans l'espace (Jr 38.16 ; Ps 116.7) ;
- *nèfèsh* se situe à l'intérieur du corps (2 S 1.9 ; 1 R 17.22), dans le sang de la chair (Lv 17.11) quand son propriétaire est conscient ;
- *nèfèsh* n'est pas une partie du corps quand son propriétaire est conscient (Es 10.18 ; Jb 2.5-6) ;
- *nèfèsh* peut être puni en l'empêchant de retrouver sa parenté après la mort (Gn 17.14 ; Lv 19.8 ; Nb 9.13, etc.) ;
- *nèfèsh* peut sortir du corps et errer à l'entour pendant le sommeil ; il peut devenir un *nèfèsh* désincarné, un ego des rêves ;
- Piégées à l'intérieur des taies d'oreiller vides (Ez 13.17-21), les âmes des rêves se transformeraient en « âmes-oiseaux » (*nèfèsh parachot*, litt. « âmes pour voler »), attendant la mort imminente de leurs propriétaires, à moins que ces derniers acceptent de les racheter ;

---

60. Steiner, *Disembodied Souls*, p. 124-127.

- *nèfèsh* n'est pas une partie du corps, bien que partie de la *personne* (Gn 37.21 ; Dt 19.6, 11, etc.). Il dispose, de ce fait, d'une large liberté de mouvement.

Il est fascinant de constater que *nèfèsh*, vu comme « esprit désincarné », est véritablement qualifié de double spirituel. En tant que tel, il est étroitement lié au corps – avec une localisation spatiale spécifique (le sang) –, mais n'en fait pas partie. *Nèfèsh*, comme « âme des rêves », désigne, dans le jargon anthropologique, un double spirituel de statut élevé, c'est-à-dire un « ego des rêves » doté d'une vie propre (il se détache du corps et vagabonde). Il est donc absolument essentiel de retenir que *nèfèsh* possède un SSIC (ce que l'analyse de Steiner omet) et que le mal fait à *nèfèsh*, le fait de le piéger dans des taies d'oreiller, de le transformer en « âme-oiseau », c'est donc une transformation de son SSIC (!), altérant sa nature ou sa qualité de telle manière que la fonctionnalité du corps ne peut être maintenue. Cela fait qu'une vie saine et consciente se trouve gravement menacée, et si elle n'est pas rachetée, cela mènera à la mort imminente d'un individu.

Il est tout aussi fascinant de constater qu'avec l'étude linguistique de Steiner, la présence de la notion de double spirituel est sans aucun doute profondément ancrée dans les anciens systèmes de connaissance. Elle resurgit donc du passé à travers l'espace et le temps.

V. *Umupashi,* un double spirituel chargé de deux tâches primordiales : protéger et garder

On a vu plus haut que l'association d'*umupashi* à une personne humaine est centrée sur la formation du SSIC pendant les années de la petite enfance. Mais il faut encore souligner qu'*umupashi* prend aussi soin du corps de son compagnon humain tout au long de sa vie.

A. Protéger le corps

Une vie humaine passe par l'expérience d'une santé perturbée, d'une affection physique, d'une maladie et même de maux potentiellement mortels. La médecine (*umuti*) et ses spécialistes (*bashing'ang'a*) ont leur rôle à jouer dans la guérison des affections physiques. Mais dans la pensée bemba, *umupashi* est :
- un allié puissant pour conserver et apprécier le bien-être physique ;
- son intimité avec le corps ainsi qu'une marche harmonieuse de son compagnon humain sont censées *maintenir la fonctionnalité du corps* !

1. Action spirituelle bienfaisante : *umupashi*, le protecteur du corps

Les questions de santé physique et mentale sont souvent liées à une interférence extérieure intrusive et efficace de forces spirituelles. La perte de la santé physique, et avec elle la réduction de la fonctionnalité du corps, est désastreuse. Le besoin d'une protection du corps devient évident. La nécessité d'un protecteur du corps l'est donc tout autant ! L'une des tâches primordiales d'*umupashi* est d'assurer cette protection du corps. Le bien-être physique, la santé du corps et des niveaux d'énergie élevés témoignent mieux de la présence et de l'efficacité d'un protecteur corporel que de la qualité de l'apport nutritionnel au corps.

Seuls des parcours de vie humaine anormaux, tels que ceux de fous (*ishilu* et *icipuba*), n'ont pas d'*umupashi* comme double spirituel, et, de ce fait, ils manquent d'un puissant protecteur du corps.

Comme on l'a laissé entendre précédemment, un grave danger guette une personne qui est prise pour cible par des *bamuloshi*, des gens qui pratiquent *ubuloshi* (« la sorcellerie »). Une attaque réussie peut entraîner des malheurs, des maladies, voire la mort de la personne. C'est la mission de l'*umupashi* d'une personne d'empêcher de telles agressions. *Umupashi* la protège en permanence. Lorsqu'elle dort, *umupashi* circule activement au près et au loin pour repousser les dangers éventuels de la sorcellerie. L'espace et le temps ne le limitent pas, puisqu'*umupashi* est capable d'être présent à de nombreux endroits à la fois.

D'autre part, la protection corporelle peut être retirée pour des raisons de comportement désinvolte, de négligence ou d'offense envers *umupashi*. Certaines maladies sont révélatrices du retrait d'*umupashi* : *impepo* (« la fièvre »), *umutwe* (« le mal de tête »), *mu cifuba* (« des douleurs à la poitrine »). Lorsque ces problèmes surviennent, les gens disent :

> *Umupashi naumukumya naumuletela impepo/umutwe : mu cifuba*,
> « *umupashi* l'a touché(e), il lui a apporté de la fièvre/une migraine/ des douleurs thoraciques ».

Ce type de « toucher » ne peut pas être ressenti comme tel, mais son effet est vraiment sensible dans la maladie qui s'ensuit.

B. Sauvegarder le SSIC

Le rôle clé de l'*umupashi* dans l'éducation d'un enfant et la formation adéquate de son SSIC ont déjà été examinés plus haut. Bien entendu, les années de formation du SSIC pendant l'enfance, malgré leur extrême importance, ne mettent pas fin à la tâche de l'*umupashi* auprès de son compagnon humain. Non seulement la constitution du SSIC est importante, mais il faut aussi le maintenir en forme, c'est-à-dire que ses qualités acquises et établies doivent être « entretenues ». Concrètement, cela signifie que le SSIC doit rester conforme aux normes et aux valeurs culturelles en faisant preuve d'un comportement culturellement acceptable, ce qui signifie également vivre en harmonie avec *umupashi*. Du point de vue d'*umupashi*, il s'agit de protéger le SSIC d'une personne de telle façon qu'elle puisse vivre et maintenir un style de vie acceptable. Ce n'est pas un problème mineur pour une personne, car elle peut en effet « gâcher » son *umupashi* par les actes qu'elle commet ou le mode de vie qu'elle adopte.

1. Action humaine fatale : le risque de détruire *umupashi*

Vivre correctement, en acceptant et en appliquant les normes et les valeurs culturelles, voilà la voie à suivre pour conserver l'équilibre dans la vie. Mais cet équilibre peut être perdu, et cela, même à un degré catastrophique !

a. Destruction venant de soi-même

La façon dont une personne vit est importante. Sa façon de vivre pratiquement son humanité n'est pas seulement marquante pour les autres humains, mais aussi de manière profonde et significative pour son propre bien-être. On estime qu'un style de vie constamment négligent peut finir par provoquer *ukonaula umupashi*, la « destruction d'*umupashi* » ! Comme pour toutes les autres choses de la vie, il y a un début qui devient peu à peu une tendance, puis, avec l'évolution, une habitude, une manière d'être et, dans le pire des cas, le tout devient irréversible.

La destruction d'*umupashi* est un processus qui consiste à abîmer progressivement *umupashi* jusqu'à son issue fatale. Si, par exemple, la consommation d'alcool ne cesse d'empirer, on dit : *naaya aleonaula umupashi* (« il/elle est en train de ruiner son *umupashi* »). Outre les effets physiques néfastes que cela peut avoir sur le corps et sur la santé, le fait de se laisser aller à une consommation addictive d'alcool a dès lors conduit à *naonaula umupashi*, un processus définitif d'endommagement, de ruine et, franchement, de destruction d'*umupashi*. La certitude de l'effet de ce processus est *naonaika umupashi* (« il/elle a maintenant gâché, mis hors d'usage, détruit *umupashi* »). Son irréversibilité signifie : *nomba umupashi naonaikilila fye*, « il/elle a maintenant absolument, complètement gâché, mis hors d'usage, détruit son *umupashi* ».

L'analyse fait apparaître l'évolution de deux processus :

- une détérioration durable de la qualité de *son propre SSIC* ;
- parallèlement, la destruction d'*umupashi*, qui est en fait une *destruction du SSIC de l'umupashi* !

Une telle personne est désormais *aaba ne ciwa*, « il/elle est avec un mauvais esprit », c'est-à-dire avec un esprit déchu (*ukuwa* = « tomber »), ce qui, même grammaticalement, indique la complète transformation subie par le SSIC. *Umupashi* n'est plus le double spirituel bienveillant, mais il s'est transformé en *iciwa*, aujourd'hui populairement appelé *icibanda*, un « être spirituel malveillant », et, pour cette raison, un double spirituel malveillant, en raison de la nature altérée de son SSIC !

Les personnes dont on pense qu'elles ont suivi cette voie sont, de toute évidence, des sorciers (*bamuloshi*) ou des fous (*mashilu*). Une autre conséquence de leur sort est l'inévitable disparition de leur nom du répertoire potentiel des noms disponibles pour les générations futures au sein de leurs familles et de leurs clans. Ils seront oubliés, car leur nom disparaît avec le cadavre, et avec le temps, il sera totalement effacé de la mémoire des vivants. C'est également le cas des femmes stériles (*ng'umba*), des hommes impuissants (*bucibola*), des lépreux (*bafibashi*) et des personnes qui se sont suicidées (*ukwiipayo mwine*). Leur exclusion de la société humaine signifie une exclusion totale, car ils sont également et définitivement déchus de leurs avantages quant aux générations futures.

b. Destruction venant d'autrui

L'équilibre de la société repose sur de bonnes relations honnêtes et réciproques entre les membres de la société. Or, ce qu'on vit effectivement s'écarte de cette réalité d'harmonie rationnellement souhaitée, à cause de puissantes forces mentales et émotionnelles libérées sur la vie des gens. L'une d'elles est la jalousie, une force mentale et émotionnelle négative qui peut causer des ravages dans les communautés. C'est l'une des forces motrices qui assurent la subsistance des activités de sorcellerie (*ubuloshi*), ce qui, à son tour, inspire aux gens un profond sentiment de peur, puisqu'il y a toujours le risque de devenir la cible d'attaques de sorcellerie.

Le moyen le plus efficace de faire du mal à une personne par jalousie (*mufimbila*, litt. « état de gonflement du SSIC ») ou par vengeance est de faire appel aux services d'un « sorcier » (*muloshi*). Sa connaissance technique des *ubwanga*, des « instruments de sorcellerie », des objets qu'il utilise pour ses pratiques, est souvent le moyen favori pour infliger des dommages par des voies secrètes et libérer ainsi cette force mentale et émotionnelle négative. La frappe ultime, bien sûr, consiste à ôter la vie.

Lorsqu'une mort survient dans une famille et qu'il y a des soupçons sur les circonstances de la mort de la personne (si ce n'est pas une mort « ordinaire », mais anormale ou « prématurée »)⁶¹, elle ne peut pas et ne va pas être simplement acceptée. Elle doit certainement être attribuée au travail d'un *muloshi*, et la famille s'active à trouver qui est le coupable. Or, si le *muloshi* a vent de ce soupçon et craint d'être identifié, il va très certainement chercher conseil ou aide auprès d'un « confineur professionnel » (un praticien spécialiste du groupe des *shing'ang'a*) pour « confiner, enfermer » l'*umupashi* du défunt, afin de ne pas courir le risque d'être attaqué lui-même par l'*umupashi* du défunt qui, pour se venger de la mort du corps de son compagnon humain, cherchera à se faire justice lui-même. Ce sont surtout les meurtriers, les *ifipondo* (« les assassins au couteau, au poison », etc.) et les *abaloshi* (« les sorciers ») qui ont besoin de l'aide du « confineur professionnel » pour « enfermer » (*ukukupikila*, de *ukupika* v. t.), c'est-à-dire :

- « couvrir, mettre un couvercle ou un cache sur quelque chose » ;
- « fermer, clore » l'*umupashi* de la victime morte d'une mort digne d'être vengée par l'*umupashi* du défunt.

Les « confineurs professionnels » opèrent dans le plus grand secret ; il y a un type de société secrète dont les gens du commun ne connaissent guère l'existence et encore moins les membres. Leurs diverses manières de « confiner » l'*umupashi* d'une personne vivante nécessitent des rituels spéciaux, si puissants qu'ils peuvent « piéger » l'*umupashi* et le « confiner, l'enfermer » à un certain endroit⁶². Plus le « confinement » est réussi dans la durée, plus les effets en sont dévastateurs, car *umupashi* désormais séparé de son compagnon humain est incapable de protéger le corps et de maintenir sa fonctionnalité. Le résultat est évident : la personne succombera à la maladie et, souvent, mourra très rapidement.

On nous a raconté une histoire intéressante qui s'est produite en 1993, alors que nous vivions dans la région.

> Un certain M. S. habitait dans un village des environs de Kasama. Il avait rêvé qu'il était battu par une bande d'enfants et quelques adultes. Quand il s'est réveillé le matin, il s'est trouvé très malade et incapable de se lever. Le lendemain matin, il est mort.
> Notre ami et informateur l'a vu le matin même qui a suivi ce rêve. Or, avant de mourir, M. S. a raconté son rêve à d'autres personnes en disant que le chef de la bande était son propre fils, mort un peu

---

61. Käser, *Animisme*, p. 241s.
62. On trouve des croyances similaires chez les peuples Kaonde et Lunda de Zambie. Le double spirituel d'une personne peut être déposé par sécurité dans un objet extérieur (une corne d'antilope, une carapace de crabe). Si le contenant est volé/détruit, la personne mourra dans l'année.

plus tôt de manière mystérieuse dans la rivière Lukupa. Voici ce qui lui était arrivé :

Un jour, le fils est parti pêcher. Après quelque temps, lui et ses amis ont allumé un feu pour se réchauffer. Soudain, le fils s'est levé, a sauté la tête la première dans l'eau, qui était très peu profonde à cet endroit, et s'est brisé la colonne vertébrale et le cou. Ses amis se sont précipités à sa rescousse, mais ils n'ont pu lui être d'aucun secours. Il gisait sur le sol sans bouger. Ramené chez lui, il est resté dans cet état pendant environ un mois à la maison, puis il est mort.

Lorsque les gens présents ont entendu que son fils défunt était le chef de la bande, ils ont compris pourquoi il avait fait ce rêve. Le contenu du rêve montrait ce que l'*umupashi* du fils défunt a fait au père. Les gens ont déduit du rêve que, sans aucun doute possible, c'était M. S. qui avait provoqué la mort de son propre fils par *ubuloshi* (« sorcellerie, magie ») ! À son tour, l'*umupashi* de son fils défunt s'est alors vengé de cette terrible mort en le « tabassant » (*umupashi naumuma !*), ayant obtenu de l'aide en appelant d'autres *imipashi*. C'est pourquoi il était si malade, ne pouvait plus se lever et est mort à peine un jour plus tard. Être « tabassé » par un/des *imipashi* signifie presque certainement que les chances de survie seront minimes et la mort inévitable.

Les personnes qui meurent de façon anormale (impuissance, stérilité, suicide, etc.) ou prématurée (accident, maladie, etc.) ne peuvent pas transmettre leur nom ni passer dans le monde des ancêtres. C'est une évidente tragédie.

Un mot à propos de la notion du *muloshi* (« sorcier ») : son double spirituel malveillant (*icibanda*) a une grave déficience de SSIC, c'est-à-dire que c'est un double rusé qu'on déclare *icibanda cawayanguka*, c'est-à-dire qu'en habitant le *muloshi*, il peut le faire apparaître comme une personne amicale et sympathique à la communauté qui l'entoure, afin de masquer et de cacher sa véritable identité (son vrai SSIC) !

Le « succès » du *muloshi* dans l'accomplissement de son œuvre maléfique consiste avant tout à réussir à « éliminer l'*umupashi* d'une autre personne par des rituels puissants débouchant sur un "emprisonnement" ou un "confinement" ». Pour cette raison, les communautés sont souvent privées de périodes de paix et d'absence de peur, l'harmonie communautaire étant perturbée et bouleversée, ce qui affecte également l'équilibre de la société dans son ensemble.

2. Excursus : comment « améliorer » son propre *umupashi*

Une personne peut non seulement « gâcher » ou même « complètement détruire » son *umupashi*, mais elle peut aussi l'« améliorer ». Dans le cas où l'ancien porteur du nom était une personne très travailleuse (ce qui explique qu'on se souvienne de lui), mais s'il était aussi polygame, le porteur actuel du nom n'est pas obligé de l'imiter sur ce point. Cependant, si le porteur ou la porteuse du nom développe de nouveaux *imibeele* nobles, tels que la générosité, l'humilité ou d'autres, il ou elle a alors effectivement amélioré son *umupashi*.

Il semble exister une remarquable souplesse dans la relation entre l'*umupashi* et son « compagnon humain », ce qui conduit à des résultats divers. L'« amélioration » de l'*umupashi* semble être un type particulier de souplesse, en ce sens qu'elle ne consiste pas vraiment à « ajouter » un *umubeele* (« trait de caractère ») particulier à l'*umupashi*, mais plutôt à déclencher dans le SSIC de l'*umupashi* ce type d'*umubeele* qui y était en quelque sorte en sommeil, un déclenchement induit par le mode de vie convenable du compagnon humain. On pourrait peut-être forcer la métaphore de la synchronisation pour décrire l'interdépendance de la « construction » d'un SSIC, « honorable » tant qu'il est dans le corps et « durable » une fois que la demeure matérielle et corporelle s'est abandonnée à la terre.

Il semble également exister une certaine ambiguïté entre la personne et l'*umupashi*, dans la mesure où, d'une part, l'une des missions principales de l'*umupashi* envers une personne vivante est de façonner, de formater les *imibeele* de cette personne, afin de former un SSIC de qualité et, d'autre part, si ce « projet » ne se déroule pas comme prévu, les gens reprocheront à l'*umupashi* l'absence d'*imibeele* conforme aux normes et aux valeurs culturelles.

C. Garder de la maladie – corps et esprit

Dans les conceptions occidentales, lorsque la maladie frappe (dans un sens très large, comme dans le cas d'infections, de paludisme et de bien d'autres), la terminologie utilisée choisirait la catégorie « corps et bactéries ». Mais d'autres systèmes de connaissance culturels semblent moins soucieux de l'approche microscopique et, pour rester dans la logique et la cohérence des structures de leur propre vision du monde, ils choisissent plutôt de parler, par principe, de « partenaires formant une paire » d'un tout autre type, et trouvent le binôme « corps et esprit » tout aussi raisonnable, réel et vrai.

Nous nous sommes exprimés ailleurs sur la relation dialectique entre culture et personnalité par rapport à la maladie et à la guérison dans le contexte bemba :

> La conception bemba de la maladie diffère sensiblement des modèles scientifiques occidentaux de la maladie. Ces derniers se fondent sur les *a priori* d'une vision matérialiste de la maladie,

de la guérison et de la santé, alors que l'approche bemba est principalement fondée sur une vision spirituelle transcendantale de la maladie, de la guérison et de la santé. Pour les Bemba, les maladies et leurs causes sont par conséquent soumises à d'autres modèles de classement. Bien sûr les groupes de catégories de maladies ne sont pas des entités nettement distinctes, et ils ne sont pas toujours rigoureusement suivis. Mais ces groupes existent bel et bien[63].

Un aperçu de certaines de ces catégories de maladies pourrait être utile ici.

1. Maladies causées par la violation de lois traditionnelles : *amalwele ya makowesha*

Au chapitre 3, nous avons fait allusion au bien-être corporel, à la bonne santé résultant davantage d'une association étroite entre le corps et l'*umupashi* que d'un mode de vie sain et d'une alimentation équilibrée. Il faut également tenir compte de l'adhésion aux lois traditionnelles qui tournent autour du sexe et du feu et qui sont liées aux perceptions et aux catégories de cause et d'effet de certaines maladies. On les appelle *amalwele ya makowesha* (« maladies de la contamination »). Parmi elles, on trouve *ulunse*, qui entraîne *cifimba* (« malnutrition aiguë », Kwashiorkor[64]), et conduisent à *ukondoloka* (« malnutrition aiguë », marasme[65]) et *imililo/amakowesha* provoquant *cifimba* (« malnutrition aiguë », Kwashiorkor).

a. *Ulunse*

Une description très générale d'*ulunse* est la perception que la reprise précoce des rapports sexuels après l'accouchement, conduisant à une grossesse précoce, provoquera *ulunse* chez l'enfant[66]. Au premier signe de grossesse pendant l'allaitement, on sèvre immédiatement l'enfant. Ce sevrage brutal provoque des troubles psychologiques[67] et physiques chez l'enfant. L'explication donnée est que l'enfant allaité « suce le sang du fœtus dans l'utérus ». Les gens disent, *alionekela*, ce qui signifie « il/elle (l'enfant) a sucé le sang du fœtus ». Le fœtus est vu comme constitué de sang. Comme le sang circule dans le corps, il atteint aussi le sein

---

63. Badenberg, *Sickness and Healing*, p. 73.
64. *Cifimba* est dérivé du verbe intransitif *ukufimba*, qui signifie « gonfler, être gonflé ». The White Fathers, *Bemba-English Dictionary*, entrée « -*fimba* ».
65. *Ukondoloka* est un verbe intransitif signifiant : « être émacié, être décharné ».
66. Frank LeBacq, interviewé par l'auteur à Kasama, en Zambie, le 20 janvier 2000. LeBacq a été conseiller technique en matière de santé et médecin du district de Kasama de juin 1994 à juin 2000.
67. J. F. Ritchie, *The African as Suckling and as Adult. A Psychological Study*, Rhodes-Livingstone Institute, Paper n° 9, Manchester, Manchester University Press, 1968 (1re éd. 1943).

de la mère et est donc sucé lors de l'allaitement, ce qui contamine le lait et fait tomber malade le nourrisson. C'est pourquoi on sèvre l'enfant sans tarder. Une maladie récurrente chez l'enfant sevré, par exemple, la diarrhée est appelée *alilwala ulunse*, ce qui signifie « il/elle a la maladie d'*ulunse* ».

b. *Imililo/amakowesha*

Il existe toutes sortes de tabous liés à la biologie, au sexe et au feu, avec des effets contaminants s'ils ne sont pas respectés. En voici deux scénarios possibles :

- Les rapports sexuels intraconjugaux rendent une personne « chaude, tiède » (*icikabilila*). L'enfant ne peut être touché et nourri avant que les corps impliqués dans l'acte sexuel n'aient retrouvé la température normale ou que les mains n'aient été lavées. Si on ne respecte pas cette règle, l'enfant peut devenir *amakowesha* (c'est-à-dire entrer en état de contamination lorsqu'on le nourrit), ce qui conduit à *cifimba* (kwashiorkor) et finalement à la mort.
- Des relations sexuelles extraconjugales de l'épouse ou du mari font d'elle ou de lui une menace pour la santé de l'enfant. Cela peut se produire si une telle personne touche les produits cuisinés ou le foyer, ou si elle nourrit l'enfant ou le tient dans ses bras sans s'être baignée ou purifiée avec des herbes au préalable. L'enfant peut alors souffrir d'*amakowesha*. L'état de « contamination » peut entraîner chez l'enfant une perte de poids, une perte d'appétit, un *ukondoloka* (« un amaigrissement »), une « fragilité » (*ukunyomboloka*)[68], une toux ou une diarrhée chroniques, autant de symptômes qui conduisent à *cifimba* (kwashiorkor), et finalement à la mort.

2. Maladies causées par la sorcellerie : *amalwele ya kulowekwa*

a. *Icuulu*

Le mot *icuulu* désignant cette maladie est dérivé de la fourmilière (également appelée *cuulu*). Il y a trois points de comparaison :

- *cuulu* (pl. *fyuulu*) est un symbole d'endurance ; la fourmilière est connue pour sa solidité et sa durabilité ;

---

68. *Ukunyomboloka* est un verbe intransitif signifiant « être grand et svelte, mince, longiligne ». Il signifie également « être émacié ». The White Fathers, *Bemba-English Dictionary*, « -nyomboloka ».

- *cuulu* est également un juron et peut symboliser la mort[69] ;
- *cuulu*, la fourmilière, se détache de son environnement par sa forme conique.

Ces trois traits caractérisent une personne qui est *ukulwala icuulu*, « souffre de » ou « est malade d'*icuulu* ». *Icuulu* est une enflure (parfois assez importante) sur le corps et ressemble à la forme d'une fourmilière. L'endroit où se manifeste *icuulu* est généralement extrêmement dur et forme souvent une masse solide.

Il semblerait cependant que cette maladie prenne beaucoup de temps avant de provoquer la mort d'une personne. Une personne souffrant d'*icuulu* peut d'abord ressentir des douleurs dans tout son corps, mais ensuite elle a mal dans une partie précise. *Icuulu* n'est pas localement lié à un seul endroit, mais peut se déplacer vers d'autres parties du corps, par exemple de la jambe au bras, de la jambe à l'abdomen, et ainsi de suite. Il est important de noter que lorsqu'*icuulu* se manifeste par un gonflement de l'abdomen, la personne est confrontée à une mort imminente ; la manifestation d'*icuulu* dans l'abdomen est un signe annonciateur de la mort. On attribue souvent *icuulu* à des attaques de sorcellerie[70].

b. Ulusuku

Ulusuku est une autre maladie attribuée aux effets de la sorcellerie. Le symptôme prépondérant d'*ulusuku* est un abdomen gonflé. Le ventre d'une personne grossit de façon inexplicable, même si la consommation de nourriture est normale et relativement modérée. Lorsqu'une femme souffre de cette maladie, on peut penser qu'elle est enceinte. La maladie d'*ulusuku* peut toucher n'importe qui.

Le mot *ulusuku* est dérivé du verbe intransitif *ukusuka*, qui signifie « être mauvais, devenir aigre ». *Ukusuka* désigne :

- Un œuf, qui ne s'est pas développé en poussin. L'œuf est dépourvu de jaune, mais contient une eau ou un liquide blanchâtre : *ilini nalisuka*, « l'œuf est mauvais, il a viré à l'aigre, l'intérieur de l'œuf est devenu aqueux ».

---

69. Lors d'une prestation de serment, on peut entendre prononcer l'expression *ku cuulu*. The White Fathers *Bemba-English Dictionary*, « -cuulu ». Dans un cas type de diagnostic de *mutumwa nchimi*, la fourmilière a été associée à une lumière brillante qui se dirigeait vers une maison la nuit. La majorité des membres de la famille occupant la maison a été frappée de maladies et, à un moment donné, le mari a dit que lui et sa femme allaient mourir si les maladies continuaient. La lumière brillante censée émaner de la fourmilière était le signe avant-coureur d'un mauvais sort, d'une maladie persistante et finalement de la mort. Pour un compte-rendu complet du cas type, cf. Clive Dillon-Malone, « *Mutumwa Nchimi*. Healers and Wizardry Beliefs in Zambia », *Social Sciences and Medicine* vol. 26, n° 11, 1988, p. 1170-1172.
70. Badenberg, *Sickness and Healing*, p. 82s.

- *Ukusuka* est également utilisé à propos des fruits *mwango*, par exemple, *mwango naisuka*, « la partie charnue du *mwango* est devenue aqueuse ».
- Enfin, le verbe *ukusuka* apparaît dans le contexte du lait : *uyu mukaka nausuka*, « le lait est devenu aigre ».

La grosseur anormale du ventre est due à une grande quantité d'eau ou de liquide blanchâtre dans l'abdomen, comme le liquide blanchâtre dans l'analogie de l'œuf sans jaune.

Dans certains cas, *ulusuku* est perçu comme une maladie normale. Dans ces cas, le ventre n'est pas extraordinairement gros et est soigné par les gens de la communauté ou par le personnel médical des cliniques ou des hôpitaux. Mais si le ventre d'une personne semble inhabituellement et extraordinairement gros, on diagnostique la maladie comme *ulusuku lwa kulowekwa*, « *ulusuku* dû à un envoûtement ».

c. Intifu

La maladie d'*intifu* est diagnostiquée quand elle s'accompagne de deux signes : *ukubyola*, « roter » et *ukutifula*, « hoquet persistant ». Il est bien entendu qu'*ukubyola* et *ukutikula* sont tous deux des fonctions corporelles naturelles qui se produisent après un repas. Mais un hoquet régulier à intervalles rapprochés, sans signe d'amélioration, et des douleurs latérales (*utubali*) sur une période prolongée, même la nuit et pendant le sommeil, finissent par être attribués à *intifu*. *Intifu* et *ubuloshi* (« la sorcellerie ») sont liés. Une conception banale de cette maladie est qu'elle est impossible à traiter par les médecins. Dillon-Malone explique à ce sujet :

> Les maladies plus spécifiquement associées à la psychiatrie africaine sont communément appelées « maladies africaines », par différence avec celles qui, croit-on, peuvent être soignées par des médicaments de type occidental. La sorcellerie fait partie de la première catégorie[71].

La possibilité de demander un avis médical et/ou un traitement à l'hôpital est pratiquement exclue.

---

71. Dillon-Mallone, *Mutumwa Nchimi*, p. 1160.

3. Maladies causées par des êtres spirituels : *amalwele ya mipashi*

a. *Umusamfu*

Umusamfu est connu pour être une maladie soudaine et inattendue. La description qu'on nous en a donnée souligne la soudaineté avec laquelle *umusamfu* saisit une personne. Chez les jeunes enfants âgés d'un à cinq ans, la fièvre en est également un symptôme. L'état fébrile provoque des frissons et une agitation nerveuse. Parfois, le corps tout entier se raidit, et alors apparaît *ifulo* (« l'écume sur la bouche »). *Ifulo* est un signe d'*umusamfu*, qui ne se manifeste que chez les enfants. *Umusamfu* se rencontre principalement chez les nourrissons et ne se produit généralement qu'une seule fois. On peut le soigner comme indiqué ci-dessous. Habituellement *umusamfu* n'est pas précédé d'antécédents de maladie. Ces maladies soudaines sont dues aux *imipashi*, à des esprits familiaux ancestraux qui utilisent des maladies comme *umusamfu* pour attirer l'attention ou marquer leur mécontentement à l'égard des affaires familiales ou communales, en ciblant une personne en particulier. En termes cliniques, les *umusamfu* sont des crises ou des épisodes épileptiques. Lorsqu'*umusamfu* frappe quelqu'un, la soudaineté et la gravité de l'attaque peuvent le laisser inconscient. Mais généralement, la personne se rétablit peu après.

Une maladie soudaine et inattendue (des crises) suivie d'une mort rapide est souvent diagnostiquée comme *umusamfu*. Une répétition d'*umusamfu* est appelée *cipumputu*, « une sorte de crise, qui touche également les adultes ». Ces crises laissent la personne inconsciente pendant une courte période. Lorsque la crise est passée, la personne revient à son état normal. Certaines personnes expliquent la perte de conscience par une perte de contact entre l'*umupashi* (« double spirituel ») et la personne. La répétition du *cipumputu* est perçue comme une connexion instable ou faible entre une personne et son double spirituel. Les noms des personnes souffrant de *cipumputu* ne seront plus transmis dans la lignée familiale[72]. De leur vivant, les personnes sujettes au *cipumputu* sont appelées *alikwata icipumputu*, « il/elle a des crises, de l'épilepsie », ou *alilwala icipumputu* « il/elle a la maladie des crises, de l'épilepsie ». Elles ne se voient pas confier de responsabilités au sein de la communauté. Dans la plupart des cas, ces personnes doivent compter sur l'aide de leur famille.

---

72. C'est l'idéal et c'est aussi la pratique la plus courante. Il peut toutefois y avoir des exceptions, par exemple, lorsqu'un ancêtre était réputé pour ses compétences exceptionnelles, s'il a présenté des traits de caractère remarquables ou s'il a été loué pour certaines réalisations au cours de sa vie.

4. « Maladie spirituelle » : *ubulwele bwa ngulu*

Ubulwele bwa ngulu se distingue des maladies causées par les *imipashi* (doubles spirituels familiaux), telles qu'*umusamfu*, comme indiqué dans la section ci-dessus. La « maladie spirituelle » occupe une place très spéciale dans l'éventail des maladies connues des Bemba, selon deux caractéristiques :

- elle n'est pas considérée comme un mal ordinaire ;
- ce n'est pas une maladie causée par l'envoûtement (*ubulwele bwa kulowekwa*)[73].

Ubulwele bwa ngulu est considérée comme une maladie mystérieuse, *ubulwele ubushilondol-weke* signifiant :

- « une affection qui ne s'explique pas » ; une maladie mystérieuse par sa soudaineté et ses effets sur la personne ;
- « quelque chose » s'est emparé d'une personne qui jouissait d'une bonne santé et qui n'était ni malade mentale ni épileptique. Ce quelque chose – « ça » – se promène dans le corps, perturbe l'esprit et affecte le comportement de la personne[74].

Les maladies liées aux esprits *ngulu* peuvent se présenter sous deux formes différentes :

- *ngulu naimukumya*, « *ngulu* l'a/l'ont touché » ;
- *ngulu shilemucusha*, « *ngulu* le/la fait souffrir ».

Les symptômes d'*ubulwele bwa ngulu* peuvent être soignés. Mais la gamme de médicaments disponibles est plutôt limitée et se réduit principalement à *impemba* (« l'argile blanche »), qu'on donne à manger au patient en petites portions. Parfois aussi les patients peuvent demander que l'on batte les tambours, ne serait-ce que cinq minutes, et ils dansent à leur rythme. Une fois la danse terminée, la fièvre (ou tout autre symptôme) disparaît et la personne se porte de nouveau bien.

5. Maladies qu'on attribue à son propre *umupashi*

L'idée que le double spirituel d'une personne, si étroitement associé au corps de son « compagnon humain », puisse causer du tort au corps et porter atteinte à sa fonctionnalité semble bizarre. Cette situation a déjà été abordée précédemment, il suffira donc d'en rappeler brièvement la raison.

---

73. *Ukulowa* (infinitif actif) signifie « ensorceler ». *Ukulowekwa* (infinitif passif) signifie « être ensorcelé ».
74. Cf. Oger, *The Bemba of Zambia*, p. 3.

Lorsqu'une personne offense son *umupashi*, une réaction de la part de ce dernier peut provoquer un *impepo*, un *umutwe* ou un *mu cifuba*. Lorsque cela se produit, les gens disent : *umupashi naumukumya naumuletela impepo/umutwe/mu cifuba*, « *umupashi* l'a "touché", il lui a apporté de la fièvre, des maux de tête, des douleurs à la poitrine ». Ce type de « toucher » ne peut être ressenti en tant que tel, mais ses effets le seront, sous forme de maladie évidente.

Lorsqu'une personne offense l'*umupashi* d'une autre personne (par exemple en la tuant par sorcellerie), l'*umupashi* de cette dernière peut se venger (voir l'histoire de M. S. ci-dessus). Après un rêve où ils ont rêvé qu'ils ont été battus par quelqu'un qu'ils ne connaissent pas, et si au réveil ils ressentent une douleur intense, les gens diront : *umupashi naumuma mu mubili*, « l'*umupashi* a "frappé" le corps ». En cas de décès dans les heures qui suivent, les gens diront : *umupashi naumuma* !

VI. *Umupashi*, le double spirituel comme ego des rêves

> En ethnopsychologie occidentale, la responsabilité ultime du rêve est comprise comme relevant de l'esprit du rêveur. Malgré l'altérité apparente de l'expérience onirique, celle-ci est considérée comme une expression des désirs et des pulsions inconscients de l'individu[75].

Dans ce cas, il n'y a évidemment qu'un seul type de rêve dont le rêveur assume seul la responsabilité. « Mais que se passe-t-il, demande Groark, lorsque les théories locales proposent plus que seulement un soi (ou plutôt une extension du soi) comme sujet du rêve[76] ? » Et qu'en est-il des villageois malgaches lorsqu'ils soulignent que les rêves se produisent « lorsque d'autres personnes [en particulier des ancêtres] entrent en vous et pensent à travers vous afin de parvenir à leurs fins[77] » ?

Jusqu'à présent, on a montré que le concept d'*umupashi* comporte de multiples facettes, avec les aspects de double spirituel qui accomplit deux tâches primordiales : la protection du corps et la sauvegarde du SSIC. Il existe une troisième facette de l'*umupashi* d'une personne vivante.

---

75. Kevin P. Groark, « Willful Souls. Dreaming and the Dialectics of Self-Experience among the Tzotzil Maya of Highland Chiapas, Mexico », dans Keith M. Murphy et C. Jason Throop, sous dir., *Toward an Anthropology of the Will*, Stanford, Calif., Stanford University Press, 2010, p. 101.
76. *Ibid.*
77. Maurice Bloch, « Durkheimian Anthropology and Religion. Going In and Out of Each Other's Bodies », *Journal of Ethnographic Theory* 5, 3, 2015, p. 294.

Si le choix du nom d'un enfant est l'affaire de toute la famille, c'est encore plus vrai pour choisir l'*umupashi* d'un aïeul. Les rêves sont le moyen par lequel l'*umupashi* communique son souhait de s'attacher au nouveau membre de la famille, ce qu'on approuve en donnant à l'enfant le nom de son aïeul. Les rêves sont déterminants pour devenir un être humain, et les rêves restent déterminants dans toute la suite de la vie. Joseph Mandunu remarque : « Pour les Africains, le monde des rêves est réel et on lui accorde la même attention qu'aux affaires de la vie quotidienne[78]. » Les rêves fournissent une raison d'agir[79], ils influencent la réflexion dans le processus de prise de décision et ils fonctionnent comme modèle explicatif lorsque la vie a besoin de réponses[80]. La société bemba, comme beaucoup d'autres en Afrique et dans le monde, attache une grande importance aux rêves. Ceux-ci se divisent en deux catégories : « les rêves des pensées » et « les rêves d'*umupashi* »[81].

A. Il y a rêves et rêves

Un premier constat est un fait linguistique intéressant. Il n'est pas possible de dire : *umutima naulota icilota*, « le cœur ("le SSIC") a fait un rêve ». Mais on peut dire : *ifiloto fya matontonkanya*, « les rêves des pensées ». Par exemple, *icintu nga uletontonkanyapo kuti wacilota*, « une chose, si vous y pensez et y réfléchissez, vous pouvez en rêver ». De tels rêves, cependant, sont la plupart du temps sans intérêt, car ils sont le produit et la projection des propres souhaits et aspirations du rêveur. Les rêves de cette nature vont et viennent ; ils n'ont aucune incidence sur l'action ou pour guider la réflexion et l'évaluation dans le processus de prise de décision.

---

78. Joseph Kufulu Mandunu, *Das « Kindoki » im Licht der Sündenbocktheologie. Versuch einer christlichen Bewältigung des Hexenglaubens in Schwarz-Afrika*, Studien zur Interkulturellen Geschichte des Christentums vol. 85, Francfort-sur-le-Main, Peter Lang, 1992, p. 47.
79. « Dans la vie africaine, les rêves jouent un rôle central. » John S. Mbiti, « Dreams as a Point of Theological Dialogue between Christianity and African Religion », *Missionalia* vol. 25, n° 4, 1997, p. 511.
80. Les cultures africaines accordent une grande estime aux ancêtres. « On croit que les ancêtres offrent des conseils à travers des rêves, des visions ou des visites fantomatiques. » Robert R. Cook, « Ghosts », *East African Journal of Evangelical Theology* vol. 4, n° 1, 1985, p. 35.
81. Chez les Akamba, cf. Richard J. Gehman, *African Traditional Religion in Biblical Perspective*, Kijabe, Kenya, Kesho Publications, 1990, p. 157.

B. Les expériences avec le double

Une deuxième catégorie de rêves est *ifiloto fya ku mupashi*, ce qui signifie « les rêves d'*umupashi* ». Comme on l'a vu précédemment, ils ont une certaine « qualité », car *iciloto ca ku mupashi cilakwata ubupilibulo*, « les rêves d'*umupashi* », sont toujours tournés vers quelque chose, c'est-à-dire qu'ils ont un sens. Ils sont accompagnés d'une garantie de qualité, car ils sont clairs en ce sens qu'on peut se souvenir de chaque détail ; mais plus important encore, ils se réalisent. Souvent, ils pointent vers l'avenir comme un signe de quelque chose qui vient (*ukusobola ifikacitika nangu ifilecitika*), par exemple, le sexe de l'enfant à naître. On peut entendre des déclarations telles que : *nacilota ndeloba imilonge*, « j'ai rêvé que je pêchais de l'*imilonge* » (espèce de poisson bulle). Le message est clair : il va y avoir un enfant et ce sera un garçon. Il existe aussi une phrase équivalente concernant le sexe d'une fille.

Ce qui est significatif, c'est quand les gens disent *umupashi wandi wacimpeela iciloto*, « mon *umupashi* m'a donné un rêve (la nuit dernière) ». La question que posait Groark plus haut dans notre analyse s'avère plus que pertinente ; en effet, la théorie locale bemba postule que ce sont *deux* êtres personnels qui participent à l'événement du rêve : la personne et son *umupashi* ! Cette idée mérite d'être soulignée, car le locuteur est en mesure de passer du mode passif, « l'*umupashi* m'a donné un rêve », au mode actif *nacilota iciloto*, « j'ai fait un rêve », sans que cela ne prête à confusion. Et on peut pousser l'argument encore plus loin : le contenu du rêve est constitué des expériences et des rencontres de l'umupashi lorsqu'il erre (*ukwendauka*), alors que la personne est endormie. Le rêve est le cadeau que fait l'*umupashi* à son compagnon humain pour le mettre au courant de ses activités.

De plus, ces rêves sont une fenêtre ouverte sur l'avenir et, parce qu'ils procèdent de l'*umupashi*, sur le présent et l'avenir. L'immanence et la transcendance se fondent en une seule et même réalité, la réalité en soi. Ils deviennent très souvent une force de motivation pour agir. En termes d'anthropologie culturelle, *umupashi* est un double spirituel, mais avec un statut particulier : c'est un ego des rêves[82].

Venz définit les caractéristiques de la notion d'ego des rêves comme l'absence temporaire du corps d'une personne vivante et sa séparation définitive de celui-ci au moment de la mort. Les rêves sont les rencontres et les expériences de cet être et de sa présence. Le fait d'habiter dans le corps est une condition préalable à la conscience et à la vie[83].

---

82. Käser, *Animisme*, p. 207-216, 249-258.
83. Venz, *Die autochthone Religion der Benuaq*, p. 37.

C. Les expériences de transmission de messages

Si *umupashi* est capable de mettre son compagnon humain au courant de ses aventures et de ce qu'il cherche à faire, il peut également fonctionner comme messager entre les membres d'une même famille. Les événements de grande importance pour la famille sont transmis dans un rêve accordé par l'*umupashi* à une personne donnée. Le même rêve sera également donné à un autre membre de la famille. Lorsque les gens se rencontrent pour discuter et se racontent les rêves qu'ils ont eus, cela identifie les deux individus qui ont fait le même rêve. On dira, *umupashi wacenda*, « *umupashi* a voyagé ». Il est entendu que les *imipashi* (pluriel d'*umupashi*) d'une même lignée familiale se reconnaissent mutuellement comme appartenant à la même famille. Une bonne communication, une coopération efficace et la compréhension mutuelle sont facilement réalisées entre eux, et le même message peut atteindre deux personnes différentes. La famille et les « rêveurs » ont désormais une totale certitude quant à la direction à prendre. Du moment qu'on a l'assurance d'être guidé par *umupashi*, le soulagement et la tranquillité peuvent revenir dans la famille.

Une situation déstabilisante survient quand l'*umupashi* est longtemps absent d'une personne. L'*umupashi* est un « être responsable », qui ne cherche que le bien de son compagnon humain, mais qui n'est pas toujours payé de retour. Les humains sont des humains, ils sont susceptibles de « rompre le contrat ». Et dans ce cas, *umupashi* n'a qu'un seul remède : renoncer à protéger le corps et à sauvegarder le SSIC, en guise de mesures disciplinaires.

D. Rêver des rêves

Étant absent, *umupashi* ne peut prévenir son compagnon humain des dangers qui le guettent, en particulier de ceux qui sont causés par la sorcellerie. Faire de mauvais rêves ou des cauchemars est interprété comme un signe certain qu'*umupashi* n'est pas à proximité immédiate d'un individu. Rêver de vaches, de chiens féroces, de serpents (d'un python ou d'une vipère) est perçu comme des attaques de sorcellerie, car *muloshi* se sert surtout de ces animaux, parce qu'il préfère utiliser des parties prélevées sur eux pour lancer ses actions magiques sur les gens. L'absence d'*umupashi* signifie également qu'une personne n'a plus accès à la connaissance transcendantale, si essentielle pour son voyage dans la vie.

VII. *Umupashi*, l'être qui survit à la mort du corps

Le corps humain est une institution temporelle. Quelle que soit la durée longue ou courte de l'existence physique, le moment de la fin matérielle et biologique viendra un jour. Toutes les sociétés sur terre vivent cette réalité comme un fait inévitable de la vie humaine. Mais toutes n'adoptent pas la même philosophie de la vie et, par conséquent, la même vision du moment où le corps atteint le terme de son existence. Les sociétés occidentales, en général, adhèrent à une philosophie qui définit la mort comme le point final ultime. La vie est tout ce qui existe. La mort en marque le terme.

Toutefois, cela reste un point de vue assez minoritaire parmi le vaste héritage culturel des sociétés contemporaines du monde entier. En fait, non seulement la plupart des cultures pensent autrement, mais elles définissent la mort uniquement comme l'étape ultime du corps physique.

L'enquête ethnolinguistique sur la notion de personne dans la pensée bemba a montré que la notion d'*umupashi* a bien des facettes, allant du compagnon humain transcendantal au double spirituel, qui assume deux missions importantes : la protection du corps et la sauvegarde du SSIC, et jusqu'au double spirituel ayant un statut exclusif, l'ego des rêves. Sans surprise, et comme on pouvait s'y attendre : il existe encore une autre facette de l'*umupashi* d'une personne vivante.

On a vu que, chez les Bemba, il existe des idées assez complexes sur la manière de devenir un être humain, et, plus important encore, sur la manière de devenir une personne humaine. La biologie joue un rôle secondaire dans l'un et l'autre de ces deux aspects, tandis qu'*umupashi* est considéré comme déterminant pour conférer l'identité humaine et assurer la qualité du SSIC.

La vieillesse est un cadeau d'un *umupashi* fort. Il ne peut certes pas empêcher la mort du corps en tant que telle, mais il peut fortifier efficacement une personne pour qu'elle puisse vieillir. Quant à la mort due à la maladie, elle est attribuée à l'incapacité d'*umupashi* à fournir une protection efficace. L'*umupashi* lui-même ne vieillit pas ; il est aussi fort dans le corps du vieillard qu'il l'était lorsqu'il a été attaché à son compagnon humain lors de la cérémonie d'attribution du nom dans la prime enfance. On dit des personnes âgées qui continuent à faire de la bicyclette : *balikwata umupashi wa maka nangu line bakotele*, « il/elle a un *umupashi* de puissance, même s'il/elle est vieux/vieille ».

La logique d'une moindre importance de la biologie s'applique également au moment où le corps a totalement cessé d'assurer la fonctionnalité de ses membres. La mort du corps n'est pas la fin de l'existence, car *umupashi* est *l'être qui survit à la mort du corps* et perpétue la personnalité du défunt[84]. Autrement

---

84. À propos des Bisa, un peuple parlant le bemba, Musonda déclare : « *Umutima* survit après la mort et *umupashi* continue à l'avoir. Si un individu a eu un bon *umutima*, son *umupashi* en aura aussi un bon. » Damian Kanuma Musonda, *The Meaning and Value of Life among the Bisa and Christian Morality*, Rome, Université pontificale, 1996, p. 126.

dit, l'arrêt des processus biologiques, en premier lieu l'arrêt du cœur, transforme le corps (*umubili*) en un cadavre (*icitumbi*, un *umubili* désormais rétrogradé à l'état d'une simple « chose » - *ici-tumbi*), mais le « noyau », ce qui définit de manière unique l'identité et l'individualité d'une personne humaine, le SSIC, franchit le seuil de la mort. Le cœur anatomique (*umutima*) abandonne la vie, mais un « cœur acquis » intact et pleinement mature – *umutima* vu comme SSIC – ne peut être touché par la mort biologique.

VIII. Conclusion

La tentative d'appréhender les notions traditionnelles d'« âme » ou d'« esprit » à l'aide d'une terminologie occidentale (euroaméricaine) est souvent vaine et empêche non seulement la communauté de recherche anthropologique de dialoguer intelligemment, mais aussi de communiquer plus sûrement avec les membres de la communauté qui incarnent ces notions. Se contenter de parler d'« âmes », d'« esprits » ou d'« ombres » laisse de côté une multitude d'autres idées importantes liées à ces phénomènes. On déforme ou néglige de ce fait le riche patrimoine culturel par lequel les gens organisent leur vie et lui donnent un ancrage.

Certes, les idées changent, et les croyances s'altèrent. Compte tenu de ce fait, il est évident que la notion d'*umupashi* conçu comme double spirituel d'une personne vivante et englobant toute une série d'autres éléments interdépendants (par exemple l'ego des rêves) – ainsi que d'autres aspects importants auxquels l'attention s'attachera dans le chapitre suivant – n'exerce peut-être pas le même attrait intellectuel et émotionnel dans tous ses détails sur chaque Bemba de la société contemporaine[85]. Mais les postulats profondément ancrés sur la nature du cosmos et de la personne humaine sont des blocs assez solides pour résister

---

[85]. Dans l'effort de comprendre la culture humaine, l'histoire de l'étude de la culture et des thèmes culturels a connu un grand nombre d'approches et d'opinions différentes comme, par exemple, la vision durkheimienne. Pour Obeyesekere le point de vue initial de Durkheim sur la culture (« la culture existe indépendamment de l'individu et avant lui ») a conduit les anthropologues à croire que « la culture partagée doit produire un comportement partagé - ou, pour être plus exact, une régularité comportementale », un point de vue qu'Obeyesekere qualifie d'« horrible erreur ». Il ajoute que « les connaissances partagées collectivement peuvent varier selon les individus et les groupes au sein d'une société plus large ». Gananath OBEYESEKERE, *Medusa's Hair. An Essay on Personal Symbols and Religious Experience*, Chicago / Londres, University of Chicago Press, 1984, p. 111. L'accent d'Obeyesekere est clairement mis sur « le même degré en soi ». La notion d'*umupashi* en tant que double spirituel d'une personne vivante est une connaissance partagée par les membres de la culture bemba. Ce savoir est toutefois agréé tant collectivement qu'individuellement. Le « savoir admis collectivement » est le creuset dont les individus tirent leur substance pour former et construire des idées ou des concepts individuels, qui à leur tour finiront par être

encore longtemps aux vents du changement et à leurs poussières abrasives. Malgré la dynamique qui opère dans la culture et les variations des points de vue personnels des gens sur ce sujet, la validité et la pertinence de ce que ce chapitre a révélé sur la question d'*umupashi* gardent tout leur poids. Enfin, notre intérêt se porte essentiellement sur les communautés villageoises rurales bemba, qui ont tendance à rester beaucoup plus traditionnelles et conservatrices, à la différence des communautés urbaines.

---

réinjectés dans le creuset et feront partie du « savoir admis collectivement », lorsque les idées ou concepts individuels circuleront et imprégneront à nouveau la société.

6

Mfwa : plus que « rendre l'âme »

Uo mwenda nankwe : ni mfwa mbiyo
Celle avec qui tu chemines : la mort, ta compagne

I. La mort, la porte vers la perpétuité - *mweo wamuyayaya*

A. Un mythe bemba

Lorsque Dieu a créé les premiers êtres humains, l'homme et la femme, il a également fabriqué deux sacs parfumés. L'un était magnifiquement conçu avec de nombreuses perles colorées, toutes plus belles les unes que les autres. C'était un objet plus attrayant que bien d'autres pièces de tissu. L'autre sac était fait d'écorce de l'arbre *mutaba*. Il était simple, peu attirant, sans motif particulier et sans perles. Un jour, Dieu appela Mushili (« terre », le nom du premier homme). Il dit à Mushili de venir avec sa femme, car il avait quelque chose à lui montrer. À leur arrivée, Dieu leur a montré les deux sacs, en disant : « Vous voyez ces sacs. Les deux sont parfumés. L'un contient la vie et l'autre la mort. Choisissez celui que vous voulez. »

L'attention de la femme fut immédiatement attirée par le sac très coloré. Et c'est lui qu'elle a choisi ! Sans consulter son mari, elle saisit le beau sac, qui lui faisait tant envie, et dit à son mari : « Viens, suis-moi. » Dès leur arrivée à la maison, brûlante de curiosité, la femme ouvrit le sac. À sa grande horreur, un mauvais esprit (*iciwa*) s'en échappa. Peu de temps après la naissance de son premier enfant, la femme mourut. C'est ainsi que la mort est entrée dans le monde. Elle frappe tout le monde, sans oublier personne[1].

---
1. Tanguy, « The Bemba of Zambia », p. 55.

B. « Parti », mais simplement « parti de là »

La mort biologique est inévitable et universelle, et, quand elle survient, elle laisse un vide dans les rangs de la famille et de l'ensemble de la communauté. La philosophie bemba affirme à ses membres que, même si une personne est partie, elle s'est seulement « éloignée », elle est passée d'un mode d'existence à une manière d'exister dans un autre monde. Par essence même, la vie se caractérise par une série de processus de transition – de rites de passage (la cérémonie d'attribution du nom, les rites d'initiation, le mariage et d'autres). La mort est une transition de nature spéciale. Or, toutes les autres étapes transitoires impliquent l'être humain par rapport à la maturité de son corps et de sa personnalité, et sont, de ce fait, conditionnées par l'espace et le temps. La mort fait exception. Selon Benjamin Ojiwang, « la mort est... l'introduction d'une personne dans le monde de l'esprit[2] ». Pour être encore plus précis, en relation avec les Bemba, la mort est la porte d'entrée pour *devenir* un être spirituel dont il existe deux catégories : les *imipashi* (« des êtres spirituels bienveillants ») et les *ifiwa* (« des êtres spirituels malveillants ou méchants »), ce qui signifie qu'ils sont devenus mauvais et nuisibles[3].

C. Vieillir, c'est naturel, mourir ne l'est pas

Le vieillissement du corps est naturel, la mort ne l'est pas. Dans les années 1950, Tanguy écrit :

> La mort n'est jamais considérée comme naturelle : il y a toujours une cause sous-jacente, sauf lorsqu'une personne meurt d'une mort douce et paisible. Les gens disent alors : *aaifwile fye*, « il vient de s'éteindre », comme une bougie qui s'est éteinte, ou *aafwa imfwa Lesa*, « la vie que Dieu lui avait donnée est terminée ». C'est ce qu'on dit généralement des personnes âgées. Dans ce cas, personne n'est suspecté, il est inutile d'évoquer des esprits[4].

Cette supposition est toujours encore une opinion fortement ancrée dans de nombreuses communautés bemba de Lubemba. La mort douce et paisible (« normale ») est une forme parmi tant d'autres ; juste une façon parmi d'autres

---

2. Benjamin Ojiwang, « Death among the Acholi », s. l., s. éd., 1996, p. 44.
3. Cf. Kapolyo, *L'homme* ; Kapambwe Lumbwe, « Ubwinga, a Subset of Bemba Indigenous Knowledge Systems. A Comparative Study of Precolonial and Postindependence Wedding Ceremonies in Lusaka and Kitwe », Zambia, thèse de doctorat, Université du Cap, 2009.
4. Tanguy, « The Bemba of Zambia », p. 55 ; cf. Labrecque, « Beliefs and Religious Practices of the Bemba », p. 62.

de vivre la mort avec des implications sérieuses, voire très sérieuses. Les décès anormaux ou « prématurés » sont de loin les types les plus courants de décès. Tanguy énumère et explique plusieurs formes de morts anormales ou « prématurées ».

D. Une mort, mais sous bien des formes

En voici une sélection, à laquelle on ajoutera quelques explications[5] :

- mort mystérieuse (*afwe cimuku*, ou *cimfilimfili*) ;
- mort accidentelle (*ubusanso*) ;
- mort par maladie ;
- mort par foudroiement (*incuba*) : mourir par la foudre, c'est être maudit. Pour trouver le coupable, on organise une chasse rituelle. « Lorsque l'accusé est une personne décédée… la famille de l'accusé doit invoquer (*ukupepa*) le parent mort pour l'apaiser (*ukupaala*) et le supplier de cesser d'attirer le malheur sur les gens » ;
- mort provoquée par la bière ;
- mort par indigestion ;
- mort pour raisons inconnues (*ubulwele ubushilondolweke*) ;
- épidémies (*icikuko*) ;
- plusieurs décès au cours d'un même mois lunaire dans le même village ;
- plusieurs décès dans la même maison ;
- mort résultant d'une malédiction : dans ce cas, l'accusé est déjà connu. « Mais une chasse rituelle fera connaître le mauvais esprit qui s'est emparé de lui et l'a amené à maudire. L'auteur de la malédiction est cité devant le tribunal du chef et doit payer une amende. Les proches du mort refuseront désormais d'avoir affaire à cette personne, car à leurs yeux c'est un meurtrier » ;
- le suicide : autrefois, l'une des raisons pour lesquelles un homme se suicidait était l'impuissance. Les gens disaient : *te mwaume wine wine, aba cibola, malyombo*, « ce n'est pas un vrai homme, il est impuissant »[6]. De nos jours, tous les cas de suicide sont considérés comme des actes de malveillance, un moyen infiniment puissant de se venger. Parfois, les gens agissent ainsi pour obtenir justice en raison d'une injustice

---
5. Tanguy, « The Bemba of Zambia, » p. 55-57.
6. Labrecque, « Beliefs and Religious Practices », p. 75.

insupportable qu'ils ont subie et identifiée. Ils savent que s'ils se suicident, leur *umupashi* se transformera en *iciwa*, tourmentera sous cette forme et « se vengera des vivants[7] ».

E. Prendre soin du corps mourant – *ukonga*

Ce qui suit est ce que l'auteur a découvert et qui lui a été communiqué il y a une vingtaine d'années. Les procédures peuvent entre-temps avoir changé de diverses manières.

Lorsque la mort du corps est proche, deux membres très proches de la famille viennent tout près de la personne mourante. Ils lui ferment les yeux et la bouche (*ku kupisha*, « les dents ne doivent pas se voir »). Ils allongent ses doigts, ses mains, ses bras et ses jambes. Ensuite, ils disent, *umuntu waonga* (*ukonga*, « arranger un cadavre pour l'enterrer »). Puis ils nouent un tissu autour de la tête pour maintenir la bouche bien fermée.

Le récit ci-dessus peut contenir des éléments qui ont déjà changé, car Lumbwe parle d'*ukonga* pratiqué autrefois :

> À l'origine, les personnes présentes s'assuraient que les yeux et la bouche étaient fermés. Ensuite, on mettait le corps dans la position traditionnelle pour l'enterrement, c'est-à-dire qu'on repliait les bras dans une position qui ramenait les poings fermés sous le menton, on relevait les jambes pour que les genoux touchent l'abdomen, tandis que les talons touchent le bas des cuisses – une position connue sous le nom de *ukufuka umubili* (« repli du corps » – une position semblable à celle d'un fœtus dans le sein de sa mère)[8].

Ukonga est pratiqué sur toute personne décédée, qu'elle soit un homme, une femme ou un enfant.

F. Prendre soin d'un corps mort – *ukushika*

Outre *ukonga*, on observe d'autres rites funéraires principaux, à savoir *ichilindi* (« le trou ») et *ukubika iloba muchilindi* (« le remplissage de la tombe avec de la terre »). Le cadavre (*icitumbi*) reçoit sa dernière demeure dans la sépulture (*ukushika*). Lumbwe fournit de brèves explications sur ces deux rites.

---

7. Lumbwe, « Ubwinga », p. 95.
8. *Ibid.*, p. 96.

Ichilindi : Lumbwe note que « le cadavre est d'ordinaire déposé la tête tournée vers l'est, ce qu'on fait dans l'espoir que l'âme de la personne décédée se lèvera avec le soleil[9] », mais aussi pour rappeler à tous, *ku kabanga e kwatulile ifikolwe*, que c'est de l'est que nos ancêtres tirent leur origine.

Lumbwe poursuit :

> Le bracelet et le collier du défunt sont brisés et jetés dans la tombe pour s'assurer que le corps y reste enfermé. En outre, les proches sont également censés couvrir la tombe d'offrandes, telles que des coquillages polis (*impande*) et des perles blanches (*ubulungu ubwabuta*) pour honorer le défunt[10].

Ukubika iloba muchilindi : après avoir descendu le corps dans la tombe et avant de la remplir de terre, « les proches du défunt y font tomber de la terre en s'agenouillant au bord de la tombe et en poussant de la terre avec leurs coudes[11] ». Les fossoyeurs qu'on a choisis remplissent alors la tombe jusqu'à ce qu'elle soit complètement comblée. Autrefois, on déposait « des objets, tels que des bracelets, des colliers, des *inongo* (pots en argile) et d'autres petits ustensiles de cuisine sur toute la surface de la tombe », dans l'idée que « les ustensiles posés partout sur la tombe vont être utiles au défunt… (les morts font les choses à l'inverse des vivants)… on les détruisait en les perçant ou en les fendant avant de les disposer sur la tombe[12] ». Le rituel funéraire se termine là et les gens commencent à quitter le cimetière.

II. La mort de personnes en position d'autorité

La mort des personnes investies d'une autorité exige des rites funéraires et des modes d'inhumation particuliers dans l'espace et le temps, comme le confirment les données archéologiques recueillies dans le monde entier. Il y a bien sûr de grandes différences entre les sociétés contemporaines et les sociétés archaïques dans la façon d'honorer le statut et l'autorité dans la mort et dans l'au-delà. De toute leur histoire, les Bemba de Zambie n'ont jamais construit de structures élaborées (pyramides, tumulus) ou de mausolées pour leurs morts chargés d'honneur. Mais il existe une différence évidente entre les « personnalités royales » et les « gens ordinaires », dans la vie comme dans la mort.

---

9. *Ibid.*
10. *Ibid.*
11. *Ibid.*, p. 97.
12. *Ibid.*

A. L'époque avant l'indépendance

Labrecque décrit la procédure avant l'indépendance comme suit :

Lorsqu'une personne investie d'autorité meurt, on ne verse pas de larmes comme pour les « gens ordinaires » (*ababapi*), mais on bat les tambours d'une manière spéciale. Voici comment cela se passe : le tambour est battu fort avec deux baguettes (*mishimpo*) ensemble, puis on le bat légèrement en un roulement prolongé (*imishika*). Ce jeu de tambour dure plusieurs heures. Dans tout le village, on exécute la danse *cilukaluka*. Ensuite, des offrandes de bière et de nourriture sont déposées à la porte de la case du défunt. L'objectif de toutes ces cérémonies est double : honorer le défunt, et le supplier d'être bon envers les villageois qui restent. Selon la croyance des gens, l'esprit du défunt vit et survit après la mort, et peut exercer une influence bonne ou mauvaise sur les vivants. Il peut même revenir à la vie. L'esprit du défunt reste dans la case tout au long de la journée et se réjouit des marques de respect qui lui sont offertes sous forme de jeu de tambours, de danses et, bien sûr, il peut manger et boire à son aise la nourriture qui a été apportée à sa maison. Naturellement, les gens simples n'auront pas d'aussi grandes marques de respect[13].

B. L'époque après l'indépendance : décès du fils d'un chef

Dans cette section, l'auteur consulte ses propres notes, qui font partie de documents de recherche non publiés et datant du milieu des années 1990[14].

M. C. Mwamba, le chef du village de Chafwa, est décédé le 30 mai 1995. Il était le fils du chef Mwamba, décédé environ quatre ans avant lui. M. C. est devenu chef à la fin des années 1980 et a été nommé par son père, le chef principal Mwamba de l'époque, car au sein de la communauté du village de Chafwa, deux familles se disputaient le poste de chef. Le défunt M. C. Mwamba avait environ quarante ans et souffrait d'une maladie depuis cinq à six ans. Le 2 juin, l'enterrement a été organisé à Sunkutu, une localité à l'ouest de Kasama, tout près d'un ruisseau appelé Milenga Mukalamba. Le cimetière lui-même s'appelle Sunkutu. C'est l'endroit où sont enterrés tous les fils des chefs et même des sous-chefs bemba.

---

13. Labrecque, « Beliefs and Religious Practices », p. 83.
14. « La mort de M. C. Mwamba, le chef du village de Chafwa », interview avec M. G. Chewe à Andele, le 2 juin 1995.

1. Procédure de l'ensevelissement

Du village de Chafwa, on transporte le corps au village de Mwika, où le chef attend leur arrivée. L'accès au village est interdit par une sorte de barrage routier érigé par le chef et ses hommes. Un versement d'argent (une belle somme) doit être effectué à cet endroit. Autrefois, les paiements se faisaient sous forme d'animaux (chèvres, moutons) ou en nature (p. ex., des couvertures). Les proches du défunt doivent assumer ces dépenses, après quoi ils sont autorisés à se rendre à un endroit appelé *pa nsakwe*. Ils y trouveront l'*in-sakwe* (sorte d'abri fait de branches pliées qui se rejoignent au sommet et couvrent une surface d'environ deux mètres sur deux). Là, ils vont passer une nuit. Celui qui conduit la procession s'appelle *muchilingwa*. Ce n'est pas un parent du défunt ; sa responsabilité consiste à prendre soin des corps des chefs et des fils de chefs décédés.

À l'*insakwe*, l'une des principales tâches du *muchilingwa* est de garder le corps. En cas de besoin, d'autres l'aideront – des personnes spéciales qu'il a choisies et qui ne sont pas apparentées au défunt. À l'arrivée du cortège funéraire, on tue une vache et on prélève un peu de son sang pour badigeonner l'endroit touché par la tête et les pieds du cadavre. Cette vache doit être donnée soit par le chef actuel, soit par ses proches. L'abattage est effectué par *muchilingwa* lui-même et la viande est consommée pendant la nuit. Une partie en est donnée au chef du village de Mwika.

Le lendemain matin, ils se rendent à Sunkutu, à quelques heures de route. À l'arrivée du cortège funéraire, tous ceux qui sont venus là pour la première fois se tiennent à l'écart à l'entrée. *Muchilingwa* coupe alors une branche d'un certain arbre avec laquelle il frappe légèrement les personnes debout. Cela doit garantir leur retour en toute sécurité après la cérémonie d'enterrement à Sunkutu. Ensuite, *muchilingwa* effectue quelques rites pour appeler les esprits (*imipashi*) de ceux qui sont déjà enterrés là à accueillir l'esprit (*umupashi*) du défunt.

La tombe a été creusée auparavant par des hommes du village de Mwika. Aucun paiement n'a lieu, mais on peut leur donner une part de la viande de la vache abattue, ou bien le chef de Mwika leur donne un peu de l'argent reçu alors que la procession était sur le point d'entrer dans son village.

L'essentiel des paroles prononcées l'est par *muchilingwa*. Ce jour-là, les proches avaient demandé à une chorale de l'Église de chanter lors de l'enterrement. Depuis le départ du village où le chef est décédé jusqu'au cimetière de Sunkutu, le corps a été transporté dans un cercueil. Tandis qu'on le descend dans la tombe, le chœur chante jusqu'à ce que la tombe soit comblée et qu'un petit monticule soit formé au-dessus. Suivent alors d'autres discours et même une lecture des Écritures. Une fois la cérémonie terminée, *muchilingwa* congédie les gens et s'assure que tout le monde quitte Sunkutu. Les gens sont dès lors libres de rentrer chez eux.

Les proches rentrent, eux aussi, et se rassemblent au village devant la case funéraire. *Muchilingwa* s'est également joint au rassemblement et annonce la forme et le montant du paiement qu'il devra recevoir pour ses services. Il peut s'agir de deux des meilleures couvertures, d'une nouvelle houe, de savon, d'une pièce de tissu blanc (*umwala*), etc. Avant de rentrer chez lui, *muchilingwa* s'assure qu'il emporte bien tout ce qui constitue son paiement. Les proches feront tout leur possible pour que tout ce qui a été demandé soit immédiatement disponible. Fâcher *muchilingwa* pourrait être une affaire coûteuse et redoutable.

Le rassemblement devant la case funéraire continuera plusieurs jours. Le conseil du village a maintenant le devoir de choisir un successeur convenable au chef défunt. Cette procédure de sélection peut durer jusqu'à un an. S'il ne trouve personne, l'affaire est renvoyée au président du conseil, qui nommera alors un autre chef, de préférence un membre de sa propre famille ou un de sesfils ou une de ses filles. Ni le conseil du village ni les villageois ne peuvent révoquer cette nomination, même si c'est une femme qui a été nommée chef du village.

C. La mort de Chitimukulu – « garder le roi divin »

Au sommet du système politique bemba se trouve Chitimukulu, leur chef suprême. Son importance politique est cependant moins due à sa compétence exceptionnelle d'administrateur qu'à la croyance en ses pouvoirs surnaturels. Il en va de même pour d'autres grands chefs de Lubemba.

Lors de sa conférence Henry Myers de 1968 à l'Institut royal d'anthropologie, Audrey Richards a intitulé sa conférence « Keeping the King Divine » (« garder le roi divin »). Elle y affirmait que « son "pouvoir surnaturel" était le seul véritable pouvoir dont il disposait[15] » et qu'il lui est resté, après que la puissance coloniale eut mis fin à sa souveraineté politique à la fin du XIXe siècle (1899). Bien que de nature hiérarchique, les pouvoirs politiques bemba étaient, dès avant la domination britannique (et sont encore de nos jours), pris dans une « opposition structurelle entre le chef et ses conseillers[16] ». Les fréquents et longs conflits de succession à la mort de Chitimukulu (et de deux ou trois autres grands chefs) étaient un autre domaine de contestation. En tant que chef suprême, il est « le chef

---

15. Kalusa et Vaughan, *Death, Belief and Politics in Central African History*, p. 50. Cf. Audrey I. Richards, « Keeping the King Divine », *Proceedings of the Royal Anthropological Institute of Great Britain and Ireland*, 1968, p. 23-35.
16. Kalusa et Vaughan, *Death, Belief and Politics*, p. 49.

rituel du peuple[17] ». La chefferie lui a été transmise par une longue lignée d'aïeux et d'aïeules, et – par l'intermédiaire de ses conseillers – il est en possession de leurs reliques et a la garde de ces reliques les plus sacrées des Bemba[18].

Alors que la vie de Chitimukulu est un facteur d'équilibre visant à maintenir l'ordre cosmique et la stabilité pour l'ensemble de Lubemba et de ses habitants par le biais d'un ensemble de rituels vitaux (« mécanismes symboliques »), sa mort n'est rien de moins qu'un vrai « désastre », comme le dit Richards[19]. Un désastre, parce qu'« on disait que désormais la terre "était devenue froide"… qu'elle "s'était brisée en morceaux"[20] » ; elle était « entrée dans une sorte d'état de détresse[21] ».

La catastrophe était en effet un « désastre total ». Selon Richards et Vitebsky, le point majeur :

> semble être une perte de contact et de contrôle sur la terre : l'accès aux esprits de la terre est bloqué, puisque seul un chef vivant a cet accès. En conséquence, pendant tout l'interrègne, tous les rites réguliers liés à la terre sont suspendus. La terre est devenue inaccessible, *kuloba*[22].

La période d'interrègne d'un an – depuis l'annonce de la mort de Chitimukulu jusqu'à l'accession au pouvoir de son successeur – ajoute à la situation désastreuse, « institutionnalisée par un rituel funèbre complexe et très long qui incluait l'embaumement du corps du chef mort[23] » et, jusqu'au début du XXe siècle, des sacrifices humains.

> Le corps du Chitimukulu fut placé sous le contrôle d'un groupe d'officiels connu sous le nom de *bafingo* (« pompes funèbres »), comprenant des embaumeurs et des porteurs de cercueil. On a transporté le corps du chef dans la case de sa femme de premier rang et on l'a déposé sur une estrade surélevée, recouverte d'un tissu. Au cours de l'année suivante, on a régulièrement plongé le corps dans

---

17. *Ibid.*, p. 50.
18. *Ibid.*
19. *Ibid.*, p. 51.
20. *Ibid.*
21. *Ibid.*, p 53.
22. Piers Vitebsky, « The Death and Regeneration of a "Divine King". A Preliminary Account of the Mortuary Rites of the Paramount Chief (Citimukulu) of the Bemba of Zambia, Based on the Unpublished Fieldnotes of Audrey Richards », *Cambridge Anthropology* 10, 1, 1985, p. 56-91, discuté dans Kalusa et Vaughan, *Death, Belief and Politics*, p. 54.
23. *Ibid.*, p. 49.

un liquide d'embaumement spécialement préparé, jusqu'à ce qu'il soit complètement desséché (et rendu semblable à une « graine »). Finalement, on a transporté le corps en procession depuis le quartier général du Chitimukulu, on a traversé le fleuve Chambeshi, jusqu'au cimetière de Mwalulue, qui avait accueilli toutes les reliques des précédents Chitimukulu (et des autres chefs du clan régnant) et avait comme responsable le Shimwalule[24].

Les rites accompagnant la mort et l'enterrement des chefs bemba remontent à l'époque où ils se percevaient encore comme des Luba qui avaient quitté leur pays d'origine à la recherche de nouvelles terres. Des traditions orales racontent la mort et l'enterrement de leur premier Chitimukulu à Mwalulue.

1. Dispositions funéraires pour le premier Chitimukulu

Le corps de *ChitiMukulu* (« Chiti le Grand ») *Fwamwamba UmuLuba* (« panier grossier fait de feuilles »)[25], le premier Chitimukulu, a été entièrement conservé à l'exception des intestins, qui ont été enterrés dans sa case à Citaba Camp, alors que les Bemba étaient encore en route, dans leur voyage migratoire entrepris au XVIe siècle. Dès le début, *NkoleMukulu Umwimbilwa Mapembwe* (« Celui qui avait des tranchées creusées contre lui »)[26], le frère cadet immédiat, *Kapamba (Mukulu) Mubanshi*[27], le plus jeune des trois frères, quelques nièces et neveux et des conseillers étaient à la recherche d'un cimetière où ils pourraient entretenir la tombe et vénérer le chef à la fin de chaque année[28]. La recherche s'est avérée assez longue, pénétrant toujours plus profondément dans le territoire étranger du Plateau du Nord.

De Kaunga, Nkole s'est déplacé vers le ruisseau Mikunku, où il a établi un camp, *Mapunga* (« malheur ») ; et, de là, il est allé jusqu'à la rivière Katonga et a construit une baraque appelée *Muungu wambuto : ni Lesa abiika* (« la courge est pour la semence : Dieu l'a mise de côté à cette fin »), en découvrant que son seul frère [cadet] survivant [Kapamba] était lépreux et qu'il restait seul responsable de l'avenir de son peuple[29].

---

24. *Ibid.*, p. 55.
25. Paul B. Mushindo, *A Short Story of the Bemba*, Lusaka, 1977, p. 2.
26. *Ibid.*, p. 2.
27. *Ibid.*
28. *Ibid.*, p. 22.
29. *Ibid.*, p. 23.

Lorsque NkoleMukulu a finalement trouvé un endroit approprié pour enterrer son frère, il a découvert que le terrain appartenait à une femme nommée Chimbala, qui était sans mari[30]. Il lui demanda si elle était prête à purifier, après les funérailles, les hommes qui auront enterré ChitiMukulu. Elle répondit :

> N'ayant pas de mari, et la nourriture de purification devant être préparée par une femme mariée après le coït, elle n'était pas en mesure de faire les préparatifs nécessaires à la cérémonie[31].

Cependant, NkoleMukulu souhaita que Chimbala s'occupe du cimetière « et lui dit de laisser son esclave faire le devoir d'un mari, afin qu'elle puisse purifier les hommes qui auront enterré le chef[32] ». Pendant qu'il prenait des dispositions pour l'enterrement de son frère ChitiMukulu, NkoleMukulu lui-même mourut (mystérieusement). Finalement, on a creusé la tombe de ChitiMukulu, on y a déposé son corps, la tête tournée vers l'est, et on a posé des cadeaux à côté du corps (« des coquillages indiens, de l'ivoire, de la poterie, des vêtements blancs et colorés et des ustensiles de ménage ») censés être utiles dans l'autre monde. La nuit suivant l'enterrement de ChitiMukulu, Chimbala s'acquitta du devoir promis avec son esclave Kabotwe et prépara au matin la bouillie épaisse nécessaire à la purification de ceux qui avaient enterré le chef, car ils avaient été en contact avec son corps. NkoleMukulu a été enterré l'année suivante au même moment et de la même manière[33].

Revenons au XXe siècle. Le cimetière des chefs à Mwalulue est entretenu par le gardien, le Shimwalule, assisté par trois femmes qui ne sont plus en âge de procréer. Ce sont des épouses de chefs décédés, ou, plus exactement, les « épouses des reliques » (*bamukabenye*), et, pour cette raison, il leur est interdit d'avoir des relations sexuelles. Enfreindre ce tabou serait considéré comme de l'adultère et attirerait par conséquent toutes sortes de calamités sur le peuple. Il y une seule exception !

> Après l'enterrement d'un chef à Mwalulue, une de ces femmes doit coucher avec le Shimwalule, afin de purifier le pays. Après leur rapport sexuel, on allume un nouveau feu dans le village du Shimwalule lui-même et on blanchit sa maison à la chaux[34].

---

30. *Ibid*.
31. *Ibid*.
32. *Ibid.*, p. 24.
33. *Ibid.*, p. 25-26.
34. Tanguy, « The Bemba of Zambia », p. 111.

L'acte sexuel ritualisé purifie le pays de la contamination entraînée par la mort du Chitimukulu. La mission des trois femmes consiste à honorer les esprits royaux. C'est par elles que Chitimukulu offre des libations et des sacrifices aux ancêtres. Ces femmes pratiquent ce culte dans le village du Shimwalule, devant la maison des reliques (*babenye*) et non dans le bosquet. Pour ce travail, elles reçoivent une rémunération[35].

Les rituels de mort et d'enterrement évoluent au fil du temps, en particulier dans le contexte d'une histoire migratoire reposant sur un ensemble de pratiques culturelles ancrées dans les structures de vision du monde de l'ancienne terre. Ces dernières subiront des modifications au fur et à mesure que les gens s'installeront sur la nouvelle terre, ce qui produit à son tour des structures de vision du monde modifiées.

La mort des Chitimukulu suivants nécessite un examen plus approfondi pour rassembler plus de données que ce qui a été esquissé ci-dessus. La nature de sa mort – qui n'est pas naturelle – présente un intérêt particulier pour le présent travail.

Kalusa et Vaughan proposent une sorte de résumé de la complexité des événements qui entourent la mort du chef. Ce résumé se fonde sur le corpus de matériel ethnographique collecté par Audrey Richards dans les années 1930 et 1950. Richards fournit des preuves :

> que les Bemba avaient étranglé leurs chefs mourants, de peur que, si on les laissait exhaler leur dernier souffle de manière naturelle, ils n'expirent les *imipashi* ou esprits du pays[36].

Mais, plus tard, elle semble se contredire :

> Le chef suprême tire son pouvoir des esprits de ses prédécesseurs décédés et ne doit pas être autorisé à mourir avec ces esprits encore présents dans son corps. Étrangler un grand chef (cela ne s'appliquait pas seulement aux Chitimukulu, mais aussi à d'autres grands chefs du clan du « Crocodile ») permettait de garder les esprits en sécurité dans le corps du chef, qui était ensuite embaumé et conservé comme une « relique »[37].

Bien que Kalusa et Vaughan aient noté cette apparente contradiction, ils la considèrent comme « peut-être indicative de la difficulté qu'elle a eue (avec

---

35. *Ibid.*
36. Richards, « Keeping the King Divine », discuté dans Kalusa et Vaughan, *Death, Belief and Politics*, p. 51.
37. Kalusa et Vaughan, *Death, Belief and Politics*, *ibid.*

d'autres) à cerner les croyances des Bemba sur ce sujet[38] ». Peut-être – peut-être pas.

2. Régicide – quelques questions

Le fait est que le Chitimukulu a été « étranglé par ses grands conseillers, avant qu'il ne rende son dernier soupir, afin de conserver les esprits des ancêtres à l'intérieur de son corps[39] ». Dans une lettre adressée à Edmund Leach en 1982, Richards décrit elle-même en détail les procédures de régicide de grands chefs, montrant que même « les autorités coloniales, laissait-elle entendre, fermaient les yeux sur le régicide[40] ».

C'est également un fait que le Chef et d'autres chefs importants incarnent plus qu'un seul *umupashi* de leur vivant. Le Chitimukulu, en particulier, incarne toute une série d'*imipashi* des Chitimukulus précédents. Même à l'époque de Richards, le Chitimukulu d'alors pouvait effectivement s'appuyer sur une longue lignée de prédécesseurs et, avec elle, sur toute une assemblée d'*imipashi* habitant son corps. Et parmi ceux-ci, il y avait, bien sûr, l'*umupashi* du tout premier Chitimukulu, fondateur de la dynastie des *Beena Ng'andu*.

Pourquoi insiste-t-on tant sur la nécessité d'étrangler le Chitimukulu et de conserver sa troupe d'*imipashi* à l'intérieur de son corps, si c'est impensable autrement et si des rites complexes sont nécessaires pour détacher correctement l'*umupashi* du corps de son « compagnon humain », comme on le verra plus loin ? Pourquoi faut-il une dessiccation absolue, un assèchement complet du corps, pour, en quelque sorte, « mettre en sécurité » les *imipashi* ? Pourquoi un corps ainsi préparé est-il explicitement considéré comme le lieu de stockage approprié pour tous les *imipashi* royaux ?

3. Régicide – quelques réflexions

Il existe peut-être une différence légère, mais significative, en dehors des implications physiques, entre le fait de mourir en rendant son dernier soupir, en expirant ainsi les *imipashi* au cours d'un processus lent, et l'étranglement, qui met bien plus abruptement fin à la vie et prend les *imipashi* en quelque sorte « par surprise » en les enfermant à l'intérieur du corps.

En d'autres termes, on empêche les *imipashi* d'être libérés dans un soupir, ce qui interdit en quelque sorte un départ désordonné et non ritualisé, pour

---

38. *Ibid.*, p. 82.
39. *Ibid.*, p. 54.
40. *Ibid.*, p. 52.

vagabonder à leur guise, tandis qu'un successeur à la chefferie est encore loin d'être désigné.

Le long interrègne rend la terre inaccessible, *kuloba*, et on ne peut pas accepter, par-dessus le marché, que des *imipashi* de niveau supérieur soient lâchés dans des accès de folie et risquent de faire des ravages dans toutes les communautés de Lubemba, en y semant toutes sortes de maladies. Tout le monde s'accorde à dire que l'*umupashi* d'un chef (et même s'il n'y avait qu'un seul *umupashi* – ce qui n'est pas le cas) passe pour avoir un statut plus élevé que celui des membres ordinaires de la société bemba.

Le mode traditionnel d'« embaumement » par dessiccation du corps, si différent « des autres formes d'embaumement (pratiquées dans la Zambie d'aujourd'hui comme ailleurs), qui visent à ralentir la décomposition et à créer une apparence de santé normale », réduit le corps « à une substance semblable à une graine[41] », et peut s'expliquer par des aspects essentiels et critiques de la vision du monde.

Peut-être que cette substance du corps, « semblable à une graine », symbolise le corps desséché en tant que graine (pois, haricots, sorgho, millet), dont l'enveloppe extérieure durcie (la peau) protège le noyau doté d'un « pouvoir de germination » protecteur et conservateur pendant une longue période.

Peut-être que la substance « semblable à une graine », prise comme métaphore de la semence, est le type même d'« environnement » qui préserve le mieux, ou même garantit la protection contre la « perte » ou l'errance des *imipashi* jusqu'au moment où, grâce à la mise en œuvre des rituels appropriés, ils mettent fin à la conservation, alors que le nouveau Chitimukulu accède au pouvoir en emportant avec lui les *imipashi* de ses prédécesseurs, qui reprennent alors leur place dans son propre corps.

Peut-être la métaphore de la graine plonge-t-elle ses racines jusqu'à l'époque ancienne où NkoleMukulu, recherchant un cimetière pour son défunt frère ChitiMukulu et découvrant que son jeune frère Kapamba était lépreux, a appelé la cabane de la rivière Katonga *Muungu wambuto : ni Lesa abiika* (« la courge est pour la graine : Dieu l'a mise de côté à cette fin »), ce qui signifie que cette graine, c'est *lui* (*imbuto*). Et c'est lui qui est désormais seul responsable de l'avenir de son peuple. Une déclaration d'allure métaphorique très intéressante sur l'élection divine !

Cette métaphore de la semence apparaît également dans la théologie d'Emilio Chishimba Mulolani à la tête de son Église Mutima, créée en tant

---

41. *Ibid.*, p. 83, note 28.

qu'Église d'initiative africaine en Zambie en 1958[42]. Emilio est d'ethnie bemba, et sa mère est une « descendante d'un chef suprême, Chitimukulu Chinchinta, une personnalité historique[43] ».

La théologie d'Emilio, incroyablement complexe et difficile, est radicalement différente des théologies chrétiennes dominantes, de même qu'elle diffère énormément des notions traditionnelles de la personne, rejetant par exemple « l'idée d'esprits ancestraux habitant une personne[44] ».

La métaphore de la graine n'en est pas moins centrale dans sa conception de la Trinité, « en particulier pour la deuxième personne, le Cœur-Graine (*Lulelya*) ou l'Enfant (*Mwana*) de Dieu l'Ancêtre (*Lesa Chikolwe*)[45] » et « est responsable de nourrir les âmes humaines, de les soutenir en passant par l'incarnation et la souffrance, et de les faire avancer vers leur destinée éternelle dans le royaume céleste[46] ».

L'intention de ces lignes, c'est que les hypothèses fondamentales des Bemba sur l'ordre et les éléments et pouvoirs constitutifs de leur univers culturel permettent à leurs membres de faire appel à ces structures de vision du monde, de les habiller de métaphores (chaque culture en a une gamme favorite – comme celle dont il est question ici). Ces structures et ces métaphores peuvent être utilisées à diverses fins pour atteindre des objectifs culturels, politiques ou théologiques.

Revenons à la métaphore de la graine appliquée au corps desséché de Chitimukulu. Le processus normal de décomposition du corps appellerait certainement un point de rupture, un moment final où les *imipashi* se séparent

---

42. Gary Burlington, « "I Love Mary". Relating Private Motives to Public Meanings at the Genesis of Emilio's Mutima Church », thèse de doctorat, Faculté d'études interculturelles, Biola University, 2004, p. 115.
43. Roberts, *A History of the Bemba*, cité par Gary Burlington, « Topography of a Zambian Storyland », *International Journal of Frontier Missions* vol. 15, 2, 1998, p. 77.
44. Burlington, « I Love Mary », p. 147.
45. Emilio Mulolani Chishimba, « Amalyashi ya Munshiku sha Sabata Umwaka walenga Amakumi Yane na Mutanda/Amakumi Yane na Chinelubali » (The Sabbath Day Lessons for the Forty-Seventh Year), Ndola, Zambie, 1997, p. 4, cité par Gary Burlington, « God Makes a World of Difference. The Dialectic of Motivation and Meaning at the Creation of an African Theistic Worldview », *Missiology. An International Review* vol. 36, 4, 2008, p. 435s.
46. Emilio Mulolani Chishimba, « Ubutantiko bwa Malyashi ya Munshiku sha Bachinelubali Ukutampa mu Mweshi wa Kapepo Kanono Ukushinta na ku Mweshi Wa Cinshikubili » (The Outline of Seventh Day Lessons Beginning in the First Cool Month through the Month between the Dry and Rainy Seasons), Ndola, Zambie, 1996, p. 1 ; Chishimba, « Amalyashi ya Munshiku sha Sabata Ukutampa mu Mwaka walenga Amakumi Yane na Isano ukushinta na mu Walenga Amakumi Yane Na Mutanda » (The Sabbath Lessons Beginning in the Forty-Fifth Year through the Forty-Sixth Year), Ndola, Zambie, 1996-1997, p. 4, cités par Burlington, « God Makes a World of Difference », p. 435s.

du corps de feu Chitimukulu. Mais comme les rites funéraires, qui assurent ce détachement du corps et le passage en toute sécurité vers le monde des esprits, ne peuvent être célébrés qu'après la fin de l'interrègne, il faut garder les *imipashi* en sécurité dans le corps desséché, jusqu'à ce que le transfert dans le nouveau corps soit rituellement réalisé.

En d'autres termes, la transition sûre et sans heurts des *imipashi* du défunt Chitimukulu vers le nouveau Chitimukulu, en le dotant des mêmes « pouvoirs surnaturels » qu'il est réputé posséder, ce transfert est absolument vital. Il est même critique pour le pays et les gens, puisque « la vie et la mort de Chitimukulu étaient [et sont] liées à la vie et à la mort de chaque sujet[47] ». Avec la purification de la terre – et seulement grâce à elle ! – la terre n'est plus inaccessible (*kuloba*) ; un nouveau cycle de vie pour les activités agricoles, culturelles et sociales peut reprendre. Un processus de transition sûr et sans heurts des *imipashi* d'un Chitimukulu au Chitimukulu suivant est vraiment vital, voire critique, afin de « garder le roi divin » (faire en sorte qu'il reste divin).

D'une certaine manière, cela explique aussi « l'attitude complexe d'admiration et de crainte que le Mubemba a pour son chef – une attitude qui transcende les liens de loyauté personnelle et les sentiments de parenté[48] ». Pour dire les choses clairement : ne pas s'en prendre à Chitimukulu, car cela signifierait s'en prendre à ses *imipashi* ! Un désastre total pour ceux qui oseraient ! Désastre total pour la terre, car elle ne sera pas épargnée !

III. La mort des gens du commun (*ababapi*)

Avant l'indépendance, la mort était très redoutée et avait des conséquences cruelles pour le mari comme pour la femme.

A. La mort redoutée – c'est mauvais pour les veufs et les veuves

Écrivant dans les années 1930, Labrecque expose la situation comme suit :

> Ni la veuve ni le veuf n'ont de rôle à jouer dans les cérémonies funéraires, car, dans la plupart des cas, ils sont considérés comme ayant causé la mort de leur partenaire dans le mariage. Parfois, le veuf est ligoté et fouetté, tous les biens de sa femme, tels que ses ornements, ses vêtements, ses houes, etc., sont pris par les parents

---

47. Kalusa et Vaughan, *Death, Belief and Politics*, p. 51.
48. Richards, « The Story of Bwembya of the Bemba Tribe », p. 1.

de la défunte. Heureux l'homme qui, à la suite des incantations, n'est pas accusé de sorcellerie ou d'être possédé par un mauvais esprit, car les représailles seraient alors vraiment terribles[49].

B. La mort redoutée – c'est pire pour les veuves

Le sort de la veuve n'est pas meilleur. Elle est battue, attachée et raillée. Tous les biens de son mari, tels que les paniers contenant de la nourriture, vont aux parents du défunt. Elle est réduite à la mendicité (*ukupula*) jusqu'à ce que son destin soit connu par la révélation du degré de sa culpabilité dans la mort de son mari. Mais, pire encore, cette *muka-mfwilwa* (« veuve ») est mise sous interdit. « Elle est hantée par la mort dans son corps » (*aba ne mfwa mu nda*). Tant qu'elle est ainsi hantée par la mort de son mari, elle ne peut pas se remarier. Se marier alors qu'elle est sous interdit entraînerait la mort du nouvel époux. C'est pourquoi on dit d'une telle personne : *E cilwa buko iciisa ulubansa nga lwabuta* (« c'est pour combattre le beau-frère qui vient en foule »). Cela s'applique également au veuf. L'un comme l'autre doit chasser la mort[50].

Le départ d'une personne de la communauté des vivants en raison de la mort de son corps entraîne une multitude de faits importants, voire critiques, qui requièrent attention et action. D'une part, il faut organiser et réaliser des tâches plutôt ordinaires (par exemple, informer la famille, prévoir la nourriture et les boissons pour les funérailles, le cercueil, le creusement de la tombe, etc.). D'autre part, il y a les activités fondées sur le rituel, qu'on appellera les « obligations critiques », profondément affectées par les structures de la vision du monde.

IV. *Ubupyani* – succession et héritage

La culture bemba comporte un système complexe de rituels lors de la mort, immédiatement après la mort, lors de l'enterrement, du rassemblement funéraire, et même après. La caractéristique la plus marquante est le fait qu'on attribue un successeur (*ukupyana*) à la personne décédée, quels que soient son âge et son sexe. *Toute personne qui meurt doit être remplacée (suivie) par une*

---

49. Labrecque, « Beliefs and Religious Practices of the Bemba », p. 87.
50. *Ibid.*, p. 88.

personne vivante[51], bien que le mode de succession diffère selon l'âge, le sexe et la situation de famille. Par exemple, le décès d'un homme marié nécessite son remplacement, c'est-à-dire qu'il reçoit comme successeur un autre homme (*ukupyanika umwaume uwaupa*). La succession comprend également l'héritage : outre le nom, le statut et les obligations sociales du défunt, l'héritier reprend aussi son *umupashi*. Richards a considéré cet ensemble complexe de caractéristiques successorales comme une situation qu'elle a appelée une identification complète peu ordinaire entre le défunt et son héritier[52].

Les questions de succession et d'héritage sont discutées lors de l'*isambo/isambwe lyamfwa* (« le rassemblement familial après l'enterrement du parent décédé »). Lors de cette réunion, si le défunt était marié, les deux familles (celle du défunt et celle de sa belle-famille) sont censées être représentées, car le clan du défunt va revendiquer ses droits[53].

A. *Ukupyana* – éloignement rituel de la mort (*kutamfye mfwa*)

Ubupyani (« succession » et « héritage ») consiste à entreprendre *ukupyana*, « chasser la mort » (*kutamfye mfwa*) et, dans le cas où la personne décédée était mariée, rendre possible le remariage. Comme on peut s'y attendre, ces deux actes sont hautement ritualisés.

Il est hors de notre portée de rendre compte de toutes les particularités et de tous les aspects de la mort et des rituels qui s'y rapportent pour toutes les personnes selon leur rang et leur statut. Ce qui est possible, c'est de présenter sous forme descriptive les aspects majeurs et essentiels de la mort et des pratiques rituelles qui s'y rapportent. Deux aspects méritent d'être mentionnés et expliqués :

- la mort doit être chassée (*ukutamfye mfwa*) ;
- la succession et l'héritage (*ubupyani*), y compris la distribution des biens, doivent être réalisés.

---

51. Cela ne s'applique pas aux fous, aux lépreux, aux sorciers, aux albinos et d'autres personnes. Les principaux critères sont fixés par le type d'*umupashi* auquel la personne est associée.
52. Richards, *Mother-Right*, p. 269.
53. Lumbwe, « Ubwinga », p. 97.

Lumbwe le résume ainsi :

> La succession (*ukupyana*) ne se déroule pas de la même manière après chaque décès. Selon les circonstances et l'accord conclu par le clan, on peut envisager les options suivantes : si c'est un homme qui devient veuf (*shimfwilwa*), *impyani* (« la personne qui succède ») de sa femme doit être la sœur de celle-ci ou un membre de la famille proche de son clan. Il n'y a aucune restriction, et la famille peut donc choisir une femme mariée ou une jeune fille (*umushimbe*) pour succéder à cette femme. Si c'est une femme qui devient veuve (*mukamfwilwa*), le clan peut choisir un homme marié ou un célibataire (*nkungulume*) comme successeur[54].

1. La mort d'une épouse

Pour chasser la mort de sa femme qui le hante, le mari doit chercher à avoir pendant deux jours des relations clandestines avec une sœur ou une nièce de sa défunte épouse. La cérémonie diffère selon le statut de la femme qui accepte de coucher avec lui, selon qu'elle est mariée ou non[55].

Si la femme choisie n'est pas mariée :

> La cérémonie dure deux jours et se déroule dans le village. Après que le veuf a eu cette relation pour la première fois avec la jeune femme, elle met deux *utwinga* (« petits pots ») sur le feu. Ils sont remplis d'eau et de remèdes (racines de *mubwilili*). L'un des *utwinga* est appelé *kalubi* (« fétiche ») et l'autre *icikota* (« la grande femme »). On jette l'eau du *kalubi* sur la route le long de laquelle le cortège funéraire est passé (*Aitila amenshi mwi'shinda lya mucishi*, « elle jette l'eau sur le chemin de la tombe »). Le deuxième jour, le veuf et la jeune femme placent ensemble l'*akapalwilo* (« le pot de mariage ») sur le feu et le retirent ensemble, lorsque l'eau est chaude, afin de se laver. C'est par définition le lien du mariage. *Amupa, e myupile mu kupyanina, e mipyanine amupa no kupa*, « il l'épouse, c'est la façon de se marier dans le rituel pour éloigner la mort »[56].

---

54. *Ibid.*, p. 98.
55. Labrecque, « Beliefs and Religious Practices of the Bemba », p. 88.
56. *Ibid.*, p. 88.

S'il n'y a pas de femme non mariée :

> Il arrive parfois qu'un veuf ne trouve pas de parente de sa défunte épouse avec qui il puisse se libérer de la « mort ». Il fait alors appel à n'importe quelle veuve pour l'aider. Si les proches de celle-ci sont d'accord, elle lui est donnée en mariage. (*Bamupa cishishi*, « il épouse cette proche parente afin de se débarrasser de l'esprit et de la mort »). Avec elle, il passe avant tout par la cérémonie d'*ukutamfye mfwa*. Ensuite, ils disent : *E wamupokela mfwa* (« elle lui a enlevé la mort ») ; *E wamutamfishe mfwa* (« elle a écarté de lui la mort ») ; *E wamupokela umupashi* (« elle l'a libéré de l'esprit du défunt »)[57].

Voici les éléments plus récents de ce qui se passe à la mort d'une épouse :

- Il faut trouver une personne pour lui succéder.
- On réalise la première étape d'*ubupyani* (*ukunwa amenshi*).
- La famille cherche une femme non mariée, une veuve « purifiée » ou une femme divorcée ; on amène la femme à l'homme et ils seront dès lors unis comme mari et femme ; les enfants issus des deux unions sont désormais sous la responsabilité de l'homme (il arrive cependant souvent que les enfants qui entrent dans cette famille soient défavorisés et négligés).
- Si on ne trouve aucune femme répondant à ces critères, on cherche une fille vierge parmi les membres de la famille ; dans ce cas, les procédures normales de mariage ont lieu, ou bien l'homme l'emmène simplement chez lui ; un tel mariage est considéré comme un *ukupyana ing'anda* pleinement valide.
- Si le décès de la défunte est lié à une maladie (comme le VIH/SIDA), l'homme doit porter des « perles blanches » (*ukukaka akalungu*), enfilées sur un fil de coton fin et attachées autour de chaque poignet, et aucune relation sexuelle n'est requise.

2. La mort d'un époux

De toute évidence, les cultures évoluent avec le temps, et ainsi certaines pratiques sont soit abandonnées, soit modifiées. Le récit de Labrecque, datant des années 1930, mentionne des éléments de la cérémonie qui ne sont plus pertinents dans les circonstances actuelles.

---

57. *Ibid.*

La veuve, c'est *mukamfilwa, uwafwilwa mulume*, « celle dont le mari est mort ». Il y a tout d'abord la cérémonie d'*ukunwa amenshi* (« boire de l'eau »), qui consiste à donner les arcs et les flèches appartenant au mari décédé à un nouveau neveu ou petit-neveu destiné à remplacer son oncle en prenant son nom et en exerçant ses fonctions (*e kutola amata, e kupyana amata, e kufumye mifitalila ya mubiye*, « c'est prendre des flèches, c'est hériter des flèches, enlever de mauvaises choses de son prochain »). Une autre façon de dire cela est : *E kubule mishingo (amata) ya munankwe*, « c'est hériter des biens et de la femme du mort »[58].

B. *Ukupyana* – succession et héritage ritualisés

La coutume bemba relative à l'héritage est un credo qui dit que, dans des circonstances normales, personne ne quitte ce monde n'importe comment. Tout le monde a besoin d'un successeur, et la « brèche humaine » doit être refermée.

1. Succession d'un enfant, d'une personne non mariée, d'une personne âgée – *ukunwa amenshi*

Un enfant est couramment remplacé par le grand-père ou la grand-mère encore en vie, qui devient alors *impyani*, un successeur. L'*impyani* reprend l'*umupashi* de l'enfant (*asenda mupashi wa mwana*, « il/elle emporte l'*umupashi* de l'enfant »[59].

Les personnes non mariées ou âgées (qui ne peuvent pas se remarier) ont également leur successeur. Cette appropriation a lieu lors de la première étape de la succession (*ubupyani*) et s'appelle *ukunwa amenshi* (« boire de l'eau »). La cérémonie a lieu après l'enterrement, dans un délai relativement court (environ le temps nécessaire pour brasser suffisamment de bière, afin d'honorer le public pour sa participation et sa sympathie en souvenir de la personne décédée. On réserve une partie de la bière pour les membres de la famille dans une petite calebasse).

Toute personne qui meurt (sauf si elle est folle, lépreuse, sorcière ou *bamwabi*) doit être remplacée (*ukupyanwa*) par une personne vivante. À la mort d'une personne, la famille cherche un candidat approprié pour devenir *impyani*. On accorde la préférence aux personnes qui sont plus jeunes que le défunt et qui

---

58. Labrecque, « Beliefs and Religious Practices of the Bemba », p. 89.
59. Le sens profond, c'est de rompre de manière légitime et convenable l'attachement de l'*umupashi* à l'enfant défunt et de transférer la compagnie de l'*umupashi* à l'*impyani*.

appartiennent à la lignée familiale du père. Si on ne trouve personne, la recherche se poursuit dans la lignée maternelle.

Seules entrent en ligne de compte les personnes plus jeunes que la mère de la personne décédée. La préférence est donnée au frère de la mère (*bayama*) qui doit être plus jeune qu'elle. N'importe quel adulte ou même un enfant de sa famille peut devenir *impyani*. L'*impyani* ne doit pas encore avoir lui-même de petits-enfants. Si, dans l'une ou l'autre des lignées familiales, il y a une future mère, il n'est pas nécessaire de chercher un *impyani* : l'enfant à naître succède automatiquement (*ukupyana*) à la personne décédée, qui peut avoir n'importe quel âge.

La lignée du père et la lignée de la mère sont considérées comme *ing'anda inono*, opposée à *ing'anda ikalamba*, la maison/famille dans laquelle le décès est survenu. Un membre de l'*ing'anda ikalamba* ne peut pas succéder à une personne décédée de l'*ing'anda ikalamba*.

2. Boire de l'eau – la cérémonie d'*ukunwa amenshi*

Les membres de la famille posent la petite calebasse contenant la bière (*umufungo*) au milieu de leur cercle et discutent pour savoir qui de la famille peut succéder (*ukunwa amenshi*) au défunt. Lorsqu'on a trouvé la bonne personne, on retire la calebasse, et la personne (*uwakunwa amenshi*) vient prendre sa place au milieu.

Le père de la personne décédée (s'il est mort, ce sera le frère plus jeune du père) prend de l'eau dans sa bouche et la vaporise sur la poitrine (*pa cifuba*) et sur le dos (*pa numa*) de l'*impyani*. Cela s'appelle *ukupaala* (« bénir »), par exemple : *ulekuula fye ulelosha impumi mu mulu ube fye ngo mutaba*, « grandis seulement, dirige ton visage vers le ciel, sois juste comme un baobab » (grandis simplement, sans aucun problème).

La cérémonie est appelée *ukupyanika* (« désigner le successeur ») et a pour but d'unir les deux *imipashi* (l'*umupashi* du défunt et l'*umupashi* du successeur), afin que l'*impyani* puisse hériter du nom du défunt. Les deux noms sont dès lors « actifs », c'est-à-dire qu'ils entrent en service. L'union des deux *imipashi* ne signifie pas nécessairement un surcroît de force, de capacités ou une amélioration du successeur, bien que son deuxième *umupashi* doive lui assurer une protection supplémentaire contre le mal, en particulier contre les actes de sorcellerie.

Le raisonnement est le suivant : une personne adulte a déjà ses propres habitudes, sa personnalité a déjà des traits de caractère propres. En d'autres mots, elle a déjà ses propres *imibeele*. Sa personnalité est déjà arrivée à maturité. C'est pourquoi un bébé qui va bientôt naître recevra automatiquement le nom de la personne défunte, afin de revivifier la personnalité de l'aïeul. Une personne qui a déjà une fois succédé et qui redevient le seul candidat à la succession en cas de nouveau décès peut être autorisée à succéder une seconde fois. Après cela, ce n'est plus possible. Cette seconde succession est limitée à une famille où elle n'a succédé à personne. Elle doit être issue d'une autre famille.

3. Hériter d'un nom

Kapolyo propose la description suivante d'*ukunwa amenshi*[60] :

> Après la mort d'un homme ou d'une femme, les proches se réunissent pour désigner la personne qui héritera du défunt. Il est important de préciser que l'héritage, dans ce cas, n'a pas grand-chose à voir avec une réception de legs, mais est entièrement centré sur le fait de « devenir », d'une manière mystérieuse, la personne décédée. Par cette cérémonie, la famille invite symboliquement le défunt à revenir et à renouer le contact avec lui/elle[61]. Au moment opportun, un parent plus jeune sera désigné. Parfois, le défunt peut avoir désigné la personne qu'il souhaitait.
>
> Dans les groupes ethniques matrilinéaires [comme les Bemba], la lignée d'héritage passe par la sœur d'un homme et leurs enfants, ses neveux et nièces utérins[62]. C'est peut-être ce qui rend les sœurs d'un homme si spéciales et si importantes. Elles portent pour lui les garçons qui prendront son nom après sa mort.

4. Hériter des personnes et non des richesses

> Le rituel est présidé par un membre influent de la famille. Tous les participants sont invités à s'asseoir en cercle et le candidat est prié de s'asseoir au milieu du cercle. Cette personne reçoit de l'eau à boire [d'où la désignation de cette partie d'*ubupyani* : *ukunwa amenshi*, « boire de l'eau »], ainsi que des objets symboliques [effets personnels] tirés de la garde-robe du défunt. On peut également lui donner des instruments significatifs de l'activité principale du défunt. Il peut, par exemple, recevoir un fusil si le défunt était un chasseur, une houe s'il était agriculteur, et ainsi de suite. Ensuite,

---

60. Kapolyo, *L'homme*, p. 146-149.
61. Cf. John Mbiti, *Religions et philosophies africaines*, Yaoundé, CLÉ, 1972, chap. 14 : « La mort et l'au-delà ».
62. Audrey Richards, « Some Types of Family Structure amongst the Central Bantu », dans A. R. Radcliffe-Brown et D. Forte, sous dir., *African Systems of Kinship and Marriage*, Londres, KPI/IAI, 1950, p. 222, discuté par Kapolyo, *L'homme*, p. 164-193.

on prononce certains mots pour inviter le défunt à revenir s'établir dans le corps du candidat. Il faut bien noter que les gens reçoivent en héritage des personnes, et non des richesses.

5. Hériter le statut et la position du défunt

À partir de ce moment, l'héritier devient effectivement le défunt. Tous ceux qui avaient des relations avec le défunt les transfèrent sur l'héritier, de sorte qu'ils entretiennent désormais avec lui les mêmes relations qu'ils auraient eues avec le défunt. Un homme dont la fille a remplacé sa grand-mère la traitera toujours avec le même amour et le même respect que pour son aïeule défunte. Cette fille sera dorénavant la représentante de la défunte parmi les vivants. Les vivants et les morts sont immanents, c'est-à-dire qu'ils coexistent les uns avec les autres et s'impliquent ainsi dans leur peuple. Au fur et à mesure que le rituel de l'héritage se déroule, tous ceux qui souhaitent s'exprimer sont invités à le faire. Ceux qui prennent la parole parlent à la personne désignée en des termes qui indiquent clairement qu'ils s'adressent à la personne défunte. La personne désignée est effectivement *devenue* le défunt.

Les enfants du défunt vont traiter la personne désignée en conséquence et se soumettre à elle, comme si elle était leur véritable père. Les garçons héritent de leur oncle maternel et les filles de leur tante maternelle[63].

La personne qui accomplit le rituel est la seule à pouvoir donner des bénédictions (*amapalo*) aux *uwakunwa amenshi*. Les autres personnes présentes déposent un peu d'argent dans une assiette, prononcent quelques mots d'encouragement et reprennent leur place. Cela s'appelle également *ukushikula*[64]. Ensuite, on procède à la distribution de tous les biens du défunt (*ukusalanganya imishingo*). Les *imishingo* sont toujours conservés par une vieille femme de la famille jusqu'à ce que ce moment arrive. La distribution des objets est effectuée par *uwakwakanya imishango*, la personne choisie pour distribuer. Même la veuve n'a pas son mot à dire sur qui reçoit quoi. La distribution des articles conclut la cérémonie et les gens rentrent chez eux.

---

63. Kapolyo, *L'homme*, p. 146-149.
64. « Si le son "i" du mot *ukushikula* est accentué, le sens du mot change pour signifier « découvrir quelque chose qui est enterré »… *Ukushikula* fait référence à l'acte de donner un cadeau symbolique d'argent, afin de défaire un ou plusieurs tabous ». Lumbwe, « Ubwinga », p. 326.

6. Succéder à un homme marié – *ukutamfye mfwa*

Le décès d'un mari entraîne pour la veuve l'obligation de se soumettre à un second rituel (*ukutamfye mfwa*) après un an au minimum et deux ans au maximum. La famille du défunt cherche alors un candidat masculin approprié (*impyani*) pour succéder au mari défunt. L'*impyani* doit être plus jeune que le défunt et provenir de la maison basse (un homme de la lignée du père défunt). Si on ne trouve personne, on passe à la lignée familiale de la mère défunte et de nouveau à l'oncle du défunt (le frère de sa mère) ou à la tante (la sœur du père).

Les discussions finales sont réservées à un très petit nombre de membres de la famille, afin de garder le secret sur l'identité du candidat. L'accomplissement de la deuxième étape de la succession exige des rapports sexuels entre l'*impyani* et la veuve. L'exécution du rite se fait en privé, et seuls quelques membres de la famille sont informés du moment et du lieu de l'exécution. Le lendemain, on fait une annonce pour présenter le nouveau mari de la veuve au public et le nouveau père aux enfants, s'il y en a, et *ukushikula* est à nouveau exécuté. De cette façon, l'*impyani* a accompli l'*ukupyana nganda*, la succession de la maison du défunt mari. Si l'*impyani* est déjà marié, il doit obtenir l'accord de sa femme avant l'union sexuelle avec la veuve. Si elle refuse son approbation, il ne peut être un *impyani* légitime.

Mais il arrive que certains hommes passent outre le refus de leur femme, on appelle cela : *alekaka umupashi* (« il attache l'*umupashi* du défunt mari à la maison de la veuve »). Ce type de succession est considéré comme illégal, et l'*umupashi* du défunt le voit de la même façon et se transforme en *cibanda* (*umupashi naualuka cibanda*, « l'*umupashi* s'est transformé en *cibanda* ») et tourmente désormais ceux qui vivent dans la maison du défunt. Comme conséquence supplémentaire, cela signifie également le divorce de sa première femme, et il devra alors rester avec la veuve, qui deviendra sa femme.

Dans le cas où l'*impyani* obtient le consentement de sa femme pour avoir des relations sexuelles avec la veuve, cela signifie qu'elle fait de son mari à la fois un polygame et le père légal des enfants de la veuve. Il est désormais lié à sa première femme par le mariage et à sa deuxième femme par la succession.

Or, il existe l'alternative d'*ukubulako fye umupashi*, « enlever l'*umupashi* ». Dans ce cas, l'*impyani* exécute *ubupyani* (« succession ») par le biais d'un rapport sexuel avec la veuve, mais la relation s'arrête là et il reste avec sa première femme.

La veuve n'est pas obligée de devenir la femme de son beau-frère, surtout s'il est déjà marié, car cela signifierait qu'elle entre dans une union polygame. Susan Sakala émet le commentaire suivant :

Le parent du défunt se rend dans la chambre à coucher avec la veuve et a un rapport sexuel avec elle. Les parents viennent le matin pour effectuer quelque chose de similaire à la cérémonie de mariage. Ils disent : « Notre famille vient de là et est très travailleuse… ». Mais cela seulement si les deux sortent de la maison. Si l'homme ne veut pas prendre la relève, il ne sort pas de la maison. L'homme et la femme discutent avant de sortir. Si les hommes sont contraints par leurs proches d'hériter de la femme de leur frère pour conserver le respect, ils ne sortent pas. Même la femme peut rester dans la maison, si elle ne veut pas se marier. Souvent, la veuve dit secrètement à l'un des frères qui veut hériter d'elle qu'il doit être le seul, et non les autres, et alors elle ne refusera pas. La veuve peut aussi sortir plus tôt, furieuse. Dans ce cas, l'héritage n'a pas lieu. Il faut passer par certaines étapes, des herbes et des huiles avant de sortir, on ne peut pas sortir de sa seule initiative, il faut attendre l'appel des anciens[65].

7. Veuvage – un sort plein de contraintes

Pour une veuve, le décès de son mari la met dans une situation très difficile. Dans un travail assez récent, Johanna Offe souligne les conditions de vie particulières provoquées par le veuvage, surtout pendant la période de deuil, où une veuve doit observer certaines restrictions, afin d'exprimer sa douleur d'avoir perdu son mari :

- Pendant la première semaine, jusqu'au jour de l'enterrement, dormir par terre, sur le sol dur.
- La veuve n'est pas autorisée à se laver et à mettre des vêtements neufs.
- Elle ne peut pas préparer le repas ni s'approcher du foyer de la famille.
- La restriction la plus importante est l'abstention absolue de tout rapport sexuel.
- Elle n'a pas le droit de couper ou de tresser ses cheveux (pour tenir les hommes à distance) ni de raser les poils du corps.
- Elle doit porter un foulard (*umupango*) qui n'est pas attaché à l'arrière de la tête, mais qui permet aux autres de voir facilement ses cheveux non coupés et non coiffés. Cela est nécessaire jusqu'à ce que son statut

---

65. Susan Sakala, interviewée le 9 mars 2003 et citée par Johanna Offe, *Verheiratet mit einem Toten. Witwen und die AIDS-Krise in Sambia*, Konstanz, Konstanz University Press, 2010, p. 77-78.

de veuve prenne fin. [Un veuf attache ce foulard autour du haut de son bras gauche. L'*umupango* indique qu'une veuve ou un veuf n'a pas encore accompli l'*ubupyani*].
- Elle est dans un état d'« impureté », et celui-ci doit être retiré rituellement (*ubutafika*, « purification, blanchiment »). Cette opération a lieu environ un an après la mort du mari, dans la maison des parents du défunt.
- La purification est réalisée par des rapports sexuels avec un frère cadet du défunt, situé plus bas dans la hiérarchie. À côté des autres fils de la mère du défunt, les frères sont tous les fils des sœurs de la mère [fils des tantes maternelles], c'est-à-dire les cousins parallèles du mari. Ce frère hérite de la veuve et le veuvage de celle-ci prend fin[66].

Il est vital de procéder à l'*ubupyani*, car on craint que la veuve ou le veuf ne devienne fou ou même ne meure s'il/elle se marie avant que l'*ubupyani* n'ait eu lieu. La folie (*ubushilu*) due à une telle union illégale (par des rapports sexuels) avant l'exécution de l'*ubupyani* ne peut être guérie. La cause d'un tel malheur est attribuée à l'*umupashi*.

> *Umupashi uwawafwa taufuma mu ng'anda nga tabalapyanika*, « l'*umupashi* de celui qui est mort ne quitte pas la maison si on ne fait pas la succession ».

L'accomplissement de la cérémonie libère la veuve ou le veuf de la mort de son partenaire dans le mariage.

C. *Ukupyana* – libération rituelle de l'*umupashi* du défunt (*ukupokela umupashi*)

Jusqu'à l'irruption de la pandémie du VIH/SIDA, les rapports sexuels étaient le moyen ultime de *kutamfye mfwa* (« chasser la mort ») ou, en d'autres termes, de *kupokela umupashi* (« se libérer de l'*umupashi* du défunt »). L'union du mari et de la femme dans le sang, le sexe et l'esprit est un lien si fort qu'elle « perdure même dans la mort[67] ». Ce que visent les rapports sexuels dans le « rite de succession » (*ukupyana*), c'est de « chasser la mort » (*ukutamfye mfwa*) du clan du survivant. En retour, ils libèrent l'*umupashi* du corps mort et le ramènent (*ukubwesha umupashi*) dans le clan du défunt. Faire preuve de négligence en n'accomplissant

---

66. Offe, *Verheiratet mit einem Toten*, p. 75-76.
67. Maxwell, « Bemba Myth and Ritual », p. 32.

pas cette cérémonie signifierait pour le conjoint survivant de « rester un milieu trop chaud pour se remarier[68] ».

Ne pas suivre la voie tracée par la culture, avoir, par exemple, des relations sexuelles ou contracter un mariage avec une veuve ou un veuf dont le partenaire défunt n'a pas encore reçu de successeur (*tabalapyanikwa*), c'est s'attirer de sérieux ennuis. L'*umupashi* du défunt serait en quelque sorte coincé entre les amants et, par jalousie, il ne le tolérerait pas et se transformerait en *icibanda*[69]. Alors, deux choses pourraient se produire :

- l'*umupashi* rend l'homme et la femme fous (*ukufulunganya*, « provoquer le chaos, semer la pagaille, confondre [leurs SSIC] ») ;
- il provoque leur mort (par ce genre de folie).

Une personne qui fait la cour à une veuve ou à un veuf dont le défunt partenaire n'a pas encore de successeur peut recevoir des avertissements de la part de l'*umupashi*, des signaux de danger, comme la présence de serpents autour de la maison lorsqu'il/elle vient rendre visite à son/sa partenaire, ou lui faire faire des rêves effrayants de serpents, de sa noyade dans la rivière, etc.

D. Modernisation d'*ubupyani* – trois possibilités

La société bemba contemporaine admet trois options d'*ubupyani* :

- *Ukupyana ing'anda* : un *impyani* légitimement marié obtient l'accord de sa première épouse pour avoir des rapports sexuels rituels avec la veuve ; il hérite d'elle et l'épouse.
- *Ukubulako fye umupashi* : la première épouse est d'accord qu'on effectue *ubupyani* par une relation sexuelle avec la veuve, mais la relation s'arrête là, et l'homme reste avec sa première épouse ; il ne devient pas polygame.
- *Ukukaka akalungu* (courant de nos jours) : si la mort du mari défunt est liée à une maladie (comme le VIH/SIDA) ou si, parmi les membres de la famille, aucun *impyani* convenable n'est trouvé, on a recours aux *ukukaka akalungu*.

Les *ukukaka akalungu* sont des perles blanches enfilées sur un fil de coton fin et attachées autour de chaque poignet. Comme le coton n'est pas solide, il peut se casser facilement, et on interprète cela comme la réalisation d'*ubupyani*

---

68. *Ibid.*, p. 32, tiré de Labrecque, « Beliefs and Religious Practices », p. 68-69.
69. Offe, *Verheiratet mit einem Toten*, p. 80.

(*ubupyani nabusumina*, la rupture facile du fil est attribuée à l'*umupashi* qui signale ainsi son approbation).

Qu'est-ce que les *ubulungu* (« les perles blanches ») ont de si spécial ?

- Elles chassent les mauvais esprits (*ifibanda/ifiwi*) ;
- elles éloignent l'*umupashi* d'une personne décédée ;
- elles portent bonheur, par exemple, lorsque la chance à la chasse fait défaut pendant un certain temps, les chasseurs se procurent des perles blanches, construisent un *ubulungu*, un petit sanctuaire pour les esprits, et appellent l'*imipashi* de la famille à fournir de la viande ; ils lancent ensuite l'*ubulungu* dans les quatre directions, prononcent quelques mots et partent à la chasse ;
- elles chassent la maladie.

Pour la région de Kamena, à environ 40 km au nord de Kasama, qui est le centre administratif de la province, Chileshe indique que les gens attribuent souvent les maladies et les décès liés à la tuberculose et au VIH/SIDA à la sorcellerie (*ubuloshi*). D'autre part, « certaines personnes semblent avoir compris que la maladie [le VIH/SIDA] se transmet par voie sexuelle, car la pratique autrefois populaire de l'héritage des femmes (*ukupyana*) semble en déclin[70] ».

V. « Prendre soin » d'*umupashi*

Dans son travail sur le veuvage des femmes bemba, Johanna Offe parle de la phase liminale que doit traverser une veuve. Mais, en réalité, comme elle le fait remarquer à juste titre, la veuve n'est pas la seule partie concernée qui passe par une phase liminale. Entre la mort d'un homme marié et la purification rituelle de sa veuve, tant le défunt que la veuve n'ont pas de statut précis.

A. Phase liminaire – le défunt, la veuve et la parenté

Le défunt et la veuve sont en quelque sorte en suspens dans cette phase liminale jusqu'à ce que le rituel de purification ait été effectué et que la veuve soit de nouveau en mesure d'assumer son statut social et ses obligations sociales en tant que femme mariée[71]. Huntington et Metcalf proposent le commentaire suivant :

---

70. Alexander Roy Chileshe, « Land Tenure and Rural Livelihoods in Zambia. Case Studies of Kamena and St. Joseph », thèse de doctorat, Faculty of Arts, University of the Western Cape, Afrique du Sud, 2005, p. 112.
71. *Ibid.*, p. 82.

> Les proches sont contaminés par la mort, parce qu'ils participent à la mort. Chaque relation interrompue laisse une personne vivante appauvrie d'autant : c'est une amputée sociale et psychologique. De tous les parents, la veuve est la plus mutilée. Comme le mort, elle doit passer par une phase liminale au cours de laquelle son identité est réajustée[72].

Son statut social a besoin d'être restructuré après la mort de son mari, car, du fait de ce décès, ses relations avec sa famille, avec sa belle-famille et avec l'ensemble de la communauté devront être redéfinies. En d'autres termes, *les membres survivants de la famille traversent, eux aussi, une phase liminale*, car la perte d'un membre laisse un vide qui rend nécessaire de reconstruire un réseau de relations[73].

B. Phase liminaire – *umupashi* est aussi concerné

Mais une autre partie de ceux qui sont jetés dans une phase liminale par le décès du mari n'est souvent pas correctement prise en compte. Johanna Offe y fait allusion, en disant que le défunt reste là, il « vit » avec l'épouse comme esprit pendant sa phase liminale, jusqu'à ce que la purification rituelle de la veuve y mette fin, ce qui lui permet de devenir un ancêtre matrilinéaire[74]. En termes plus clairs : le défunt est l'*umupashi* du défunt, qui subit, lui aussi, une phase liminale ! La conséquence de tout cela, c'est qu'il y a plusieurs groupes qui sont affectés et qui se retrouvent jetés dans une phase liminale causée par la mort du corps d'une personne humaine, dont l'*umupashi* n'est pas le moins affecté ! Bien au contraire !

Les autres groupes affectés par la mort de la personne peuvent partager leur souffrance les uns avec les autres et, après l'accomplissement du rituel, retrouver un statut social normal. Et, avec le temps, la douleur initiale causée par la perte d'un mari, d'un membre de la famille, s'estompera progressivement.

Le moment de la mort met fin à la vie physique, mais ce qui est plus important, c'est le moment où l'*umupashi* se sépare du corps (*umupashi wapatulukula ku mubili*). L'endroit où s'effectue la sortie de l'*umupashi* n'est pas explicitement mentionné, mais les gens disent que l'*umupashi* pourrait partir avec l'*umweo* (une substance spirituelle immatérielle signifiant « souffle » et aussi « vie ») par le nez et la bouche. Un cadavre est sans *umupashi* (*umubili washala fye eka*,

---

72. Richard Huntington et Peter Metcalf, *Celebrations of Death. The Anthropology of Mortuary Ritual*, Cambridge/New York, Cambridge University Press, 1991, p. 82.
73. Offe, *Verheiratet mit einem Toten*, p. 82.
74. *Ibid.*

« le corps seul reste derrière ») ; la vie est terminée (*ukuleka umweo*, « arrêter la vie, rendre son dernier souffle, mourir »). La mort est déclarée immédiatement après l'arrêt de la respiration.

C. Phase liminaire – « le point de vue d'*umupashi* »

La phase liminale d'*umupashi* est également une période de « souffrance ». Considérons-la sous l'angle de « la perspective d'*umupashi* », si l'on peut dire ainsi.

La mort du corps entraîne la séparation de l'*umupashi* du corps de celui qui fut son « compagnon humain », peut-être depuis longtemps. Ce n'est pas un processus qui se fait facilement, car *umupashi* ne va pas – ne peut pas ! – disparaître simplement dans le monde transcendantal. Il reste donc à proximité des êtres humains ; il apprécie la compagnie des humains, et d'autant plus si des marques de respect lui sont adressées, telles que le roulement du tambour, la danse, et, bien sûr, la nourriture et la boisson, dont il peut profiter[75].

Parfois, la mort de son « compagnon humain » peut être attribuée en partie à un moment d'inattention, un moment d'absence d'*umupashi* qui expose son « compagnon humain » vulnérable à d'autres forces. Le terrible résultat (la mort) cause beaucoup de chagrin, voire de remords, à l'*umupashi*, et son SSIC est tourmenté d'une douleur morale.

De même, *umupashi* peut souffrir moralement du simple fait qu'une longue relation harmonieuse avec son « compagnon humain » s'est tristement terminée par une mort douce et paisible, par le décès de ce corps qu'il a si longtemps protégé et soigné.

Il y a ensuite le fait que le corps est soumis à un processus de déchéance, extrêmement désagréable, qui, de manière constante et énergique, pousse *umupashi* à s'éloigner, et, avec l'ensevelissement du cadavre, marque la coupure définitive d'avec son « compagnon humain ».

Pour *umupashi*, cette phase liminale met son SSIC à rude épreuve, détruisant son équilibre émotionnel qui faisait auparavant sa réputation. Obligé de se séparer de son « compagnon humain », *umupashi* se réfugie maintenant chez la veuve, dans sa maison, jusqu'à ce qu'*ubupyani* soit terminé. Pendant cette période, *umupashi* joue le rôle de gardien de la femme et se charge également de veiller sur la maison. Lumbwe affirme :

> Les Bemba croient que si une personne meurt, quelque chose de la personne décédée reste dans les vivants, et si l'âme (*umupashi*)

---
75. Labrecque, « Beliefs and Religious Practices », p. 83.

revient, il est fort probable qu'elle choisisse l'ancien partenaire. Cela fait que le clan du défunt doit supprimer tous les liens spirituels et humains qui pourraient encore subsister[76].

Dès lors, on comprend mieux pourquoi la veuve doit se soumettre au rituel de purification, car il reste largement perçu comme « la voie royale », la seule et unique façon de mettre fin à la phase liminale pour tous les deux et ainsi leur permettre à l'un comme à l'autre de retrouver leur statut !

Les deux ont besoin d'être séparés l'un de l'autre, mais pas n'importe comment ! Et pas n'importe où ! Le rituel de purification s'effectue dans la maison, dans la chambre à coucher de la veuve. Le rapport sexuel ritualisé avec l'*impyani* rompt tout lien affectif avec elle, et *umupashi* se désolidarise d'elle et s'associe désormais à l'*impyani*.

Dans tous les cas, que ce soit par le biais d'une relation sexuelle ou de l'*ukukaka akalungu* (l'enfilage de perles blanches portées autour du poignet de l'un ou l'autre bras), la libération rituelle d'avec l'*umupashi* du défunt (*ukupokela umupashi*) est indispensable. Se soustraire à ce devoir, c'est tenter l'impossible !

Cela est important pour une autre raison encore. Le clan du mari décédé revendiquera certainement l'*umupashi* du membre de sa famille décédé pour qu'il devienne un ancêtre honorable et qu'il leur rende « service » à l'avenir. Si l'on ne libère pas rituellement *umupashi*, une telle contribution bénéfique future au clan et à la lignée restera impossible[77].

VI. Destinée : devenir un ancêtre honorable – *mupashi mukankala*

La survie après la mort « est un axiome de la vie[78] ». On ne s'aventurerait certainement pas trop loin en disant qu'il s'agit d'un axiome largement partagé, et, dans une certaine mesure, sous une forme similaire, sur l'ensemble du continent africain. Tout comme on ne se rend pas sans préparation à la cour du roi, il en va de même pour les cultures africaines, qui ne se contentent pas d'accompagner leurs membres jusqu'à la toute dernière porte de l'existence physique et de les laisser entrer, pour ainsi dire, sans préparation et les mains vides, dans le monde spirituel. Ce seuil doit inévitablement être franchi, et les

---

76. Lumbwe, « Ubwinga », p. 39.
77. Voir également Offe, *Verheiratet mit einem Toten*, p. 79.
78. W. B. Willoughby, *The Soul of the Bantu. A Sympathetic Study of the Magico-Religious Practices and Beliefs of the Bantu Tribes of Africa*, réimpr., Westport, Conn., Negro Universities Press, 1970, p. 2.

systèmes de connaissance des cultures africaines équipent leurs membres en vue de l'au-delà, pour qu'ils ne subissent pas leur destin sans y être préparés.

A. Entouré de rituel et achevé par du rituel

Sur cette question, la vision du monde des Bemba se révèle autant dans les rites funéraires de l'aristocratie que dans ceux pour les gens du peuple, dans la manière dont les membres survivants de la famille prennent congé de leurs défunts. Tout est entouré de rituel et tout se termine par du rituel. On ne se contente pas de creuser un trou et de confier le cadavre à la terre. Il faut le faire correctement, car on se soucie de « l'être qui survit à la mort du corps ». On se soucie d'*umupashi*, de son bien-être au-delà du seuil de la mort. C'est pourquoi les objets déposés dans la tombe n'ont pas une raison d'être purement décorative. Lumbwe écrit :

> [Ils sont censés] couvrir la tombe d'offrandes telles que des coquillages polis (*impande*) et des perles blanches (*ubulungu ubwabuta*) pour honorer le défunt. Ce geste donnera également au défunt les moyens d'acheter du feu lorsqu'il arrivera auprès de Dieu (*Lesa*)[79].

Le feu tient une très grande place dans la vision du monde des Bemba. Richards parle du sexe et du feu comme de « l'idée maîtresse derrière la plupart des comportements rituels des Bemba[80] ». Maxwell considère que l'eau, le sang, le sexe, le feu et la vie sont les métaphores fondamentales de la culture bemba, car elles « mettent en mouvement leurs valeurs les plus sacrées[81] ». Le feu chauffe l'eau dans la marmite nuptiale (*akanweno*), qui appartient à l'épouse. Le lavage des mains avec l'eau chaude de la marmite après l'acte conjugal (*ukucite cupo*) élimine l'état de chaleur du corps du mari et de la femme.

Le feu chauffe l'eau dans l'*akapalwilo* (« marmite de mariage ») dont le veuf et la femme non mariée ont besoin pour se laver après l'acte sexuel. Cela constitue le lien proprement dit du mariage et éloigne rituellement la mort de l'épouse défunte du veuf. Une veuve impure ne peut pas préparer de la nourriture ou s'approcher du foyer de la famille.

Le feu cuit la nourriture pour le mari et les enfants, et les femmes en période de menstruation doivent s'en tenir éloignées ; elles ne sont pas en mesure de

---

79. Lumbwe, « Ubwinga », p. 96.
80. Richards, *Chisungu. A Girl's Initiation Ceremony*, p. 30.
81. Maxwell, *Bemba Myth and Ritual*, p. 28.

toucher les montants du foyer où l'on fait la cuisine. Le feu signale un nouveau statut pour le bébé après la chute du cordon ombilical, qui a lieu en même temps que l'allumage du nouveau feu, le feu sacré de l'enfant. Un nouveau feu est allumé dans tout le village après qu'on en a purgé la pollution. Les rites économiques ou l'installation d'un nouveau régent sont toujours suivis « par l'allumage de nouveaux feux dans la capitale[82] ».

Et le feu comme chose qu'il faut avoir lors de l'ultime étape indique la continuation des rites vitaux et sacrés permettant de mener une existence normale et appropriée après la mort. Wilson, qui a effectué une recherche parmi les groupes ethniques voisins Nyakyusa/Ngonde dans la région de Tukuyu en Tanzanie :

> semblait indiquer que la vie après la mort est avant tout un concept social plutôt que spatial. Il s'agissait moins d'un lieu que d'une communauté d'esprits qui avaient une tendance marquée à la mobilité, visitant les vivants dans leurs rêves, tourmentant ceux qui avaient négligé leurs devoirs ou enfreint des tabous, et, plus positivement, assurant la santé, la fertilité et la continuation de la vie[83].

En Inde, on retrouve une notion similaire. Les Kols de l'Inde semblent eux aussi avoir de l'au-delà une conception principalement sociale plutôt que spatiale.

> Le cadavre est déposé sur le sol immédiatement après la mort, afin que l'âme puisse trouver son chemin vers la maison des morts sous la terre. Le corps est lavé et peint en jaune pour chasser les mauvais esprits qui tentent d'arrêter l'âme dans son voyage. Puis on le place sur un bûcher, avec du riz et les outils du défunt. On introduit dans la bouche du cadavre des gâteaux de riz et des pièces d'argent pour le voyage dans le monde souterrain. Après la crémation, les hommes rassemblent les os et les emmènent pour les suspendre dans un pot dans la maison du mort. On jette du riz le long du chemin pour que le défunt, s'il revenait malgré toutes les précautions prises, ait de quoi manger et ne fasse de mal à personne. Après un certain temps, le défunt est « marié » avec les esprits du monde inférieur dans les chants, les danses, au cours d'un festin. Pour finir, on enterre les ossements dans un champ[84].

---

82. Kalusa et Vaughan, *Death, Belief and Politics*, p. 50.
83. *Ibid.*, p. 77.
84. Hiebert, *Anthropological Insights for Missionaries*, p. 180.

B. Il faut des moyens pour atteindre le but

L'offrande d'objets déposés dans la tombe s'accompagne de l'idée que le voyage d'*umupashi* dans le monde de l'au-delà n'est pas un « voyage facile et sans souci ». Il faut des moyens pour arriver au but. Et ce n'est même pas tout.

> Si cette mesure de précaution n'était pas prise, l'âme du défunt [*umupashi*] ne saurait pas où aller et finirait par errer de-ci de-là[85].

Le destin final de l'*umupashi* n'est pas facile à assurer et ne peut être considéré comme un fait automatique, une fois que l'être humain a rendu son dernier souffle. De la même manière qu'on peut se perdre dans ce monde, *umupashi* peut aussi se perdre dans l'autre. L'idée qu'un *umupashi* défunt puisse finir par se mettre à vagabonder est vraiment une mauvaise nouvelle. Car il est bien certain que cette « errance » ne se déroule pas dans la « région de nulle part » des régions inférieures, mais bien dans le voisinage immédiat de l'habitat humain ! L'idée d'*imipashi* qui traînent autour des communautés comme des « morts-vivants » et de leurs rapports malveillants avec les membres vivants de la famille et de la communauté en général fait vraiment peur. Envoyer un *umupashi* faire son voyage dans les terres de l'au-delà sans lui donner les moyens nécessaires signifie qu'il cherchera à se venger d'une telle négligence. Que peut-il faire d'autre que de s'en prendre aux gens ingrats et indifférents parmi lesquels il a vécu, incarné en son « compagnon humain » ? Il n'est vraiment pas rare que cette manière de voir la vie et la mort suscite une forte peur, omniprésente dans le cœur des gens parmi les communautés de Lubemba. De même, en s'appuyant sur Wilson et ses recherches chez les Nyakyusa/Ngonde voisins, Lumbwe a également « souligné *la peur* suscitée par la mort chez les Nyakyusa », et la nécessité de respecter les rituels lors de la mort[86].

C. Un ancêtre « riche et généreux »

Mais à quoi ressemble l'autre face du problème ? Quel est le bon côté de la vie après la mort ? Hinfelaar le dit assez bien :

> On est créé ici sur terre pour devenir un *mupashi mukankala*, un esprit/ancêtre riche et généreux[87].

---

85. Lumbwe, « Ubwinga », p. 97.
86. Cf. Kalusa et Vaughan, *Death, Belief and Politics*, p. 69, 71.
87. Hinfelaar, *Bemba Speaking Women of Zambia*, p. 6.

Cette noble philosophie exige une vision cohérente du monde, une conception intégrée de la structure du monde et de la personne humaine qui incarne cette conception, en la vivant concrètement, sur le devant de la scène, dans le cadre d'une vie communautaire quotidienne normale et dans le cycle ritualisé de la vie.

D. « Réincarnation » ?

Dans la perspective bemba de la « vie » et de l'axiome de la survie après la mort, l'« après-vie », la question de la « réincarnation » est susceptible de se poser. À notre avis, ce terme n'est pas approprié pour décrire la revivification de la « dimension incorporelle[88] » d'*umupashi*, car il peut inclure la notion de destin et de l'inéluctabilité de la destinée d'une personne. Ce n'est pas le cas, du moins pas dans le contexte bemba.

De son vivant, une personne est effectivement capable de rompre efficacement le cycle de la perpétuité (« les incarnations corporelles multiples ») par une vie irréfléchie. Un résultat et une limite bien déterminés peuvent être établis avant la fin de la vie. Pas de flou ici-bas, et pas de promesse de peser les « bonnes actions » contre les « mauvaises actions » sur une balance divine après la fin de la vie terrestre. Le style de vie et les *imibele* d'une personne se correspondent de manière réciproque. De mauvaises mœurs et la négligence permanente à adhérer aux normes et valeurs communautaires n'affectent pas seulement le SSIC d'une personne, elles altèrent aussi qualitativement le SSIC de son *umupashi*, à tel point que le double spirituel bienveillant (*umupashi*) se transforme au cours de sa vie en un double spirituel malveillant (*icibanda*). Une telle personne perd sa possibilité de se « réincarner » dans le monde des vivants, mais surtout celle de devenir un *mupashi mukankala*, un ancêtre riche et généreux, c'est-à-dire un ancêtre avec des moyens et un large potentiel. En cas de décès de cette personne, alors qu'elle se trouve dans cet état non réformé, son nom sera effacé du répertoire potentiel de noms de famille. Pas de revivification, pas de réincarnation !

Il faut également souligner que, si l'on parle de réincarnation en référence à la notion bemba d'*umupashi* en tant qu'être spirituel, il faut garder à l'esprit qu'entrent en jeu deux biographies différentes de deux êtres humains, dont les vies se déroulent dans des contextes spatio-temporels différents, et qu'il n'y aura en aucun cas une fusion totale des deux pour n'en faire qu'une seule. Ainsi, la réincarnation dans ce sens (classique) est exclue.

---

[88]. Morton Klass, *Ordered Universes. Approaches to the Anthropology of Religion*, Boulder, Westview Press, 1995.

Pour être clair, ce ne sont pas des personnes humaines *abantu*, c'est-à-dire des êtres corporels dans des corps périssables, qui sont « recyclées », mais des SSIC d'*abantu* ; pas n'importe quels SSIC, mais des SSIC de qualité, c'est-à-dire de qualité éminente (*imibeele iisuma*). Le recyclage d'un SSIC initialement doté d'un « héritage transcendantal » n'est cependant pas acquis d'avance. L'*umuntu* et l'*umupashi*, ensemble, formatent le SSIC sur la scène de la vie communautaire où les normes et les valeurs bemba exercent leur influence sur le style de vie d'une personne, et, si tout va bien, ils vont alors constituer le SSIC avec lequel *umupashi* continuera la route après la mort du corps de son « compagnon humain ». Cycle achevé ! – Cycle ouvert !

À la prochaine page, nous présentons une tentative d'illustration graphique d'une part d'un « compagnonnage de vie linéaire » entre *umupashi* et son « compagnon humain » (figure 7), et, d'autre part, du « cycle de vie » d'*umupashi* (figure 8).

VII. Conclusion

La succession et l'héritage (*ubupyani*) pour toutes les personnes humaines (à l'exception des personnes qui sont techniquement des personnes non humaines) sont un axiome de la vision du monde des Bemba. Sa pratique continue, bien qu'en non-cohérence sensible avec la société bemba contemporaine, montre que ses ancrages sont aussi profonds que ceux de la chefferie elle-même. La purification par des relations sexuelles ritualisées était déjà un élément essentiel et indispensable des rites funéraires de Chiti le Grand, le premier Chitimukulu. Avec le temps, le système *ubupyani* est devenu plus sophistiqué, englobant tous les membres de la société.

La vision du monde des Bemba est entravée par une lutte profonde pour l'harmonie et par des croyances relatives à la façon d'atteindre celle-ci et de la maintenir. Le cycle de la vie doit être fermé. Les rituels assurent le passage d'une personne humaine à travers les étapes du cycle de sa vie. Comme l'observe Oduyoye, « le chemin d'un individu à travers la vie est surveillé, piloté et célébré depuis avant même la naissance et jusqu'à la mort. Et, après la mort, les événements de la vie d'une communauté font écho à ce même cycle[89] ».

---

89. Oduyoye, « Man's Self and its Spiritual Double », dans Mutale Mulenga Kaunda, « Search for Life-Giving Marriage: The Imbusa Initiation Rites as a Space for Constructing Well-Being among Married Bemba Women of Zambia », these de doctorat, School of Religion, Philosophy and Classics in the College of Humanities, University of KwaZulu Natal, Pietermaritzburg Campus, 2013, p. 14.

238 « Exister, sans plus », ce n'est même pas exister

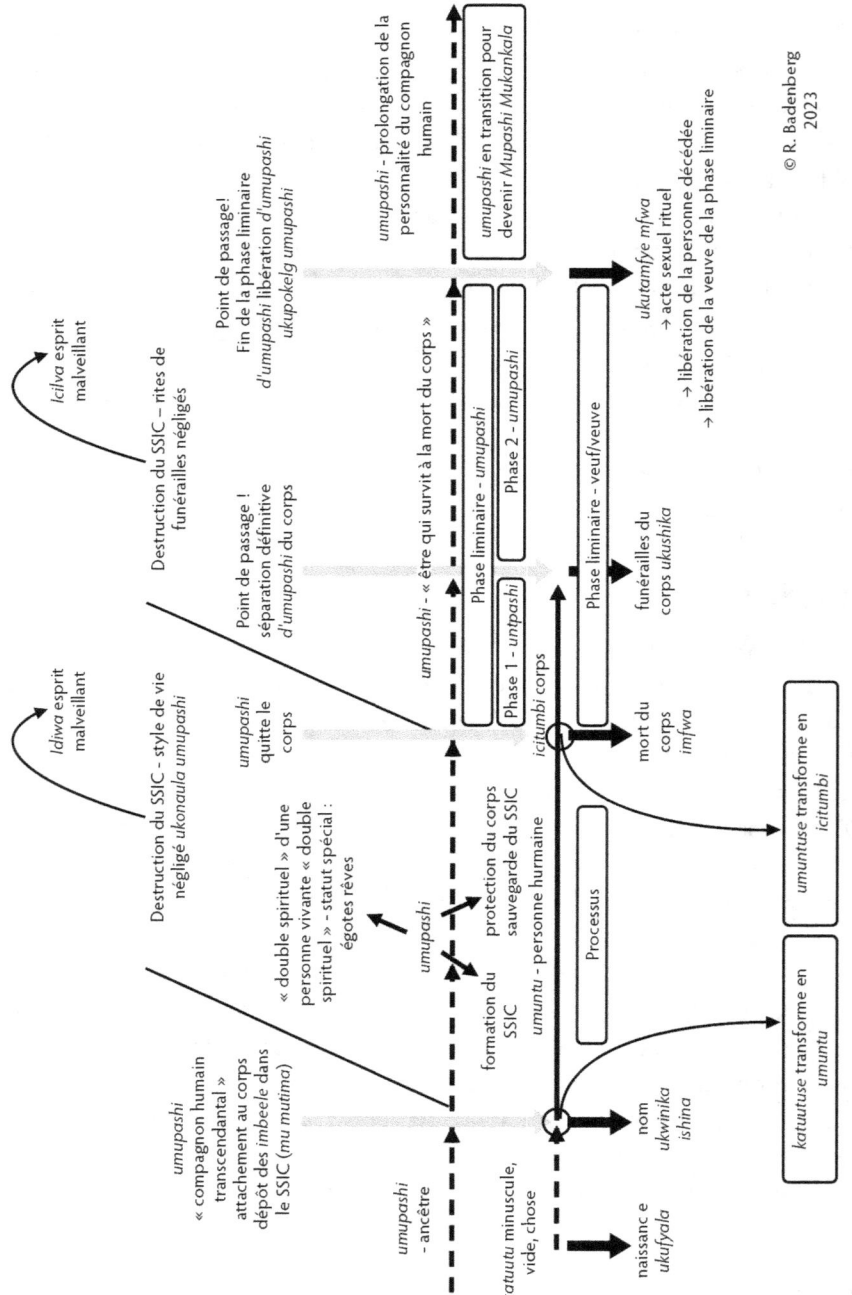

Figure 7 : Compagnonnage de vie linéaire entre *umuntu* et *umupashi*

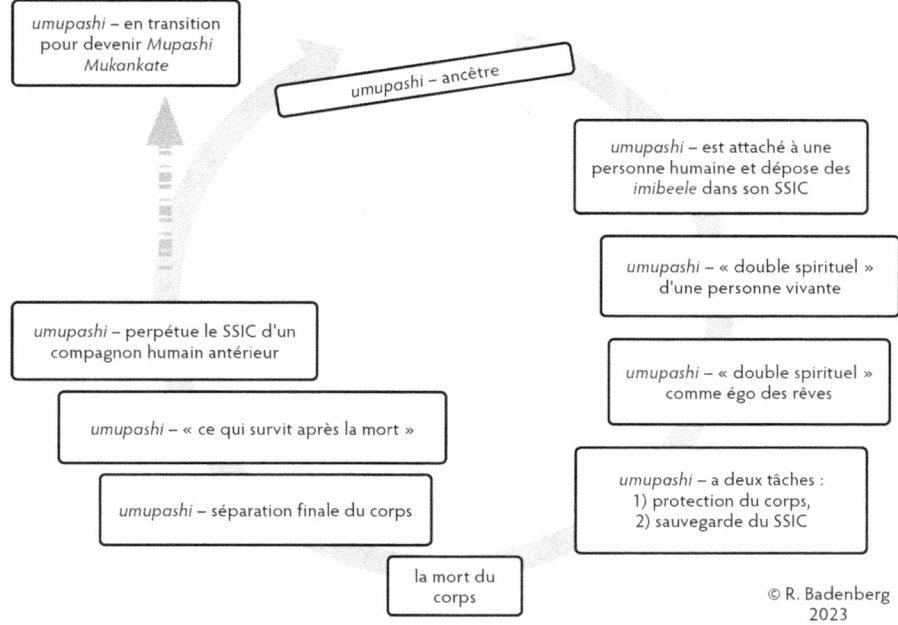

Figure 8 : Cycle de vie d'*umupashi*

La vision du monde des Bemba est également entravée par un désir profondément ancré de perpétuité. Les rituels – de la naissance à la mort et au-delà – ne profitent pas seulement aux humains vivants de diverses manières, mais, plus important encore, ils bénéficient à l'*umupashi* d'une personne de son vivant ainsi qu'au moment où il continue l'existence du SSIC d'une personne humaine en tant qu'être survivant à la mort du corps en particulier, et aux *imipashi* du clan dans son ensemble en tant qu'ancêtres vénérés. Cela est particulièrement vrai pour les *imipashi* des chefs, les esprits royaux.

Le nombre et l'intensité des observances rituelles exigées des vivants, notamment lorsque la mort frappe un couple marié et avec lui les familles concernées, sont en relation directe avec l'état de l'*umupashi*, et, plus précisément, avec son état intérieur, la condition de son SSIC.

- Les rituels et les marques de respect lui plaisent ; ils apaisent le SSIC de l'*umupashi* et évitent les actes de vengeance sur les vivants provoqués par leur manque de respect et leur négligence.
- Les rituels aident à la séparation finale du corps de son « compagnon humain » et la mettent en œuvre.

- Les rituels soutiennent *umupashi* pendant les étapes de la phase liminale.
- Les rituels mettent fin à la phase liminale, en coupant tout lien émotionnel avec le conjoint survivant.
- Les rituels lui permettent de s'associer à un autre être humain (soit à une personne vivante, p. ex., un *impyani*, ou un futur enfant à naître dans la famille).
- Les rituels garantissent son passage en toute sécurité dans le monde des esprits pour devenir un jour un ancêtre matrilinéaire et, pour être plus précis, si possible, un *mupashi mukankala*.

Les rituels déclenchent ce qu'on a appelé plus haut, les « obligations critiques » qui s'appuient sur les structures de vision du monde. De plus, aucun rituel n'a de sens à lui seul, mais il doit être compris comme faisant partie d'un « cycle », comme l'a affirmé Radcliffe-Brown, dans une optique structurelle-fonctionnelle[90].

Et ce n'est pas tout. Goodenough affirme que les coutumes et les institutions sont « non seulement largement interconnectées et doivent être comprises les unes par rapport aux autres… mais aussi que la compréhension des unes est dépendante de la compréhension des autres[91] ».

Les rituels bemba concordent avec le cercle de la vie et de la compréhension : par exemple, la raison d'être du rituel *ukwinika ishina* (« attribution du nom ») dépend de la compréhension du fait que l'identité humaine est étroitement associée à *umupashi* en tant que double spirituel d'une personne vivante nommée. De même, pour comprendre les rites de mort et d'enterrement, il faut comprendre qu'*umupashi* est le double spirituel dont le bien-être et l'avenir sont en jeu en cas de mauvaise pratique rituelle ou de négligence.

Bien que la personne ait renoncé à la vie biologique, son *imfwa* (« la mort ») est certainement plus que le simple fait de « rendre l'âme ».

---

90. Kalusa et Vaughan, *Death, Belief and Politics*, p. 68.
91. Ward H. Goodenough, « In Pursuit of Culture », *Annual Review of Anthropology* 32, 2003, p. 4.

Post-scriptum

Tuli samfwe - tumenena ukubola
Nous sommes comme les champignons - nous n'éclusons que pour pourrir.
La vie est très courte !
Comme le disait le philosophe :
La vie n'est ni un banquet ni un spectacle, c'est un beau pétrin.

Les visions du monde sont des créations de l'esprit

Leur création n'est cependant pas une affaire purement rationnelle, ce ne sont pas des constructions fondées sur un raisonnement rigoureux et faites de séquences logiques. Elle comporte une importante charge psychologique, souvent de nature conflictuelle. On a beaucoup écrit sur les visions du monde et sur ce qui les concerne, mais étonnamment peu sur la façon dont elles se développent ou se créent réellement. Ce qui est sûr, c'est que les aspects rationnels ne suffisent jamais à eux seuls à fournir suffisamment de « matière » à partir de laquelle pourrait se créer une vision du monde. Burlington déplore, lui aussi, cette situation, à juste titre :

> C'est le manque général de débat sur la façon dont les visions du monde se forment au départ et, plus spécifiquement, sur le rôle de facteurs franchement non rationnels comme la contingence historique et les motivations psychologiques personnelles dans leur création[1].

Par son étude de l'histoire de la vie d'Emilio Chishimba Mulolani, fondateur de l'Église Mutima de Zambie et d'ethnie bemba, Burlington propose un compte-rendu détaillé et passionnant de la vie d'Emilio, mais surtout de la façon dont celui-ci crée une vision du monde extraordinaire, mais « résolument chrétienne théiste[2] ». La grande question est de savoir comment il y est parvenu. Dans le cas d'Emilio, l'un des facteurs a certainement été de ne pas suivre les croyances et les opinions habituelles ou acceptées, en relation ni avec son héritage culturel ni avec sa tradition religieuse, catholique dans son cas. Pour des détails plus

---
1. Burlington, « God Makes a World of Difference », p. 435s.
2. *Ibid.*

précis sur sa vie, sur les circonstances et la genèse de sa vision du monde, et l'impact que cela a eu sur la fondation de son Église, on peut consulter la thèse de Burlington, « I love Mary ».

Revenons à la question de savoir comment se créent les visions du monde. La vie d'Emilio peut fournir des données importantes sur la manière dont la sienne a été élaborée. Si l'on veut se concentrer sur les aspects principalement rationnels de la manière dont il y est parvenu et dont les visions du monde se développent généralement pour repérer des ingrédients rationnels et les mettre en contraste avec d'autres visions du monde, Burlington estime, dans l'article « God Makes a World of Difference », qu'il faudrait être attentif à deux problèmes :

Premièrement, réduire les visions du monde « à des structures intemporelles, non historiques et non psychologiques [obscurcira] à notre avis la dynamique même qui les rend si puissantes ». Elles sont puissantes non seulement parce qu'elles ordonnent rationnellement le monde, « mais parce qu'elles le font de manière émotionnellement satisfaisante[3] ». C'est justement dû à la charge émotionnelle souvent conflictuelle que les individus introduisent sur la scène. Ils produisent ainsi la dynamique même qui sert d'abord à l'individu en lui apportant un soutien émotionnel et une motivation pour se transcender, et aussi en communiquant l'expérience personnelle à d'autres. Communiquer de manière efficace signifie puiser dans les niveaux profonds et centraux de sa propre psuché ainsi que dans la « psuché » partagée d'une culture (en allemand la *Volksseele*)[4].

Deuxièmement, selon Burlington, « lorsqu'il s'agit de comparer la continuité entre deux visions du monde à des fins d'évangélisation » ou de toute autre activité analogue, le rationalisme « a quelque chose d'intellectualiste et d'élitiste[5] », quelle que soit la cause à laquelle on pense. Plus loin, Burlington remarque :

- Cela suppose d'abord que les gens sont réellement conscients de l'existence d'une telle structure abstraite dans leur propre boîte à outils mentale.
- Ensuite, qu'ils sont capables de comparer un système abstrait à un autre système abstrait, en tant que système, afin d'en vérifier la cohérence.
- Troisièmement, le rationalisme suppose que les gens peuvent être motivés à faire des comparaisons entre des visions du monde, peut-être parce qu'ils sont déçus du pouvoir explicatif de leur vision

---

3. *Ibid.*
4. *Ibid.*, cf. Hinfelaar, *Bemba Speaking Women of Zambia*, p. 115.
5. *Ibid.*

actuelle. Certains peuvent même admettre qu'aller comparer diverses visions du monde révélera presque automatiquement la différence entre celle qui est bonne, une meilleure et la meilleure de toutes. Il faut se demander ce que cela révèle des racines contingentes et psycho-motivationnelles des orientations consuméristes du christianisme occidental [et de la culture occidentale en général], sans parler de notre réification et de notre élévation du savoir comme catégorie de l'expérience humaine distincte du faire et de l'être[6].

Alors, comment comprendre Emilio Chishimba créant une vision du monde, dans son cas une vision chrétienne théiste ? La contextualisation est depuis longtemps un concept avec lequel diverses disciplines ont théorisé et travaillé. S'appuyant sur le missiologue Stephen B. Bevans[7], Burlington suggère que ce qu'a fait Chishimba constitue un exemple du « modèle transcendantal de contextualisation. Savoir si ce modèle est le meilleur pour le développement de la théologie reste une question ouverte. Mais ses processus illustrent le mieux comment se créent les visions du monde[8] ». En distillant le « modèle transcendantal de contextualisation » de Bevans, Burlington affirme que « des sujets qui se transcendent eux-mêmes, examinent leurs propres "opérations affectives et cognitives" pour déterminer comment celles-ci déploient, elles aussi, la dimension sacrée[9] ».

Chishimba a lui-même remarqué que « pour devenir un groupe semblable à Dieu, nous avons dû entrer dans la solitude du désert et nous rabattre sur nos propres ressources[10] ». Par conséquent, le débat missiologique sur la vision du monde [qui inclut également d'autres disciplines] progressera peut-être en étudiant de manière plus approfondie ceux qui, comme Chishimba, tissent une toile de signification entre des choses que des gens extérieurs au groupe ne peuvent pas penser, sous la contrainte de choses que des gens extérieurs ne ressentent pas[11].

---

6. *Ibid.*
7. Stephen B. Bevans, *Models of Contextual Theology*, Maryknoll, N. Y., Orbis, 1992.
8. Burlington, « God Makes a World of Difference », p. 435s.
9. *Ibid.* Cf. Bevans, *Models of Contextual Theology*, p. 97.
10. Cité par Hinfelaar, *Bemba Speaking Women in Zambia*, p. 10.
11. Burlington, « God Makes a World of Difference », p. 435s.

Les visions du monde changent

Les visions du monde changent rarement de manière rapide, mais elles changent. Elles évoluent parce que la culture évolue. Et la culture change parce que, parfois, les gens ne sont plus entraînés par la raison, mais plus souvent par la force émotionnelle de certains éléments culturels dont ils font usage sur les gens. Certaines cultures sont plus ouvertes à la progression, c'est-à-dire que leurs membres se sentent moins contraints de croire et de pratiquer la matrice de « ce que l'on a toujours cru et fait », et peuvent donc plus facilement passer à des points de vue nouveaux et différents sur les questions de la vie. Il s'ensuit des processus de transformation de certains éléments culturels ou, à l'extrême, leur abandon total, ce qui donne également lieu à des changements de comportement sociétal et personnel. Et il y a parfois des individus dotés d'un fort pouvoir d'introspection qui forgent sur l'enclume de leurs propres épreuves intérieures de nouvelles significations personnelles, si convaincantes, et émotionnellement si gratifiantes pour les autres, que ceux-ci se les approprient alors pour en bénéficier à leur tour. En tout cela, que ce soit pour créer une vision du monde ou pour la changer, l'homme occupe une place centrale.

Mon vœu est que cette monographie puisse contribuer à mettre en lumière des caractéristiques saillantes de la vision du monde et de la conception de la personne parmi les Bemba. Bien sûr, les yeux de l'étranger ne voient jamais comme les yeux des Mubemba. Mais peut-être trouvera-t-on un certain nombre de prises de conscience dans ce qui est présenté ici, car les yeux de l'étranger voient des choses qui peuvent être facilement et parfois complètement masquées, d'une manière parfaitement normale pour les membres de la culture, empêchant un regard neuf et conscient sur les systèmes de connaissances culturelles. Peut-être y a-t-il une chance pour les « yeux de tout un groupe » de voir ce qui n'est pas facile à voir – parce qu'une grande partie en est noyée dans le langage et que dans les esprits est voilé un grand nombre de ses idées sur la façon dont le monde et l'univers fonctionnent – dans un environnement de bénéfice mutuel.

Annexes

Annexe 1

Dispositions psychiques permanentes (*imibeele iisuma* et *imibeele iibi*)

1. Métaphores sur la forme

Le SSIC est plié, tordu (*ukupondama* v. i.) :

Umutima uwapondama : trait de caractère négatif, personne aux intentions malhonnêtes, qui prétend être ce qu'elle n'est pas, manque d'intégrité.

Le SSIC est tordu (*ukunyongaana* v. i.) :

Umutima walyongaana : trait de caractère négatif, personne qui, par principe, se comporte de manière contraire, qui fait fondamentalement le contraire, n'est absolument pas fiable lorsqu'on compte sur elle pour réaliser quelque chose.

Umutima uwapetama : trait de caractère positif, personne qui n'est pas prompte à faire le mal, à nuire, qui n'agit pas de manière irréfléchie, qui ne démarre pas au quart de tour.

Umutima walipetama : voir ci-dessus.

Le SSIC est largement ouvert (*ukwisuka* v. i.) :

Umutima waliisuka : trait de caractère positif, personne toujours prête à prendre conseil, à recevoir des critiques, mais qui a l'esprit vif (la bonne parole pour la bonne situation, la bonne parole au bon moment).

Le SSIC est relié, uni (*ukwikatana* v. t. réc.) :

Umutima wa kwikatana : trait de caractère positif, personne toujours disposée à collaborer, soucieuse de maintenir l'unité, active pour réaliser l'unité et le consensus dans la communauté, personne toujours capable de garder un secret, d'assurer la confidentialité, peut « être muette comme une tombe ».

Le SSIC est dilué, mince, svelte, menu (*ukusongoloka* v. i.) :

Notion multistrate. D'un côté, l'accent porte sur la qualité : le SSIC est « dilué » (comme du jus dilué avec de l'eau). Mais il peut aussi être mis sur l'apparence : le SSIC est « mince » (manque de consistance) ou « maigre » (comme une personne au corps élancé).

Le SSIC est connu, ouvert (*ukwishibikwa*) :

Umutima walishibikwa : qualité de caractère, personne totalement ouverte et transparente. Dans un sens négatif : personne connue pour être toujours en train de manigancer quelque chose, de faire des bêtises.

2. Métaphores sur la qualité

Le SSIC est émoussé (*ukufuupa* v. i.)

Umutima walifuupa : trait de caractère négatif, personne totalement [émoussée], surtout en ce qui concerne le travail ; un paresseux, quelqu'un qui ne se montre prêt que s'il y a suffisamment de stimulation, qui ne fait jamais rien de lui-même ; pas coopératif ; peu disposé à faire preuve d'un quelconque esprit communautaire.

Synonyme, *ukutompoka umutima* : perdre sa résistance intérieure (comme la corde d'un arc) ; devenir mou, céder ; enclin à abandonner l'effort pour quelque chose, ne plus avoir d'énergie pour continuer.

Le SSIC est dur (*ukukosa* v. i.)

Umutima walikosa : qualité de caractère négative, personne impossible à convaincre, ni pour un bon ni pour un mauvais objectif, personne vraiment têtue. Synonyme : *umutima buumankonso*, « être inflexible » ; une telle personne ne se laisse influencer par aucune bonne parole ou aucun bon argument.

Ukukosa umutima, « une tête de cochon ».

Le SSIC est doux (*ukunakanaka* v. i. réd.)

Umutima walinakanaka : trait de caractère positif et négatif, personne d'un bon naturel et aux manières douces, ou quelqu'un qui cède facilement au vent qui souffle à ce moment-là, trop facile à fléchir, à persuader.

Le SSIC est doux (*-teku* adj.)

Umutima uteku : personne réceptive aussi bien aux suggestions qu'aux critiques, même quand elle est accusée de quelque chose.

Le SSIC est solide, ferme (*ukushangila* v. t. et v. i.)

Umutima uwashangila : trait de caractère positif, personne qui ne renonce pas, qui brave les tempêtes et ne se laisse dévier par rien, qui s'accroche, fait preuve de ténacité et ne « jette jamais l'éponge ».

Le SSIC est docile (*ukuteeka* v. t.)

Umutima uteeka : trait de caractère positif, quelqu'un qui possède et manifeste des qualités de leader, qui aborde une tâche avec prudence et réflexion, quelqu'un qui n'est pas téméraire ou précipité. Personne maîtresse d'elle-même.

Ukuteeka umutima : se contrôler soi-même, se maîtriser, être patient, calme.

Le SSIC est sauvage, violent (*ukukalipa*)

Umutima wa bukali : qualité de caractère négative, personne qui perd les pédales à la moindre provocation, qui est prompte à se mettre en colère, qui s'emporte rapidement.

Le SSIC est clair (*ukulengama* v. i.)

Ukulengama umutima : cette expression suggère une idée de transparence, personne transparente dans ses actes, avec des motivations claires. Il est agréable de fréquenter une telle personne.

Le SSIC est blanc (*ukubuuta* v. i.)

Ukubuuta : « être blanc » (p. ex., la couleur de la peau : *ababuuta*, « les Blancs, les Européens »).

Uwatima uwabuuta : « être brillant, lumineux, libre », personne souriante, qui a du ressort.

Alibuuta ku mutima : personne charitable, qui n'est pas difficile, qui sait accepter la critique ; elle est humble, sympathique avec les gens.

Uyu alimbuutila ku mutima : « cette personne m'a rendu blanc jusqu'au cœur » (j'ai perdu mon cœur pour lui/elle ; je l'ai enfermée dans mon cœur).

Le SSIC est froid (*ukutalala*)

Une chose *ukutalala* est « fraîche, froide » (l'eau de la montagne, la température, le fer rouge qu'on trempe, etc.). Au sens figuré, ce mot qualifie une personne qui, après s'être complètement épuisée moralement, est capable de se calmer, elle a « repris ses esprits ».

Umutima uwatalala : trait de caractère positif, personne qui agit de manière calme, réfléchie.

Le SSIC est lourd (*ukufina* v. i.)

Ukufina umutima : trait de caractère négatif, personne lente, qui prend beaucoup de temps pour faire une chose, pour comprendre une question, personne au cœur lourd (dur, de fer).

Umutima uwafina : « personne grincheuse ».

Le SSIC est orné, embelli, remis en état, fait du bien (*ukuwamya* v. t. caus.)

Ukuwamya est un de ces mots avec une gamme de sens très étendue. Il peut signifier « décorer, embellir, améliorer, réparer ou faire du bien ».

Umutima uuwamya : trait de caractère positif, « un boute-en-train ».

Ukuwamya umutima s'emploie pour faire sentir qu'il est temps de mettre fin aux disputes et de régler les problèmes.

Ukuiwamya umutima, « action d'embellissement » du SSIC, de mise en ordre du cœur, se soumettre à un examen de conscience.

Le SSIC est beau (*ukuwama* v. i.)

Waliwama umutima : trait de caractère positif, « avoir un beau SSIC », p. ex., avoir du savoir-vivre, savoir se conduire.

Le SSIC est retourné, inversé (*ukwaluka* v. t. et v. i.)

Umutima walyawike : être complètement obsédé, puis se détourner d'une activité ou d'une personne pour consacrer toute son attention à autre chose, se permettre d'être attiré, ébloui.

Le sens littéral d'*ukwaluka* est « tourner en sens inverse, se détourner vers quelque chose ». Le sens figuré indique un changement d'avis, l'adoption d'une nouvelle ligne de pensée, d'une attitude différente.

Le SSIC est différent, distinct (*ukuibela* v. i.)

Umutima waliibela : trait de caractère négatif, personne qui se met à l'écart des autres, un solitaire.

Le SSIC flambe (*ukwaka* v. i.)

Ukwaka signifie « brûler, allumer, être en flammes ».

Umutima uwaka : trait de caractère positif, « rayonner, répandre le bonheur, personnalité joyeuse ».

Le SSIC est gros, gras (*ukwinisha*)

Umutima wainisha : trait de caractère négatif, personne que rien n'impressionne. Les choses glissent sur elle comme l'eau sur le dos d'un canard ; elle est inflexible dans son attitude, dans ses opinions ; indifférence.

Imitima yabo yainisha ngo munofu wa mafuta : « leur cœur est gras comme la graisse sur la viande, leur cœur est comme de la graisse », ils sont insensibles, ils n'ont pas de cœur.

Le SSIC est raide, paralysé (*ukutalamika*)

Ukutalamika umutima : personne qui n'a absolument pas envie d'écouter, obtusité et rejet total de toute suggestion ou conseil, malgré le danger de graves conséquences, totalement braquée sur quelque chose.

Le SSIC est fondu (*ukusungulula*)

Ukusungulula umutima : « manquer de confiance ou de courage, être abattu ». Le sens premier d'*ukusungulula* est de faire fondre du fer au feu. Un SSIC fondu perd sa fermeté, sa stabilité.

Le SSIC est pourri, en décomposition (*ukubola*)

Umutima ubola : trait de caractère négatif, personne qui a en permanence perdu toutes ses bonnes qualités, tout sens de la justice, incapable de faire le bien. Une personne avec ce type de SSIC est pratiquement incurable.

Le SSIC est lâche (*ukuba no camwenso*)

Umutima uca mwenso : « un lâche, une poule mouillée ».

Le SSIC est pur (*ukusanguluka* v. i.)

Umutima uwasanguluka : n'avoir pas d'arrière-pensée, avoir des intentions claires, s'abstenir d'actes mauvais et en être purifié, être purifié (acquitté) de toute culpabilité.

3. Métaphores sur le mouvement

Le SSIC a quitté le chemin (*ukuluba inshila* v. i. et v. t.)

Umutima uuluba inshila : trait de caractère négatif, personne qui quitte constamment le bon chemin (p. ex., elle fait toujours des erreurs dans ce qu'elle dit, des digressions, etc.).

Umutima waliluba inshila : à la suite d'un moment particulier du passé, cette personne a perdu ce qui est bien, acceptable (p. ex., quelqu'un qui a toujours été blâmé, corrigé, battu par son père et qui n'est donc plus capable de le respecter).

Umupashi waliluba inshila : paraphrase d'*umupashi,* qui est devenu un *cibanda/ ciwa*, « un être spirituel malveillant ».

Le SSIC a quitté le chemin (*ukupindulula*)

Ukupindulula umutima : quitter le bon chemin, ne pas se comporter selon les normes prescrites et donc prendre la mauvaise direction, se détourner d'une question ou d'une personne, cesser de faire confiance à quelqu'un.

Le SSIC a perdu sa route, s'est égaré (*ukuluba* v. i. et v. t.)

Umutima waliluba : trait de caractère négatif, personne peu intelligente, qui n'a pas d'idée, « perdue » dans n'importe quel domaine.

Le SSIC change, se modifie, se retourne (*ukuwalula* v. t.)

Umutima uwalula : trait de caractère positif, personne qui peut changer en bien, introduire des changements positifs, un conseiller au meilleur sens du terme ; quelqu'un qui use de son influence pour ramener les gens dans le droit chemin, les amener à se comporter selon les bonnes normes.

Le SSIC est dans un état de changement (*ukupilibuka pilibuka bwangu* v. i.)

Umutima uupilibuka pilibuka bwangu : trait de caractère négatif, quelqu'un d'inconstant, comme une girouette, qui dit une chose à une personne et une autre à une autre ; quelqu'un à qui on ne peut se fier, qui ne prend pas position, qui change de camp en fonction de l'évolution de la situation, etc.

Le SSIC est lent à changer, ne « tourne » que de temps en temps (*ukupilibuka pilibuka limo limo* v. i.)

Umutima uupilibuka pilibuka limo limo : trait de caractère (au sens positif et négatif), personne têtue, jamais facile à convaincre, elle a son point de vue et montre une grande réticence à en changer, difficile à influencer.

Le SSIC s'échappe, s'évade (*ukubutuka* v. i. et v. t.)

Umutima uubutuka : 1) trait de caractère négatif, personne lâche, timide, qui se sauve toujours (de l'école, d'un nouvel emploi, etc.) ; 2) trait de caractère positif : personne toujours prête à effectuer des travaux, avide d'apprendre et de connaître.

Le SSIC court à l'entour (*ukwenda* v. i.)

Umutima uwenda : trait de caractère positif et négatif, personne dotée d'une énorme mémoire, capable de se souvenir d'une foule de choses, même des temps éloignés.

Ukwenda kwa mutima : la faculté de la mémoire elle-même, une mémoire claire, des souvenirs détaillés, la capacité de se rappeler des faits, des événements, etc.

Umutima wa kwenda ou *aliba no mutima wa kwenda* : trait de caractère positif et négatif, personne qui aime voyager, qui bouge sans arrêt, mais aussi une personne qui n'a jamais de repos, qui ne peut ou ne veut pas s'installer, un nomade, etc.

Le SSIC est actif, rapide, très réactif, prêt à se jeter à l'eau (*ukusupa* v. i.)

Ukusupa umutima, utilisé en mode adjectival : « être plein de vie, actif, très réactif ».

Le SSIC est actif, rapide, très réactif (*ukusupila* v. i. appl.)

Umutima usupila : trait de caractère positif, être toujours actif, toujours en train de travailler sur un projet, personne qui cherche toujours de nouveaux défis pour les relever effectivement, personne qui aime l'aventure.

Le SSIC se lève, se met debout (*ukwima* v. i.)

Umutima waliima : trait de caractère positif, personne qui comprend nettement les choses et les analyse correctement, personne avec une forte volonté et aussi un grand besoin de participer, d'être activement engagée dans ce qui est en cours.

Le SSIC est debout, vertical (*ukushikimana* v. i.)

Umutima washikimana : une maison est *ukushikimana* quand elle ne penche pas ; de même, une personne qui se tient debout est *ukushikimana*. Un SSIC *ukushikimana* dépeint une personne préparée, tendue vers l'événement et non inquiète, une personne capable d'attendre calmement quelque chose de désagréable.

Le SSIC est couché, étendu de tout son long par terre (*ukulambalala* v. i.)

Ukutima walilambalala : trait de caractère négatif, personne à qui on ne peut confier que des travaux simples, qui a des moyens limités.

Le SSIC est levé bien haut (*ukusansabala*)

Ukusansabala umutima : au sens propre, *ukusansabala* signifie « s'asseoir à la place d'honneur, élever quelqu'un à une position en vue ». Appliqué au SSIC, cela équivaut à être engagé dans quelque chose, avoir des convictions bien arrêtées, ne pas être facile à détourner de quelque chose.

Le SSIC est exalté (*ukutakalala* v. i.)

Ukutakalala umutima : le verbe *ukutakalala* veut dire n'avoir aucun besoin, avoir de l'argent, jouir d'une position honorable, jouir de la vie, parce qu'on peut se payer toutes sortes de choses.

Appliquée au SSIC, c'est une qualité de caractère négative ; l'expression dépeint une personne arrogante, fière, vantarde (*pantu walitakalele umutima wakwe*, « parce qu'elle s'exalte, qu'elle hausse son cœur à une position élevée », à cause de sa vantardise).

Le SSIC s'oriente tout seul (*ukulungamika* v. t.)

Umutima uulungamika : qualité de caractère positive, personne qui aide les autres à trouver la bonne direction, à se détourner du mal vers le bien ; par ses conseils, elle est en mesure d'« orienter » d'autres personnes vers quelque chose de précis.

Le SSIC se soumet (*ukukupukula* v. i. / synonyme : *ukusokolola*)

Umutima uukupukula : trait de caractère positif, personne toujours prête à partager ses connaissances avec d'autres et à leur transmettre des compétences techniques ; elle met à disposition des autres toute sa réserve de capacités, pour leur bien ou leur malheur (p. ex., un enseignant).

Umutima walikupukula : trait de caractère positif, quelqu'un qui a le cœur ouvert, qui donne volontiers de sa personne.

Le SSIC se retire, revient sur une promesse, l'annule (*ukufutuka* v. i.)

Umutima wa kufutika : trait de caractère négatif, personne qui promet facilement, mais ne tient pas parole, qui donne sa parole à la légère, se contredit facilement, retire une promesse, une garantie, tout cela bien trop vite. Cette expression peut aussi concerner quelqu'un qui manque d'assurance, qui ne se fait guère confiance et fait facilement marche arrière.

4. Métaphores tirées du corps humain

Le SSIC a soif (*icilaka* nom)

Umutima wa cilaka : toujours vouloir quelque chose, convoiter, avoir soif de quelque chose (maison, femme, voiture, etc.).

Icilaka wa mutima : sentiment de manquer, d'avoir besoin, de désirer (continu ou temporaire, faible ou fort).

Le SSIC est blessé (*ukucenwa* v. i. pass.)

Umutima ucenwa : trait de caractère négatif, personne facilement vulnérable, dépourvue de mécanismes de défense.

Le SSIC blesse (*ukukalipa* v. i.)

Umutima wakalipa : le SSIC fait mal (il est affecté mentalement par une maladie physique).

Umutima wa bukali : trait de caractère négatif, quelqu'un qui se plaint toujours, qui est en colère même pour de petites erreurs ; une personne de mauvaise humeur.

Le SSIC a des yeux, il peut voir (*ukumona* v. t. et v. i.)

Umutima walimona : trait de caractère positif, personne qui sait regarder en avant, un planificateur, un visionnaire.

Le SSIC a des yeux, il peut voir (*ukulinda*)

Une autre nuance de « voir », c'est le mot *ukulinda*, qui concerne plutôt la vigilance, l'attention, la prise en charge des personnes.

Umutima ulinda : trait de caractère positif ; veiller sur quelqu'un ; être attentif ; assumer la responsabilité d'une personne ; être dépendant de quelqu'un et donc pouvoir trouver du réconfort.

Le SSIC est aveugle (*ukupofula* v. i.)

Umutima walipofula : trait de caractère négatif, personne avec peu de moyens intellectuels, ignorante.

Le SSIC a des oreilles, il écoute (*ukuumfwa*)

Umutima uumfwa : trait de caractère positif, personne qui entend, écoute les autres, obéit ; personne qui exécute ce qu'on lui a confié, qui écoute quand on explique quelque chose, personne avec des qualités de SSIC hors du commun, selon les conceptions bemba.

Umutima wa kuumfwa : comme ci-dessus.

Le SSIC a des oreilles, il écoute (*ukukutika*)

Umutima ukutika : un SSIC *ukukutika* se distingue avant tout par sa capacité d'entendre ou d'écouter (p. ex., un étudiant, un pasteur).

Le SSIC jouit d'une bonne santé, il est en paix, au repos (*umutende* nom)

Umutima wa mutende : trait de caractère positif, personne toujours soucieuse de paix, qui veut toujours maintenir la paix, un « artisan de paix ».

Le SSIC est malade (*ukulwala* v. t. et v. i.)

Umutima walilwala : trait de caractère négatif, personne qui ne voit jamais le bon côté des choses ; quelqu'un qui ne connaît que la tristesse et les soucis.

Ukulwala kwa mutima : maladie du SSIC qui entraîne certaines manifestations (actes irrationnels soudains : « péter les plombs » ; effondrement mental).

Le SSIC est infecté (*ukwambukila* v. t. et v. i.)

Le sens premier du verbe *ukwambukila*, c'est « répandre » (comme du feu dans la plaine) ou « diffuser » (des nouvelles). S'il concerne le SSIC, il porte le sens d'« infecter » (influencer et inciter à imiter).

Umutima walyambukila : qualité de caractère d'une personne encline à se laisser facilement influencer (surtout dans le sens négatif), imiter les autres ; l'émulation au sens positif et négatif.

Ukwambukila kwa mutima : l'infection du cœur se manifeste dans ses conséquences, l'imitation et l'émulation (au sens positif et négatif).

Le SSIC est vivant (*umi*)

Umutima umi : se sentir actif et entreprenant (même si cela comporte des risques).

Umutima wa bumi : trait de caractère positif, personne entreprenante, qui relève les défis et ne craint pas les risques, un(e) leader.

Le SSIC consomme (*ukulya* v. t. et v. i.)

Umutima ulalya : trait de caractère positif, personne « insatiable », qui veut toujours en savoir plus et montre de l'intérêt.

Umutima wa kulya : personne qui aime manger et, de ce fait, est gloutonne ; mangeant outre mesure, elle se sert rapidement et en prenant le meilleur.

Le SSIC pleure (*ukulila* v. i.)

Umutima ululila : trait de caractère négatif, personne toujours en train de « lancer des cris », de se plaindre, qui se sent constamment désavantagée, ne cesse de gémir (pleurnicheur/se).

Umutima wa kulila : comme ci-dessus.

Le SSIC lance des cris (*ukukuta*)

Umutima ulakuta : demander de l'aide, appeler au secours dans une grande détresse, se répandre en cris de douleur.

Le SSIC lance des cris (*ukupanda*)

Umutima wa kapanda : quelqu'un qui a toujours besoin de crier bien fort, un(e) speaker/ine, un(e) sale gosse bruyant(e).

Le SSIC avale (*ukumina* v. t. et v. i.)

Umutima walimina : qualité de caractère. Au sens positif : personne qui « tient sa langue », ne révèle rien (un secret) à aucun prix. Au sens négatif : personne qui garde toujours tout pour elle (p. ex., une nouvelle, une connaissance, des offres spéciales faites à tel ou tel endroit, etc.).

Ukumina wa mutima : personne qui prend les paroles à cœur, les avale dans son SSIC. Cela signifie prendre une question, une circonstance, une situation tellement à cœur qu'il en résulte une résolution, une décision.

Le SSIC est endormi (*ukulala* v. i.)

Umutima walila : trait de caractère négatif, personne à qui on ne peut se fier, qui ne réfléchit pas suffisamment aux choses, aux situations. Euphémisme pour être mort.

Ukulala kwa mutima : totalement inactif, rien ne le/la touche. Grande apathie, absence d'intérêt.

Le SSIC est couché, endormi (*ukusendama* v. i.)

Umutima nausendama : sensation physique, expression métaphorique pour « l'évanouissement ».

Umutima walisendama : euphémisme pour « la mort ».

Le SSIC est en train de grandir (*ukukuula*)

Ukukuula est une notion clé pour décrire le SSIC. On peut le considérer comme un des principaux traits de qualité des caractéristiques de la personnalité.

Umutima walikuula : trait de caractère positif, personne mûre, dans une certaine mesure, c'est l'accession au niveau idéal de l'âge adulte.

Ukukuula kwa mutima : la croissance du SSIC ; le processus suivi par une personne pour devenir mûre (p. ex., par l'instruction, par l'expérience personnelle ou par des études personnelles).

Umutima wa kukuula : trait de caractère positif, posséder un SSIC mûr, être une personne mûre, adulte. Peut aussi exprimer un désir (avoir envie d'être plus âgé, parce qu'alors le SSIC est pleinement épanoui, développé).

Le SSIC est vieux (*ukukota* v. i.)

Umutima walikota : trait de caractère négatif, personne qui se sent vieille tout au long de sa vie.

Ukukota kwa mutima : l'état de vieillesse se manifeste dans le SSIC surtout par ses activités (p. ex., la lenteur, beaucoup de sommeil, muscles raides après un travail, etc.).

Umutima wa kukota : envie d'être vieux, personne qui parle toujours de la vieillesse.

Le SSIC de l'enfance (*ubwaice* nom)

Umutima wa bwaice : personne qui se comporte comme un enfant, être infantile.

Ubwaice bwa mumutima : quelqu'un qui essaie d'être « jeune ».

5. Métaphores sur la guerre ou sur des activités guerrières

Le SSIC surmonte, domine, soumet (*ukucimfya* v. t.)

Umutima wa kucimfya : trait de caractère positif, un vainqueur ; quelqu'un qui ne se laissera pas impressionner malgré les obstacles.

Le SSIC est vaincu, dominé, soumis (*ukucimfiwa* v. t. pass.)

Umutima ucimfiwa : trait de caractère négatif, personne toujours facile à convaincre, dépourvue de colonne vertébrale, qui se soumet trop facilement aux exigences d'autrui.

Le SSIC tue (*ukwipaya* v. t.)

Umutima walipaya : trait de caractère positif et négatif, personne capable de résoudre des problèmes, qui connaît des moyens pour surmonter des difficultés.

Umutima wakwipaya : qualité de caractère, personne avec un « instinct de tueur », quand il s'agit de résoudre des problèmes ou de surmonter des difficultés. Au sens négatif, c'est une personne qui « passe sur le corps des autres » et ne recule même pas devant le meurtre.

Le SSIC a été tué (*ukwipaiwa* v. t. pass.)

Umutima walipaiwa : trait de caractère négatif, personne qui ne se prend pas en charge, qui n'a pas d'opinion personnelle, qui est sous le contrôle ou la direction d'autrui.

Le SSIC torture (*ukulungusha* v. t. caus. int.)

Umutima wa kulungulusha : trait de caractère négatif, personne qui contrarie les autres délibérément et avec plaisir, qui les rend tristes et les fait souffrir moralement.

Le SSIC espionne (*ukulengula* v. t. et v. i.)

Umutima wa kulengula : trait de caractère négatif, personne toujours en train d'essayer d'obtenir de l'information d'autrui, elle « écoute aux portes », c'est un(e) espion(ne).

Umutima ukuilengula : trait de caractère positif, personne qui se surveille, qui pratique l'autocontrôle, qui parle et agit avec circonspection.

Le SSIC interroge (*ukwipusha ipusha* v. t. répl.)

Umutima wa kwipusha ipusha : trait de caractère positif, personne toujours intéressée par l'objet de la discussion, toujours à l'affut d'une information précise.

Le SSIC donne des ordres (*ukupeele fipope* v. t.)

Umutima wa kupeela ifipope : trait de caractère (positif ou négatif), un directeur, une personne qui commande, etc.

Umutima walipeelwa ifipope : qualité de caractère, personne avec le sens du devoir, qui respecte les règlements et prescriptions, qui réalise la tâche fixée et honore un accord conclu.

Le SSIC prend la défense (*ukucingilila* v. t. et v. i.)

Umutima ucingilila : trait de caractère positif, personne toujours prête à faire l'intermédiaire, préparée à défendre le faible contre le fort, l'assailli contre l'assaillant, personne qui tâche de réconcilier deux parties opposées, d'amener la personne lésée à faire la paix, qui, par sa médiation, peut produire des solutions durables.

Umutima wa kucingilila : comme ci-dessus.

Le SSIC est défendu (*ukucingililwa* v. t. et v. i. pass.)

Umutima wa kucingililwa : trait de caractère négatif, attitude négative et en régression, personne pas prête à admettre son erreur, qui va toujours se réfugier chez son « grand frère », qui devient faible et lâche, qui a besoin de soutien et d'appui.

Le SSIC sauve, restitue, « désarme » (*ukupokolola* v. t.)

Umutima wa kupokolola : trait de caractère positif, personne soucieuse de protéger les autres du mal, médiateur/trice.

Le SSIC se retire (*ukufuntuka* v. i.)

Umatima wa kufuntuka : trait de caractère négatif, personne qui manque d'assurance, lâche.

Le SSIC se cache (*ukubelama* v. i.)

Umutima walibelama : trait de caractère négatif, d'une part personne qui est lâche, et d'autre part personne qui se sert elle-même, égoïste.

Le SSIC prend les armes (*ukwipangasha* v. t. réfl.)

Umutima ulaipangasha : toujours armé, toujours équipé à tout moment, prêt à affronter un danger, une menace, un défi, etc.

Umutima waliipangasha : personne équipée et prête à affronter n'importe quelle situation (un enseignant capable de transmettre sa matière à n'importe quel moment ou endroit, même malcommode, à l'école, en route, avec ou sans manuel).

Umutima wa kwipangasha : intentionnellement préparé pour les choses, les affaires, les situations ou les gens, assurance de soi, sentiment de sécurité en tirant le meilleur de toute situation.

Le SSIC choisit ses armes, son système de défense (*ukusala ifyanso* v. i.)

Umutima walisala : trait de caractère positif, personne qui sait se défendre à tout moment et en toute circonstance et qui est équipée pour le supporter.

Umutima wa kusala ifyanso : trait de caractère positif, personne qui n'aime pas que les choses soient confuses, que les faits soient tordus ou biaisés, qui sait se débrouiller et s'en sortir, même dans les pires difficultés.

Imisalile ya fyanso : la manière dont quelqu'un organise sa défense.

Le SSIC vise, tire (et atteint sa cible) et blesse (*ukulasa* v. i.)

Umutima wa kulasa : trait de caractère positif, personne qui fait face à toute situation, qui vise toujours quelque chose de nouveau.

Le SSIC soupèse, estime, évalue (*ukupima* v. t. et v. i.)

Comme verbe transitif, *ukupima* signifie « apprécier, évaluer une chose ». Comme expression idiomatique, il a le sens de « sonder, aller au fond des choses ».

Umutima wa kupima : trait de caractère positif, personne qui conçoit des projets, qui analyse toujours les options, même si la chose semble irréalisable (p. ex., viser une voiture précise et vouloir l'acheter, sans avoir les finances nécessaires pour l'acquérir).

Le SSIC rate (la cible) (*ukupusa* v. t.)

Umutima ulapusa : être toujours à côté de la plaque avec son opinion ou son approche.

Ukukwata umutima wa kupusa : quelqu'un qui est toujours à côté de la plaque, qui ne saisit pas le fond d'une question ou qui continue à fournir un travail défectueux et ne sait pas comment faire autrement.

Umutima wa kupusa : trait de caractère négatif ; quelqu'un qui, certes, commence toujours les choses, mais pense qu'elles n'aboutiront à rien, que ses efforts seront vains.

Le SSIC est docile (*bupete* nom)

Umutima wa bupete : personne qui se soumet aux odres, aux consignes, aux désirs. Cette qualité est particulièrement appréciée de la part des enfants. L'expression peut aussi signifier qu'une personne est loyale, dévouée, de bonne volonté et sérieuse dans ce qu'elle fait.

Le SSIC s'élève lui-même (*ukusunsa pa cifulo*)

Cifulo désigne l'endroit où l'on habite habituellement, où l'on est heureux (*cifulo ca mpomfu*). *Ukuba ne cifulo* veut dire que quelqu'un a un lieu fixe, qu'il s'y est établi. Cela signifie aussi avoir une certaine position. Un abus de cette position ou du pouvoir, comme l'enrichissement personnel ou l'affairisme, est exprimé par la locution idiomatique *ukulila mu cifulo*.

L'expression *umutima ukuisunsa pa cifulo* désigne une « personne qui s'élève elle-même ».

Umutima walisunsa pa cifulo : trait de caractère négatif, « vantard, hâbleur, m'as-tu-vu ».

Umutima walisunswa pa cifulo. C'est l'inverse du précédent : quelqu'un qui a le cœur sensible, sage, et, de ce fait, est honoré et apprécié. On apprécie de telles qualités chez des dignitaires (des chefs) ou des personnes en position de direction.

Le SSIC est ôté, emmené de force (*ukusendwa* v. t. pass.)

Umutima wa kusendwa : trait de caractère positif ; personne qui vit pour une cause ou un programme particulier.

Le SSIC est emmené de force (*ukusendwa bunkole* v. t. pass.)

Umutima walisendwa bunkole : trait de caractère négatif ; personnalité faible, facile à égarer, à influencer et incapable de prendre elle-même une décision.

Le SSIC marche de concert (*ukwenda capamo*)

Umutima wa kwenda capamo : trait de caractère positif ; personne aimable, sociable, pas solitaire, qui aime participer.

Le SSIC fait la paix (*ukupanga icibote*)

Umutima wa kupanga icibote : un artisan de paix, personne qui cherche la paix, même si cela l'expose à des attaques ou à de l'opposition.

Umutima wa cibote : un SSIC de paix, une personne qui aime la paix, comme ci-dessus.

Annexe 2

Dispositions intellectuelles permanentes et passagères

Le SSIC qui s'appuie sur la parole

Umutima wa kushintilila ifyakusosa : personne qui réfléchit bien avant de parler.

Wingashintilila ifyakusosa : pense avant de parler !

Synonyme : *ukushininkishe fya kusosa*, penser avant de parler.

Le SSIC de la compréhension, de la pénétration, de l'intelligence

Mutima wa mucetekanya : personne perspicace, capable de comprendre, qui aborde les choses avec intelligence.

No kwalwilo mutima obe ku mucetekanya : « incline, tourne ton SSIC vers la compréhension ».

Le SSIC de la compréhension, de l'écoute

Umutima wa kuumfwa : personne intelligente, à l'esprit vif, qui saisit rapidement les choses.

Le SSIC de l'espoir

Umutima wa kusuubila : personne optimiste, qui voit les bonnes choses, qui a de l'espoir, pleine d'espoir.

Le SSIC de la tendance à oublier, de l'étourderie

Umutima wa cilafi : « personne oublieuse ».

Le SSIC de la confiance

Umutima wa kucetekela : au sens positif, personne qui fait confiance aux gens par principe ; au sens négatif, personne crédule, imprudente, irréfléchie.

Le SSIC du refus

Umutima wa kukaana : personne qui désavoue, contredit, qui est toujours opposée.

Le SSIC du refus de l'amour, de la tendresse

Umutima wa kukaanatemwa : « personne qui refuse toujours d'être aimée », personne pénible.

Le SSIC qui refuse le consentement, l'accord

Umutima wa kukaanasuminisha : « personne qui refuse toujours d'être d'accord », obstinée, centrée sur elle-même.

Le SSIC qui pousse à faire, qui encourage

Umutima wa kucincisha : personne qui motive, qui encourage les gens (même sans qu'on le lui demande).

Le SSIC qui expose, explique

Umutima uupelulula : personne qui sait présenter une question, conseiller une solution, indiquer une direction, introduire à une question de manière détaillée, un(e) interprète, un(e) conseiller/ère au meilleur sens du terme.

Le SSIC expose, explique

Umutima ulepeelulula : planifier une chose minutieusement, en considérant chaque détail et chaque aspect.

Cali ku mutima : « c'est vers le cœur », pour dire « avoir quelque chose à l'esprit ».

Ukupekanya kwa mutima buntunse : « l'intention du cœur de l'homme ».

Ukupanda amano kwa mu mutima wa muntu menshi ayashika : « le conseil dans le cœur d'une personne est comme une eau profonde », ce qu'une personne considère, souhaite, veut, est comme une eau profonde ».

Le SSIC qui soupçonne (sans motif suffisant), qui conjecture

Umutima uutunganya : avoir constamment un certain nombre de suppositions, avoir toujours des soupçons, soupçonner sans raison valable, partir de suppositions, mettre en doute toutes les explications et déclarations, personne méfiante, pessimiste.

Le SSIC qui est d'accord, qui croit

Umutima uusuminisha : « béni-oui-oui », personne qui est toujours d'accord (dans le bon comme dans le mauvais sens).

Le SSIC qui espionne partout

Umutima uulengula : avoir besoin d'assurance avant de se lancer dans quelque chose, entreprendre des investigations avant de proposer sa collaboration ou son aide, personne qui commence par soupeser les choses et qui agit ensuite, personne précautionneuse.

Le SSIC s'espionne lui-même

Ukwilengula umutima : trouver, découvrir son propre SSIC, analyser ses motivations, sa conscience.

Le SSIC qui imagine, invente, combine

Umutima uwelenganya : personne qui n'est jamais à court d'idées, un créateur, un développeur, un inventeur.

Au sens négatif : personne qui invente, échafaude des problèmes, qui procède par pure imagination.

Le SSIC du self-made man, plein d'assurance en lui-même

Umutima uushinina : « faire » son propre SSIC, ce qui équivaut à l'assurance de soi (p. ex., pas envie de s'engager dans une dispute, parce que « vous savez de quel côté votre pain est beurré ») ; penser et agir indépendamment.

Le SSIC qui sait faire la différence

Umutima uulekanya : personne qui sait faire la différence, distinguer.

Le SSIC qui agit de manière résolue, qui juge de manière juste

Umutima uupingula : un SSIC qui sait trancher, passer outre, personne qui a un esprit de décision, qui sait prendre une décision.

Le SSIC qui « se réveille » en se souvenant

Umutima uwibukisha : « un SSIC qui fait remonter les choses à la surface », qui rafraîchit la mémoire (historien conteur, gardien de la mémoire familiale, etc.) personne avec une incroyable mémoire, même pour les plus petits détails, qui sait faire revivre le passé, même en détail.

Le SSIC est en changement permanent (*ukupilibukapilibuka bwangu* v. i.)

Umutima ulepilibuka pilibuka bwangu : être constamment en train de changer d'opinion, d'intention, de projet, incapable de se décider pour quelque chose.

Le SSIC suspecte, suppose

Umutima uletunganya : suspecter, imaginer, supposer quelque chose, se rendre compte que quelque chose est « en train de couver ».

Le SSIC contrôle, vérifie

Umutima ulelengula : contrôler, vérifier si une chose est bien ce qu'elle semble être.

Umutima ulelenganya : à l'instant même imaginer quelque chose, se représenter une chose dans la pensée.

Annexe 3

Dispositions psychiques passagères (*imyumfwikile ya mutima – iisuma* et *iibî*)

1. Métaphores sur la forme

Le SSIC est connu (ouvert) (*ukwishibikwa*)

Umutima uleshibikwa : personne qui ne peut garder secrète sa vraie personnalité, qu'on peut percer à jour par ses paroles et ses actes.

Umutima nawishibikwa : quoi qui ait été mis à jour sur les intentions ou les plans de quelqu'un, sa véritable nature personnelle s'y est ainsi révélée.

Le SSIC qui se tient en lui-même, est uni (*ukwikatana* v. t. réc.)

Umutima nawikatana : personne qui est tellement en accord avec elle-même qu'elle a le courage de garder des secrets, même sous la torture ; sentiment d'être fort, de vouloir « rester muet ».

Le SSIC est émoussé (*ukufuupa* v. i.)

Umutima naufupa : personne qui n'a tout simplement pas envie de faire une chose, d'être entraînée dans un travail, de se consacrer à une question, sentiment de désintérêt, personne paresseuse, apathique, imperméable aux conseils et suggestions, etc.

Le SSIC est droit, debout (*ukololoka* v. i.)

Umutima naololoka : situation actuelle, être intègre, ne pas tromper, agir honnêtement, faire ce dont on a été chargé dans une situation particulière.

Le SSIC est effondré, informe (*ukukopoka*)

Comme métaphore, le terme décrit les « seins effondrés » d'une femme, quand ils ont perdu leur forme et leur texture.

Umutima naukopoka : situation actuelle, un SSIC « écroulé » décrit une personne en colère, alors que quelqu'un d'autre est en mesure de ressentir sa colère.

Le SSIC est dilué, mince, svelte (*ukusongoloka* v. i.)

Umutima nausongoloka : situation actuelle, ne penser qu'à une chose, être entièrement préoccupé d'un problème, n'avoir qu'une idée en tête (boire une bière, approcher telle fille, etc.).

Le SSIC est profond (*ukushika* v. t. et v. i.)

Umutima naushika : une situation donnée, avoir réfléchi en profondeur à une chose, en avoir fait le tour.

Le SSIC est réduit en miettes (*ukufungaulwa* v. t. pass.)

Umutima naufungaulwa : état de grande tristesse (*umutima wandi wafungaulwa ku kufuluke*, « mon cœur est réduit en miettes par la nostalgie »), forte envie de revoir quelque chose ou quelqu'un.

Le SSIC se ferme, se verrouille (*ukwisalila*, v. t. appl.)

Umutima naunjisalila : situation actuelle, impression d'être enfermé, d'être absent d'esprit, impression que l'attention est attirée ailleurs.

Synonyme : *umutima naucilikila*.

Le SSIC est en train d'être étouffé, dévasté (*ukutitikishiwa* v. t. pass.)

Umutima nautitikishiwa : situation de quelqu'un qu'on étouffe, qu'on garde sous contrôle, à qui on ne laisse aucune chance, aucune possibilité de s'exprimer, même si on a une bonne contribution à apporter.

Ukutitikishiwa : être opprimé, écrasé à terre (par la maladie ou des problèmes de santé mentale).

Le SSIC m'a superposé, m'a « rafistolé » (*ukwilikila* v. t. appl.)

Umutima naunjilikila : « mon cœur m'a bloqué », impression de ne pas pouvoir aller quelque part/faire quelque chose.

2. Métaphores sur la qualité

Le SSIC est pourri, décomposé (*ukubola*)

Umutima naubola : situation actuelle de pourriture, de décomposition ; personne qui perd ses bonnes qualités, son sens de la justice ; être incapable de faire le bien, mettre son SSIC en danger ; être irrécupérable.

Le SSIC fond, se dissout (*ukusungulula* v. t.)

Umutima nausungulula : sentiment d'être ému, touché par quelque chose ou quelqu'un. Autre sens : être découragé.

Le SSIC est dissout (*ukusunguluka*)

Umutima nausunguluka : situation actuelle, « être découragé, abattu, épuisé », être totalement accablé par les soucis (*umutima nausunguluka, uli ngo ufwile*, « ton cœur est complètement épuisé, tu es comme un mort »), complètement rempli, submergé d'anxiété.

Le SSIC est chaud (*ukukaba*)

Umutima naukaba : situation actuelle ; être chaud, se lancer franchement dans quelque chose, être « tout feu tout flamme ».

Autre sens : être vraiment agité, dire ce qu'on a à dire (« cracher le feu »).

Walikabile umutima wandi mu nda yandi : « mon SSIC est chaud, il a pris feu dans mon ventre (mon for intérieur) ».

Le SSIC est « noirci » (*ukufiishiwa*)

Umutima naifiishiwa ku mutima : situation de quelqu'un qui a été noirci jusqu'à la moelle, furieux à cause de ce qui a été dit ou fait.

Le SSIC est clair (*ukulengama* v. i.)

Umutima naulengama : personne qui se montre transparente en toute situation dans ses motivations et ses intentions.

Le SSIC est dur, fort (*ukukosa*)

Umutima naukosa : personne capable de continuer, de poursuivre la réalisation d'un travail, de se tirer d'affaire dans une situation ; avoir un esprit combatif, continuer quelque chose avec une ferme détermination.

Le SSIC est fort, solide, ferme (*ukushangila* v. t. et v. i.)

Umutima naushangila : sentiment de force pour aborder n'importe quel problème, sentiment de confiance, d'assurance de pouvoir se débrouiller avec n'importe quel obstacle.

Le SSIC blesse, fait de la peine (*ukukalipa*)

Umutima naukalipa : situation de quelqu'un qui est en colère, insulté pendant un bref moment.

Le SSIC bourgeonne, fleurit (*ukupuuka*)

Umutima ulepuuka : sentiment de créer quelque chose, avoir des idées, élaborer des idées.

Le SSIC est soutenu, fortifié ; une « armature à SSIC » (*ukutungililwa*)

Sentiment d'être soutenu (*umutima wakwe walitungililwa*, « son cœur est fortifié », c'est-à-dire soulagé, il n'a rien à craindre.

Le SSIC flamboie (*ukwaka* v. i.)

Umutima nauwaka : « être heureux, dans un état de bonheur évident ».

Le SSIC s'habitue, se familiarise (*ukubeelesha* v. caus.)

Umutima naubeelesha : s'être habitué à quelque chose pour le moment, s'être accommodé d'une situation, être capable de se mettre d'accord sur un certain sujet, cautionner quelque chose.

Le SSIC s'habitue, est habitué à (*ukubeelela* v. int.)

Umutima naubeelela : s'être habitué à une personne, un animal, une chose, de sorte qu'on n'en a plus peur, avoir surmonté des peurs initiales, des craintes de contact.

Le SSIC est au-delà, au bout de sa science (sagesse) (*ukupeshiwa amaano*)

Umutima naupeshiwa amaano : situation d'une personne perplexe, complètement perdue, qui ne sait plus que faire, même après une longue réflexion, « être au bout de sa science ».

Le SSIC est inhospitalier, égoïste, il a le cœur dur (*ukukaluka* v. i.)

Umutima naukaluka : disposition d'une personne qui garde rancune, pas prête à pardonner, qui a même envie de traîner quelqu'un en justice, alors que le problème ne mérite guère qu'on en parle.

Le SSIC est fatigué, dégoûté, en a marre (*ukutendwa* v. t. et v. i.)

Umutima nautendwa : situation où l'on est fatigué, excédé, où l'on n'en a rien à faire. Autre sens : en avoir assez d'une activité (p. ex., faire la même chose année après année, sans changement, etc.).

Le SSIC est étouffé, complètement démoli (*ukutitikishiwa* v. t. pass.)

Umutima nautitikishiwa : situation d'une personne étouffée (bridée, qui n'a pas sa chance, la possibilité de s'exprimer, même si elle a une bonne contribution à apporter).

Ukutitikishiwa : « être opprimé, écrasé par une maladie ou un problème de santé mentale ».

3. Métaphores sur le mouvement

Le SSIC tonne, secoue (*ulekunta*)

Umutima naukunta : être nerveux avant de passer un test, un examen ; trac, etc..

Le SSIC est en train d'être battu, exaspéré (*ukutuntwa* v. t. pass.)

Umutima nautuntwa : être intérieurement sans repos (*nautuntwo mutima, nafilwo kusosa*, « je suis tellement agité intérieurement, je me sens battu », je ne peux même plus parler).

Le SSIC pétille (*ukusabuka* v. i.)

Umutima ulesabuka : réponses, commentaires, propositions, etc., qui jaillissent à flots de la personne.

Umutima nausabuka : situation actuelle, l'étincelle a déjà jailli, le feu a déjà pris ; une suggestion, une idée, une contribution, une réponse a déjà jailli (l'examen est passé, etc.).

Autre sens : *kwena mwasabuka*, quelqu'un qui surprend autrui par sa manière de s'habiller, « tu as fière allure ».

Le SSIC oscille (*ukupeeleela*)

Umutima ulepeeleela : travailler sur un aspect difficile d'un problème, concernant lequel on n'est pas encore certain de trouver la solution, la possibilité d'échec est toujours là, ainsi que le fait de ne pas savoir si cela va fonctionner.

Le SSIC tombe par terre, s'écroule (*ukuwa* v. i.)

Umutima nauwa : situation actuelle, on n'est plus capable de réfléchir correctement ; tout ce sur quoi on se met à réfléchir, à méditer, a un effet négatif.

Umupashi nauwa : « personne sur le point de mourir ».

Le SSIC vibre (*ukutetema* v. i.)

Umutima uletetema : être intérieurement remué, trembler intérieurement, être incertain (peur, etc.), sans que ce soit visible à l'extérieur, perceptible par d'autres (*ukutuma* est plus fort, parce que cette mentalité s'exprime au dehors, elle devient visible par un tremblement, un frisson).

Le SSIC est heureux, joyeux, satisfait (*ukusansamuka*)

Umutima ulesansamuka : être heureux, se réjouir de quelque chose ou à cause de quelque chose (un bon repas, une expérience heureuse, etc.).

Umutima nausansamuka : état passager de joie, de bonheur, d'humeur enjouée (avoir vécu quelque chose de bien, de beau, avoir joui d'un bon repas, etc.).

Le SSIC est joyeux, rayonnant (*ukwanga*)

Umutima uleyanga : être enthousiasmé au-delà de toute limite par quelque chose, perdre le contrôle de quelque chose et de soi-même, cela pouvant conduire à des problèmes ; tomber sur le bon objet, sur ce qu'on cherchait et en être enthousiasmé.

Umutima nawanga : état passager d'enthousiasme (continuer à l'adorer, à en être fou, en raison d'une occasion ou d'un avantage spécial).

Le SSIC s'allume, brille (*ukusaamwa*)

Umutima ulesaamwa : se sentir vraiment exalté, vraiment au comble de la joie, parce qu'on a vécu tant de bonnes et de belles choses, être heureux au-delà de toute mesure.

Umutima nausaamwa : état passager de bonheur (parce que quelque chose de bien s'est présenté, a commencé, etc.).

Le SSIC se répand en louanges (*ukulumbanya*)

Umutima ulelumbanya : « louer, faire l'éloge de quelqu'un » (pour ce qui a été fait) ; dans le domaine religieux : « louer Dieu ».

Le SSIC a compassion (*ukubeelela uluse*)

Umutima naubeelela uluse : situation après le pardon, où l'on a déjà pardonné et montré de la compassion à quelqu'un ; avoir pardonné après en avoir été prié.

Le SSIC a (obtenu) miséricorde (*ukukwata uluse*)

Umutima naukwata uluse : disposition où l'on est prêt à pardonner, à oublier, même si autrui vous a volontairement fait du mal.

Le SSIC est écrasé, accablé, effrayé (*ukusunguka*)

Umutima nausunguka : état d'une personne accablée, effrayée.

Le SSIC aime (*ukutemwa*)

Umutima nautemwa : état d'une personne tendre, qui aime ; affection (pour une chose ou une personne).

Le SSIC déteste (*ukupata*)

Umutima naupata : situation de haine, de mépris (à cause d'un événement passé), on n'est pas capable ou disposé à pardonner quelque chose à quelqu'un et on le déteste ou on le méprise depuis lors.

Le SSIC est en colère, mécontent, insatisfait, énervé (*ukufulwa*)

Umutima naufulwa : état d'une personne mécontente, agacée à la suite d'un événement (on s'est moqué d'elle, on ne l'a pas prise au sérieux, on l'a dédaignée, etc.).

Le SSIC change, se modifie, fait volte-face (*ukwalula* v. t.)

Umutima nawalula : attitude intérieure d'une personne qui veut changer les autres (les gens qui l'entourent sont tous des agriculteurs, mais elle veut en faire des pêcheurs, etc.).

Le SSIC court à droite et à gauche (*ukwenda* v. i.)

Umutima uleenda : avoir plein d'idées et de réflexions qui se bousculent, être imbu de ses idées et projets, mais ne pas avoir envie de les communiquer aux autres.

Le SSIC est fait pour atteindre (il atteint) (*ukushinta* v. t.)

Umutima naushinta : situation actuelle, être décidé à aller de l'avant, à faire quelque chose.

Le SSIC oriente (*ukulungamika* v. t.)

Umutima naulungamika : situation actuelle, avoir aidé quelqu'un qui s'est mal conduit à savoir se comporter correctement, l'aider à revenir dans le droit chemin.

Le SSIC révèle (*ukukupukula* v. i.)

Umutima naukupukula : situation actuelle d'une personne au cœur ouvert, qui a révélé, fait savoir à un autre ce que quelqu'un sait soit en paroles, soit en actes. Synonyme : *ukusokolola*.

Le SSIC est entraîné vers, attiré par (*ukukondela* v. i. appl. -*konda*)

Umutima naukondela : être entraîné vers, attiré (*umutima wakwe naukondela ku mwana wenu*, « son cœur est entraîné vers ta fille »).

4. Métaphores sur le corps humain

Le SSIC fait mal (*ukukalipa* v. i.)

Umutima ulekalipa : état actuel, ressentiment, sentiment de contrariété après une insulte (une conséquence d'*ukubaba*).

Synonyme : *umutima naulunguluka*, « se sentir mal, souffrir, n'être pas à l'aise ».

Umutima naukalipa : état actuel, être en colère, irrité de quelque chose (p. ex., quelqu'un a mis le feu à votre maison, etc.).

Umutima naukalipa sana : état actuel d'énervement, avoir été fâché, insulté de la pire manière et en être extrêmement irrité, être hors de soi ; perdre le contrôle de soi (crier, se mettre à rugir et même devenir violent).

Le SSIC ressent de la pitié, de la compassion (*ukuumfwa ubulanda*)

Umutima uleuumfwa ubulanda : avoir pitié de quelqu'un, avoir de l'empathie (si quelqu'un ressent du tourment, a perdu un proche, etc.).

Umutima nauumfwa ubulanda : état où l'on ressent de l'empathie à la suite d'une expérience particulière ; également être triste pour soi-même.

Le SSIC est sans vie, évanoui, épuisé (*ukutembuka* v. i.)

Umutima nautembuka : état passager, sentiment d'impuissance, impression de devoir lâcher quelque chose qui assure la sécurité.

Le SSIC est restauré (*ukupuputuka* v. i.)

Umutima napuputuka : état passager, impression d'être rafraîchi, de revivre après des encouragements, une préparation, de retrouver son assise mentale, sa souplesse, son énergie mentale.

Au sens anatomique : « revenir à soi » après un évanouissement.

Le SSIC avale (*ukumina* v. t. et v. i.)

Umutima naumina : état actuel : 1) avoir compris (« avalé ») quelque chose, être au fait de quelque chose, voir de quoi il s'agit ; 2) savoir quelque chose, mais ne pas avoir envie de le révéler.

Le SSIC est en train de manger (*ukulya*)

Umutima naulya : état actuel, sentiment d'être satisfait de ce qu'on voulait obtenir (des nouvelles, un point particulier, etc.).

Le SSIC est « satisfait » (*ukwikuta*)

Umutim nawikuta : état actuel, être content, sentiment d'être « rassasié », reprendre l'idée d'un autre et la voir donner d'excellents résultats, exécuter avec succès un projet ou un conseil proposé, se « nourrir » d'idées, de propositions, de plans, etc.

Le SSIC est blessé (*ukucenwa* v. t. pass.)

Umutima naucenwa : état passager d'une personne insultée. Autre sens : avoir subi une atteinte psychologique.

Le SSIC voit (*ukumona* v. t. et v. i.)

Umutima ulemona : personne qui, après un avertissement ou un conseil, comprend un point et, de ce fait, peut évaluer correctement ce qui se passe, peut prévoir quelque chose dans ses premières étapes.

Umutima naumona : état de perception, avoir compris un problème de manière à savoir ce qui va arriver ou se mettre en place ; état de connaissance, de prévision ou de planification à l'avance.

Le SSIC est aveugle (*ukupofula*)

Umutima naupofula : état actuel, personne qui n'est pas en mesure de comprendre, de saisir un problème ou une situation, même si on l'y aide (en expliquant, en montrant, etc.).

Le SSIC entend (*ukukutika* v. t. et v. i.)

Umutima ulekutika : personne qui aime écouter, qui n'a pas toujours envie d'ajouter ses propres commentaires ou de déclarer déjà savoir de quoi il s'agit, quelle est la solution ; personne qui s'intéresse à l'autre, parce que celui-ci veut apporter une aide suffisante ; personne qui veut juste écouter.

Umutima naukutika : état de quelqu'un qui a compris de quoi il s'agit, qui a saisi ce qui vient d'être présenté et cela de la façon que le présentateur visait ; personne qui est au courant, mais n'a rien dit, n'a proposé aucun commentaire.

Le SSIC écoute (entend) (*ukuumfwa* v. t. et v. i.)

Umutima naumfwa : état actuel, avoir compris, saisi ce qui vient d'être dit. Autre sens : ressentir quelque chose (douleur, joie, etc.).

Le SSIC est en train de parler, de discuter (*ukulanda*)

Umutima ulelanda : personne qu'on pousse à faire ou à dire quelque chose. Autre sens : dire ce qu'on a sur le cœur après avoir réfléchi à une chose, après avoir reçu des conseils ou des avertissements.

Umutima naulanda : état actuel, avoir dit ce qu'il fallait dire (réflexions, conseils, avertissements, encouragements, etc.) qui ont déjà été exprimés.

Le SSIC est en train de parler (*ukusosa* v. t. et v. i.)

Umutima ulesosa : « exprimer, faire connaître des réflexions, des projets, des pensées, un conseil, etc. ».

Umutima nausosa : état actuel, avoir décidé, être au clair sur une question, arrêter un projet qui n'a plus qu'à être réalisé.

Le SSIC dort (*ukulala*)

Umutima naulala : état passager d'absence d'esprit, on ne réfléchit sérieusement à rien ; ne pas avoir de projet.

Autre sens : avoir un « passage à vide » (à certains moments, comme problème de santé ou comme situation habituelle).

Le SSIC pleure, se lamente (*ukulila*)

Umutima ulelila : avoir plein de soucis, être très abattu ; si personne n'intervient, cela peut conduire au suicide (émotion extraordinairement forte).

Umutima naulila : état actuel, sentiment qu'on a quand pareille chose vous est arrivée, état de tristesse, de consternation, etc.

Le SSIC a du mal à respirer (*ukucilimukila* v. i. appl.)

Umutima ulecilimukila : être mentalement instable, n'avoir pas d'assise mentale, retomber sans cesse et facilement dans l'inquiétude, être mis hors course.

Umutima naucilimukila : état actuel, avoir été saisi de peur il y a peu de temps ou avoir eu une frayeur.

Le SSIC est malade, pas bien (*ukulwala* v. t. et v. i.)

Umutima ulelwala : incapacité d'être heureux (p. ex., quelque chose t'a été volé ou tu as été insulté, etc.).

Umutima naulwala : état actuel, sentiment qu'on a quand pareille chose est arrivée, état passager de tristesse, de manque de naturel, etc.

Le SSIC est enflammé, infecté (*ukwambukila* v. t. et v. i.)

Umutima nawambukila : état actuel, 1) personne qu'une autre a stimulée avec une idée, etc., personne qui s'est laissé toucher par le bon comportement d'une autre ; 2) personne qui s'est laissé influencer négativement, personne qui s'est trop investie dans quelque chose qui n'est pas vraiment pour elle, qui ne lui convient pas.

Le SSIC est en bonne santé, guéri (*ukupola* v. i.)

Umutima naupola : état actuel ; quel qu'ait été le problème ou la charge mentale, l'équilibre psychologique est rétabli, on se sent de nouveau bien (p. ex., quelqu'un a obtenu ce qu'il voulait, ce dont il avait besoin, etc.).

Le SSIC grandit (*ukukuula* v. i.)

Umutima ulekuula : personne qui se défait d'un comportement enfantin, qui fait preuve de maturité dans son comportement, ses actes, ses paroles ; l'expression peut aussi désigner une maladie (le cœur devient plus gros).

Umutima naukuula : état actuel ; personne qui se montre mûre dans une situation, quelqu'un dont la maturité est visible, facile à reconnaître, qui a aussi l'impression d'avoir grandi.

Le SSIC est vieux (*ukukota* v. i.)

Umutima naukota : état actuel ; personne qui ne peut plus faire ce qu'elle avait l'habitude de faire ou aimerait faire ; personne qui ressent son âge, qui se sent vieillir.

Le SSIC est sur le point de faiblir, de fléchir (*ukunenuka* v. i.)

Umutima naunenuka : état de quelqu'un qui veut laisser tomber (en courses on ne trouve pas ce qu'on cherche), qui abandonne des recherches, qui n'a pas envie de continuer.

Le SSIC est fatigué, faible, mou (*ukuleeba, ukuleebela* v. i.)

Umutima nauleeba : état actuel, être fatigué, se sentir épuisé, usé (après une mauvaise passe, un examen difficile, des problèmes compliqués, un gros effort physique (l'état où l'on se trouve après *ukunenuka*).

Le SSIC est déprimé, abattu, épuisé comme une personne malade (*ukubongoteka* v. i.)

Umutima naubongoteka : état d'abattement, de dépression, d'usure à la suite d'une maladie.

Le SSIC goûte (*ukusonda*)

Umutima nausonda : état actuel, avoir une idée, une notion, un soupçon sur ce qui est dans l'air, avoir un avant-goût de quelque chose (premier amour, première expérience d'une chose, goûter une première fois de quelque chose).

5. Métaphores sur la guerre et les activités guerrières

Le SSIC prend les armes (*ukwipangasha* v. t. réfl.)

Umutima uleipangasha : s'armer pour un but donné, se préparer pour une question ou un travail particulier, sentiment d'être bientôt prêt, de s'armer.

Umutima nauipangasha : état actuel ; être armé, équipé, se sentir armé pour s'occuper de quelque chose, personne qui s'attend à des difficultés et a pris ses dispositions, qui est prête.

Le SSIC choisit les armes, la manière de se défendre (*ukusala ifyanso* v. t.)

Umutima ulesala ifyanso : (continuer à) réfléchir à la manière de se défendre de quelque chose, aux paroles à dire, à la tactique à appliquer, voir quels faits, quelle connaissance faire valoir.

Umutima nausala ifyanso : état actuel ; avoir déjà pris une décision sur la manière de se défendre, sur la stratégie de défense à adopter.

Le SSIC fait mal (*ukucena* v. i.)

Umutima ulecena : 1) personne qui persiste à vouloir faire mal, médire de quelqu'un, avoir de mauvaises intentions envers lui, l'insulter ; 2) personne qui continue à faire du mal à un autre (voler, endommager quelque chose, etc.).

Umutima naucenwa : état actuel, avoir subi du mal, avoir été gravement insulté, bouleversé.

Le SSIC tue (*ukwipaya* v. t.)

Umutima nawipaya : état actuel ; avoir réussi à résoudre un problème, à surmonter quelque chose, etc.

Le SSIC a été tué (*ukwipaiwa* v. t. pass.)

Umutima ulepaiwa : personne qui continue à être obsédée par quelqu'un, absorbée par quelque chose, incapable de penser à autre chose.

Umutima nawipaiwa : état actuel ; personne amoureuse, aveuglée par l'amour, incapable de penser à autre chose qu'à lui/elle.

Le SSIC rate (la cible) (*ukupusa* v. t.)

Umutima naupusa : ne pas pouvoir voir clairement les choses, effectuer correctement ce qu'on voulait faire ; être loin du compte, manquer la cible fixée, passer à côté du fond d'un problème.

Le SSIC vise, tire (et atteint sa cible) et blesse (*ukulasa* v. i.)

Umutima naulasa : état actuel ; ce qu'on a entrepris a été réalisé, atteint par l'activité correspondante. Quelqu'un veut acheter une chèvre, une voiture et y arrive par une bonne planification financière ; réussir ce qu'on a entrepris.

Le SSIC est torturé (*ukulungulushiwa* v. t. pass.)

Umutima ulelungulushiwa : être énervé, tourmenté un court moment par ce que les gens ont dit ou fait, en être venu à s'en rendre malade et, de ce fait, être déstabilisé, etc.

Le SSIC est détruit, abîmé (*ukonaula*)

Umutima naonaula : être dans un état de destruction, de grande consternation ; ce qu'on a entrepris n'a pas réussi, n'a pas pu être réalisé, a été brisé, cassé, etc.

Le SSIC est en train d'être détruit, abîmé (*ukonaulwa*)

Umutima ulenaulwa : être peu à peu ruiné (personne qui s'est permis d'être infectée par une mauvaise conduite, de mauvaises habitudes et qui ruine, « détruit » ainsi son caractère).

Umutima naonaulwa : être dans un état de ruine, personne qui a ruiné son caractère par ce qu'elle a fait.

Le SSIC pille, vole (*ukutapa* v. t.)

Umutima uletapa : personne qui, en un court espace de temps, essaie d'extorquer de l'information à quelqu'un, en ne craignant pas d'user de violence (torture, etc.).

Umutima nautapa : état actuel ; personne qui a obtenu ce qu'elle voulait après avoir recouru à la violence.

Le SSIC fait la paix (*ukupanga icibote*)

Umutima ulepanga icibote : personne qui travaille sur un projet de paix, qui essaie d'instaurer la paix (p. ex., oublier ce qui lui a été fait, être disposé à se réconcilier, etc.).

Le SSIC qui espionne (*ukulengula*)

Umutima naulengula : état actuel ; personne qui a certaines informations et les garde secrètes pour plus tard, et puis elle s'en sert pour son avantage personnel (p. ex., quelqu'un qui est amoureux d'une fille et découvre des choses à son sujet : ce qu'elle aime manger, mettre comme vêtement, etc.).

Umutma ninengulwa : situation actuelle ; je sens que quelqu'un m'espionne, fouine à mon sujet.

Le SSIC interroge (*ukwipusha ipusha* v. t. répl.)

Umutima uleipushaipusha : se demander si on est correctement préparé pour quelque chose, etc., « s'interroger » pour s'assurer de quelque chose, et aussi poser des questions à autrui, demander des conseils, etc.

Umutima nawipusha : situation actuelle ; être déjà mis au courant, déjà savoir ce qui se passe, déjà connaître la vérité.

Le SSIC se retire (*ukufuntuka* v. i.)

Umutima naufuntuka : situation actuelle ; se retirer de quelque chose, retirer ce qui a été dit, renoncer à mettre un projet en route.

Le SSIC mesure, évalue, soupèse (*ukupima* v. t. et v. i.)

Umutima ulepima : vérifier si l'on est sur la bonne voie dans ce que l'on entreprend, sonder l'opinion ou l'intention d'un autre ; s'interroger de manière critique, faire son examen de conscience.

Umutima naupima : situation actuelle : compléter son information et savoir ce dont on a besoin pour un travail donné, être capable de mener un combat, mettre fin à ses réflexions et passer à l'action.

Le SSIC marche de concert (*ukwenda ca pamo*)

Umutima uleenda ca pamo : l'esprit et le corps sont en accord ; harmonie entre les désirs, les envies du corps et de l'esprit.

Le SSIC sauve, restitue, « désarme » (*ukupokolola* v. t.)

Umutima ulepokolola : persuader quelqu'un en paroles, le dissuader de ce qu'il voulait faire, l'amener à changer d'idée (p. ex., quelqu'un veut divorcer de sa femme, mais est convaincu qu'il ne devrait pas le faire).

Umutima naupokolola : situation actuelle ; être désarmé, plus en mesure de réaliser des projets, des intentions, des idées, parce que quelqu'un les a découverts et les a rendus publics, d'où la nécessité de se méfier de leur mise en œuvre, parce que la punition va sûrement intervenir.

Le SSIC l'emporte, domine, soumet (*ukucimfwya* v. t.)

Umutima naucimfya : situation actuelle ; avoir surmonté un problème, avoir réussi à faire passer une opinion, un point de vue (p. ex., deux personnes avancent des propositions sur une question, mais une seule passe, est acceptée.

Umutima naucimfiwa : situation actuelle ; avoir été vaincu, avoir subi un revers, une défaite. Autre sens : avoir été convaincu de faire quelque chose de mal (voler, tromper, etc.).

Le SSIC est actif, plein de vie, prompt à répondre (prêt à se lancer) (*ukusupa* v. i. ; *ukusupila* v. i. appl.)

Umutima ulesupila : poursuivre quelque chose avec acharnement (comment et où trouver de l'argent), s'accrocher à quelque chose comme à une bouée, ne pas renoncer, poursuivre quelque chose avec acharnement, vouloir à tout prix obtenir quelque chose (un buveur qui veut une bière).

Umutima nausupila : situation actuelle ; avoir obtenu quelque chose qu'on a poursuivi avec détermination (personne qui voulait devenir enseignante et n'en a pas démordu jusqu'à ce qu'elle y soit arrivée).

Umutima nausupilwa : situation actuelle ; divulguer quelque chose sous la menace ou la pression, livrer (une source d'argent, un revenu caché, etc.), se faire extorquer quelque chose.

Le SSIC se cache (*ukubelama* v. i.)

Umutima naubelema : situation actuelle ; retenir ou garder quelque chose caché par timidité ou honte ; personne très réservée lorsqu'il s'agit de partager des idées, etc., avec d'autres. Autre sens : planifier quelque chose de mauvais, avoir de mauvaises intentions et les dissimuler aux autres (*naabelamika matontonkanyo*, « il/elle cache ses pensées »).

Umutima naubelamikwa : situation actuelle ; personne qui a réussi jusqu'à présent à rester cachée, soit par habileté, soit par peur (parce que les mauvaises intentions se voient).

Le SSIC se retire, reprend, ne tient pas une promesse (*ukufutuka* v. i.)

Umutima naufutuka : situation actuelle ; personne qui a fait connaître l'intention d'une autre, qui l'a mise au jour (soit dans l'intention de lui nuire, soit pour éviter un méfait).

Umutima naufutukwa : avoir été trahi, avoir entendu de la part de personnes qui n'en savaient rien quelque chose qui n'aurait pas été révélé publiquement ; s'être aperçu que les sujets discutés au sein du groupe ne sont pas tenus secrets.

Le SSIC garde un secret (*ukusunga inkma*)

Umutima nausunga inkama : situation actuelle ; avoir fermement gardé une promesse, un secret (l'endroit où quelqu'un garde son argent, les bons secteurs de chasse, etc.).

Le SSIC donne des ordres (*ukupeele fipope* v. t. et réfl.)

Umutima naupeela ifipope : situation actuelle ; se surmonter, se pousser à faire quelque chose (rassembler ses forces malgré la fatigue pour travailler à quelque chose), même si cela consiste à faire quelque chose de mal (voler, etc.).

Umutima naupeelwa ifipope : situation actuelle ; être soumis à une directive, se forcer à faire quelque chose, avoir le choix entre deux options (faire telle chose ou être puni).

Umutima nauipeele fipope : situation actuelle ; s'encourager, se donner des ordres, se forcer à faire quelque chose, se ressaisir.

Le SSIC s'élève (*ukusunsa pa cifulo*)

Umutima nausunsa pa cifulo : état actuel ; sensation, situation passagère ; 1) on se « sent important » (renforcé sous l'effet de l'alcool) ; 2) se sentir bien, honoré.

Umutima nausunswa pa cifulo : se voir accorder un honneur, avoir été loué pour une sage décision, une pensée et une action astucieuses et sages, avoir de bonnes idées, de bons projets.

Le SSIC lutte (*ukulwa* v. i.)

Umutima ulelwa : lutter de toutes ses forces pour atteindre son objectif, résister à une tentation, résoudre un problème.

Le SSIC s'espionne lui-même (*ukuilengula* v. t. et v. i. réfl.)

Umutima nauilengula : situation actuelle ; s'être contrôlé, avoir réfléchi, évalué soigneusement, avant de dire ou de faire quoi que ce soit.

Annexe 4

Les neuf classes de noms de la langue bemba

Source : tiré de Geo W. Sims, *An Elementary Grammar of Cibemba*, Fort Rosebery [l'actuelle Mansa], Northern Rhodesia [aujourd'hui Zambie], Mansa Mission, Many, 1959.

Les neuf groupes de noms avec mise en évidence des préfixes, des accords complets, des accords modifiés, des prépositions de chaque classe. Les préfixes sont présentés en italique et séparés d'un tiret pour les rendre plus visibles.

Classe	Singulier Pluriel	Nom	Traduction française	Accord complet	Accord modifié	Préposition de la classe
1	Singulier	*umu*-ntu	personne	umu, û, uu	u	uwa
	Pluriel	*aba*-ntu	personnes	aba	ba	aba
2	Singulier	*umu*-pando	chaise	û, uu	u	uwa
	Pluriel	*imi*-pando	chaises	î, ii	i	iya
3	Singulier	*in*-koko	volaille	î, ii	i	iya
	Pluriel	*in*-koko	volailles	ishi	shi	isha
	Singulier	*ulu*-kasu	binette	ulu	lu	ulwa
	Pluriel	*in*-kasu	binettes	ishi	shi	isha
4	Singulier	*ici*-ntu	objet	ici	ci	ica
	Pluriel	*ifi*-ntu	objets	ifi	fi	ifya
5	Singulier	*ili*-bwe	caillou	ili	li	ilya
	Singulier	*ulu*-kasa	pied	ulu	lu	ulwa
	Singulier	*uku*-boko	bras	uku	ku	ukwa
	Singulier	*ubu*-unga	farine	ubu	bu	ubwa

Classe	Singulier Pluriel	Nom	Traduction française	Accord complet	Accord modifié	Préposition de la classe
	Pluriel	*ama*-bwe	cailloux	aya	ya	aya
	Pluriel	*ama*-kasa	pieds	aya	ya	aya
	Pluriel	*ama*-boko	bras	aya	ya	aya
	Pluriel	*ama*-unga	farines	aya	ya	aya
6	Singulier	*aka*-nwa	bouche	aka	ka	aka
	Pluriel	*utu*-nwa	bouches	atu	tu	utwa
7	Noms abstraits	*ubu*-suma	bonté	abu	bu	ubwa
8	Infinitif	*uku*-bomba	travailler	aku	ku	ukwa
9	Locatif	*apa*-ntu	endroit proche	apa	pa	apâ
	Locatif	*uku*-ntu	endroit vague	aku	ku	ukwa
	Locatif	*umu*-ntu	endroit (dans)	amu	mu	umwa

Annexe 5

Le SSIC et le double spirituel dans le monde

La liste ci-dessous est une tentative très grossière de rassembler des données que nous avons trouvées dans des publications dont les références bibliographiques n'ont malheureusement pas été notées, chaque fois qu'elles ont croisé notre chemin. Nous n'avons jamais pensé utiliser ces informations de la manière dont elles sont présentées ici. Y aurait-il d'aimables lecteurs qui connaissent la question, qui ont beaucoup plus à dire et qui seraient heureux de collaborer ? Soyez les bienvenus !

Afrique

Alunda

wumi	la vie (tout ce qui vit, toutes les créatures vivantes l'ont)
mwevulu	à la mort du corps, cela devient *mukishi*
mukishi	l'être qui perpétue la personnalité après la mort du corps

Luba

mutima	1) le cœur (l'organe), 2) le SSIC
umwe	*kufya umvwe mu lusengo*, « enfermer *umvwe* (très probablement le double spirituel vu comme ego des rêves) dans une corne (d'animal) »
umvwe ma kimano	
umvwe wa bumi	à la mort du corps, cela devient *mufu*
mufu	l'esprit d'un défunt

ngeni		les facultés intellectuelles, le pouvoir de la volonté à la mort du corps, cela continue et va au séjour des morts
muya		la respiration

Kongo

ntima	1) le cœur (l'organe), 2) le SSIC
moyo	le double spirituel (il vit dans le sang et dans le cœur)
mwela	le double spirituel (terme alternatif pour *moyo* ; peut-être en relation plus directe avec la respiration)
mfumu kutu	litt. « chef de l'oreille » ; peut quitter le corps d'une personne en vie (ce n'est plus une expression courante en kikongo)
ukufwa ngambu	« mourir par séparation » : inconscience ; aucune pertinence après la mort
nitu	le corps

Kaonde

chimvule	ombre (double spirituel ?)
mukishi	l'être qui perpétue la personnalité après la mort du corps

Bahuana

bun	le cœur
doshi	le double spirituel

Bagala/Boloki

elimo	le double spirituel (peut quitter le corps pendant le sommeil l'ego des rêves)
elilingi	le double spirituel (un défunt n'en possède pas ; une personne en vie peut le perdre, mais il peut être restauré par un spécialiste)
molongi	âme désincarnée (elle envoie du mal aux vivants)

Baganda

mwoyo	tout le monde l'a
mulimu	l'être qui perpétue la personnalité après la mort du corps

Bekwana

moea	se change en *dimo* après la mort
dimo	l'esprit du défunt ?

Bemba

umutima	1) le cœur (l'organe), 2) le SSIC
mu mutima	dans le cœur (le SSIC comme réceptacle)
mu nda	un point immatériel dans le ventre
	le « for intérieur »
	dispositions psychiques collectives
umweo	la vie, la force vitale
umupashi	le double spirituel et l'ego des rêves
	l'être qui perpétue la personnalité après la mort du corps
umubili	le corps
icitumbi	un cadavre

Dschagga

nrima	facultés intellectuelles, mentales
	il cesse de fonctionner à la mort du corps

Yao

ntima	1) le cœur (l'organe), 2) le SSIC
chiilu	le corps

Chewa/Njanja

ntima	1) le cœur (l'organe), 2) le SSIC
moyo	la vie
thupi	le corps

Sena

mtima	1) le cœur (l'organe), 2) le SSIC
mumtima	dans le cœur
kuswipa mtima	se faire du souci, s'inquiéter
mitimawo ili kutali na ine	leur cœur est loin de moi
pansi pa mtima	en bas au cœur
moyo	la vie
kutaya moyo	lancer, délier la vie
mzimu	« l'âme »
manungo	le corps

Shona

mweya	le principe de vie et son existence rendue évidente par la respiration
	le principe de vie de l'homme, incarné en lui et développant ses marques personnelles uniques, tant qu'il est en vie
	il devient *madzimu* et prend sa place dans la hiérarchie spirituelle des ancêtres
mweya	il survit à la mort du corps
ngozi	l'esprit qui tire vengeance
muviri ou *nyama*	le corps
mutumbi ou *chitunha*	cadavre
shavi	les esprits : ils infligent de graves maladies aux vivants (p. ex. : épilepsie, folie ou d'autres problèmes sérieux)

Zulu

umoya	la vie, la force vitale d'une personne en vie
idhlozi / itongo	l'être qui perpétue la personnalité après la mort du corps

Lugbara

orindi	le SSIC
endri-lendri	ombre/fantôme ?
ori	l'être qui perpétue la personnalité après la mort du corps
ma	le corps

Yoruba

okan	le cœur (l'organe)
	le siège des sentiments et de l'énergie psychique
emi	la force vitale qui fait respirer la personne
	on ne sait où il va quand il quitte le corps lors de la mort
obi	à la mort, il quitte le corps, mais ne survit pas
ori	la tête
ori	esprit gardien de la personne (peut-être le double spirituel)
ojiji	le moi d'une personne (quand le moi quitte le corps à la mort, l'ombre cesse d'exister)

Igbo

eke	l'esprit d'un ancêtre défunt qui se réincarne en un enfant
	le bébé ressemble à l'*eke* dans son apparence et/ou dans son caractère
chi	une émanation du Créateur
	sorte de double spirituel ou de génie gardien associé à la personne dès le moment de la conception
	à la mort d'une personne, son *chi* retourne à Dieu pour rendre compte de son travail sur terre
	les facultés, défauts et malchances d'un homme sont attribués à son *chi*

	dans la vie
	pour réussir, une personne doit réaliser dans sa vie la destinée de son *chi*
	chacun a son culte particulier où il apaise son *chi*
	mais une personne qui n'a pas encore d'enfant participe seulement au culte d'apaisement du *chi* de ses parents
	une fois devenu parent, chacun met en place son propre culte
onyinyo	il s'incarne dans le corps et se voit assigner un gardien ancestral
	l'être qui perpétue la personnalité après la mort du corps et qui peut, à son tour, devenir un ancêtre gardien

Proche-Orient

Israélites anciens

leb	1) le cœur (l'organe), 2) le SSIC
hayim	la vie
nèfèsh	deux composantes liées l'une à l'autre : 1) une composante corporelle (*nèfèsh habasar*) située dans le sang ; 2) une composante spirituelle conférée par Dieu (*ruah*)
	une partie de la personne, mais non du corps
	sa présence maintient la fonctionnalité du corps
	survit à la mort du corps
	l'ego des rêves (« âme des rêves »)
nèfèsh parachot	« *nèfèsh* qui vole » (ego des rêves piégé dans une taie d'oreiller et transformé dans un « *nèfèsh* qui vole », une « âme-oiseau »)
nèfèsh hayya	un être vivant

Amérique du Nord

Navajo

tcí'ndi	l'ombre ou l'« esprit » des défunts

Tlingit

du tuwu	l'esprit, les pensées, les sentiments d'une personne sont « ses intérieurs »
ka yu-ha-yee	« ombre »
qa ya-ha-yi	« ombre, reflet, image de l'humain »
ka yu-ha-yee wha goo	« l'ombre d'un homme » après la mort du corps
qa yakwgwahe yagu	« fantôme » ou « esprit réincarné »
	il voyage vers un pays des morts, un endroit qui dépend de la manière dont il est mort il peut être réincarné par la suite en une personne vivante
kasago	souffle de vie
	force vitale centrale qui fait fonctionner le corps pendant sa vie et provoque la mort, quand elle le quitte
	la seule connaissance que l'homme ait de cette entité, c'est la respiration
	il quitte le corps dans la maladie ou l'évanouissement et peut être ramené par le chamane
Ka kin-ah yage ou *Ka-ken-a yake*	1) « l'esprit en haut au-dessus »
	cet esprit tâche de protéger et de guider correctement sa pupille
	cet esprit peut abandonner sa fonction si on l'offense et il peut être tué par de grands méfaits qui pourraient avoir le même effet sur sa charge mortelle
	la seule prière formulée par les Tinglit s'adresse à cet esprit en situation dangereuse, les Tinglit peuvent dire
	Kluw-kut-hut thlar-tin uh khen-nah ya-gee
	« Soigneusement veille sur moi, mon esprit d'au-dessus » ou « Veille sur moi attentivement, toi, mon Esprit d'en haut »
qa da	le corps

Asie

Newar (Népal)

nuga   le cœur

les souvenirs, les pensées et les sentiments conservés dans le

nuga   actions volontaires venues du *nuga*

personne n'ayant pas la capacité de s'engager ou d'aller jusqu'au bout d'une action morale, elle manque de « sang du cœur »

le soi/cœur était un lieu du sacré

« Les Newars parlaient d'une divinité qui résidait dans leur cœur et leur dictait des actions moralement recommandables[1]. »

Gurung (Népal)

sae   « le siège de la volonté, de la mémoire et des sentiments » conçu comme une sorte d'entité située dans la poitrine[2].

Caste mélangée parlant le népalais

man   lieu où sont conservés et bouillonnent les pensées et les sentiments ; situé au centre de la poitrine

Japon

tama   esprit source de vie habitant le corps

peut quitter le corps et aller errer ailleurs

provoque la maladie, la perte de conscience et la mort

---

1. S. Parish « The Sacred Mind. Newer Cultural Representations of Mental Life and the Production of Moral Consciousness », *Ethos* 19, 1991, p. 313-351 ; Parish, *Discourse Dynamics. Critical Analysis for Social andf Individual Psychology*, New York, Routledge, 1994, discutés dans Dorothy C. Holland et autres, *Identity and Agency in Cultural Worlds*, Cambridge, Mississ., Londres, Harvard University Press 1998, p. 19-20.
2. E. McHugh, « Concepts of the Person among the Gurungs of Nepal », *American Ethnologist* 16, 1989, p. 75-86, dans Holland, *Identity and Agency*, p. 291.

Ibanags (Luzon septentrional)

ikararua	compagnon du corps
makararuanan	en cas de choc, on dit qu'il quitte le corps, qui, lui, reste vivant
mangagaggakao	le rituel qui invite l'*ikararua* à retourner dans le corps implique cette conviction

Ilocanos (Luzon septentrional)

al-alia ou *ar-aria*	ce mot peut provenir de al-al (« haleter, respirer péniblement »)
	compagnon du corps (il vient au chevet d'un mourant, reste dans les parages après la mort et apparaît même à la parenté dans des rêves par d'autres signes pour demander des prières et le pardon)
al-alia	peut signifier « fantôme, spectre, apparition, esprit »
	Ma-al-aliaen doit recevoir la visite d'un *al-alia*
karma, *karkarma*	« âme, vigueur, énergie, force, puissance, fantôme »
	il se tient près de la personne et quitte le corps par le nez au moment de la mort de la personne
aningas	« sorte de fantôme, de spectre »
	Pendant la période de deuil, l'*aningas* rend visite à ceux qui ont failli, alors que le défunt était encore malade ou mourant
kararua, *karuruwa*	un compagnon permanent
	quand quelqu'un est effrayé, son *kararua* ou *karuruwa* s'écarte du corps, ce qui entraîne une maladie
	par un rituel, un médium ou un homme médecine invite le *kararua* ou *karuruwa* à revenir dans le corps

Région du Luzon septentrional où l'on parle le kankani

ab-abiik	le moi spirituel
	s'applique également à une pierre, une montagne, un arbre ou un fleuve pour dire qu'il a un *ab-abiik*
awak	le moi physique

Tagalog

kambal	double ou jumeau spirituel
	« conçu comme substance gazeuse »
	par la suite, il devient le *malay* ou « la petite voix »
	« la faculté de la personne de penser, raisonner, apprendre et avoir une force de volonté »
	il peut errer à l'entour la nuit. Les gens disent que ses rencontres pénibles provoquent des cauchemars (*bangungut*), à la mort du corps, il devient *kaluluwa*
kaluluwa	l'être spirituel d'un défunt

Ville parlant l'ilocano à Pangasinan

karurua ou *kadua kadua*	le double ou le jumeau spirituel
ti biag	un partenaire de vie
kakuyog	un compagon
gayyem	un ami
kasibay	un compagnon aux côtés d'une personne
taribabay	un guide

Mangyans Hanunuo (Mindoro)

karadwa ou *kalag*	un avis : une personne n'a qu'une âme (*karadwa tawo*)
	autre avis : en plus de ce *karadwa* unique, une personne peut en avoir d'autres sous forme d'animaux (chiens, oiseaux, chats...)
	après la mort, le *karadwa* va au « lieu des morts » (*karadwahan*), où « il n'y a ni maladie, ni famine, ni trouble dû aux gens des basses terres, ni esprits mauvais », ni mort
	il peut quitter le corps (p. ex., quand on est effrayé) et la personne tombera malade
	un rituel permettra de rappeler le *karadwa* dans le corps pour rétablir la bonne santé

il craint les mauvais esprits, mais il peut se changer en animal rapide et ainsi leur échapper

l'ego des rêves. Quand une personne rêve, le *karadwa* erre à l'entour. Son errance devient le contenu du rêve.

Cebuano Visayan

kalag	l'esprit d'un défunt
kaluh	le double, le jumeau, le gardien
	c'est l'essence des forces intellectuelles et morales, et, à la mort, il devient un *anito*, un esprit
anito	l'esprit d'un défunt
ginhawa	la vie, la force vitale
	l'estomac, le creux de l'estomac, la respiration, les poumons, l'esprit de vie, les intestins (*ginhawaan*)
	par extension, *ginhawa* peut aussi désigner les aliments (en particulier un biscuit), l'appétit, la bonne ou mauvaise humeur, le caractère, l'état général
atay	le foie : « le siège des sentiments »
	Le double est commun aux groupes ethniques des Philippines : « il se situe généralement dans la tête », alors que le *ginhawa* a son siège quelque part dans la région abdominale, souvent dans le foie ou l'*atay*.
	le foie est le siège des sentiments. C'est pourquoi on trouve des expressions relatives au foie, telles que :
	makapakitbi/makapakulo sa atay (litt. « fait figer le foie, fait cailler le sang »)
	lapad ang atay (litt. « foie gonflé » ou « être flatté »)
	makapadako sa atay (litt. « grossit le foie » ou « fait monter quelque chose à la tête »)[3].

---

3. F. Landa Jocano, *The Ilocanos. An Ethnography of Family and Community Life in the Ilocos Region*, Quezon City, Asian Center, University of the Philippines, 1982.

Benuaq (Kalimantan oriental)

senarikng	une personne vivante
juus	le double spirituel ou l'ego des rêves
unuk	le corps
asakng	le SSIC

Océanie

Chuuk

ngúún	l'ombre d'un objet, quand sa forme extérieure est au moins reconnaissable
	l'image miroir d'un objet ou d'une personne s'appelle aussi *ngúún*
	on considère que tous les objets de ce monde, outre leur existence matérielle, physique, ont aussi une forme spirituelle, immatérielle. Ces deux formes sont si finement identiques que l'une peut facilement être prise pour l'autre
	le *ngúún* d'une personne est supérieur à celui des contextes indiqués ci-dessus.
ngúnúyééch	le double spirituel bienveillant
	l'ego des rêves
	il soutient les fonctions du corps
	il perpétue la personnalité humaine après la mort du corps
ngúnúnngaw	le double spirituel malveillant
inis	le corps
neenuuk, neetp, tipey	le lieu du haut de l'abdomen où les réponses émotionnelles et les processus intellectuels sont constatables
	le SSIC

Annexe 6

Principaux chefs avec leurs chefferies

Source : Louis Oger, « Bemba Topics – With Appropriate Vocabulary », Ilondola, Language Centre, s. d., p. 10.

Il s'agit des chefs qui ont le pouvoir de faire des nominations.

(Appointing Lords)

Chitimukulu	= ULUBEMBA
Mwamba	= ITUNA
Nkula	= ICHINGA
Chikwanda	= CHINAMA
Luchembe	= MPUKI
Mpepo	= MPUKI
Mukwikile	= ULUKUMBI
Nkolemfumu	= MITI
Chandamukulu	= CHUBUNDU
Shimumbi	= LUMUMBU
Munkonge	= KALUNDU
Tungati	= ISANSA

Chipalo	= MUKULU
Mucheleka	= MUKULU
Nkweto	= ICHINGA
Mubanga	= CHILINDA
Makasa	= MPANDA
Chimbola	= CHOLWE
Kaliminwa	= LISUNGWA
Mpolokoso	= ITABWA

Bibliographie

ADEYEMO Tokunboh, « Towards an Evangelical African Theology », *Evangelical Review of Theology* 7, n° 1, 1983, p. 147-154.

AFRICAN ELDERS, *History of the Bena Ng'oma (ba-Cungu wa Mukulu)*, Londres, MacMillan, 1949.

ANDRADE G. Roy (d'), *The Development of Cognitive Anthropology*, Cambridge, Cambridge University Press, 1995.

BADENBERG Robert, *The Body, Soul and Spirit Concept of the Bemba in Zambia. Fundamental Characteristics of Being Human of an African Ethnic Group*, édition afem – mission academics, vol. 9, 2ᵉ éd., Bonn, Culture and Science Publications, 2002.

BADENBERG Robert, *Sickness and Healing. A Case Study on the Dialectic of Culture and Personality*, édition afem – mission academics, vol. 11, 2ᵉ éd., Nuremberg, VTR, 2008.

BADENBERG Robert, *La conception de l'homme dans les cultures étrangères. Guide d'investigation personnelle*, préface de Lothar KÄSER, Charols, Excelsis, 2011.

BANDAWE Chiwoza, *Practical uMunthu Psychology. An Indigenous Approach to Harmonious Living*, Balaka, Montfort, 2010.

BARNES H., « Survival after Death among the Ba-Bemba of North-Eastern Rhodesia », *MAN* 22, 1922, p. 41-42.

BARTH Karl, *Parole de Dieu et parole humaine*, traduit de l'allemand par Pierre MAURY et Auguste LAVANCHY, Paris, Éditions « Je sers », 1933.

BATESON Gregory, *Naven. A Survey of the Problems Suggested by a Composite Picture of the Culture of a New Guinea Tribe Drawn from Three Points of View*, Cambridge, Cambridge University Press, 1936.

BEVANS Stephen B., *Models of Contextual Theology*, Maryknoll, N. Y., Orbis, 1992.

BLOCH Maurice, « Durkheimian Anthropology and Religion. Going In and Out of Each Other's Bodies », *Journal of Ethnographic Theory* 5, 3, 2015, p. 285-299.

BOSCH David J., *Dynamique de la Mission chrétienne. Histoire et avenir des modèles missionnaires*, Paris/Genève, Karthala/Labor et Fides, 1995.

BRELSFORD W. Vernon, « *"Shimwalule"*. A Study of a Bemba Chief and Priest », *African Studies* vol. 1, n° 3, septembre 1942, p. 207-223.

BRELSFORD W. Vernon, *The Succession of Bemba Chiefs. A Guide for District Officers*, Lusaka, Government Printers, 1944.

Brelsford W. Vernon, *Aspects of Bemba Chieftainship*, Lusaka, Rhodes-Livingstone Institute Communications, vol. 2, Lusaka, Rhodes-Livingstone Institute, 1944.

Burlington Gary, « Topography of a Zambian Storyland », *International Journal of Frontier Missions* vol. 15, 2, 1998, p. 75-81.

Burlington Gary, « "I Love Mary". Relating Private Motives to Public Meanings at the Genesis of Emilio's Mutima Church », thèse de doctorat, Faculty of Intercultural Studies, Biola University, 2004.

Burlington Gary, « God Makes a World of Difference. The Dialectic of Motivation and Meaning at the Creation of an African Theistic Worldview », *Missiology. An International Review* vol. 36, 4, 2008, p. 435-445.

Carey Francis, « Conscientization and In-Service Education of Zambian Primary School Teachers », thèse de doctorat, Department of International and Comparative Education, University of London, 1986.

Cash Thomas F., sous dir., *Encyclopedia of Body Image and Human Appearance*, vol. 1, San Diego, Academic Press, 2012.

Chileshe Alexander Roy, « Land Tenure and Rural Livelihoods in Zambia. Case Studies of Kamena and St. Joseph », thèse de doctorat, Faculty of Arts, University of the Western Cape (Afrique du Sud), 2005.

Chishimba Emilio Mulolani, « Ubutantiko bwa Malyashi ya Munshiku sha Bachinelubali Ukutampa mu Mweshi wa Kapepo Kanono Ukushinta na ku Mweshi Wa Cinshikubili » (The Outline of Seventh Day Lessons Beginning in the First Cool Month through the Month between the Dry and Rainy Seasons), Ndola, Zambie, 1996.

Chishimba Emilio Mulolani, « Amalyashi ya Munshiku sha Sabata Ukutampa mu Mwaka walenga Amakumi Yane na Isano ukushinta na mu Walenga Amakumi Yane Na Mutanda » (The Sabbath Lessons Beginning in the Forty-Fifth Year through the Forty-Sixth Year), Ndola, Zambie, 1996-1997.

Chishimba Emilio Mulolani, « Amalyashi ya Munshiku sha Sabata Umwaka walenga Amakumi Yane na Mutanda/Amakumi Yane na Chinelubali » (The Sabbath Day Lessons for the Forty-Seventh Year), Ndola, Zambie, 1997.

Clark Mary, *In Search of Human Nature*, Londres, Routledge, 2002.

Cook Robert R., « Ghosts », *East African Journal of Evangelical Theology* vol. 4, n° 1, 1985, p. 35-47.

Crawley A. E., « Doubles », dans *Encyclopaedia of Religion and Ethics*, sous dir. James Hastings et autres, vol. 4, New York, T. et T. Clark, 1911.

Cunnison Ian G., *History of the Luapula*, Rhodes-Livingstone Institute Paper n° 21, Londres, Oxford University Press, 1969 (1re éd. 1951).

Deigh John, « Moral Psychology », dans *The MIT Encyclopedia of the Cognitive Sciences*, sous dir. Robert A. Wilson et Frank C. Keil, Cambridge, Mississ., Londres, MIT, 1999, p. 561-562.

DILLON-MALONE Clive, « *Mutumwa Nchimi*. Healers and Wizardry Beliefs in Zambia », *Social Sciences and Medicine* vol. 26, n° 11, 1988, p. 1159-1172.

ECKSTEIN Hans-Joachim, *Der Begriff Syneidesis bei Paulus. Eine neutestamentlich-exegetische Untersuchung zum Gewissensbegriff*, WUNT 2, Tübingen, J. C. B. Mohr (Paul Siebeck), 1983.

ELVI Zetla K., « Soul », dans *Encyclopedia of African Religion*, sous dir. Molefi Keti ASANTE et Ama MAZAMA, Los Angeles/Londres/New Delhi/Singapore/Washington DC, Sage, 2009, p. 627-629.

ÉTIENNE F. Louis, « A Study of the Babemba and Neighbouring Tribes », Ilondola, Language Centre, 1948.

FISCHER Anja, « Unterhaltung in der Wüste. Verbale Interaktion und Soziabilität bei Imuhaê-NomadInnen », thèse de doctorat, Université de Vienna, 2010.

FOWLER Chris, *The Archaeology of Personhood. An Anthropological Approach*, Londres/New York, Routledge, 2004.

GARREC N., *Croyances et coutumes religieuses des Babemba*, Rome, Chilongo, Archives des Pères blancs, 1916.

GEHMAN Richard J., *African Traditional Religion in Biblical Perspective*, 2e impr., Kijabe, Kenya, Kesho Publications, 1990.

GLEITMAN Lila, BLOOM Paul, « Language Acquisition », dans *MIT Encyclopedia of the Cognitive Sciences*, sous dir. Robert A. WILSON et Frank C. KEIL, Cambridge, Mississ./Londres, MIT, 1999, p. 434-438.

GOODENOUGH Ward H., « In Pursuit of Culture », *Annual Review of Anthropology* 32, 2003, p. 1-12.

GORDON David M., « Seeing Invisible Worlds », dans *Invisible Agents. Spirits in a Central African History*, Athens, Ohio University Press, 2012.

GOULDSBURY Cullen, SHEANE Herbert, *The Great Plateau of Northern Rhodesia*, Londres, Edward Arnold, 1911.

GREENSTEIN Edward L., « The Heart as an Organ of Speech in Biblical Hebrew », dans *Semitic, Biblical, and Jewish Studies in Honor of Richard C. Steiner*, sous dir. Aaron J. KOLLER, Mordechai Z. COHEN et Adina MOSHAVI, Jérusalem/New York, Mosad Bialik and Yale University Press, 2020, p. 206-218.

GROARK Kevin P., « Willful Souls. Dreaming and the Dialectics of Self-Experience among the Tzotzil Maya of Highland Chiapas, Mexico », dans *Toward an Anthropology of the Will*, sous dir. Keith M. MURPHY et C. Jason THROOP, Stanford, Calif., Stanford University Press, 2010, p. 101-122.

GRUBER June, « Human Emotion. Shame and Guilt », vidéo YouTube, 4 juin 2013, consultée le 29 janvier, 2020, https://www.youtube.com/watch?v=jKlMPDJnE10.

GUTHRIE Malcom, « Some Aspects of the Pre-History of the Bantu Languages », *Journal of Anthropological History* vol. 3, n° 2, 1962, p. 273-282.
HEIDEMANN Frank, « Körperbotschaften », partie d'une série TV « Der lange Schatten von Kultur » (L'ombre longue de la culture), Bayerischer Rundfunk, https://www.br.de/fernsehen/ard-alpha.
HIEBERT Paul G., *Mission et culture*, Saint-Légier, Emmaüs, 2002.
HIEBERT Paul G., *Anthropological Insights for Missionaries*, Grand Rapids, Mich., Baker, 1998, 2001.
HIEBERT Paul G., *Transforming Worldviews. An Anthropological Understanding of How People Change*, Grand Rapids, Baker, 2008.
HILGERS Micha, *Scham. Gesichter eines Affekts*, Göttingen, Vanderhoeck et Ruprecht, 1996.
HINFELAAR Hugo F., *Bemba Speaking Women of Zambia in a Century of Religious Change (1892-1992)*, Leyde, E. J. Brill, 1994.
HIRSCHBERG Walter, *Wörterbuch der Völkerkunde*, Stuttgart, Kröner, 1965.
HOCH E., *A Bemba Grammar with Exercises*, Ilondola, Zambie, Language Centre, 1994.
HOCHEGGER Hermann, « Die Vorstellungen von Seele und Totengeist bei afrikanischen Völkern », *Anthropos* 60, 1965, p. 273-339.
HOLLAND Dorothy C. et autres, *Identity and Agency in Cultural Worlds*, Cambridge, Mississ./Londres, Harvard University Press 1998.
HUNTINGTON Richard, METCALF Peter, *Celebrations of Death. The Anthropology of Mortuary Ritual*, Cambridge/New York, Cambridge University Press, 1991.
HURRELMANN Klaus, *Einführung in die Sozialisationstheorie*, 9e éd., Weinheim/Basel, Beltz, 2006, http://www.content-select.com/index.php?id=bib_view&ean=9783407290960.
IPENBURG At, *« All Good Men ». The Development of Lubwa Mission, Chinsali, Zambia, 1905-1967*, Studies in the Intercultural History of Christianity, vol. 83, Francfort-sur-le-Main, Peter Lang, 1992.
JAHODA Gustav, « Culture, Biology and Development across History », dans *Between Culture and Biology. Perspectives on Ontogenetic Development*, sous dir. Heidi KELLER et autres, Cambridge, UK, Cambridge University Press, 2002, p. 13-29.
JANOWSKI Bernd, « Das Herz – ein Beziehungsorgan. Zum Personverständnis des Alten Testaments », dans *Dimensionen der Leiblichkeit. Theologische Zugänge*, sous dir. Bernd JANOWSKI et Christoph SCHWÖBEL, vol. 16, Neukirchen-Vluyn, Neukirchener Verlagsgesellschaft, 2015, p. 1-45.
JOCANO F. Landa, *The Ilocanos. An Ethnography of Family and Community Life in the Ilocos Region*, Quezon City, Asian Center, University of the Philippines, 1982.

Kalusa Walima T., Vaughan Megan, *Death, Belief and Politics in Central African History*, Lusaka, The Lembani Trust, 2013.
Kambole R. M., *Ukufunda Umwana Ukufikapo*, Lusaka, Zambie, Educational Publishing House, 1980.
Kapolyo Joe M., *L'homme. Vision biblique et africaine*, Marne-la-Vallée, Farel, 2007.
Käser Lothar, « Der Begriff Seele bei den Insulanern von Truk », thèse de doctorat, Geowissenschaftliche Fakultät, Albert-Ludwigs-Universität Fribourg-en-Breisgau, 1977. Trad. anglaise : *A Chuukese Theory of Personhood – The Concepts Body, Mind, Soul and Spirit on the Islands of Chuuk (Micronesia). An Ethnolinguistic Study*, Nuremberg, VTR, 2016.
Käser Lothar, *Voyage en culture étrangère. Guide d'ethnologie appliquée*, Charols, Excelsis, 2008.
Käser Lothar, *Animisme. Introduction à la conception du monde et de l'homme des sociétés traditionnelles orales*, Charols, Excelsis, 2010.
Kasprus Aloys, SVD, « The Tribes of the Middle Ramu and the Upper Keram Rivers (North-East New Guinea) », *Anthropos* vol. 17, 1973, p. 39-61.
Kaunda Mutale Mulenga, « Search for Life-Giving Marriage. The Imbusa Initiation Rites as a Space for Constructing Well-Being among Married Bemba Women of Zambia », thèse de maîtrise, School of Religion, Philosophy and Classics in the College of Humanities, University of KwaZulu Natal (Pietermaritzburg Campus), 2013.
Ki-Zerbo Joseph, « Methodology of African History », dans *General History of Africa. Abridged Version*, vol. 1, Berkeley, Calif./Londres/Paris, University of California Press/James Currey/UNESCO, 1990.
Klass Morton, *Ordered Universes. Approaches to the Anthropology of Religion*, Boulder, Color., Westview Press, 1995.
Kraft, Charles H., *Christianity in Culture. A Study in Dynamic Biblical Theologizing in Cross-Cultural Perspective*, Maryknoll, N. Y., Orbis, 1979.
Kraft Charles H., *Anthropology for Christian Witness*, Maryknoll, N. Y., Orbis, 1996.
Kroeber A. L., Kluckhohn C., *Culture. A Critical Review of Concepts and Definitions*, Cambridge, Mass., Peabody, 1952.
Labrecque Édouard, « Beliefs and Religious Practices of the Bemba and Neighbouring Tribes », trad. Patrick Boyd, Ilondola, Zambie, Language Centre, 1982 (1re éd. 1934).
LeBacq Frank, en collaboration avec Chisakuta E., Mutale D., Mubanga M. et Mulubwa W., « Community Based Health Promotion. An Opportunity within the Zambian Health Reforms for a New Cultural Approach to a Generic Community Based Health System in Kasama District, North-Central Health Region, Zambia », Kasama, 1998.

LEE Dorothy, *Freedom and Culture*, Prentice-Hall, Harvard University Press, 1959.
LeVine R. A., Dixon S., LeVine S., Richman A., Keefer C., Leiderman P. H., Brazelton T. B., *Child Care and Culture. Lessons from Africa*, New York, Cambridge University Press, 1994.
Lewis Michael, *Shame. The Exposed Self*, New York, Macmillan, 1992.
Luthahoire Sebastian K., *The Human Life Cycle among the Bantu*, Arusha, Tanzanie, Makumira Publications, 1974.
Lumbwe Kapambwe, « Ubwinga, a Subset of Bemba Indigenous Know-ledge Systems. A Comparative Study of Pre-colonial and Post-independence Wedding Ceremonies in Lusaka and Kitwe », Zambia, thèse de doctorat, University of Cape Town, 2009.
Lumbwe Kapambwe, « The Role of Music in the Traditional Marriage Ceremonies of the Bemba-speaking People of Northern Zambia », thèse de maîtrise de musique, University of Cape Town, 2004.
MacIntyre Alasdair, *Whose Justice? Which Rationality?*, Notre Dame, Ind., University of Notre Dame Press, 1988.
Makkreel Rudolf A., « Dilthey, Wilhelm (1833-1911) », dans *Cambridge Dictionary of Philosophy*, sous dir. Robert Audi, 2ᵉ éd., New York, Cambridge University Press, 1999, p. 236-237.
Makopa Joel L., « *Ukufunda Umwana Kufikapo*. Providing Complete Traditional Education to a Young Person », Chinsali, 1998.
Mandunu Joseph Kufulu, *Das « Kindoki » im Licht der Sündenbock-theologie. Versuch einer christlichen Bewältigung des Hexenglaubens in Schwarz-Afrika*, Studien zur Interkulturellen Geschichte des Christentums, vol. 85, Francfort-sur-le-Main, Peter Lang, 1992.
Matsumoto Paul, « The Missiological Implications of Shame in the Japanese World View », these de maîtrise, Fuller Theological Seminary, 1985.
Maxwell Kevin B., *Bemba Myth and Ritual. The Impact of Literacy on an Oral Culture*, American University Studies, Series XI, Anthropology/Sociology, vol. 2, New York, Peter Lang, 1983.
Mbiti John S., *Religions et philosophies africaines*, Yaoundé, CLÉ, 1972.
Mbiti John S., « Dreams as a Point of Theological Dialogue between Christianity and African Religion », *Missionalia* vol. 25, n° 4, 1997, p. 511-522.
McCollum Chris, « Early Precursors of Work-Family Tension. A Psychodynamic Study of Socialization », Marial Center, Emory University, document de travail 10, 2002.
McHugh E., « Concepts of the Person among the Gurungs of Nepal », *American Ethnologist* 16, 1989, p. 75-86.

MEEBELO Henry S., *Reaction to Colonialism. A Prelude to the Politics of Independence in Northern Zambia 1893-1939*, Manchester, Manchester University Press, 1971.

MEIRING Arno, « As Below, So Above. A Perspective on African Theology », *Harvard Theological Studies* 63, 2, 2007, p. 733-750.

MESMAN Judi, BASWETI Nobert, MISATI Joseph, « Sensitive Infant Caregiving among the Rural Gusii in Kenya », *Attachment and Human Development* vol. 20, 2018.

METUH-IKENGA Emifie, « The Concept of Man in African Traditional Religion. With Particular Reference to the Igbo of Nigeria », dans *Readings in African Traditional Religion. Structure, Meaning, Relevance, Future*, sous dir. E. M. UKA, Bern, Peter Lang, 1991.

METUH-IKENGA Emifie, *African Religions in Western Conceptual Schemes. The Problem of Interpretation, Studies in Igbo Religion*, 2ᵉ éd., Jos, IMICO, 1991.

MIDDLETON John, « The Concept of the Person among the Lugbara of Uganda », dans *La notion de personne en Afrique noire*, Colloque international du Centre national de la recherche scientifique à Paris, du 11 au 17 octobre 1971, Paris, l'Harmattan, 1973.

MNYANDU M., « *Ubuntu* as the Basis of Authentic Humanity. An African Perspective », *Journal of Constructive Theology* 3, 1, 1997.

MOYO P. H., « The African Worldview. A Help or Hindrance to African Christianity? », dans *Word and Context. Journal of Justo Mwale Theological College, Lusaka*, 2007.

MÜLLER Klaus W., *Das Gewissen in Kultur und Religion. Scham- und Schuldorientierunga als empirisches Phänomen des Über-Ich/ Ich-Ideal.* Lehrbuch Elenktik, Nuremberg, VTR, 2009.

MÜLLER Klaus W., *Conscience - The Moral Law Within. Formation and Function of Super-Ego/Ego-Ideal, Shame and Guilt within Society, Culture and Religion*, Handbook Elenctics, Nuremberg, VTR, 2023.

MUSHINDO Paul B., *A Short Story of the Bemba*, Lusaka, 1977.

MUSONDA Damian Kanuma, *The Meaning and Value of Life among the Bisa and Christian Morality*, Rome, Université pontificale, 1996.

NANGAWE Eli et autres, « Applied Health Research, Malnutrition in Under Fives in Kasama District. Intervention Phase Analysis Report », Lusaka, Ministry of Health, 1997.

NANGAWE Eli et autres, *Determinants of Action against Malnutrition in Under Five Children*, Kasama District, Northern Province, Applied Health Research, Series 2, Lusaka, ZPC Publications, 1998.

NAUGLE David K., « Worldview. Definitions, History, and Importance of a Concept », Dallas Baptist University, s. d., consulté le 2 octobre 2020, https://www3. dbu.edu/naugle/pdf/Worldview_defhistconceptlect.pdf.

NAUGLE David K., *Worldview. The History of a Concept*, Grand Rapids, Eerdmans, 2002.
NEWBIGIN Lesslie J. E., « Religious Pluralism and the Uniqueness of Jesus Christ », *International Bulletin of Missionary Research* 13, 2, 1989, p. 50-54.
NG'ANDU A., « Bemba Cultural Data », Chinsali, Language Centre, 1922.
NUCKOLLS Charles W., *The Cultural Dialectics of Knowledge and Desire*, Madison, Wisc., University of Wisconsin Press, 1996.
OBEYESEKERE Gananath, *Medusa's Hair. An Essay on Personal Symbols and Religious Experience*, Chicago/Londres, University of Chicago Press, 1984.
ODUYOYE Modupe, « Man's Self and its Spiritual Double », dans *Traditional Religion in West Africa*, sous dir. A. Ade ADEGBOLA, Ibadan, Daystar Press, 1983.
OFFE Johanna, *Verheiratet mit einem Toten. Witwen und die AIDS-Krise in Sambia*, Konstanz, Konstanz University Press, 2010.
OGER Louis, « The Bemba of Zambia. Outlines of Their Lifecycle and Beliefs », Ilondola, Language Centre, 1972.
OGER Louis, *Our Missionary Shadow. A Series of Historical Flashes at the Occasion of the Centenary Celebrations of the Catholic Church in Zambia (1991) and Reflections on Second Evangelization 1992-1993*, Paris, Publications of the Catholic Church, 1993.
OGER Louis, « Bemba Topics – With Appropriate Vocabulary », Ilondola, Language Centre, s. d.
OGUNBOYE A. O. Peter, FULLER Lois, « The Human Soul in Yoruba/Igbo Tradition and the Bible », *Africa Journal of Evangelical Theology* 19, 1, 2000, p. 75-86.
OJIWANG Benjamin, « Death among the Acholi », s. l., s. éd., 1996.
O'SHEA Michael, *Missionaries and Miners*, Ndola, Zambie, The Missionaries of Africa Mission Press, 1986.
PARISH S., « The Sacred Mind. Newer Cultural Representations of Mental Life and the Production of Moral Consciousness », *Ethos* 19, 1991, p. 313-351.
PARISH S., *Discourse Dynamics. Critical Analysis for Social and Individual Psychology*, New York, Routledge, 1994.
PAU Philip Cope Suan, « For the Divine Name of the Christian God among the Chin Peoples. *Pathian* and the *Pau Cin Hau* Movement in Chin Hills Myanmar », *The Christian Literature Society of Korea*, 30 avril 2009. Première publication dans *Korean Journal of Christian Studies* vol. 63, 2009, p. 229-244.
PIKE Kenneth L., « Etic and Emic Standpoints for the Description of Behavior », dans *Language and Thought. An Enduring Problem in Psychology*, sous dir. Donald C. HILDUM, Princeton, D. Van Norstrand Company, 1967, p. 32-39.
POTTER-EFRON Ronald T., *Shame, Guilt and Alcoholism. Treatment Issues in Clinical Practice*, New York/Londres, Haworth Press, 1989.

Rasing Tera, *The Bush Burnt, the Stones Remain. Female Initiation Rites in Urban Zambia*, Münster/Hamburg/Londres, Lit, 2001.
Ray Benjamin, « African Religions », dans « The Concept of Man in African Traditional Religion. With Particular Reference to the Igbo of Nigeria », dans *Readings in African Traditional Religion. Structure, Meaning, Relevance, Future*, sous dir. E. M. Uka, Bern, Peter Lang, 1991.
Richards Audrey I., « The Story of Bwembya of the Bemba Tribe, Northern Rhodesia », dans *Ten Africans*, sous dir. Margery Perham, Londres, Faber et Faber, Ilondola, Language Centre, 1936.
Richards Audrey I., *Land, Labour and Diet in Northern Rhodesia. An Economic Study of the Bemba Tribe*, Londres, Oxford University Press, 1939.
Richards Audrey I., *Bemba Marriage*, Lusaka, Rhodes-Livingstone Institute, 1940.
Richards Audrey I., « The Bemba of North-Eastern Rhodesia », dans *Seven Tribes of British Central Africa*, sous dir. E. Colson et M. Gluckman, Londres, Oxford University Press, 1951, p. 164-193.
Richards Audrey I., « Keeping the King Divine », Proceedings of the Royal Anthropological Institute of Great Britain and Ireland, 1968, p. 23-35.
Richards Audrey I., *Mother-Right among the Central Bantu*, Westport, Conn., Negro Universities Press, 1970.
Richards Audrey I., *Chisungu. A Girl's Initiation Ceremony among the Bemba of Zambia*, réimpr., Londres/New York, Tavistock, 1982.
Richardson Don, *L'enfant de paix*, Miami, Flor., Vida, 1981.
Ritchie J. F., *The African as Suckling and as Adult. A Psychological Study*, Rhodes-Livingstone Institute, document n° 9, Manchester, Manchester University Press, 1968 (1re éd. 1943).
Roberts Andrew D., « Chronology of the Bemba (N. E. Zambia) », *JAH* vol. XI, n° 2, 1970, p. 221-240.
Roberts Andrew D., *A History of the Bemba. Political Growth and Change in North Eastern Zambia before 1900*, Madison, University of Wisconsin Press, 1973.
Roland Alan, « The Uses (and Misuses) of Psychoanalysis in South Asian Studies. Mysticism and Child Development », Paper at the South Asia Conference, University of Wisconsin, Madison, 11 octobre 2002, http://alan-roland.sulekha.com/blog/post/2002/11/the-uses-and-misuses-of-pychoanalysis-in-south.html.
Rothbaum Fred et autres, *The Development of Close Relationships in Japan and the United States. Paths of Symbiotic Harmony and Generative Tension*, Hoboken, N. J., Wiley, 2000.
Schoffeleers J. M., « Introduction », dans *Guardians of the Land. Essays on Central African Territorial Cults*, Gweru, Mwambo Press, 1999, p. 1-46.

Sims Geo W., *An Elementary Grammar of Cibemba*, Fort Rosebery [actuel Mansa], Northern Rhodesia [actuelle Zambia], Mansa Mission, Many, 1959.

Sing Khaw Khai, *Zo People and their Culture. A Historical, Cultural Study and Critical Analysis of Zo and Its Ethnic Tribes*, New Lamka, Manipur, Khampu Hatzaw, 1995.

Sire James S., *The Universe Next Door. A Basic Worldview Catalogue*, Downers Grove, IL, Intervarsity Press, 1997.

Sire, James S., *Naming the Elephant. Worldview as a Category*, Downers Grove, Ill., Intervarsity Press, 2004.

Snelson Peter, *Educational Development in Northern Rhodesia 1883-1945*, Lusaka, Kenneth Kaunda Foundation, 1990.

Sosala Henry Kanyanta, « The Illusive Role of the Chitimukulu as the Chief Executive of the Bemba People and Tribe », *Lusaka Times*, le 20 mai 2016, https://www.lusakatimes.com/2016/05/20/illusive-role-chitimukulu-chief-executive-bemba-people-tribe.

Steiner C. Richard, *Disembodied Souls. The Nèfèsh in Israel and Kindred Spirits in the Ancient Near East, with an Appendix on the Katumuwa Inscription*, Ancient Near East Monographs, n° 11, Atlanta, Society of Biblical Literature, 2015.

Tanguy François, « The Bemba of Zambia. Beliefs, Manners, Customs », Ilondola, Language Centre, 1983 (1re éd. 1954).

Tanguy François, *Imilandu ya Babemba*, réimpr., Lusaka, Zambie, Educational Publishing House, 1996.

Thomas Helen, Ahmed Jamilah, sous dir., *Cultural Bodies. Ethnography and Theory*, Oxford, Blackwell, 2004.

Toren Christina, « Childhood », dans *Encyclopedia of Social and Cultural Anthropology*, sous dir. Alan Barnard et Jonathan Spencer, Londres/New York, Routledge, 2002, p. 139-142.

Turner Terence S., « The Social Skin », *HAU Journal of Ethnographic Theory* 2, 2, 2012, p. 486-504.

Ulin Robert C., *Understanding Cultures. Perspectives in Anthropology and Social Theory*, réimpr., Malden, Mass./Oxford UK, Blackwell, 2001.

Van Binsbergen Wim M. J., « Explorations in the History and Sociology of Territorial Cults in Zambia », dans *Guardians of the Land. Essays on Central African Territorial Cults*, sous dir. J. M. Schoffeleers, Gweru, Mwambo Press, 1999, p. 47-88.

Van Tilburg-Clark Walter, *The Ox-Bow Incident*, New York, Random House, 1940.

Venz Oliver, « Die autochthone Religion der Benuaq von Ost-Kalimantan. Eine ethnolinguistische Untersuchung », thèse de doctorat, Philosophische Fakultät der Albert-Ludwigs-Universität, Fribourg en Brisgau, 2012.

VITEBSKY Piers, « The Death and Regeneration of a "Divine King". A Preliminary Account of the Mortuary Rites of the Paramount Chief (Chitimukulu) of the Bemba of Zambia, Based on the Unpublished Fieldnotes of Audrey Richards », *Cambridge Anthropology* 10, 1, 1985, p. 56-91.

WARREN-ROTHLIN Andy L., « Body Idioms and the Psalms », dans *Interpreting the Psalms*, sous dir. David FIRTH et Philip S. JOHNSTON, Downers Grove, Ill., InterVarsity, 2005, p. 195-212.

WENDLAND Ernst, *Preaching that Grabs the Heart. A Rhetorical-Stylistic Study of the Chichewa Revival Sermons of Shadrack Wame, A Kachere Monograph*, Blantyre, Christian Literature Association in Malawi (CLAIM), 2000.

WENDLAND Ernst, « Dimensions of Dynamism. The Vital Influence of Traditional Socio-Religious Context upon Christian Communication in Central Africa », s. d.

WERDEN Rita, « Schamkultur und Schuldkultur. Revision einer Theorie », thèse de doctorat, Faculté de philosophie de l'Université Albert-Ludwig, Fribourg-en-Brisgau, 2013.

WERNER Douglas, « Some Developments in Bemba Religious History », *JRA* vol. 4, n° 1, 1971, p. 1-24.

WERNER Douglas, « *Miao* Spirit Shrines in the Religious History of the Southern Lake Tanganyika Region. The Case of *Kapembwa* », dans *Guardians of the Land. Essays on Central African Territorial Cults*, sous dir. J. M. SCHOFFELEERS, Gweru, Mwambo Press, 1999, p. 89-130.

WHITELY Wilfred, « Bemba and Related Peoples of Northern Rhodesia », dans *Ethnographic Survey of Africa*, sous dir. Daryl FORDE, Londres, International African Institute, 1950, p. 1-54.

WHITE FATHERS, *The White Fathers Bemba-English Dictionary*, éd. révisée, Ndola, Zambie, Society of the Missionaries for Africa (White Fathers), 1991.

WIHER Hannes, *Shame and Guilt. A Key to Cross-Cultural Ministry*, Bonn, Culture and Science Publications, 2003.

WILLIS Roy, « Body », dans *Encyclopedia of Social and Cultural Anthro-pology*, sous dir. Alan BARNARD et Jonathan SPENCER, Londres/New York, Routledge, 2002, p. 114-115.

WILLOUGHBY W. C., The Soul of the Bantu. A Sympathetic Study of the Magico-Religious Practices and Beliefs of the Bantu Tribes of Africa, réimpr., Westport, Conn., Negro Universities Press, 1970.

WILSON Monica, *Divine Kings and the « Breath of Men »*, Cambridge, Cambridge University Press, 1959.

WUNDERLI Samuel, « The Significance of Shame and Guilt-oriented Consciences for Cross-Cultural Ministry », thèse de maîtrise, Columbia Biblical Seminary and Graduate School of Missions, Columbia, South Carolina, 1990.

Index des noms de personnes

A
Adeyemo, Tokunboh 3
Andrade, G. Roy (d') 41

B
Bandawe, Chiwoza 22
Barnes, H. 164
Barth, Karl 148
Bateson, Gregory 136
Bevans, Stephen B. 243
Bloom, Paul 118-19
Burlington, Gary 241-43

C
Carey, Francis 10, 165
Chileshe, Alexander Roy 229
Chishimba, Emilio Mulolani 64, 214, 241, 243
Clark, Mary 2, 5
Cook, Robert R. 195
Cunnison, Ian G. 17

D
Deigh, John 122-23
Dillon-Malone, Clive 190-91

E
Eckstein, Hans Joachim 143-44, 146-47
Elvi, Zetla 175

F
Fowler, Chris 5

G
Gleitman, Lila 118-19
Goodenough, Ward H. 240
Greenstein, Edward L. 69, 78

Groark, Kevin P. 194, 196
Gruber, June 135, 137-38

H
Heidemann, Frank 37, 39
Hiebert, Paul 1-2
Hilgers, Micha 140
Hinfelaar, Hugo 13, 15, 17, 58, 63, 166, 235
Hirschberg, Walter 163
Hochegger, Hermann 164
Hoch, Ernst 34
Huntington, Richard 229

I
Ipenburg, At 14, 165

J
Janowski, Bernd 77, 108

K
Kalusa, Walima T. 212
Kambole, R. M. 55, 58
Kant, Immanuel 123, 126
Kapolyo, Joe M. 21, 223
Käser, Lothar xviii, 7, 127, 141-42, 147, 171-72
Kasprus, Aloys 152
Ki-Zerbo, Joseph 12
Kraft, Charles 2

L
Labrecque, Édouard 149, 206, 216, 220
LeBacq, Frank 188
Lee, Dorothy 62
LeVine, R. A. 132-33
Lewis, Michael 139
Lumbwe, Kapambwe 204, 219, 224, 231, 233, 235

M
Makopa, Joel 55
Mandunu, Joseph Kufulu 195
Matsumoto, Paul 136-37
Maxwell, Kevin B. 9, 13, 22, 59, 66, 165, 233
McCollum, Chris 129-32
Meiring, Arno 22
Mesman, Judi 133
Metcalf, Peter 229
Metuh-Ikenga, Emifie 175
Mnyandu, M. 22
Moyo, P. H. 3-4
Müller, Klaus W. 143
Musonda, Damian Kanuma 198

N
Naugle, David K. 2
Nuckolls, Charles 136

O
Obeyesekere, Gananath 199
Oduyoye, Modupe 237
Offe, Johanna 226, 229-30
Oger, Louis xvii, 6, 22, 31, 33, 36, 165, 301
Ogunboye, Peter 175
Ojiwang, Benjamin 202

P
Pike, Kenneth 164
Potter-Efron, Ronald 138

R
Radcliffe-Brown, Alfred 240
Rasing, Tera 57, 59
Ray, Benjamin 174
Richards, Audrey 59, 164-65, 170, 208-9, 212-13, 218, 233
Richardson, Don 122
Roberts, Andrew 11
Roland, Alan 134

S
Schoffeleers, J. M. 165
Sing, Khaw Khai 178
Sire, James 1
Snelson, Peter 12
Sosala, Henry Kanyanta 20
Steiner, Richard 180-81

T
Tanguy, François 57, 150, 165, 202-3
Toren, Christina 126

V
van Binsbergen, Wim 15
Van Tilburg-Clark, Walter 147
Vaughan, Megan 212
Venz, Oliver 7, 178-79, 196
Vitebsky, Piers 209

W
Warren-Rothlin, Andy L. 39-40, 97
Wendland, Ernst 13, 156
Werden, Rita 129
Werner, Douglas 12, 165-66
Whitely, Wilfred 9
Wiher, Hannes 140, 143
Wilson, Godfrey 176

Liste des tableaux

Tableau 1 : Noms de la classe 2 (*umu-* sg.), parties du corps 53

Tableau 2 : Enseignement traditionnel bemba sur les relations conjugales.. 56

Tableau 3 : *Umutima* comme SSIC.. 79

Tableau 4 : Sensations physiques et dispositions psychiques 79

Tableau 5 : *Imibeele*, tournures linguistiques............................. 85

Tableau 6 : Désignations *imibeele* non applicables........................ 90

Tableau 7 : Terminologie bemba pour les dispositions du SSIC 91

Tableau 8 : Dispositions psychiques permanentes positives 92

Tableau 9 : Dispositions psychiques permanentes négatives 93

Tableau 10 : Dispositions intellectuelles (cognitives) du SSIC............... 94

Tableau 11 : Dispositions psychiques passagères agréables 95

Tableau 12 : Dispositions psychiques passagères désagréables............. 96

Tableau 13 : Différences interculturelles à propos de la honte 136

Tableau 14 : Culpabilité et honte, point de vue occasionnel ou global 138

Tableau 15 : Motivation à corriger ou à dissimuler le comportement 139

Tableau 16 : Réponse défensive et réponse non défensive................. 139

Tableau 17 : Théorie anthropologique de la conscience selon Käser 142

Tableau 18 : Liste abrégée de la deuxième classe de noms (*umu-* sing.) – parties du corps... 168

Liste des figures

Figure 1 : Taxonomie *umubili* de l'être humain............................. 42

Figure 2 : Fonctionnement double de la raison............................ 123

Figure 3 : Deux modes opératoires de la raison 124

Figure 4 : Raison, mode opératoire uniquement unidirectionnel........... 125

Figure 5 : La raison au service des désirs................................. 125

Figure 6 : Socialisation des enfants dans la classe moyenne américaine.... 133

Figure 7 : Compagnonnage de vie linéaire entre *umuntu* et *umupashi*...... 238

Figure 8 : Cycle de vie d'*umupashi* 239

Table des matières

Préface xiii
Avant-propos xvii
Liste des abréviations xxi
Introduction 1

1 Les Bemba : voyageurs et conquérants 9
  I. Voyageurs dans le temps 11
     A. Histoire des Bemba : lacunes chronologiques 11
     B. Histoire des Bemba : langue et rituel 13
  II. Conquérants d'espace 14
     A. Hypothèse : le compromis du *Shimwalule* 15
     B. Hypothèse : le compromis *Mwine wa Mushi* 17
  III. Structure politique 18
  IV. Conclusion 19

2 *Umuntu* : plus qu'« exister » 21
  I. L'homme dans l'univers 23
  II. « Être/devenir » 23
     A. « Être » (*ukuba*) 24
     B. « Être avec » (*ukuba na*) : qualités ou biens personnels ... 25
     C. « Être avec de l'intelligence, être intelligent » (*ukuba na maano*) .. 25
  III. « Appartenir » 26
     A. « Appartenir à un lieu où l'on existe » 26
     B. « Appartenir à un groupe de personnes » 27
  IV. « En relation avec » 28
     A. Le « je-avec » dans mon groupe 28
     B. Le « je-avec » dans la lignée 29
  V. Les « relations brisées » 29
     A. La cause ultime 30
     B. Soupçon 31
  VI. Excursus : le verbe *uku-ba (-li)* 31
     A. Extensions verbales 32
     B. Extensions verbales avec le nom uluse, « miséricorde, bonté » .. 33
     C. Noms dérivés du verbe *ukuba* 33
  VII. Conclusion 34

3	*Umubili* : plus que « chair et os »...	37
	I. L'homme : réalités biologiques et sociales...........................	37
	II. Le corps humain..	40
	A. La tête (*umutwe*)..	43
	B. Les organes des sens	45
	C. L'œil (*ilinso*)	46
	D. Le sens de la vision : le verbe *ukumona*	47
	E. La bouche (*akanwa*)	48
	F. Les dents (*ameno*)	49
	G. La langue (*ululimi*)	49
	H. Les sens de l'ouïe, du toucher et du goût : le verbe *ukuumfwa*	51
	I. Le sens de l'odorat : le verbe *ukununsha*	51
	J. L'extérieur et l'intérieur de la poitrine : *pa cifuba* et *mu cifuba*	52
	K. Le cœur (*umutima*)..	53
	L. Excursus : *ukucite cupo* « l'acte le plus important de la vie »	55
	III. Le corps social	62
	A. *Ubutuuntulu*	63
	B. Excursus : *ukuumfwa*, une vertu importante	65
	IV. Conclusion...	67
4	*Umutima* : plus que « le cœur »	69
	I. *Umutima* : l'organe primordial...	69
	A. Trois prépositions importantes : *pa*, *ku* et *mu*	69
	B. *Umutima* conçu comme la psuché : définition préliminaire.......	70
	II. *Umutima*, le terme anthropologique primordial	77
	A. *Umutima* vu comme SSIC : définition englobante.............	78
	B. *Imyumfwikile/imyumfwile*, « sentiments »	79
	C. *Imibeele* : les traits de caractère	84
	III. *Umutima* : « mot clé » de la psychologie bemba	91
	A. Description introductive d'*umutima* comme SSIC	91
	B. Dispositions psychiques permanentes positives (*imibeele iisuma*)..	92
	C. Dispositions psychiques permanentes négatives (*imibeele iibi*)...	93
	D. Dispositions intellectuelles (cognitives) du SSIC	94
	E. Dispositions psychiques passagères agréables (*imyumfwikile ya mutima iisuma*).....................................	95
	F. Dispositions psychiques passagères désagréables (*imyumfwikile ya mutima iibi*)	96
	IV. *Umutima* : une caisse de résonance	97
	A. Description métaphorique d'*umutima* comme SSIC	97

    B. Dispositions psychiques permanentes (*imibeele iisuma* et *imibeele iibi*) 98
    C. Dispositions intellectuelles permanentes et passagères 107
    D. Dispositions psychiques passagères (*imyumfwikile ya mutima – iisuma* et *iibi*) 108
    E. Dispositions psychiques : métaphores d'un type inhabituel 113
V. *Umutima* : une salle de tribunal 115
    A. *Umutima* : le « siège du jugement » 115
    B. Preuves linguistiques : *umutima* comme « conscience » 116
    C. La « conscience » : une théorie anthropologique 117
    D. La conscience : « voix de Dieu » (vox Dei) ? 143
VI. *Umutima* : depuis *katuutu* jusqu'à *umuntu utuuntulu* 148
    A. La formation du SSIC 148
    B. Le but de la formation du SSIC 158
VII. Conclusion 161

5 *Umupashi* : plus que « l'esprit », plus que « l'âme » 163
  I. *Umupashi* : définitions dans la littérature spécialisée 164
  II. *Umupashi*, approche sémantique 166
    A. L'argument de l'isoglosse 166
    B. L'argument de la racine verbale 167
    C. L'argument des classes de noms 168
    D. Double genre et absence de genre 169
    E. Argument de conclusion 169
  III. *Umupashi*, le « double spirituel » d'une personne vivante 170
    A. La notion de double spirituel 171
    B. *Umupashi*, un double spirituel avec deux caractéristiques primordiales 172
    C. Excursus : la notion de double spirituel dans d'autres cultures .. 174
  V. *Umupashi,* un double spirituel chargé de deux tâches primordiales : protéger et garder 181
    A. Protéger le corps 181
    B. Sauvegarder le SSIC 182
    C. Garder de la maladie – corps et esprit 187
  VI. *Umupashi*, le double spirituel comme ego des rêves 194
    A. Il y a rêves et rêves 195
    B. Les expériences avec le double 196
    C. Les expériences de transmission de messages 197
    D. Rêver des rêves 197

VII. *Umupashi*, l'être qui survit à la mort du corps 197
VIII. Conclusion 199

6 *Mfwa* : plus que « rendre l'âme » 201
   I. La mort, la porte vers la perpétuité - *mweo wamuyayaya* 201
      A. Un mythe bemba 201
      B. « Parti », mais simplement « parti de là » 202
      C. Vieillir, c'est naturel, mourir ne l'est pas 202
      D. Une mort, mais sous bien des formes 203
      E. Prendre soin du corps mourant - *ukonga* 204
      F. Prendre soin d'un corps mort - *ukushika* 204
   II. La mort de personnes en position d'autorité 205
      A. L'époque avant l'indépendance 206
      B. L'époque après l'indépendance : décès du fils d'un chef 206
      C. La mort de Chitimukulu - « garder le roi divin » 208
   III. La mort des gens du commun (*ababapi*) 216
      A. La mort redoutée - c'est mauvais pour les veufs et les veuves ... 216
      B. La mort redoutée - c'est pire pour les veuves 217
   IV. *Ubupyani* - succession et héritage 217
      A. *Ukupyana* - éloignement rituel de la mort (*kutamfye mfwa*) 218
      B. *Ukupyana* - succession et héritage ritualisés 221
      C. *Ukupyana* - libération rituelle de l'*umupashi* du défunt
         (*ukupokela umupashi*) 227
      D. Modernisation d'*ubupyani* - trois possibilités 228
   V. « Prendre soin » d'*umupashi* 229
      A. Phase liminaire - le défunt, la veuve et la parenté 229
      B. Phase liminaire - *umupashi* est aussi concerné 230
      C. Phase liminaire - « le point de vue d'*umupashi* » 230
   VI. Destinée : devenir un ancêtre honorable - *mupashi mukankala*.... 232
      A. Entouré de rituel et achevé par du rituel 232
      B. Il faut des moyens pour atteindre le but 234
      C. Un ancêtre « riche et généreux » 235
      D. « Réincarnation » ? 235
   VII. Conclusion 236

Post-scriptum 241
   Les visions du monde sont des créations de l'esprit 241
   Les visions du monde changent 244

Annexes..... 245

Annexe 1 : Dispositions psychiques permanentes (*imibeele iisuma* et *imibeele iibi*) 247
   1. Métaphores sur la forme 247
   2. Métaphores sur la qualité 248
   3. Métaphores sur le mouvement 252
   4. Métaphores tirées du corps humain 255
   5. Métaphores sur la guerre ou sur des activités guerrières 259

Annexe 2 : Dispositions intellectuelles permanentes et passagères 265

Annexe 3 : Dispositions psychiques passagères (*imyumfwikile ya mutima – iisuma* et *iibi*) 269
   1. Métaphores sur la forme 269
   2. Métaphores sur la qualité 271
   3. Métaphores sur le mouvement 273
   4. Métaphores sur le corps humain 276
   5. Métaphores sur la guerre et les activités guerrières 281

Annexe 4 : Les neuf classes de noms de la langue bemba 287

Annexe 5 : Le SSIC et le double spirituel dans le monde 289
   Afrique 289
      Alunda 289
      Luba 289
      Kongo 290
      Kaonde 290
      Bahuana 290
      Bagala/Boloki 290
      Baganda 291
      Bekwana 291
      Bemba 291
      Dschagga 291
      Yao 291
      Chewa/Njanja 292
      Sena 292
      Shona 292
      Zulu 293
      Lugbara 293
      Yoruba 293
      Igbo 293

  Proche-Orient 294
    Israélites anciens 294
  Amérique du Nord 294
    Navajo 294
    Tlingit 295
  Asie 296
    Newar (Népal) 296
    Gurung (Népal) 296
    Caste mélangée parlant le népalais 296
    Japon 296
    Ibanags (Luzon septentrional) 297
    Ilocanos (Luzon septentrional) 297
    Région du Luzon septentrional où l'on parle le kankani 297
    Tagalog 298
    Ville parlant l'ilocano à Pangasinan 298
    Mangyans Hanunuo (Mindoro) 298
    Cebuano Visayan 299
    Benuaq (Kalimantan oriental) 300
  Océanie 300
    Chuuk 300

Annexe 6 : Principaux chefs avec leurs chefferies 301
 Bibliographie 303
 Index des noms de personnes 315
 Liste des tableaux 317
 Liste des figures 319

Langham Literature, et sa branche éditoriale, est un ministère de Langham Partnership.

Langham Partnership est un organisme chrétien international et interdénominationnel qui poursuit la vision reçue de Dieu par son fondateur, John Stott :

promouvoir la croissance de l'Église vers la maturité en Christ en relevant la qualité de la prédication et de l'enseignement de la Parole de Dieu.

Notre vision est de voir des églises équipées pour la mission, croissant en maturité en Christ, par le ministère de pasteurs et de responsables qui croient, qui enseignent et qui vivent la Parole de Dieu.

Notre mission est de renforcer le ministère de la Parole de Dieu de trois manières :
- par la mise en place de mouvements nationaux de formation à la prédication biblique ;
- par la rédaction et la distribution de livres évangéliques ;
- par la formation d'enseignants théologiques évangéliques qualifiés qui formeront ensuite des pasteurs et responsables d'églises dans leurs pays respectifs.

Notre ministère

Langham Preaching collabore avec des responsables nationaux en vue de la création de mouvements de prédication biblique dirigés par les nationaux eux-mêmes. Ces mouvements, qui naissent progressivement un peu partout dans le monde, rassemblent non seulement des pasteurs, mais aussi des laïcs. Nos équipes de formateurs venus de beaucoup de pays différents proposent une formation pratique qui comporte plusieurs niveaux, suivie d'une formation de facilitateurs locaux. La continuité est assurée par des groupes de prédicateurs locaux et par des réseaux régionaux et nationaux. Ainsi nous espérons bâtir des mouvements solides et dynamiques, constitués de prédicateurs entièrement consacrés à la prédication biblique.

Langham Literature fournit des livres évangéliques et des ressources électroniques par la publication et la distribution, par des subventions et des réductions à des leaders et futurs leaders, à des étudiants et bibliothèques de séminaires dans le monde majoritaire. Nous encourageons aussi la rédaction de livres évangéliques originaux dans de nombreuses langues nationales par le biais de bourses pour des écrivains, en soutenant des maisons d'édition évangéliques locales, et en investissant dans quelques projets majeurs comme *le Commentaire Biblique Contemporain*, qui est un commentaire de la Bible en un seul volume rédigé par des auteurs africains pour l'Afrique.

Langham Scholars soutient financièrement des doctorants évangéliques du monde majoritaire dans le but de les voir retourner dans leurs pays d'origine pour former des pasteurs et d'autres chrétiens nationaux en leur proposant un enseignement biblique et théologique solide. Cette branche de Langham cherche donc à équiper ceux qui en équiperont d'autres. Langham Scholars travaille aussi en partenariat avec des séminaires dans le monde majoritaire, afin de renforcer l'éducation théologique évangélique sur place. De ce fait, un nombre croissant de « Langham Scholars » (le nom « Scholars » signifie « boursiers ») peut aujourd'hui suivre des programmes doctoraux de haut niveau au cœur même du monde majoritaire. Une fois leurs études terminées, ces « Langham Scholars » vont non seulement former à leur tour une nouvelle génération de pasteurs, mais exercer une grande influence par leurs écrits et par leur leadership.

Pour plus d'informations, consultez notre site : langham.org.

www.ingramcontent.com/pod-product-compliance
Lightning Source LLC
Chambersburg PA
CBHW071234290426
44108CB00013B/1407